“十四五”应用型本科院校系列教材/经济管理类

International Trade Practice

国际贸易实务

主　编　黄秀梅
副主编　刘　爽　王维娜　孙惠娟
主　审　刘世鹏

哈爾濱工業大學出版社
HARBIN INSTITUTE OF TECHNOLOGY PRESS

内容简介

国际贸易实务是一门主要研究国际货物买卖的具体过程及相关活动内容与商务运作规范的学科，也是一门具有涉外商务活动特点、实践性很强的综合性应用学科。本书是为该课程编写的教材，主要内容包括国际贸易概述，交易磋商与合同的签订，合同的标的物及相关条款，进出口商品价格，国际货物运输，国际货物运输保险，国际货款的收付，商品的检验、索赔、不可抗力和仲裁，进出口合同的履行以及跨境电子商务。

本书适用于国际经济与贸易、国际商务、物流管理、金融学、经济学等经济管理类专业，以及商务英语、电子商务等专业。

图书在版编目(CIP)数据

国际贸易实务/黄秀梅主编. —哈尔滨：哈尔滨工业大学出版社，2025. 1

ISBN 978 - 7 - 5767 - 1460 - 9

Ⅰ. ①国… Ⅱ. ①黄… Ⅲ. ①国际贸易-贸易实务 Ⅳ. ①F740. 4

中国国家版本馆 CIP 数据核字(2024)第 106425 号

策划编辑 杜 燕
责任编辑 张羲琰
封面设计 高永利
出版发行 哈尔滨工业大学出版社
社 址 哈尔滨市南岗区复华四道街 10 号 邮编 150006
传 真 0451 - 86414749
网 址 http://hitpress. hit. edu. cn
印 刷 哈尔滨市颉升高印刷有限公司
开 本 787mm×1092mm 1/16 印张 18. 5 字数 447 千字
版 次 2025 年 1 月第 1 版 2025 年 1 月第 1 次印刷
书 号 ISBN 978 - 7 - 5767 - 1460 - 9
定 价 59. 80 元

序

哈尔滨工业大学出版社策划的《"十四五"应用型本科院校系列教材》即将付梓，诚可贺也。

该系列教材卷帙浩繁，凡百余种，涉及众多学科门类，定位准确，内容新颖，体系完整，实用性强，突出实践能力培养。不仅便于教师教学和学生学习，而且满足就业市场对应用型人才的迫切需求。

应用型本科院校的人才培养目标是面对现代社会生产、建设、管理、服务等一线岗位，培养能直接从事实际工作、解决具体问题、维持工作有效运行的高等应用型人才。应用型本科与研究型本科和高职高专院校在人才培养上有着明显的区别，其培养的人才特征是：①就业导向与社会需求高度吻合；②扎实的理论基础和过硬的实践能力紧密结合；③具备良好的人文素质和科学技术素质；④富于面对职业应用的创新精神。因此，应用型本科院校只有着力培养"进入角色快、业务水平高、动手能力强、综合素质好"的人才，才能在激烈的就业市场竞争中站稳脚跟。

目前国内应用型本科院校所采用的教材往往只是对理论性较强的本科院校教材的简单删减，针对性、应用性不够突出，因材施教的目的难以达到。因此亟须既有一定的理论深度又注重实践能力培养的系列教材，以满足应用型本科院校教学目标、培养方向和办学特色的需要。

哈尔滨工业大学出版社出版的《"十四五"应用型本科院校系列教材》，在选题设计思路上认真贯彻教育部关于培养适应地方、区域经济和社会发展需要的"本科应用型高级专门人才"精神，根据时任黑龙江省委书记吉炳轩同志提出的关于加强应用型本科院校建设的意见，在应用型本科试点院校成功经验总结的基础上，特邀请黑龙江省9所知名的应用型本科院校的专家、学者联合编写。

本系列教材突出与办学定位、教学目标的一致性和适应性，既严格遵照学科体系的知识构成和教材编写的一般规律，又针对应用型本科人才培养目标及与之相适应的教学特点，精心设计写作体例，科学安排知识内容，围绕应用讲授理论，做到"基础知识够用、实践技能实用、专业理论管用"。同时注意适当融入新理论、新技术、新工艺、新成果，并且制作了与本书配套的PPT多媒体教学课件，形成立体化教材，供教师参考使用。

《“十四五”应用型本科院校系列教材》的编辑出版，是适应“科教兴国”战略对复合型、应用型人才的需求，是推动相对滞后的应用型本科院校教材建设的一种有益尝试，在应用型创新人才培养方面是一件具有开创意义的工作，为应用型人才的培养提供了及时、可靠、坚实的保证。

希望本系列教材在使用过程中，通过编者、作者和读者的共同努力，厚积薄发、推陈出新、细上加细、精益求精，不断丰富、不断完善、不断创新，力争成为同类教材中的精品。

前　言

随着经济全球化的不断深化，我国在国际分工中的地位逐渐提升，对外贸易额不断增加。2022 年，我国对外贸易额达到 6.051 万亿美元，位居全球第一。2013 年，习近平主席提出了“一带一路”倡议，在之后的十年里，我国与“一带一路”共建国家的贸易往来更为紧密。2013—2022 年，我国与“一带一路”共建国家货物贸易的年均复合增长率高达 7.9%。在国际化发展战略的引领下，我国外贸企业积极参与国际经济交流与合作，对国际贸易的专业化人才提出了新的要求。培养具有扎实的基础知识、较强的知识融合和应用能力的国际贸易人才，是高等院校的重要任务。

本书依据高等院校应用型人才培养目标和培养模式的要求，以提高学生的应用能力和实践能力为目标，注重理论联系实际，系统介绍和具体说明国际货物买卖和实际操作的程序及相关的国际贸易惯例，以帮助学生在实际的商务环境中应对国际贸易的挑战。

本书具有以下特点：

（1）内容全面。本书在内容的编排上，围绕国际贸易合同条款的磋商、制定与运用，以及合同履行，突出基本概念、基础知识的系统讲解，以工作过程为导向，对国际贸易合同磋商与制定的具体方法做了系统而全面的解释。

（2）结构新颖。本书在章节的设置上，既考虑了知识的连贯性、系统性，又考虑了业务的顺序性，便于学生理清思路。同时，每章中开篇设置了教学要求、知识目标、能力目标和导入案例；每节中根据重点与难点内容，设置同步案例；每章课后均配以综合练习，旨在提高学生的复习效率。

（3）实践性强。本书精心设计了典型案例以帮助学生更好地掌握国际贸易实务的基本知识点，并将所学知识运用到具体案例中，增强分析问题和解决问题的能力。通过学习本书，学生可以全面了解国际贸易实务的基本知识和技能，为未来从事相关职业或研究打下扎实的基础。

本书由黄秀梅担任主编，刘爽、王维娜、孙惠娟担任副主编，刘世鹏担任主审。本书共十章，具体分工如下：黄秀梅编写第三、六章，刘爽编写第二、四、七章，孙惠娟编写第五章，王维娜编写第八章，张帅奇编写第九章，葛思萌编写第一章，董婷婷编写第十章。

本书从编写立项到出版，得到了黑龙江财经学院领导的大力支持。同时，参考了一些同行的研究成果，并得到国际贸易从业者的宝贵意见和建议，在此一并表示深深的谢意。书中的不足及疏漏之处恳请各位专家及读者批评指正，以便以后修改完善。

编　者

2024 年 9 月

目　　录

第一章　国际贸易概述

教学要求：通过本章的学习，学生要了解并掌握国际贸易常用的概念、国际贸易的产生与发展以及相关国际条约与惯例；熟悉并掌握国际贸易的基本分类、贸易条件指数计算方法、对外贸易依存度以及贸易量的含义。

知识目标：掌握国际贸易的含义、国际贸易的相关概念及分类；了解国际贸易的产生与发展，了解国际贸易公约及惯例。

能力目标：能用相关概念理解当前国际贸易发展所呈现出来的特征。

导入案例：

A 国公司从 B 国公司进口一批冷冻火鸡，预定在感恩节（11 月第四个周四）前投放市场。合同规定 B 国公司应在 8 月 15 日以前装船出运，但 B 国公司由于货源组织出了问题，延至 10 月底才装船出运。待货到 A 国公司指定港口后，错过了市场销售旺季，A 国公司拒收货物并要求撤销合同，双方为此产生贸易纠纷并诉诸法律。

根据这种情况，A 国公司是有权做出上述决定的，因为按照《联合国国际货物销售合同公约》，B 国公司的行为导致 A 国公司遭受了损失，实质上是剥夺了 A 国公司根据合同获得规定货物的权利，属于根本性违约。而根本性违约的后果是违约方必须赔偿对方的损失和承担相应的法律责任。

违约不仅影响外贸企业的信誉和形象，而且会给国家造成极大的损害。国际贸易与国内贸易相比，操作复杂，风险大。因此，外贸人员一定要熟悉并掌握贸易程序和规则，树立诚信为本的经营理念。

第一节　国际贸易的概念、发展及作用

一、国际贸易的概念

国际贸易是指世界各国（或地区）之间货物、商品和劳务的交换活动，是世界各国（或地区）在国际分工的基础上相互联系的主要形式。由于国际贸易是一种世界性货物和服务的交换，是世界各国对外贸易的综合，因此，又称为世界贸易或全球贸易。

国际贸易是相对于国内贸易而言的。国际贸易与国内贸易同为商品的交换行为，二者有着相似并且密切的关系。国际贸易是在国内贸易的基础上产生与发展起来的，是国内商品流通向国外延伸的结果。国内贸易的发展与繁荣可以为国际贸易提供大量的商品和服务；而国际贸易的发展和扩大不仅可以为国内贸易提供大量的外国商品，弥补国内资源的短缺，满足国内市场的需要，而且可以为国内剩余的商品和服务开拓国外市场。但国际贸易由于贸易主体、贸易环境等因素的不同，与国内贸易相比又有许多差异。

(一)国际贸易与国内贸易的相同点

国际贸易与国内贸易的相同点表现在:交换的内容都是商品和服务;经营的目的都是从事买卖,取得利润或者经济效益;交易的过程都是“货币—商品—货币”;虽然活动范围有所不同,但都是商业性质的活动,同属流通领域,是生产到消费的中间环节,在社会生产中同时处于中间过程。

(二)国际贸易与国内贸易的不同点

国际贸易由于其交易主体、交易条件、交易过程、交易方法等因素的特殊性,与国内贸易相比具有不同的特点,具体表现在以下几个方面。

1. 经营环境更多变

国际贸易涉及不同国家(或地区)商人之间的商品交换活动,这种区别于国内贸易的活动,决定了国际贸易所面临的经营环境具有多变性的特点,即经营环境随着贸易商人国别的改变而发生变化,主要包括以下几个方面。

(1)政治经济体制不同。国家的不同政治经济体制决定了其采取的对外贸易政策有所差别,即使都是实行市场经济的国家,经济体制也不一定都是统一的形式。为了维持和巩固经济发展,每个国家都会推出适合自己国情的经济政策。这些政策的差异必然会对参与国际贸易的国家产生一定的制约和影响。

从事国内贸易活动面对的是本国单一的平面经济环境,包括本国的经济体制、经济政策、市场规模、消费水平以及基础设施等因素,这些都相对稳定并比较容易熟悉和掌握。从事国际贸易活动面对的是一种双层立体的经济环境,相对比较复杂多变,并且不大容易把握。第一层是国际经济大环境。把商品打入国际市场,会受到各国国际性经济因素的影响和制约,如世界性经济周期的波动、国际性贸易保护主义的抬头、主要金融市场的动荡与主要货币的汇率起伏,等等。这些经济因素都可能会使一国的对外贸易受到极大冲击。第二层是国别经济环境。在从事国际贸易活动时,无论是与哪个国家进行国际贸易,都会受到这个国家特定经济环境的影响。例如,某个国家实施较为严格的进口替代政策,外国商品的进入就比较困难;又如,某个国家正在实施一项经济振兴计划,并希望得到来自外国的帮助,如果能抓住这种机遇,便可能将大量的机器设备和劳务输出到该国市场。

(2)政治、法律、习俗不同。由于历史、传统、宗教等原因,各国在商法、贸易法、国内规章制度、语言、价值观念、生活水平等方面都各不相同,这些差异使得国际贸易在缔结约定和执行合同等方面要比国内贸易复杂很多,也经常发生国际贸易纠纷。

各国的政治制度与法律制度差异很大,会对国际贸易活动产生一定的影响。例如有的国家只对对外贸易活动进行适当的宏观调控,与这样的国家做贸易,受到的限制就比较少;而有的国家对外贸活动的控制和参与过程较多,与其打交道就困难得多。法律制度的影响亦是如此。有些国家法制比较健全,只要依据法律从事正常的外贸活动,外商的利益就会受到保护;而有些国家的法律不够完善,即便正式制定和公布了很多法律条文,其贯彻和执行也很不严格,使外商在正常的贸易活动中没有安全感。特别是当外贸活动中出现商标侵权、专利纠纷、倾销裁决等贸易摩擦时,健全完善的商业法规就显得尤为重要。

(3)地理气候环境不同。由于世界各国(或地区)处于不同的地理位置,具有不同的气候条件，这些地理气候因素对各国（或地区）的进出口结构、销售季节、运输方式、仓储保管、交货时间等都会造成影响。

（4）语言及价值观不同。在国际贸易中，不同国家和地区会使用不同的语言，从而为交易中的沟通交流带来困难，也给国际贸易活动带来障碍。为使交易顺利进行，交易双方必须采用同一种语言。当今主要流通的商业语言是英语，因此，从事国际贸易必须通晓英语，才能使国际贸易顺利开展。此外，一些国家和地区不使用英语，而使用本国的官方语言，必要时还需要掌握一门小语种来完成国际贸易。

（5）货币制度不同。在国际市场上买卖商品，一般要使用为各国普遍接受的货币作为支付手段，如美元、人民币、欧元、英镑等。在交易双方签订支付协议的条件下，双方也可以互相以对方国家的货币作为支付手段。在多种货币流通的国际贸易活动中，各国货币制度的差异、国际金融市场的动荡和所使用的货币汇率的波动，都会对贸易当事人的经济利益带来影响。可能仅仅由于一种货币对另一种货币汇率的大幅升值，使某些从事对外贸易的企业瞬间暴富，同时也会把一些企业推向破产的边缘。

2. 经营业务更复杂

国际贸易由于面临的国际环境多变，贸易过程和贸易方式等经营业务有明显的复杂性，主要表现在以下几个方面。

（1）商业习惯复杂。在国际贸易中，各国（或地区）商业习惯不尽相同，所以外贸人员应该了解不同国家和地区的商业习惯，否则会影响国际贸易的正常进行，从而影响整体利益。

（2）海关制度复杂。各国都设有海关，对于货物的进出口有许多规定，货物出口不但要在输出国家及口岸履行报关手续，而且出口货物的种类、品质、规格商标也要符合输入国家的各种规定。

（3）国际汇兑复杂。在国际贸易中，交易的国家相隔比较远，并且各国使用的货币也不同，涉及币种的问题以及支付工具、支付方式的差异，其中核算体系与结算手续也要比国内贸易复杂得多。

（4）物流过程复杂。由于参与国际贸易的国家相隔较远，运输过程中的风险是比较高的。因此要考虑运输工具、运输线路以及运输费用等问题，过海关的时候还要考虑装卸货物、提货等手续。有些贵重的货物由于其价值高昂，在出入关时还要办理货物的保险。

3. 经营风险具有多样性

相对于国内贸易而言，国际贸易所处的经营环境复杂多变，因而所面临的风险要比国内贸易大得多，主要体现在以下方面。

（1）信用风险。在国内贸易中，交易双方的信用状况和调查都比较容易。而在国际贸易中，涉及贸易的国家由于相隔较远，资信的调查比较困难，在交易过程中，有可能存在征信不足以及虚假信息，从而产生风险，给交易带来损失。这些风险是不可预料的，事后虽然可以交涉，但是损失不可避免。

（2）商业风险。在国际贸易中，进出口双方会因货物形式不符、单证不符、合同条款理解差异产生各种矛盾，进而产生风险，带来利益损失。这些风险也是不可预料的。

（3）汇率风险。在浮动汇率的调解下，各国货币汇率是随着市场供求关系等因素的变化而变化的，如果汇率信息更新不及时、采取措施不恰当，也会产生风险，造成意想不到的损失。

(4)运输风险。由于参与国际贸易的国家在地理区域上相隔较远,运输时间比较长,途经的国家(或地区)较多,这些国家(或地区)的口岸政策也都不尽相同,所以国际贸易比国内贸易更容易发生运输过程中的风险,如货物损坏、丢失,以及沿途其他国家的扣留,会造成一定的损失。

(5)政治风险。参与国际贸易的国家,其经济、政治环境有时会发生变化,如政局变动、政权更迭、爆发内战等,这些都是对国际贸易不利的因素。另外,一些国家的经济制裁也会给贸易双方带来风险,造成不可估量的经济损失。

二、国际贸易的产生和发展

在原始社会时期,不存在跨越国界的国际贸易。在封建社会时期,国际贸易是局部的、个别的、偶然的贸易活动。真正意义上的国际贸易应该是在资本主义制度建立的基础上发展起来的,这是由资本主义社会的基本经济规律、社会形态及特征所决定的。

(一)国际贸易的产生

国际贸易属于历史范畴,是在人类社会发展到一定阶段产生和发展起来的。国际贸易的产生必须具备 2 个基本条件:一是有可供交换的剩余产品;二是社会分工的扩大和国家的产生。从根本上来说,社会生产力的发展和国际分工的发展及扩大是国际贸易产生、发展的基础。

(二)国际贸易的发展

奴隶社会和封建社会由于生产力水平低下,社会并不发达,自然经济占统治地位。因此,对外贸易发展比较缓慢,国际贸易中的商品交换只能在比较近的区域,进行局部的贸易,不存在世界市场,也不存在真正意义上的国际贸易。

14—15 世纪,欧洲出现了资本主义萌芽。意大利北部的威尼斯、热那亚、佛罗伦萨等城市,波罗的海和北海沿岸等城市,成为欧洲的贸易中心。15 世纪末至 16 世纪初期,随着资本主义生产关系的发展、地理上的大发现以及海外殖民地的开拓,欧洲贸易中心从地中海区域扩展到大西洋沿岸,葡萄牙的里斯本、西班牙的塞维利亚、英国的伦敦等地,先后成为繁盛的国际贸易港口,其贸易范围遍及亚洲、非洲和美洲。随着国际贸易范围的扩大,逐渐形成了区域性的国际商品市场。

18 世纪 60 年代,以蒸汽机为代表的科学技术获得了惊人的发展。英国及其他欧洲先进国家和美国,相继完成了工业革命。资本主义生产方式从工场手工业过渡到机器生产,农业生产和交通运输得到了空前的发展。第一次工业革命直接推进了社会关系和国际关系的变革,标志着资本主义生产方式在全世界的形成。

19 世纪 70 年代,世界贸易额不断增长,随着国际贸易和国外投资的发展,逐步形成了适用于资本主义生产方式的国际货币体系,最后形成了资本主义经济体系和相应的经济秩序,为国际贸易的发展奠定了基础。

第二次世界大战结束至今,各国经济都在恢复阶段,生产力得到大幅度提高。在第三次科技革命的推动下,在投资国际化和贸易自由化的条件下,国际贸易取得了重大发展,进入了繁荣时期，其主要表现形式有以下几点。

1. 国际贸易的规模持续扩大

早在 1950 年，全球出口贸易总额为 608 亿美元；到 2005 年增长到 10.39 万亿美元，增加了近 170 倍。近些年由于国际贸易竞争加剧，大国的外汇管制与贸易制裁，世界经济呈现增长缓慢的现象。2023 年，世界贸易组织发布的《全球贸易展望与统计》报告显示，全球贸易出口总额达 23.8 万亿美元，同比下降 4.6%，继 2021 年和 2022 年连续两年增长后再次出现下降。

2. 国际分工向纵深发展

国际贸易是国际分工的具体表现形式，国际分工是国际贸易的基础。第二次世界大战后，国际分工向纵深发展，具体表现为：

(1)参加国际分工的国家遍及世界各地，形成了世界范围内的分工。

(2)经济发展水平基本相同，国家之间水平型分工为国际分工的主要表现形式。

(3)国际分工从产业间分工向产业内分工发展，由于发展中国家加入世界贸易组织，很多产业进行升级，与此同时，国际分工从货物分工向服务分工发展。

(4)发展中的新兴工业国家和地区开始向中心地区发展。

(5)服务贸易及产业开始发展迅速 。

3. 服务贸易比重增加

在过去的几十年中，服务贸易增长速度始终快于货物贸易。1970 年以来，服务贸易在世界贸易中的份额已经增长一倍有余。国际服务贸易出口额在世界贸易中的比重也在不断加大，到 2003 年上半年，服务贸易总额已经占全球贸易出口总额的 19.8%。2022 年，全球服务出口总额 7.13 万亿美元，占全球贸易出口总额的 22.3%。根据世界贸易组织的预测，到 2040 年，服务贸易占全球贸易出口比重将超过 30%。

4. 跨国公司的发展

国际分工促进了国际贸易的产生与发展，带动了世界各国产业贸易的往来，也加速了经济全球化，随之而来的就是跨国投资的产生。跨国公司是国际商务活动的主体，跨国公司的迅速发展，成为国际投资的主要趋势，行业垄断和特有优势以及专利等无形资产的开发，使跨国公司迅速地在世界各地发展，在加速投资的同时，也促进了国际贸易的增长。

5. 国际物流方式的演变

国际物流是指参与国际贸易的各国间的商品流动。为了提高竞争力，各大物流企业加大了对物流网络和运营系统的投资建设，出现了物流国际化、网络化的趋势。这些变化主要表现在：

(1)配送方式从物流运输向物流配送演变，服务内容要求准确、及时，形成国际一体化的物流服务模式。

(2)建立物流中心运营网络，对客户提供现代化的网络信息查询平台，做到物流、商流、信息流的有机结合。

(3)以信息技术为基础，建立一体化和网络化的国际物流服务平台。

(4)物流范围逐渐扩大，覆盖面包括订单处理、配送、存货控制、仓库管理、装卸、包装、运输等领域。

(5)以跨国公司的生产系统和营销网络为中心,形成全球范围内的物流基地和营运中心。

三、国际贸易对经济发展的作用

国际贸易的产生与发展是建立在经济发展的基础上的。国际贸易出现后,对经济的发展产生了十分积极的促进作用。

(一)利用国际分工节约社会劳动,生产更多的使用价值

经济发展史上那些极力推崇自由贸易的经济学家在分析国际贸易的作用时,首先谈到的往往都是利用国际分工节约社会劳动的问题。一个国家无论大小,在生产上都有其所长,也有其所短,因此从提高社会经济效益的角度考虑,不应试图去生产本国所需要的一切产品,而应集中国内的生产资源努力生产本国最具优势的产品,也就是生产那些利益较大或不利较小的产品。然后去与其他国家交换那些在国内不具生产优势的产品,来满足本国居民多样化的消费需求。这样做的结果是,在资本、土地和劳动力等生产要素不变的情况下,能通过节约劳动时间来增加生产总量,提高社会生产力,使参加国际分工的各国都能得到更大的使用价值。

一个国家即使在各种产品的生产上都不占有绝对优势,也应该积极参加国际分工和国际贸易,生产和出口那些具有相对优势的产品,进口那些不具有相对优势的产品。同理,一个国家即使在所有的产品生产上都具有绝对优势,也不应将所有的产品都自己生产,而应该生产和出口那些优势更大的产品(即具有相对优势的产品),并进口那些优势较小的产品(即不具备相对优势的产品)。这样做的结果是,产出更大的使用价值,通过对外贸易,既使本国受益,也使其他国家受益,并对世界劳动生产率的提高产生积极的促进作用。

(二)利用国际市场,使一部分商品的价值得以实现

随着现代社会化大生产的发展,人类的劳动生产率在飞速提高。各种各样的产品,特别是工业制成品,被源源不断地从工厂中制造出来。这些产品要在市场中寻找消费者以实现其价值。作为产品生产者的企业,也在等待着其产品价值的实现,以便按时收回资金,完成企业资金的循环与周转,从而保障企业的再生产和扩大再生产。然而,资本主义大生产的发展,使生产和消费的矛盾日益尖锐化,产品产量已经远远超出了国内市场的容量,出现了大批过剩产品,不得不依靠国外市场来保障国内再生产的顺利进行。

一些后起的发展中国家和地区,在国内和地区内市场尚未饱和时,便主动采取出口导向政策,在经济发展初期就把目光瞄向了国际市场,利用国际分工和国际贸易的带动作用促进本国和本地区经济的发展。

(三)有利于生产要素的充分利用

生产离不开生产要素。生产要素主要包括劳动、土地、矿产资源、资本、技术等。不同的生产要素在不同国家的供给比例是不同的。现实生活中普遍存在着某类生产要素在一国大量充斥却得不到充分利用,在另一国则十分稀少,抑制了经济发展的现象。通过开展国际贸易,可以在较大程度上解决这一问题。一般来说,生产要素的国际流动会遇到很多障碍,而商品的国际流动则要容易得多。于是,人们便通过生产过程,将各种不同的生产要素转化为

商品，然后在国与国之间进行商品交换，出口生产要素富裕的商品，进口生产要素稀缺的商品。这样做的结果是，各国不同的生产要素都得以开发和利用。

经济发达国家的生产要素优势是资本和技术，所以它们往往更多地生产和出口资本密集型产品及技术密集型产品。发展中国家的生产要素优势是劳动力和矿产资源，所以它们通常更多地生产和出口劳动密集型产品和资源密集型产品。这种国际贸易和国际分工格局有若干不合理之处，但是在充分利用各种生产要素方面却起着十分重要的作用。

（四）有利于发挥规模效益

现代化企业越来越讲究生产的规模效益，努力使产量达到规模收益的最佳点。只有如此，才能使产品的生产投入最小，产出最大，成本最低，竞争力最强。这种结果的取得，主要依靠规模经济本身使机器设备得到充分利用，劳动力得到合理分工，生产组织得到合理配置与协作。据统计，生产小汽车的企业，最佳规模效益是年产小汽车 30 万辆，而且一个汽车集团往往有很多家同样规模的汽车生产企业，只有如此，才能在竞争激烈的市场中站稳脚跟。这就产生了一个问题：如此大规模的生产量，一个国家的国内市场怎么容纳？所以要借助国际市场。把世界各国连为一体的国际市场，使生产摆脱了国内市场的局限，极大地刺激了各国出口产业的发展，使生产能够获得规模效益，有力地促进了生产率的提高。

（五）有利于解决劳动力就业问题

随着人口的增加和劳动生产率的提高，解决过剩人口的就业问题已经成为各国政府必须优先考虑和解决的重要问题之一。各国政府所制定的种种鼓励出口和限制进口的政策与措施，在很大程度上是为了解决本国劳动力的就业问题。对外贸易的发展，为产品寻到了新的市场与销路，因而能为各行业带来大量新的劳动就业机会。特别是那些人口较多、劳动力严重过剩的国家和地区，更应该大力发展出口产业，尤其是发展劳动密集型的出口产业，对于解决劳动力就业问题有着积极的意义。

（六）有利于提高国民的多样化消费水平

一国受国内自然资源和生产技术水平的限制，难以生产出多样化的产品来满足本国国民多样化的需求。而积极参与国际贸易，能带来国内所没有的新商品，使消费者的偏好向这些新产品转移，既扩大了消费的范围，提高了消费水平，又在国内引发了新的社会需求。这种新需求便成为国内新工业建立和发展的刺激因素。一系列新工业的发展和新产品的大量供应，又在更大范围内满足了社会的需求，从而进一步提高国民消费水平。

（七）国际贸易反映了世界经济的兴衰

国际贸易把世界各国的经济紧紧地连为一体。于是，世界性的经济繁荣或者经济衰退便沿着进出口贸易的渠道传向了各个国家。其影响程度会由于各国对外开放程度的不同而有所不同。

这种传递渠道的运行过程是：当世界经济呈现普遍繁荣时，国际市场上的各类商品普遍畅销，且价格上涨，盈利率上扬。这种情况首先对一国的出口产业部门产生刺激和带动作用，使这些部门增加投资，扩大招工，提高生产量。出口产业部门的繁荣能够将与其密切相关的部门的生产带动起来，并相继带动全社会各行各业。这样，该国的经济发展在传递渠道的作用下，便与世界经济的总步调相一致。同理，世界性的经济衰退也会沿着这一传递渠道传向参与国际贸易的各个国家。衰退引起的世界市场物价下跌和产品滞销,会对一国的出口产业部门的生产产生抑制作用,其产品不得不出口转内销,这又会引起国内同行业产品的滞销与积压,进而引起全社会的产品过剩和经济恐慌。

第二节 国际贸易的相关概念与分类

一、国际贸易的相关概念

(一)国际贸易与对外贸易

国际贸易是指不同国家(或地区)之间进行的货物、商品和劳务的交换活动。这是一个广义的概念,包括有形和无形的贸易活动。本书涉及的国际贸易主要是狭义的概念,仅指有形的贸易活动。

对外贸易是指一个国家与其他国家进行的商品和劳务的买卖与交换活动。因为这是从一个国家的角度来看待贸易活动,所以称其为对外贸易,也常常被人们称为国外贸易、海外贸易或进出口贸易。

可以看出,国际贸易与对外贸易属于同一类活动,只是从国际角度来看,称为国际贸易,从一个国家角度来看,称为对外贸易。

国际贸易与对外贸易同是跨越国界所进行的商品交换活动,但二者的角度完全不同,国际贸易着眼于全球的范围,而对外贸易则集中在某个国家或地区。例如,中国对美国的贸易,称为中国的对外贸易,从整个国际范围来看,则为国际贸易。

(二)国际贸易额与贸易量

国际贸易额又称为国际贸易值,是以货币表示的反映贸易规模的经济指标。各国一般都用本国货币表示。由于美元长期以来是国际主要货币,为了便于贸易额的国际比较,多数国家同时通行美元计量的方法。

一个国家的出口额与进口额之和,即为该国的对外贸易总额。从世界范围来看,一国的出口即意味着其他国家的进口。如果把世界各国的进出口额相加作为国际贸易总额,必然会出现重复计算。因此,一般是把各国出口额的总和作为国际贸易额。

国际贸易量是指以数量、质量、面积、体积等计算单位表示的反映国际贸易规模的指标。由于国际市场上的物价经常变动,各国货币的币值也经常波动,因此,用价值表示的国际贸易额并不能真实地反映国际贸易的实际规模。如果用贸易量,即用进出口商品的数量、重量等来表示,则可以避免这种缺陷。就某种商品来说,用计量单位表示十分容易,但就一个国家的全部进出口商品来说,无法直接用计量单位表示,商品不同,计量单位也不同,难以直接相加。为了准确反映国际贸易的实际规模,各国通常采用以某一年份为基期计算的进口或出口价格指数除以统计年份的进口额或出口额的方法,得到相当于按不变价格计算的进口额或出口额。由于消除了价格变动的影响,由此得出的贸易值反映的是量的变化,所以就成为国际贸易量。其计算公式为

$$\text{进(出)口贸易量} = \text{进(出)口额} / \text{进(出)口价格指数} \times 100$$

例如,以 2020 年为基期,某国该年度的进出口价格指数均为 100。2021 年,该国进口贸易额为 1 170 亿美元,出口贸易额为 1 200 亿美元。2021 年,该国出口产品价格平均下跌 5%,出口价格指数为 95;进口产品价格平均上涨 3%,进口价格指数为 103。把这些数值代入上面的公式,便可以得出该国 2021 年除去价格变动因素后的贸易额,即实际的进出口贸易量为

$$进口贸易量=1\ 170\div103\times100=1\ 135.9\ 亿美元$$

$$出口贸易量=1\ 200\div95\times100=1\ 263.2\ 亿美元$$

可见,该国 2021 年的进口贸易额虽然达到 1 170 亿美元,但除去价格变动因素后的实际进口贸易量为 1 135.9 亿美元;该国 2021 年的出口贸易额虽然只有 1 200 亿美元,但除去价格变动因素后的实际出口贸易量却达到了 1 263.2 亿美元。

（三）贸易差额

贸易差额是指一个国家在一定时期内出口贸易总额与进口贸易总额相比的差额。如果出口额大于进口额,称为贸易顺差或者贸易盈余,又称出超;如果出口额小于进口额,称为贸易逆差或者贸易赤字,又称入超。一个国家在一定时期内的贸易表现为顺差还是逆差,主要取决于其进出口的商品种类、数量、价格水平以及当时的国际经济形势。贸易差额是衡量一个国家对外贸易状况的重要指标,也是反映一个国家国际收支状况和宏观经济状况的重要标志。

（四）贸易条件

贸易条件是指一国在一定时期内的出口商品价格与进口商品价格之间的比率,即进出口商品比价。由于一个国家的进出口商品种类众多,难以直接用进出口商品的价格进行比较,因此通常用一国在一定时期内的出口商品价格指数同进口商品价格指数对比进行计算。其计算公式如下:

$$贸易条件指数=出口价格指数/进口价格指数\times100$$

由此计算出的贸易条件指数如果大于 100,则表明贸易条件改善了;反之,则是恶化了。计算时,需要先通过进出口统计资料了解进出口商品价格变化情况,确定进出口价格指数,然后便可求出贸易条件指数。例如,某发展中国家,其出口商品主要是初级产品,进口商品主要是工业制成品,这 2 类商品的价格在国际市场上的变化是不相同的。以 2020 年为基期,其进口价格指数和出口价格指数均为 100。2021 年,出口商品价格下跌 5%,进口商品价格上涨 3%。这样,2021 年该国的出口价格指数为 95,进口价格指数为 103,由此得出贸易条件指数为 $95\div103\times100=92.2$。可见,该国 2021 年的贸易条件与上一年相比下降了 7.8%。贸易条件的恶化是指对外贸易中的交换比例下降,即用相同的出口商品换回进口商品比以前少了。如果出现相反的情况,则视为贸易条件的改善。

（五）贸易商品结构

贸易商品结构是指一定时期内各类商品在进出口总额中所占的比重。贸易的商品结构状况可以从全世界范围和一国范围这 2 个角度进行考查。

世界范围内贸易商品结构发生的变化,是世界各国经济结构变化的反映。国际贸易商品一般分为初级产品和工业制成品两大类。前者是指未经加工或只是简单加工过的农矿类产品;后者则是指经过完全加工的产品,如机械设备、家用电器等。为了便于统计,联合国统

计委员会于1950年制定完成了《国际贸易标准分类》,并被联合国经济和社会理事会推荐给各成员国使用。该标准把所有的贸易商品分为十大类,其中前五类为初级产品,后五类为工业制成品。据有关资料统计,早期的国际贸易商品结构的特点是初级产品在国际贸易总额中所占比重较大。例如19世纪,初级产品在国际贸易总额中占到2/3。进入20世纪后,工业制成品在国际贸易中所占比重逐步上升;到2006年,其比重超过了初级产品;到2010年3月,据联合国统计委员会统计,工业制成品贸易比重已经占到国际贸易总额的2/3。这种状况反映出人类科学技术的巨大进步以及世界各国在工业化道路上所取得的进展。

分析一个国家的贸易商品结构,可以看出这个国家的经济发展水平和在国际分工中的地位。因为一个国家的对外贸易商品结构,主要是由这个国家的科学技术情况、资源条件、生产力水平和国内人民生活需要等条件所决定的。一般情况下,发达国家主要出口工业制成品和进口初级产品,而发展中国家则正好相反,主要出口初级产品和进口工业制成品。

(六)贸易的地理方向

国际贸易的地理方向是指国际贸易的地区分布和商品流向,即各地区或各国在国际贸易中所占的地位。

就一个国家而言,对外贸易的地理方向是指该国对外贸易额的地区分布和国别分布。它表示该国的出口商品流向和进口商品来自哪些国家与地区,并反映该国同其他国家和地区的经济贸易联系的程度。

就国际贸易而言,贸易的地理方向表示各洲、各国在国际贸易中所占的地位。由于各洲、各国政治经济发展的不平衡性,它们在国际贸易中所占的地位也大不相同。第二次世界大战以前,整个国际贸易是以欧洲占统治地位为特征的;战后经过几十年的发展,美洲和亚洲飞速崛起,在国际贸易中占有越来越重要的地位。

(七)对外贸易依存度

对外贸易依存度也称为外贸系数,是指一国在一定时期内的对外贸易总额(出口额与进口额之和)在该国国内生产总值中所占的比重。一国的对外贸易依存度越大,表明该国的对外开放度越高,同时也表明对外贸易在该国国民经济发展中的地位越高。例如,我国对外贸易依存度1994年时只有40.8%,而到2022年则达到了65.3%。

对外贸易依存度可以细分为出口贸易依存度和进口贸易依存度。前者是指一国在一定时期内的出口贸易额占国内生产总值的比重;后者是指一国在一定时期内的进口贸易额占国内生产总值的比重。

此外,对外贸易依存度还可以细分为对某些国家或地区的贸易依存度。

二、国际贸易的分类

国际贸易发展到现今阶段,形式越来越多样化,其分类也较为复杂。下面从不同的角度对其主要分类进行介绍。

(一)按照商品流向划分:出口贸易、进口贸易和过境贸易

出口贸易又称输出贸易,是指一国将自己生产或加工的商品输往国外市场销售。

进口贸易又称输入贸易,是指一国从国外市场购入商品用以生产和消费。

输入本国的商品未经加工再输出，称为复出口；反之，输往国外的商品未经加工再输入本国称为复进口。

过境贸易又称通过贸易，当某种商品从甲国经由乙国输往丙国销售时，对于乙国来说，这就是过境贸易。这种贸易既不是进口，也不是出口，仅仅是商品过境而已。早期，各国曾对过境贸易征收过境税，限制了过境贸易的发展。由于过境贸易对于过境国家的市场和生产不仅不会带来冲击，反而会产生一定的积极作用，带动本国的运输、物流等服务业的发展，因而各国目前已经取消了过境税，并采取各种措施来吸引过境贸易。

（二）按照商品的形态划分：有形贸易和无形贸易

有形贸易是指买卖那些看得见、摸得着的物质性商品的活动，也称为货物贸易。有形商品的种类繁多，按照联合国《国际贸易商品标准分类》，国际贸易中的有形商品主要分为十大类：①食品及主要供食用的活动物；②饮料及烟类；③非食用原料；④矿物燃料、润滑油及有关原料；⑤动、植物油脂及蜡；⑥化学品及有关产品；⑦轻纺产品、橡胶制品和矿冶产品及其制品；⑧机械及运输设备；⑨杂项制品；⑩未分类的其他商品。

无形贸易是指买卖那些不具有物质形态的商品的活动，也称为劳务贸易。

无形贸易活动涉及的内容比较广泛，一般包括两方面：一是从属于有形贸易的各种活动，如运输、保险、加工、装卸、船只修理等；二是与有形贸易无直接关系的各种活动，如金融、劳务输出、旅游等。

从统计的角度来看，有形贸易和无形贸易的主要区别是：有形贸易的进出口要经过海关，显示在海关的贸易统计表上，它是一国国际收支的主要构成部分；无形贸易尽管也是一国国际收支的重要构成部分，但由于其无须经过海关办理手续，所以一般不显示在海关的统计表上。

（三）按照贸易有无第三国参加划分：直接贸易、间接贸易和转口贸易

直接贸易是指商品生产国与商品消费国不通过第三国进行买卖商品的行为。商品从生产国直接销售到消费国，对生产国来说是直接出口，对消费国来说是直接进口。

间接贸易是指商品生产国与商品消费国没有直接发生贸易关系，而是通过第三国买卖商品的行为。商品通过第三国销售到消费国，对生产国来说是间接出口，对消费国来说是间接进口。例如，美国市场上的很多中国商品就是通过间接贸易的方式从中国流入美国的。

转口贸易是指某国进口商品后，对该类商品不做加工或只做轻微加工，再把这些商品出口到另一国的贸易行为。商品生产国与商品消费国通过第三国进行间接贸易，对于第三国来讲属于转口贸易。例如，新加坡的商人每年都从事大量的转口贸易活动，从中国和东南亚一些国家购入商品，然后卖到欧美市场去。即使有些商品是直接从生产国运送到消费国去的，但只要两国之间并未直接发生贸易关系，而是由第三国分别同生产国与消费国发生的贸易关系，这种活动仍然属于转口贸易。

（四）按照统计标准划分：总贸易体系和专门贸易体系

总贸易体系又称一般贸易体系，是以货物通过国境作为统计对外贸易的标准。凡是进入本国国境的货物一律计为进口，称为“总进口”；凡是离开本国国境的货物一律计为出口，称为“总出口”，二者之和为总贸易额。

总贸易是在总出口中包括本国产品的出口和未经加工的进口商品的出口。总进口额加总出口额就是一国的总贸易额。美国、日本、英国、加拿大、澳大利亚、中国以及东欧等国采用这种划分标准。

专门贸易体系又称为特殊贸易体系，是指以关境作为划分和统计进出口的标准：凡是通过海关结关进入境内的货物计入进口贸易，凡是通过办理海关手续出口的货物计入出口贸易。

专门贸易是只有从外国进入关境的商品以及从保税仓库存提出进入关境的商品才列为专门进口。当外国商品进入国境后，暂时存放在保税仓库，未进入关境，不列为专门进口。从国内运出关境的本国产品以及进口后经加工又运出关境的商品，则列为专门出口。

(五)按照经济发展水平划分：水平贸易和垂直贸易

水平贸易是指经济发展水平比较接近的国家之间开展的贸易活动。例如，发达国家之间以及发展中国家之间所进行的贸易。发达国家之间的生产力发展水平尽管很接近，但仍存在各种差异，如技术水平各有长短，各国工业发展也是不平衡的，资源供应情况也不同。它们通过国际贸易来取长补短，弥补不足。发展中国家之间的水平贸易，则是在相互支持、相互弥补民族工业的短缺中形成的。

垂直贸易是指经济发展水平不同的国家之间开展的贸易活动。发达国家与发展中国家之间所进行的贸易，大多属于这种类型。发达国家从发展中国家进口农产品和工业原料，并向其出口工业制成品。这主要是由生产力水平的差距造成的。

(六)按照清偿工具划分：自由结汇贸易和易货贸易

自由结汇贸易又称现汇贸易，是指以货币为清偿工具的国际贸易。在当今的国际贸易中，能作为清偿工具的货币主要有美元、日元、欧元、英镑等。

易货贸易是指以经过计价的货物作为清偿工具的国际贸易。也就是两国间直接以货物交换货物的贸易，又称为换货贸易。这种贸易方式的特点是进口与出口相结合，贸易双方均有进有出，这样既可以节省外汇，又可以保持双方的贸易平衡。易货贸易本来是一种古老的贸易方式，在货币出现以前被广泛使用。近些年易货贸易又有重新兴起的趋势，主要原因是很多国家外汇短缺，国际性的债务危机，某些发达国家为了减少外贸逆差，等等。

第三节　国际贸易条约及惯例

一、国际贸易条约

(一)国际贸易条约的含义

国际贸易条约(International Trade Treaty)是2个或2个以上的国家之间、国家与国际组织之间以及国际组织之间依据国际经济法所缔结的，以条约、公约、协定和协议等名称出现的，以调整国际贸易关系为内容的一切有法律拘束力的文件。

一般来说，国际贸易条约作为国际经济法的渊源，其拘束力仅以其缔约国为限。国际贸易条约可以是双边的，也可以是多边的。前者是指仅有2个缔约方的国际贸易条约，后者是指有 3 个或 3 个以上缔约方的国际贸易条约。

广义的国际贸易条约，是国家间（包括民间团体）在贸易关系方面缔结的各种书面协议的总称，如通商航海条约、贸易协定、换货协定、支付协定、贸易议定书、换文和各种公约、规则。其内容、名称虽不同，但都有法律效力。

狭义的国际贸易条约，仅指以条约、公约及协定、协议名称缔结的关于贸易关系方面的书面协议；主要是大型的或综合性的贸易协议，并以国家或政府首脑的名义由国家或政府首脑特派全权代表签订，按缔约国法律程序完成批准手续后才能生效。

（二）国际贸易中的主要国际公约

1. 关于国际货物买卖的公约

（1）《国际货物买卖统一法公约》（简称《海牙第一公约》，海牙，1964 年）；

（2）《联合国国际货物销售合同公约》（简称《销售公约》，维也纳，1980 年）；

（3）《联合国国际货物买卖时效期限公约》（简称《时效公约》，纽约，1974 年）。

2. 关于国际货物运输的公约

（1）《统一提单的若干法律规则的国际公约》（简称《海牙规则》，布鲁塞尔，1924 年）；

（2）《修改统一提单若干法律规则的国际公约议定书》（简称《维斯比规则》，维斯比，1968 年）；

（3）《1978 年联合国海上货物运输公约》（简称《汉堡规则》，汉堡，1978 年）；

（4）《联合国全程或部分海上国际货物运输合同公约》（简称《鹿特丹规则》，鹿特丹，2009 年）；

（5）《统一国际航空运输某些规则的公约》（简称《华沙公约》，华沙，1929 年）；

（6）《修改 1929 年 10 月 12 日在华沙签订的统一国际航空运输某些规则的公约的议定书》（简称《海牙议定书》，海牙，1955 年）；

（7）《国际铁路货物联运协定》（简称《国际货协》，华沙，1951 年）；

（8）《国际铁路货物运输公约》（简称《国际货约》，伯尔尼，1961 年）；

（9）《联合国国际货物多式联运公约》（日内瓦，1980 年）。

3. 关于国际支付的公约

（1）《汇票和本票统一法公约》（日内瓦，1930 年）；

（2）《解决汇票及本票若干法律冲突公约》（日内瓦，1930 年）；

（3）《统一支票法公约》（日内瓦，1931 年）；

（4）《解决支票若干法律冲突公约》（日内瓦，1931 年）；

（5）《联合国国际汇票和国际本票公约》（纽约，1988 年）。

4. 关于对外贸易管理的公约

《马拉喀什建立世界贸易组织协定》（马拉喀什，1994 年）

5. 关于贸易争端解决的公约

（1）《承认及执行外国仲裁裁决公约》（纽约，1958 年）；

（2）《关于争端解决规则和程序的谅解》（马拉喀什，1994 年）。

6. 关于知识产权的公约

（1）《保护工业产权巴黎公约》（巴黎，1883 年；1980 年修订）；

(2)《商标国际注册马德里协定》(马德里,1891 年);

(3)《商标国际注册马德里协定有关议定书》(马德里,1989 年);

(4)《保护文学和艺术作品伯尔尼公约》(伯尔尼,1886 年;1971 年修订);

(5)《世界版权公约》(日内瓦,1952 年;1971 年修订于巴黎)。

二、国际贸易惯例

国际贸易因其特殊性和复杂性,会出现国际争端与纠纷,在这种情况下,各国需要推出行为规范来进行约束,以便顺利地进行国际贸易,于是国际贸易惯例应运而生。国际贸易惯例(International Trade Practice)或称国际商业惯例,是国际贸易法的主要渊源之一,也是国际货物买卖合同应当遵守的重要规范。

(一)国际贸易惯例的含义及特征

国际贸易惯例是指在国际贸易长期实践中逐渐自发形成的,某一地区、某一行业中普遍接受和经常遵守的,并且经过国际贸易组织编撰和解释的习惯做法。它在国际贸易的实践中具有特殊的地位,对于指导国际贸易活动和解决国际贸易纠纷有非常重要的作用和意义。

国际贸易惯例因其本身的特殊性,在国际贸易活动中有着不可或缺的作用,其特征表现如下。

1. 非强制性

国际贸易惯例不具备强制法律效力,是根据合同双方当事人约定而适用。国际公约是国家之间签订的条约,对国家、企业和个人有强制约束力。

2. 非法律性

国际贸易惯例本身并不是法律。贸易双方当事人有权在合同中达成不同于惯例规定的贸易条件。许多国家在立法中明文规定了国际惯例的效力,特别是在《联合国国际货物销售合同公约》中,惯例的约束力得到了充分肯定。在下列情况中,国际贸易惯例对当事人有约束力:

(1)当事人在合同中明确表示选用某项国际惯例。

(2)当事人没有排除对其已知道或应该知道的某项惯例的适用,而该惯例在国际贸易中为同类合同的当事人所广泛知道并经常遵守,则应视为当事人已默示地同意采用该项惯例。

(二)国际贸易领域常见的国际贸易惯例

1. 国际贸易术语方面

(1)国际商会制定的《国际贸易术语解释通则》(2020 年版);

(2)国际法协会制定的《1932 年华沙-牛津规则》;

(3)美国商会、美国进口商协会和全国对外贸易协会所组成的联合委员会制定的《1990 年美国对外贸易定义修订本》。

2. 国际货款收付方面

(1)国际商会制定的《跟单信用证统一惯例》2007 年修订本(国际商会第 600 号出版物);

（2）国际商会制定的《托收统一规则》1995年修订本（国际商会第522号出版物）。

3. 运输与保险方面

（1）英国伦敦保险协会制定的《伦敦保险协会货物保险条款》；

（2）中国人民保险公司制定的《中国保险条款》；

（3）国际海事委员会制定的《约克-安特卫普规则》。

4. 国际仲裁方面

联合国国际贸易法委员会制定的《联合国国际贸易法委员会仲裁规则》。

5. 国际担保方面

（1）国际商会制定的《国际备用证惯例》（ISP98）；

（2）国际商会制定的《国际商会见索即付保函统一规则（2010年修订本）》（URDG758）。

随着国际经济与贸易的快速发展，国际贸易惯例的作用越来越明显。这主要表现在以下几个方面。

首先，国际贸易惯例有利于买卖合同的顺利磋商和订立。因为国际贸易惯例可以简化进出口交易的相关手续，节省费用开支，缩短商务谈判的时间，从而在国际贸易的发展方面发挥重要的作用。

其次，理解和掌握国际贸易惯例，可以帮助解决履行合同中的争议与纠纷。当订立某些国际贸易合同时，由于考虑不严谨，法律适用不明确，使履约当中的争议与纠纷不能依照合同的规定得到很好的解决。

最后，国际贸易惯例的运用，有利于国际贸易中的各个环节相互衔接，从而促进国际贸易正常有序地进行并确保其持续发展。

本章小结

国际贸易是指世界各国（或地区）之间货物、商品和服务的交换活动。与国内贸易相比，国际贸易具有经营环境更多变、经营业务复杂、经营风险多样的特点。社会生产力的发展及国际分工的发展与扩大是国际贸易产生、发展的基础。第二次世界大战后，国际贸易发展迅速，对世界经济的发展具有重大的推动作用。

为了进一步了解当前世界贸易的总体形势及本国外贸的发展状况，需要了解国际贸易中的相关概念，如国际贸易、国际贸易额、国际贸易量、贸易差额、贸易条件等。此外，国际贸易形式多样，分类复杂，可以从不同角度对其进行分类。

在国际贸易实践中，要遵循国际贸易条约和国际贸易惯例。

综合练习

一、单项选择题

1. 对外贸易依存度是指一国在一定时期内的（　　）在该国国内生产总值中所占的

比重。

A. 贸易系数　　B. 对外贸易总额　　C. 对外开放度　　D. 出口总额

2. 自由贸易又称贸易自由化,是指主张放松乃至取消国家间的(　　),使商品在各国间自由流通。

A. 贸易限制　　B. 贸易政策　　C. 市场竞争　　D. 国际市场

3. 贸易的地理方向是指国际贸易的地区分布和(　　),即各地区或各国在贸易中的地位。

A. 国别分布　　B. 贸易联系　　C. 地理分布　　D. 商品流向

4. 贸易的商品结构是指一定时期内各类商品在(　　)中所占的比重。

A. 商品结构　　B. 初级产品　　C. 工业制成品　　D. 进出口总额

5. 国际贸易的经营环境相较于国内贸易的不同之处在于(　　)。

A. 政治经济体制不同　　B. 民族文化不同

C. 地区文化不同　　D. 地理气候不同

6. 下列选项中国际贸易与国内贸易的相同点是(　　)。

A. 交换的内容为商品交换　　B. 交易程序复杂

C. 二者都是市场活动　　D. 都属于生产到消费的环节

7. 国际贸易经营的主要风险是(　　)。

A. 政治风险　　B. 市场结构风险　　C. 经济环境风险　　D. 汇率风险

8. 通常所说的国际贸易额是指(　　)。

A. 世界进出口总额　　B. 世界进口总额

C. 世界出口总额　　D. 贸易顺差总额

9. 按贸易有无第三国参与划分,不包括(　　)。

A. 直接贸易　　B. 间接贸易　　C. 转口贸易　　D. 有形贸易

10. 国际贸易的复杂性主要体现在(　　)。

A. 国家关系程度　　B. 国际政策不同

C. 市场环境不同　　D. 经济环境不同

11. 国际贸易惯例因其特殊性,在国际贸易活动中的主要作用为(　　)。

A. 非强制性　　B. 对他国的约束力　　C. 对他国贸易的控制　　D. 法律效力

12. (　　)对于过境的国家来说,既不是出口贸易,也不是进口贸易,只是商品过境。

A. 出口贸易　　B. 过境贸易　　C. 转口贸易　　D. 进口贸易

二、简答题

1. 什么是国际贸易?
2. 国际贸易与国内贸易的相同之处有哪些?
3. 国际贸易与国内贸易的不同之处有哪些?
4. 国际贸易对经济发展的促进作用有哪些?
5. 国际贸易有哪些分类?
6. 国际贸易的特点有哪些?

三、案例讨论

1. 汽车生产销售现如今进出口的主要产业，很多国家都在进行投入生产，发达国家既是汽车的主要生产国，也是汽车的主要消费国；1980—2000 年，发达国家在汽车行业的出口依存度从 7.7%增长到 30%，其中日本地区对美国的汽车贸易依存度在 2001 年时达到了 40%，日本与美国在汽车零部件生产以及整车组装等方面的商品进出口贸易频繁。

请从对外贸易依存度方面分析出现这一现象的原因。

2. 从“一带一路”倡议到中国国际进口博览会，从金砖国家新开发银行到亚洲基础设施投资银行，中国在融入世界中获得发展，又以扩大开放反哺世界。以“一带一路”倡议为例，中国在“一带一路”沿线国家建设境外经贸合作区 82 个，累计投资 300 多亿美元，为当地创造了 30 多万个就业岗位。世界银行研究组的量化贸易模型结果显示，共建“一带一路”将使发展中的东亚及太平洋国家的国内生产总值平均增加 2.6%~3.9%。

请从国际贸易角度分析“一带一路”倡议对中国及沿线国家的影响。

第二章　交易磋商与合同的签订

教学要求：通过本章的学习，学生要认识到国际贸易交易磋商前的准备工作的重要性，了解国际贸易交易磋商的基本程序，掌握国际货物买卖合同成立的必要条件以及书面合同的形式与内容。

知识目标：初步了解交易磋商前的准备工作；熟练掌握交易磋商的程序，掌握4个程序的主要判定方法及注意事项；掌握合同的主要形式及内容。

能力目标：能够做好交易前的市场调研及准备工作；能够根据交易要求做好交易磋商的内容选择，确定谈判的内容；能够熟练正确处理合同纠纷。

导入案例：

早在19世纪30年代，甲国商人已把甲国的瓷器杯打入乙国市场。虽然其漂亮的外观、柔和的质地得到了乙国人的认可，但不知为什么，乙国人只喜欢看，却不喜欢买。甲国的瓷器商人百思不得其解，最后只好放弃了乙国市场。当时，一位甲国瓷器的爱好者和收藏者正在乙国游历，他看到甲国的瓷器杯在柜台上无人问津，也很是费解。

为什么甲国茶杯在乙国卖不动呢？带着这个疑问，这位瓷器爱好者进行了半年的调查研究，最后，他终于弄清了原因：传统的甲国茶杯杯口一样高，而乙国人鼻子大，在喝水的时候，鼻子常常将杯子挡住，必须仰头才能喝完杯里面的水，用起来非常不便。这位瓷器爱好者发现了其中的商机，兴奋不已。他把茶杯口设计成斜口，把图纸样式交给甲国厂家，从甲国订货，再运到乙国。

正当甲国人认为这样设计的茶杯不伦不类时，斜口茶杯已在乙国市场上供不应求。就这样，这位瓷器爱好者以中间商的角色，一举成为乙国有名的茶杯大王。

第一节　交易磋商前的准备

国际贸易属于跨国交易，情况错综复杂，风险较大，中间环节较多，竞争也比较激烈。因此，充分做好交易前的各项准备工作，是保证交易磋商和合同签订顺利进行的必要前提。

一、出口交易前的准备工作

在出口交易磋商之前，主要应做好以下几方面的准备工作，即选择目标市场、选择交易对象、制定出口商品经营方案。

（一）选择目标市场

出口商应在充分进行市场调研的基础上选择恰当的目标市场。市场调研主要包括以下内容。

1. 国别调研

国别调研主要是为了选择合适的市场,贯彻国别政策和发展贸易关系。国别调研主要调查国际支付能力、主要贸易港口、对外贸易及外汇管制政策、海关税率、商检措施以及与我国进行贸易的情况。

2. 商品市场调研

商品市场调研主要包括适销商品调查、市场竞争情况调查和市场消费特点调查。适销商品调查包括品种、规格、包装、商标使用等;市场竞争情况调查包括主要竞争者、主要生产商、市场容量等;市场消费特点调查包括消费习惯、消费水平、销售季节等。

3. 商品营销手段与广告宣传调查

商品营销手段调查主要是指营销渠道调查,包括各类商品的主要销售渠道,各渠道的特点、地位及由谁控制等。广告宣传调查包括主要媒体的情况以及与商品特点相适应的广告宣传方式等。

(二)选择交易对象

为了减少交易风险,出口商应对国外客户进行调查,并在此基础上选择交易对象。出口商可以通过我国驻外商务机构、中国银行国外分行及往来银行、国外咨询公司、专业信用调查机构、外国商会等渠道来了解国外客户的政治背景、资信情况、经营范围、经营能力等情况,从而选择政治背景友好、资信状况良好、经营能力强的国外客户来进行交易。此外,还应经常注意客户的情况变化,为客户建立档案,不断完善客户关系。

(三)制定出口商品经营方案

一般情况下,对大宗商品或重点推销的商品应逐个制定出口商品经营方案;对其他商品可以按商品大类制定经营方案;对一些中小商品,可以制定内容较简单的价格方案,仅对市场和价格进行简要分析,提出对不同国家和地区的出口价格掌握的基本原则和机动幅度。

出口商品经营方案是在对市场进行调查研究的基础上,按照出口计划的要求,对某种或某一类商品在一定时期内的出口做出较全面的安排。经营方案的主要内容有:

(1)货源情况,即国内生产和供应的可行性,出口商品的品种、规格、包装等情况。

(2)国内、国外市场状况,即对当前市场的分析和对发展趋势的预测。

(3)出口计划,即根据前一时期的出口情况和对以往出口中存在的主要问题的具体分析,提出下一步出口计划安排,如按商品的品种、数量或金额做出分国别的推销计划,以及对贸易方式、收汇方式的具体运用,对价格、佣金与折扣的掌握。

(4)出口经济效益核算,即对出口成本、出口盈亏率、出口创汇率的核算和分析。

(5)商标注册,即在商品出口前,及时做好国内外的商标注册工作,以便更好地维护自身的合法权益。

二、进口交易前的准备工作

(一)选择供货商

为使进口商品和国内市场更好地相互适应,提高进口业务的效率,进口商应对潜在的商品供应者进行考察,以便选择合适的供货商。外国领事馆和贸易组织提供的贸易企业及其商品目录和工业出版物是获得潜在进口供货商的重要来源。进口商还可以通过查看相关商品的商业协议来查明供给的可靠性、产品的范围、可选择性及竞争情况。对于大型成套设备,进口商可以通过国际招标来完成采购。此外,进口商还可以通过参加国际博览会、访问相关的商务网站来获取潜在供货商的有关信息。

(二)选择采购市场

进口商在选择采购市场时,应综合考虑以下几方面因素:

(1)满足国内市场的实际需求。不同国家的技术发展情况不同,产品的性能、价格等方面也会有很大差别,必须从市场需求出发,有针对性地进行选择。

(2)优先从与我国有友好往来的国家进口,以减少政治风险。

(3)考虑多从与我国有贸易顺差的国家进口,以利于贸易平衡。

(4)避免采购市场过分集中,以分散风险和防止受制于人。

(三)制定进口商品经营方案

与出口商品经营方案相似,进口商品经营方案是为完成进口业务而制定的经营意图和各项具体措施。通常包括以下内容:

(1)采购国别或地区的安排。

(2)订购数量和时间的安排。

(3)供货商的选择安排。

(4)价格的把握。

(5)贸易方式的选择。

(6)各项主要交易条件的掌握等。

第二节　交易磋商的基本程序

交易磋商又称合同磋商,是买卖双方就买卖某种货物的各项交易条件进行洽商,以求最后达成协议、签订合同的过程。一旦交易双方通过磋商对各项交易条件达成一致意见,合同即告成立,对双方都具有约束力。因此,交易磋商直接关系到交易双方能否顺利履行合同,关系到双方的经济效益,是进出口业务中最重要的环节。

交易磋商的内容,以货物的品质、数量、包装、价格、交货和支付条件为主要内容,通常也涉及检验、索赔、不可抗力和仲裁条件等其他内容。以货物的品质等为主要内容或主要交易条件,是因为买卖双方欲达成交易、订立合同,必须至少就这 6 项交易条件进行磋商并取得一致意见,这 6 项条件是成立买卖合同不可缺少的交易条件。至于其他交易条件,特别是检验、索赔、不可抗力和仲裁,虽非成立合同所不可缺少的内容,但为了提高合同质量,防止和减少争议的发生以及便于解决可能发生的争议,买卖双方在交易磋商时也不容忽视。

我国进出口公司在同国外客户建立贸易联系时,为了简化交易磋商的内容、加速进程,通常先将印有“一般交易条件”的合同格式递交对方,经双方协商同意后,这些条件就成为今后双方进行交易的共同基础,双方均受此项“一般交易条件”的约束,这对于缩短谈判时间和节约函电费用都是有利的。在合同中制定的一般交易条件通常包括索赔、仲裁、不可抗力等条款，有的还包括商品检验、品质数量公差、保险、货运单据种类和份数以及开证注意事项等内容。交易磋商的环节一般经过询盘、发盘、还盘和接受 4 个环节，其中发盘和接受是不可缺少的环节，是达成交易的决定性环节。因为买卖合同是经发盘和接受确立的。

一、询盘

询盘（inquiry）也称询价，是指买方为了购买或卖方为了销售货物而向对方提出有关交易条件的探询。其内容可以是只询问价格，也可以询问其他一项或几项交易条件，以至要求对方向自己做出发盘。一般买方向卖方做询盘的情况比较多。

买方询盘，也称邀请发盘。例如，新加坡某买主向我轻工业进出口公司发来询盘："请报 500 辆飞鸽牌自行车成本加运费至新加坡的最低价，5 月装运，尽速电告。"

卖方询盘，也称邀请递盘。例如，某金属品进出口公司向国外某买主发出询盘："可供 99%铝锭，7 月装运，如有兴趣请电告。"又如，我某贸易公司向国外某买主发出询盘："可供反光镜，3 月装运，如有兴趣请电告。"

询盘对询盘人和被询盘人均无法律上的约束力，而且不是交易磋商的必经步骤。但它往往是交易的起点，所以被询盘的一方应对接到的询盘给予重视，并做及时和适当的处理。

询盘时一般不直接用询盘的术语，而通用下列词句："请告"（Please advise）、"请电告"（Please cable advise）、"对……有兴趣，请"（Interested in...please）、"请报价"（Please quote）、"请发盘"（Please offer）等。询盘还可以提出内容不肯定或附有保留条件的建议，如提出价格时使用参考价（reference price）或价格倾向（price indication），再如"以我方最后确认为准"（Subject to our final confirmation）或"有权先售"（Subject to prior sale）等。

二、发盘

（一）发盘的含义

发盘（offer）也称发价、报盘、报价，法律上称为"要约"，是买卖双方中的一方（即发盘人）向对方（即受盘人）提出各项交易条件，并且愿意按照这些条件与对方达成交易、成立合同的一种肯定的表示。发盘可以由卖方提出，也可由买方提出。由卖方向买方发盘称为售货发盘（selling offer）；由买方向卖方发盘称为购货发盘（buying offer），又称递盘（bid）。在实际业务中，通常发盘是一方在收到对方的询盘之后提出的，也可不经对方询盘而直接向对方发盘。

发盘经受盘人有效接受，合同即告成立，当事人之间就产生了具有法律约束力的合同。因此，不论是卖方还是买方，在其发盘为对方有效接受后，如发现所报价格对其不利或其他交易条件难以实现等情况，都不得拒绝按对方所接受的发盘条件履行其责任的义务，否则就构成违约。

发盘一般采用下列术语和语句：发盘（offer）、发实盘（offer firm；firm offer）、报价（quote）、供应（supply）、可供应（can supply）、订购（book；booking）、订货（order；ordering）、可订（can book；bookable）、递盘（bid；bidding）、递实盘（bid firm；firm bid）。

（二）构成发盘的条件

构成一项法律上的有效发盘必须具备以下 4 个条件。

1. 发盘应向一个或一个以上特定的人提出

所谓"特定的人"，是指在发盘中指明个人姓名或企业名称的受盘人。不指定受盘人的，原则上不能看成发盘，而只是一项发盘的邀请(invitation to make offer)。例如，出口商在报纸或杂志上登载广告，或向国外客户广泛寄送样品、目录、价目单，只是吸引对方提出订货，所以不构成对寄发人的约束。但是，如果出口商在做出上述行为时，明确表示"在得到接受时承受约束"的意旨，那么，他在商品目录、价目表或广告中所提出的建议，将被视作"发盘"。例如，在报纸上刊登出售某种商品的广告时，说明"在××年××月××日前按所列价格汇到价款，保证供货"，该广告的刊登者就必须对任何按期汇到价款的人履行供货的义务。

2. 发盘内容必须十分确定

所谓发盘内容的确定，是指发盘的条件是完整的、明确的和终局的。《联合国国际货物销售合同公约》(以下简称《销售公约》)第十四条规定：一项订立合同的建议"如果写明货物并且明示或暗示地规定数量和价格或如何确定数量和价格，即为十分确定"。按此规定，一项订约建议只要列明货物、数量和价格 3 项条件，即被认为其内容"十分确定"，而构成一项有效的发盘。如该发盘为受盘人所接受，即可成立合同。

在实际业务中，一项发盘往往不是以上述所有主要交易条件的完整形式出现的，发盘中在表面上所缺少的某些主要交易条件，在一定情况下可以从其他方面予以确定。至于所缺少的其他内容，如货物的包装、交货和支付条件，可在合同成立后，按照双方之间已确立的习惯做法、惯例或按照《销售公约》第三部分有关买卖双方义务的规定予以补充。发盘的主要交易条件表面上不完整而实际上是完整的，有以下背景情况：(1)买卖双方事先订有"一般交易条件"的协议，如在"一般交易条件"中已订明"支付方式：凭不可撤销即期信用证"，除了拟做改动者外，就可在发盘中不列明上述支付条件。(2)援引来往函电及先前合同。在交易磋商中，发盘人在发盘时往往援引双方过去的做法，虽然在法律上是可行的，但是在实际业务中则往往不可取。交易条件应是明确的，即不能有含糊、模棱两可的词句，如"参考价"、指示性价格或对交货期规定为"大约 9 月"等。

3. 发盘应表明订约的意旨

按照现行法律和《销售公约》，一方当事人是否向对方表明在发盘被接受时承受约束的意旨，是判别一项发盘的基本标准。所谓"承受约束"，是指发盘人于得到接受时承担与受盘人按发盘条件订立合同的责任。如果发盘只是订立合同的建议，根本没有"承受约束"的意思，就不能被认为是一项发盘。例如，在订约建议中加注"仅供参考""以……确认为准"等保留条件，都不是发盘，只是邀请对方发盘。

4. 发盘必须被传达到受盘人

发盘无论是口头的还是书面的，只有被传达到受盘人时才生效。这是《销售公约》和各国法律的普遍要求。例如，发盘人通过电话向受盘人发盘，中途电话发生故障，传送声音模糊，必须待电话修复后，让受盘人听清全部发盘内容，该发盘方为有效。又如，发盘人用信件或电报发盘，如该信件或电报因邮电局误递或在传递途中遗失，以致受盘人没有收到，则该发盘无效。如通过电传发盘，传送过程中线路或电传机发生故障，所传送的电文不清，须于修复后重新传送，使受盘人能收到清晰无误的发盘电传文本。

(三)发盘的有效期

在国际货物买卖中,凡是发盘都有有效期,发盘的有效期是指可供受盘人对发盘做出接受的时间或期限。这一含义有2层意思:一是发盘人在发盘有效期内受约束,即如果受盘人在有效期内将接受通知送达发盘人,发盘人承担按发盘条件与之订立合同的责任;二是超过有效期,发盘人将不再受约束。因此,发盘的有效期既是对发盘人的一种限制,也是对发盘人的一种保障。

在实际业务中,常见的规定有效期的方法有以下几种。

1. 规定最迟接受的期限

发盘人在发盘中明确规定受盘人表示接受的最迟期限。例如,"发盘限15日复"。

这种有效期的规定方法存在一个问题,即该截止日(15日)是指受盘人在其所在地发出接受通知的期限,还是接受通知必须送达发盘人的期限,不够明确。为了明确发盘的截止期,在规定最迟接受的期限时,可同时限定以接受送达发盘人或以发盘人所在地的时间为准。例如,"发盘限15日复到""发盘限我方时间15日复""发盘有效至我方时间周五"。

2. 规定一段接受的期间

发盘人也可以规定发盘在一段期间内有效。例如,"发盘有效期3 d""发盘10 d内复"。

发盘人对于发盘明确规定有效期,其期限究竟多长,并无定则。一般来说,发盘有效期的长短取决于商品的种类、市场情况和交易额等因素。《销售公约》还规定,对口头发盘必须立即接受,但情况有别者不在此限。所谓"立即接受",可理解为在双方口头磋商时当场有效,收盘人不在磋商当场表示接受,发盘随即失效。对"情况有别者",则可理解为发盘人在口头发盘时,明确规定了有效期,如"有效期3 d",则该发盘不在"立即接受"之列。

3. 不明确规定有效期

发盘人在发盘中不明确规定有效期限,有的仅做笼统规定,有的甚至不做任何规定。这种发盘意味着在合理时间内有效。例如:Offer... Reply(发盘……复);Offer... Reply immediately(发盘……速复);Offer... Reply urgently(发盘……急复)。

"合理时间"究竟有多长以及如何才算立即答复,各国并没有明确规定或解释。一般来说,"合理时间"要考虑双方当事人的利益,既不能让发盘人等待太久,又要给受盘人足够的考虑及准备时间,还要适当地考虑交易的情况及行业惯例和习惯做法。

(四)发盘的生效、撤回和撤销

1. 发盘的生效

《销售公约》第十五条规定"发价于送达被发价人时生效"。由此可见,发盘在送达受盘人之前,如发盘人改变主意或情况发生变化必然会产生发盘的撤回或撤销。

2. 发盘的撤回

发盘的撤回(withdrawal)是指发盘人将尚未被受盘人收到的发盘予以取消的行为。《销售公约》第十五条规定:"一项发价,即使是不可撤销的,得予撤回,如果撤回通知于发价送达被发价人之前或同时,送达被发价人。"这一规定是建立在发盘尚未生效的基础上的。对于一项尚未被收到、还未生效的发盘,原定的受盘人无权向发盘人提出任何主张,因为根本不存在法律应予保护的“可期待之物”。可见,“撤回”的实质是阻止发盘生效。

发盘撤回的条件是:撤回通知比发盘先到达受盘人或撤回通知与发盘同时到达受盘人。在实际业务中,发盘人如果发现发盘中内容有误或市场行情有变,可争取在发盘到达受盘人之前,立即以更快速的通信方式撤回该发盘。如发盘人用电报或电传撤回用信件发出的发盘,用电传或传真撤回电报发盘,当然撤回通知须先于发盘或与发盘同时到达受盘人。

3. 发盘的撤销

发盘的撤销(revocation)是指发盘人将已经为受盘人收到的发盘予以取消的行为。各国法律对发盘能否被撤销解释不一。英美等国认为,发盘原则上对发盘人没有约束力,在受盘人接受前,发盘人可以撤销发盘,除非受盘人付出“对价”以取得发盘人不得取消发盘的承诺。大陆法系国家认为,发盘原则上对发盘人有约束力。《德国民法典》规定,定有具体有效期的发盘,在有效期内不得撤销;未规定具体有效期的发盘,在合理时间内不得撤销。

《销售公约》对上述不同解释进行了协调,并规定:“在未订立合同之前,发价得予撤销,如果撤销通知于被发价人发出接受通知之前送达被发价人。”

此外,《销售公约》还规定,下列 2 种情况的发盘,一旦生效,则不得撤销:(1)发价写明接受发价的期限或以其他方式表示发价是不可撤销的;(2)被发价人有理由信赖该发价是不可撤销的,而且被发价人已本着对该发价的信赖行事。

(五)发盘的终止

发盘的终止(termination)是指发盘法律效力的消失。它含有两方面的意思:一是发盘人不再受发盘的约束;二是受盘人失去了接受该发盘的权利。

发盘终止的原因有很多,归纳起来,主要有以下几种情况:

(1)在有效期内未被接受而过时。明确规定有效期的发盘,在有效期限内未被受盘人接受,该发盘就终止了。未明确规定有效期的发盘,在合理时间内,未被受盘人接受,该发盘也就失效了。

(2)被受盘人拒绝。一项发盘,一经受盘人拒绝就失效。拒绝是受盘人不同意发盘条件而对发盘做出不接受的表示。如“你 8 日电不能接受”(Yours eighth unacceptable.)。

(3)经受盘人还盘。发盘一经还盘,发盘的效力即告终止。

(4)在被接受前发盘人对发盘进行有效的撤销。

(5)法律的适用。发盘还可因出现了某些特定情况,按有关法律的适用(application of law)而终止。例如,发盘人为自然人,在发盘被接受前丧失行为能力(如死亡或精神失常);发盘人为法人(如公司),在发盘被接受前,该法人依法宣告破产,并将有关破产的书面通知送达受盘人;特定标的物的毁灭,如一件独一无二、不可替代的艺术品,发盘做出后在火灾中焚毁;发盘中商品被出口国或进口国政府宣布禁止出口或进口。在以上任一情况下,发盘将依据法律而终止。

三、还盘

还盘(counter offer)也称还价,是受盘人对发盘内容不完全同意而提出修改或变更的表示。还盘实质上是受盘人对发盘拒绝后又做出的一项新的发盘,一经还盘原发盘即失去效力,发盘人不再受其约束,还盘人即为新发盘的发盘人,原发盘人成为新发盘的受盘人,对还盘的还盘实际上也是一种还盘。一方发盘，另一方对其内容不同意，可以进行还盘。同样，一方还盘，另一方对还盘内容不同意，也可以再进行还盘。一笔交易有时不经过还盘，经一方发盘一方接受即可达成。大多数交易在发盘后，要经过还盘、再还盘，有时甚至经过几十次往返，才能做成一笔买卖。

四、接受

（一）接受的含义

接受（acceptance）在法律上称“承诺”，是买方或卖方同意对方在发盘中提出的各项交易条件，并愿意按这些条件与对方达成交易、订立合同的一种肯定的表示。

一方的发盘经另一方接受，交易即告达成，合同即告订立，双方就应分别履行其所承担的合同义务。接受不得修改或撤销。

在实际业务中，受盘人对发盘表示同意，通常都用“接受”这一术语，也有用“同意”或“确认”等表示。

（二）构成接受的条件

《销售公约》第十八条规定：“被发价人声明或做出其他行为表示同意一项发盘，即是接受。缄默或不行动本身不等于接受。”据此，构成一项法律上有效的接受，必须具备以下 4 个条件。

1. 接受必须由指定的受盘人做出

发盘是向特定的受盘人做出，与其相对应，接受必须由指定的受盘人做出，除受盘人之外的第三者做出的接受都不是有效接受。

2. 接受必须表示出来

接受必须由受盘人以某种方式表示出来。受盘人表示接受的方式有 2 种：

（1）用“声明”（statement）做出表示。即受盘人用口头或书面形式向发盘人表示同意发盘（indicating assent to an offer）。这是国际贸易中最常用的表示方法，如受盘人用词简明，例如“接受”或“确认”（accept，accepted；confirm，confirmed），则可明确地表达受盘人同意发盘的意思。

（2）用“做出行为”（performing an act）来表示。这通常是指卖方发运货物或由买方支付价款（包括汇付货款和开立信用证）来表示，也可以用做出其他行为来表示，诸如开始生产所买卖的货物、发盘人采购有关货物等。例如，出口方用发运货物或进口方以开信用证等行为来表示接受。在用行为表示接受时必须注意，这种表示接受的方式是根据该发盘人的要求或依照当事人之间确立的习惯做法或惯例行事的，而且该行为必须在发盘明确规定的有效期之内，或者在合理时间之内做出方为有效。我国在批准参加《销售公约》时，对《销售公约》承认合同可以书面以外形式订立的规定声明保留。因此，在实际业务中，我国外贸企业应以书面通知的形式表示对发盘的接受。

3. 接受必须与发盘相符

接受必须无条件地全部同意发盘的条件。也就是说，接受必须是绝对的、无保留的，必须与发盘人所做的发盘条件相符。英美法系认为承诺（接受）应当像镜子一样照出要做（发盘)的内容。因此,附有限制、修改或增加新条件的接受,不能构成对发盘的有效接受,而是对发盘的拒绝并构成还盘。

在国际贸易的实际业务中,受盘人在表示接受时,往往对发盘做出某些添加、限制或其他更改。为了适应现代商业的需要,尽量促成交易的达成,不要因为受盘人在接受时对发盘做出的任何添加、限制或更改而影响合同的成立,《销售公约》将接受中对发盘的条件所做的变更分为实质性变更(material alternation)和非实质性变更(non-material Alternation)2 类,凡对货物的价格、付款、质量、交货地点和时间、赔偿责任范围或解决争端的添加、限制或更改,均视为实质性变更。如只是要求提供重量单、装箱单、商检证、产地证等单据,或增加某种单据的份数等附加条件,则可视为非实质性变更。

4. 接受必须在发盘的有效期内到达发盘人

根据法律的一般要求,如发盘中明确规定了有效期,接受必须在发盘的有效期内送达发盘人方能生效;如发盘中未明确规定有效期,接受通知必须在一段合理时间内送达发盘人。如果接受通知超过发盘规定的有效期限,或发盘没有具体规定有效期限而超过合理时间才送达发盘人,这就是一项逾期接受,也称“迟到的接受”。对于这种迟到的接受,发盘人不受其约束,不具有法律效力。口头发盘必须立即接受,否则无效,如果发盘人同意延长发盘的有效期,则不受此限制。

(三)逾期接受

逾期接受(late acceptance)又称迟到的接受,是指受盘人发出的接受通知超过发盘人规定的有效期或发盘中未明确规定有效期而超过合理时间才送达发盘人。逾期接受在一般情况下无效。但《销售公约》第二十一条对这一问题做了灵活处理:“(1)逾期接受仍有接受的效力,如果发价人毫不迟延地用口头或书面将此种意见通知被发价人。(2)如果载有逾期接受的信件或其他书面文件表明,它是在传递正常、能及时送达发价人的情况下寄发的,则该项逾期接受具有接受的效力,除非发价人毫不迟延地用口头或书面通知被发价人:他认为他的发价已经失效。”总之,逾期接受是否有效,关键要看发盘人如何表态。

(四)重新接受

重新接受是指受盘人接到一项发盘时,首先做出了拒绝或还盘,然后又表示接受。这种接受是否有效,要根据情况而定。如果受盘人采用更加快捷的传递方式将接受通知发出,并使其先于拒绝或还盘送达发盘人,则该项接受有效;如果接受通知与拒绝或还盘同时送达发盘人,或者迟于拒绝或还盘送达发盘人,则此项接受无效。因为拒绝或还盘一旦送达发盘人,发盘即告失效,受盘人已无接受的权利。

(五)接受的撤回

根据《销售公约》规定,由于《销售公约》采用的是到达生效原则,因而接受发出后在一定条件下准予撤回,但条件是撤回通知必须于接受通知到达发盘人之前或同时被送达发盘人。在业务中,接受需要撤回,常因事先考虑不周,对市场行情的迅速变化未能及时掌握,此时,可以运用《销售公约》有关规定,及时撤回接受。接受不得撤销,接受的通知一经到达发盘人即不能撤销,因为接受一经生效合同即告成立。如果撤销接受,在实质上已属于毁约行为。

第三节　合同的签订

一、合同有效成立的条件

根据各国合同法的规定，合同一般要满足以下几个条件，才能有效成立。

（一）合同必须有对价或合法的约因

英美法系认为，合同要有对价（consideration）。对价是指合同当事人之间为了取得合同利益所提供的相互给付（counterpart），即双方互为有偿。《法国民法典》规定，没有合法约因（cause）的合同无效。约因是指当事人签订合同所追求的直接目的。合同只有在有对价或约因时，才是法律上有效的合同。

（二）当事人必须具有订立合同的行为能力并在自愿和真实的基础上达成协议

签订合同的当事人为自然人或法人。一般各国法律规定，自然人签订合同的行为能力是指精神正常的成年人才能订立合同；法人订立合同的行为能力是指法人必须通过其代理人在法人的经营范围内订立合同，越权的合同不能发生法律效力。

《中华人民共和国合同法》（以下简称我国《合同法》）第九条规定："当事人订立合同，应当具有相应的民事权利能力和民事行为能力。"

此外，各国法律均认为，合同当事人的意思表示必须是真实的才能成为有约束力的合同，否则合同无效。

我国《合同法》第五十二条规定："有下列情形之一的，合同无效：（一）一方以欺诈、胁迫的手段订立合同，损害国家利益；（二）恶意串通，损害国家、集体或者第三人利益；（三）以合法形式掩盖非法目的；（四）损害社会公共利益；（五）违反法律、行政法规的强制性规定。"

（三）合同的标的、内容与形式必须合法

《销售公约》第十一条规定："销售合同无须以书面订立或书面证明，在形式方面也不受任何其他条件的限制。销售合同可以用包括人证在内的任何方法证明。"我国《合同法》第十条规定："当事人订立合同，有书面形式、口头形式和其他形式。法律、行政法规规定采用书面形式的，应当采用书面形式。当事人约定采用书面形式的，应当采用书面形式。"

二、合同的签订

合同是指买卖双方达成协议后，制作书面合同将各自的权利和义务用书面方式加以明确。书面合同是履行合同的依据，有时也是合同生效的条件。一般接受生效即合同生效。有些须经批准的合同，获得有关审批机构批准后，合同才能生效。

（一）书面合同的形式

常见的书面合同形式有以下几种：合同（contract）、确认书（confirmation）、协议（agreement）和备忘录（memorandum）等。

按照我国的商业惯例，交易当面成交时，由双方共同签署合同；通过函电往来成交的，一般由我方签署后，将正本一式两份送交外方签署后退回一份，以备存查。

(二)书面合同的内容

书面合同一般包括三部分,即约首、本文和约尾。约首即序言部分,一般包括合同名称、合同编号、缔约双方名称和地址、电报挂号、电传号码等内容。本文也称正文,即合同的主体部分,包括品名、品质规格、数量或重量、包装、价格、交货条件、运输、保险、支付、检验、索赔、不可抗力和仲裁等内容。约尾包括合同份数、文字效力、订约时间及地点、生效时间及双方当事人签字等内容。

(三)销售合同示例

SALE CONFIRMATION

S/C NO:SHHX12027

DATE:03-APR-2023

THE SELLER: HUAXIN TRADING CO. ,LTD.

ADDRESS: 14TH FLOOR KINGSTAR MANISION, 676 JINLIN RD, SHANGHAI CHINA

THE BUYER: JAMES BROWN & SONS

ADDRESS:#304-301 JALAN STREET, TORONTO CANADA

ART. No.	Commodity	Unit	Quantity	Unit Price (US $)	Amount (US $)
					CIFC 5 TORONTO
HX1115	CHINESE CERAMIC	SET	542	23.50	12 737.00
HX2012	35PCS DINNERWEAR &Tea SET 20PCS DINNERWEAR & Tea SET	SET	800	20.40	16 320.00
HX4405	47PCS DINNERWEAR & Tea SET 95PCS DINNERWEAR &Tea SET	SET	443	23.20	10 277.60
HX4510		SET	254	30.10	7 645.40
					46 980.00

TOTAL CONTRACT VALUE: SAY US DOLLERS FORTY-SIX THOURSAND NINE HUNDRED AND EIGHT ONLY

PACKING:	HX2012 IN CARTONS OF 2 SETS EACH AND HX1115,HX4404 AND HX4510 TO BE PACKED IN CARTONS OF 1 SET EACH ONLY. TOTAL:1 639 CARTONS

PORT OF LOADING & DESTINATION: FORM SHANGHAI TO TORONTO

TIME OF SHIOMENT: TO BE EFFECTED BEFORE THE END OF APRIL 2023 WITH PARTIAL SHIPMENT ALLOWED

TERM OF PAYMENT:THE BUYER SHALL OPEN THROUGH A BANK ACCEPTABLE TO THE SELLER AN IRREVOCABLE L/C AT SIGHT TO REACH THE SELLER BEFORE A-

PRIL 10, 2023 VALID FOR NEGOTIATION IN CHINA UNTIL THE 15TH DAY AFTER THE DATE OF SHIPMENT.

INSURANCE: THE SELLER SHALL COVER INSURANCE AGAINST WPA AND CLASH & BREAKAGE & WAR RISKS FOR 110% OF THE TOTAL INVOICE VALUE AS PER THE RELEVANT OCEAN MARINE CARGO OF P. I. C. C DATED 1/1 1981.

Confirmed by:

THE SELLER	THE BUTER
HUAXIN TRADING CO. ,LTD.	
MANAGER	赵建国
(signature)	(signature)

REMARKS:

1. The buyer shall have the covering letter of credit reach the seller 30 days before shipment, failing which the seller reserves the right to rescind without further notice, or to regard as still valid whole or any part of this contract not fulfilled by the buyer, or to lodge a claim for losses thus sustained, if any.

2. In case of any discrepancy in Quality, claim should be filled by the buyer without 30 days after the arrival of the goods at port of destination; while for quantity discrepancy, claim should be filled by the Buyer within 15 days after the arrival of the goods at port of destination.

3. For transactions concluded on C. I. F. basis, it is understood that the insurance amount will be for 110% of the invoice value against the risks specified in the Sale Confirmation . If additional insurance amount or coverage required, the Buyer must have the consent of the Seller before the shipment and the additional premium is to borne by the Buyer.

4. The Seller shall not be held liable for non-delivery or delay of the entire lot or a portion of the goods hereunder by reason of natural disaster, war or other cause of Force Majuro, however, the seller shall notify the Buyer as soon as possible and furnish the Buyer within 15 days by registered airmail with a certificates issued by the China Council for the Promotion of International Trade attesting such event.

5. All deputies arising out of the performance of, or relating to this S/C, shall be settled through negotiation. In case on settlement can be reached through negotiation, the case shall then be submitted to the China International Economic and Trade Arbitration Commission for arbitration in accordance with its arbitral rules. The arbitration shall take place in Shanghai. The arbitral award is final and binding upon both parties.

6. The Buyer requested to sign and return one copy of this S/C immediately after receipt of the same objection, if any, should be raised by the Buyer within 3 working days . otherwise it is understood that the Buyer has accepted the terms and conditions of this contract.

7. Special condition: These shall prevail over all printed over all printed terms in case of any conflict.

本章小结

本章重点介绍了国际货物买卖合同的形式、内容、磋商程序和生效的条件。磋商程序包括询盘、发盘、还盘和接受，其中，发盘和接受是2个不可缺少的基本环节。由于发盘和接受直接关系到合同的成立，因此，必须掌握构成发盘和接受的条件、发盘的撤回和撤销、接受的撤回和迟到的接受等相关内容。合同通常要满足下述3个条件才能有效成立：合同必须有对价或合法的约因；当事人必须具有订立合同的行为能力并在自愿和真实的基础上达成协议；合同的标的、内容与形式必须合法。另外，本章还简要介绍了出口目标市场与交易对象的选择和出口商品经营方案的制定，以及供货商与采购市场的选择和进口商品经营方案的制定等有关内容。

综合练习

一、单项选择题

1. 某发盘规定了有效期，根据《联合国国际货物销售合同公约》规定，该发盘（　　）。

A. 可以撤销

B. 在对方回复前可以撤销

C. 不得撤销

D. 撤销通知在对方收到发盘前或同时到达对方，此发盘可撤销

2. "你方10日电我方接受，即开证，望尽早装运。"此电文是（　　）。

A. 询盘　　B. 发盘　　C. 还盘　　D. 接受

3. 某公司10月5日上午8:30用电报向日本一公司发盘，规定"10月20日复到我公司有效"。10月18日上午11:00，同时收到日本公司的接受和撤回接受的通知，对此接受（　　）。

A. 可以撤回　　B. 不得撤回，必须签约

C. 双方同意，才可撤回　　D. 不可撤销

4. 按照《联合国国际货物销售合同公约》的规定，一项发盘必须表明货物的（　　）。

A. 名称、数量、包装、价格、交货期和支付方式

B. 品名、数量、价格

C. 品名、数量、价格、装运期

D. 品名、品质、数量、价格

5. 外销合同的成立，按照国际惯例是（　　）。

A. 一方的发盘为另一方有效接受　　B. 双方在书面合同上签字

C. 须经双方的上级机构批准　　D. 一方发盘，另一方递盘

6. 某公司于6月6日向一日本商人发盘限25日复到有效。16日接外商回电："接受你

方 6 日发盘,以取得进口许可证为准。”这是(　　)。

A. 有效的接受　　B. 有条件的接受　　C. 还盘　　D. 递盘

7. 英美法系认为,以书信或电报表示的接受一经发出后,做出接受的人(　　)。

A. 在任何情况下都可以撤回

B. 在任何情况下都不得撤回

C. 只要撤回通知早于或等于接受到达时间,可以撤回

D. 可以撤销

8. 按照《联合国国际货物销售合同公约》的解释,发盘在(　　)。

A. 合理时间生效　　B. 向对方发出时生效

C. 送达受盘人时生效　　D. 受盘人接受后生效

9. 按照《联合国国际货物销售合同公约》的解释,有效的接受必须(　　)。

A. 以口头或书面声明方式表示出来　　B. 以某种行为方式表示出来

C. A 或 B 均可　　D. A、B 须同时具备

10. 一项接受由于电信部门的延误,发盘人收到此接受时已超过该发盘的有效期,那么(　　)。

A. 除非发盘人及时提出异议,该逾期接受有效,合同成立

B. 只要发盘人及时表示确认,该逾期接受有效,合同成立

C. 该逾期接受丧失接受效力,合同不成立

D. 以上都不对

二、简答题

1. 交易磋商的环节有哪些?哪些环节是必不可少的?

2. 发盘的含义是什么?发盘应具备哪些条件?

3. 发盘何时生效?应该如何规定发盘的有效期?

4. 发盘的撤回与撤销有何区别?

5. 何谓发盘的失效?发盘失效的途径有哪些?

6. 受盘人做出非实质性变更时合同是否成立?

7. 何谓接受?接受必须具备哪些条件?

8. 逾期接受的含义是什么?《联合国国际货物销售合同公约》对此有何规定?

9. 接受何时生效?接受撤回的条件是什么?

10. 合同生效的条件有哪些?

三、案例分析题

1. 甲公司欲进口包装机一批,对方的发盘是:“兹可供普通包装机 100 台,每台 500 美元 CIF A 港口,6 月装运,限本月 21 日复到我方有效。”甲公司收到发盘后,在发盘规定的有效期内复电:“你方发盘接受,请内用泡沫,外加木条包装。”请问:合同是否已经成立?

2. 甲公司向国外某客商询售某商品,不久甲公司接到外商发盘,有效期至 7 月 22 日。甲公司于 7 月 24 日用电传表示接受对方发盘,对方一直没有音讯。因该商品供求关系发生

变化,市价上涨,8 月 26 日对方突然来电要求甲公司必须在 8 月 28 日前将货发出,否则,甲公司将要承担违约的法律责任。请问:甲公司是否应该发货?为什么?

3. 甲公司根据乙公司询盘要求,发盘销售某货物,限对方 5 日复到有效。乙公司于 4 日发电报表示接受。由于电报局投递延误,该电报通知于 6 日上午才送达甲公司。此时,甲公司鉴于市场价格已经上升,当即回电拒绝。但乙公司认为接受通知迟到不是其责任,坚持合同还有效成立。请问:你是如何看待这件事情的?

4. 甲公司向国外购某商品,不久接到外商 3 月 20 日的发盘,有效期至 3 月 26 日,甲公司于 3 月 22 日电复:“如能把单价降低 5 美元,可以接受。”对方没有回应。后因用货部门要货心切,又鉴于该商品行情看涨,甲公司随即于 3 月 25 日去电表示同意对方 3 月 20 日发盘所提各项条件。试分析此项交易是否达成。

5. 甲公司于 6 月 11 日就某商品向乙公司发盘,限 6 月 18 日复到。由于传递过程中的延误,乙公司表示接受的电传于 6 月 19 日上午送到甲公司。甲公司认为答复逾期,未予理睬。此时,该商品国际市场价格已上涨,甲公司以较高价将该商品出售给另一公司。6 月 22 日,乙公司来电称:“信用证已开出,请立即装运。”甲公司复电“逾期合同不成立”,而乙公司坚持认为合同已成立。试析甲公司与乙公司之间是否存在合同关系。

第三章 合同的标的物及相关条款

教学要求:通过本章学习,要求学生掌握商品品名、品质、数量,包装的表示和规定方法,并能够正确地拟定品名、品质、数量、包装条款。

知识目标:了解商品品质的概念,掌握品质的表示方法,理解品质条款的内容和订立品质条款应注意的问题。了解计量单位、计量方法,理解常用计量单位及其换算,掌握数量条款及溢短装条款的规定方法。了解国际货物买卖,对运输、包装和销售包装的要求,熟悉各类包装标志,掌握常见的中性包装的操作方法,掌握运输标志的设计方法和包装条款的订立方法。

能力目标:能够应用品质的表示方法订立商品的品质条款,能够解释溢短装条款,并应用数量条款和溢短装条款订立合同的数量条款。能够解释中性包装并进行操作,能够选用和实际合适的包装。

导入案例:

某国A纺织品进出口公司向国外B公司出口一批绣花被罩,订单要求花纹绣在被罩的横面。在履行合同的过程中,生产厂商认为花纹绣在被罩竖面更加明显,便擅自决定改变绣花部位。B公司收货后以布局与合同不符为由,要求全部退货。因为在确定商品品名时,花色、外观设计和型号均是其不可分割的组成部分,要求所交货物和合同标的完全一致是合理的,所以A纺织品进出口公司擅自更改绣花部位的做法违反了合同要求,应赔偿进口商的损失。

第一节 商品的名称

国际贸易中的标的物(subject matter),是指用于换取对价的货物。一般来说,要构成买卖中的标的物必须具备3个条件:(1)必须是由卖方占有的;(2)必须是合法的;(3)必须是双方当事人一致同意的。标的物通常以商品的名称来表示。

国际贸易在交易过程、交易条件、贸易做法和所涉及的法律问题上,都远比国内贸易复杂。因此,在国际货物买卖合同中,明确交易的标的物,规定其名称,就成为必不可少的条件。

一、商品品名的含义及命名方法

(一)商品品名的含义

商品的品名(name of commodity)即商品的名称,是指能使某种商品区别于其他商品的一种称呼或含义。商品的品名一定程度上体现了商品的自然属性、用途和主要的性能特征,是对成交商品的描述以及构成商品说明的一个主要组成部分。

(二)商品品名的命名方法

(1)以商品主要用途命名,如洗洁精、旅游鞋等。

(2)以商品所使用的主要原材料命名,如涤棉、羊绒衫等。

(3)以商品主要成分命名,如西洋参、蜂王浆等。

(4)以商品外观造型命名,如红小豆、喇叭裤等。

(5)以商品制作工艺命名,如精制油等。

(6)以人物命名,如王守义十三香、李宁运动服等。

(三)商品品名的相关法律和惯例

按照有关的法律和惯例,对交易标的物的描述,是构成商品说明的一个主要组成部分。若卖方交付的货物不符合约定的品名或说明,买方有权提出损害赔偿要求,直至拒收货物或撤销合同。

二、商品的品名条款

国际货物买卖合同中的品名条款并无统一格式,可以由买卖双方商定,一般都比较简单,通常在"货物描述"(description of goods)或"商品名称/品名"栏内具体列明交易双方成交商品的名称。就一般商品来说,只要列明商品的名称即可。但有的商品往往具有不同的品种、等级和型号,为了明确起见,也可把有关具体品种、等级和型号的概括性描述包括进去,作为进一步的限定。此外,有时甚至把商品的品质规格也包括进去,这实际上是把品名条款与品质条款合并在一起。例如:"Name of Commodity: 100% cotton shirts; Art.: No. DP16377-22"("商品品名:100%全棉衬衫;货号:DP16377-22")。

三、规定品名条款的注意事项

国际货物买卖合同中的品名条款,是合同中的主要条件。在规定此项条款时,应注意下列事项。

(一)商品的品名必须做到内容明确、具体

用文字来描述和表达商品的名称,应能确切地反映商品的用途、性能和特点,切忌空泛、笼统或含糊,以免给合同的履行带来不应有的困难,从而埋下贸易纠纷的隐患。

(二)商品的品名必须实事求是,切实反映商品的实际情况

就卖方而言,品名必须是其所能生产或供应的品种和型号;就买方而言,品名必须是买方需要进口的商品。凡做不到或不必要的描述性词句,都不应列入,以免给履行合同带来困难。

(三)商品的品名要尽可能使用国际上通用的名称

目前,一些商品的名称并不一致,在不同的地区可以有不同的称呼。为了避免误解,在签订的合同中应尽可能使用国际上通行的称呼。如果必须使用地方性的名称,交易双方应事先就其含义达成共识。对于一些新商品的定名及其译名,应力求准确、易懂,并符合国际惯例。

（四）确定品名时应恰当地选用合适的名称

如果一种商品具有不同的名称，则在确定品名时，必须注意有关国家的海关税则和进口限制的有关规定，在不影响外贸政策的前提下，从中选择有利于降低关税和方便进口的名称，作为合同的品名。

（五）确定品名时还应考虑其与运费的关系

目前通行的运送货物的班轮运费是按照商品名称规定收费标准的。由于商品的名称不统一，存在同一商品因名称不同而收取的费率不同的现象。从这个角度看，选择合适的品名，是节省运费开支和降低成本的一个重要方面，应予以重视。

案例3-1　商品品名条款引发的争议

甲国K公司向乙国的B土畜产公司订购大蒜650 t，双方当事人几经磋商最终达成了交易。但在缮制合同时，由于××地区是乙国大蒜的主要产区，双方在合同中的品名条款列明××地区大蒜，而当地气候原因造成大蒜大量减产，B土畜产公司在交货时以乙国其他地区的大蒜进行交货。K公司收到货物后，去电称，所交货物与合同规定不符，要求B土畜产公司做出选择，要么提供××地区大蒜，要么降价，否则将撤销合同并提出贸易赔偿。试问，K公司的要求是否合理，并评述此案。

案例分析：

本案是由于商品品名条款所引发的争议，K公司的要求合理。品名和品质条款是合同中的重要条件，一旦签订合同，卖方必须严格按合同的约定交货。另外，在表示商品品质的方法中，有一种是凭产地名称买卖，产地名称代表着商品的品质。不同产地的同种货物品质可能存在着很大的差别，因此K公司要求提供××地区大蒜的要求是合理的。其实，遇到上述情况，B土畜产公司可以援引不可抗力条款，及时通知买方，要求变更合同或解除合同。

第二节　商品的品质

商品的品质是商品的外观形态和内在品质的综合。商品的外观形态是通过人的感觉器官可以直接获得的商品的外形特征，如商品的大小、长短、结构、造型、款式、色泽、光彩、宽窄、轻重、软硬、光滑粗糙以及味觉、嗅觉等。商品的内在品质则是指商品的物理性能、化学成分、生物特征、技术指标和要求等，一般需借助各种仪器、设备分析测试才能获得。例如，纺织品的断裂强度、伸长率、回潮率、缩水率、防雨防火性能、色牢度、化工商品的熔点、沸点、凝固点等。

一、对商品品质的要求

（一）对出口商品品质的要求

（1）针对不同市场和不同消费者的需求，确定出口商品的质量。

（2）适应进口国的有关法律规定和要求。

（3）不断地更新换代和精益求精。

（4）适应国外自然条件、季节变化和销售方式。

(二)对进口商品品质的要求

进口商品质量的优劣直接关系到国内用户和消费者的切身利益,必须符合《中华人民共和国进出口商品检验法》的规定。对于国内生产建设、科学研究和人民生活急需的商品,进口时要货比三家,切实把好质量关,使其品质、规格不低于国内的实际需要,以免影响国家的生产建设和人民的消费与使用。但是,也不应超越国内的实际需要。任意提高对进口商品品质、规格的要求,将会造成浪费。总之,对进口商品品质的要求,要从我国现阶段的实际需要出发,鉴于不同情况,实事求是地予以确定。

二、商品品质的表示方法

在国际货物买卖中,商品种类纷繁复杂,商品本身的特点、制造加工情况、市场交易习惯等各不相同,规定商品质量的方法也多种多样。归纳起来主要分为两大类:以实物表示和以文字说明表示。

(一)以实物表示商品的品质

1. 看货买卖

买卖双方采取看货成交时,通常是买方(或其代理人)先在卖方所在地验看货物,达成交易后,只要卖方交付的是经买方验看过的商品,买方就不得对卖方交货品质提出异议。

在国际贸易中,由于交易双方相距遥远,买方到卖方所在地验看货物有诸多不便,即使卖方有现货在手,买方有代理人代为验看货物,也无法逐件查验,故采取看货成交的情况较少。看货成交的做法多在寄售、拍卖和展卖业务中采用,尤其适用于具有独特性质的商品,如珠宝、字画、首饰及特定工艺制品等。

2. 凭样品买卖

在国际贸易中,买卖双方在洽商时,由卖方或由买方提出少量足以代表商品质量的实物作为样品,要求对方确认,样品一经确认便成为买卖双方交接货物的质量依据,这种表示商品质量的方法,在国际贸易中称为“凭样品买卖”(sale by sample)。这是由于这些商品本身的特点,难以用文字说明表示商品质量,或出于市场习惯而采用的一种方法。实物样品通常是从一批商品中抽取出来或者是由生产部门设计、加工出来的。

在国际贸易中,对于难以用文字来描述其品质的商品,凭样品买卖是一种重要的方法。凭样品买卖可分为下列 3 种方式。

(1)凭卖方样品买卖(sale by seller's sample)。卖方从一批商品中抽取足以表明商品品质的少数实物作为样品,寄给买方。由卖方提供的样品称为“卖方样品”。凡凭卖方样品作为交货的品质依据者,称为“凭卖方样品买卖”。在此情况下,在买卖合同中应订明“品质以卖方样品为准”(quality as per seller's sample)。日后,卖方所交整批货(bulk)的品质,必须与其提供的样品相同。

(2)凭买方样品买卖(sale by buyer's sample)。买方为了使其订购的商品符合自身要求,有时也提供样品交由卖方依样制造,如卖方同意按买方提供的样品成交,称为“凭买方样品买卖”。在此情况下,买卖合同中应订明“品质以买方样品为准”(quality as per buyer's sample)。日后,卖方所交整批货的品质,必须与买方样品相符。

(3)凭对等样品买卖(counter sample)。在国际贸易中,卖方如不愿采用凭买方样品交易,可根据买方提供的样品,加工复制出一个类似的样品交买方确认,这种经确认后的样品,称为“对等样品”或“回样”,也可称为“确认样品”(confirming sample)。当对等样品被买方确认后,日后卖方所交货物的品质,必须以对等样品为准。此外,买卖双方为增进彼此对对方商品的了解,往往采用互相寄送样品的做法。这种以介绍商品为目的而寄出的样品,一般应标明“仅供参考”(for reference only)字样,以免与标准样品混淆。在寄送“参考样品”的情况下,如买卖合同中未订明交货品质以该样品为准,而是约定了其他方法来表示品质,就不是凭样品买卖,此样品对交易双方均无约束力。

凭样品买卖的注意要点包括:卖方选择的样品要有充分的代表性,要留有复样,同时为了避免买卖双方在履约过程中产生质量争议,在有必要时还可使用封样(sealed sample),即由第三方或公证机关在一批商品中抽取同样质量的样品若干份,每份样品采用铅丸、钢卡、封识章、不干胶印纸以及火漆等方式加封,由第三方或公证机关留存一份备案,其余供当事人使用。有时,也可由出样人自封或买卖双方会同加封。对于某些非采用凭样品买卖方式成交不可,但在某些制造、加工技术上确有困难,难以做到货样一致或无法保证批量生产时质量稳定的商品,则应在合同中订立“质量与样品大致相同”(quality to be about equal to the sample)的条款。对于买方提供的样品,不要轻易直接确认,应提供回样供其确认,同时要预防由工业产权或其他知识产权引起的纠纷。一般还应在合同中明确规定:“凡根据买方提供的式样、商标、品牌及/或印记等生产的产品,如果因涉及第三方的工业产权或其他知识产权而引起纠纷,概由买方负责。”

凭样品买卖更适用于一些很难用科学方法来表示其品质的商品。目前,我国出口商品中主要有工艺品、服装、轻工业品和土特产品等采用凭样品买卖方式成交。

案例 3-2 芝麻品质纠纷案

甲国某外贸公司向乙国出口一批芝麻,合同规定水分最高为 15%,杂质不超过 3% 。成交前,甲国外贸公司曾向对方寄过样品,签约后又电告对方“成交货物与样品相似”。货到乙国后,买方出具了货物品质比样品低 7%的检验证明,并要求赔偿 2 000 欧元。甲国外贸公司拒绝赔偿,并指出这批货是经过挑选的。因为是农产品,不可能做到与样品完全一致,但不至于比样品低 7%。由于甲国外贸公司留存的样品遗失,对自己的申述无法说清楚,最后只好赔付了一笔品质差价款而结案。试分析在本案例中甲国外贸公司做法的不妥之处。

案例分析:

在外贸业务中,买卖双方为了建立业务联系,互相寄送样品,只是为了推介商品品质状况。而在实际拟定合同品质条款时另有详细规定,并表明此规定为交货品质的依据,则此项交易也就不属于凭样品买卖。本案例中双方在合同中已明确规定了交货品质,凭规格进行交易,但签约后甲国外贸公司又电告对方“成交货物与样品相似”,则意味着本合同既凭规格又凭样品买卖,甲国外贸公司的交货品质必须与样品相似。另外,在凭卖方样品买卖中,卖方要留存好样品,而甲国外贸公司将样品遗失,对自己的申述无法说清楚,最后造成损失。

(二)以文字说明表示商品的品质

在国际货物买卖中,大多采用文字说明的方法表示商品品质,这种方法被称为“凭文字说明买卖”(sale by description),具体有以下几种方式。

1. 凭规格买卖(sale by specification)。

规格是指一些足以用来反映商品品质的主要指标,如成分、含量、纯度、大小、长短、粗细、容量及性能等。由于各种货物有其特定的结构和用途,所以规格也各不相同。凭规格确定商品品质而进行的买卖,被称为“凭规格买卖”。这种办法简明、方便、准确和具体,在国际贸易中使用最为广泛。例如:

素面缎	门幅(英寸)	长度(码)	重量(姆米)	成分
	55	38/42	16.5	100%真丝
Plain Satin Silk	Width(in)	Length(yds)	Weight (m/m)	Composition
	55	38/42	16.5	100%Silk

2. 凭等级买卖(sale by grade)

等级是指同一类货物,按其质地的差异,或尺寸、形状、重量、成分、构造及效能等的不同,用文字、数字或符号所做的分类,如大、中、小,重、中、轻,一级、二级、三级,甲、乙、丙,A、B、C,等等。例如:

Fresh Hen Eggs,shell light brown and clean,ever in size

Grade AA:60~65 gm per egg

Grade A:55~60 gm per egg

Grade B:50~55 gm per egg

Grade C:45~50 gm per egg

Grade D:40~45 gm per egg

Grade F:35~40 gm per egg

这种表示商品品质的方法,对简化手续、促进成交和体现按质论价等都有一定的作用。但是,应当说明,由于不同等级的货物具有不同的规格,当双方对等级内容不熟悉时,最好明确每一等级的具体规格,以便履行合同和避免争议。当然,如果交易双方都熟悉每个级别的具体规格或理解一致,则只需列明等级即可。

3. 凭标准买卖(sale by standard)

标准是规格和等级的标准化。它一般由标准化组织、政府机关、行业团体、工商组织及商品交易所等制定、公布,并在一定范围内实施。世界各国都有自己的标准,如英国为 BS、美国为 ANSI、法国为 NF、德国为 DIN、日本为 JIS 等。另外,还有国际标准,如国际标准化组织(ISO)标准、国际电工委员会(IEC)标准等。按照《中华人民共和国标准化法》的规定,我国标准包括国家标准、行业标准、地方标准和团体标准、企业标准。国家标准分为强制性标准、推荐性标准,行业标准、地方标准是推荐性标准。由于各国制定的标准经常修改和变动,一种商品的标准可能有不同年份的版本,版本不同,其品质标准也有差异。因此,在采用国外标准时,应载明所采用标准的年份和版本,以免引起争议。

在国际贸易中,有些农副土特水产品的品质变化较大,难以确定统一的标准,往往采用“良好平均品质”(fair average quality,FAQ)来表示。

“良好平均品质”是指一定时期内某地出口货物的平均品质水平,一般指中等货。目前,国际上对良好平均品质有 2 种说法:一是指以装船时在装船地同一季节装运货物的平均品质为准。它一般是从各批出运的货物中抽样,然后混合、调配,取其中者作为良好平均品质的标准。二是指生产国在农副产品收获后，对产品进行广泛的抽样，从中制定出该年度的良好平均品质的标准。凡是达不到标准要求的，均按其差异程度决定减价多少。2 种抽样均可由买卖双方联合进行，也可以委托检验人员进行。为了在执行合同时不致发生争执，双方应在合同中订明是何年或何季度的良好平均品质或者同时规定具体的要求。例如，"中国桐油：大路货；规格：游离脂肪酸最高 4%"。

4. 凭牌名或商标买卖

商品的牌名是指厂商或销售商所生产或销售商品的牌号，又称品牌。商标则是牌号的图案化，是特定商品的标志。使用牌名与商标的主要目的是使之区别于其他同类商品，以利于销售。

在国际贸易中，在市场上行销已久、质量稳定、信誉良好的产品，其牌名或商标也往往为买方或消费者所熟悉和喜爱。生产厂商或销售商凭牌名或商标来表示商品的质量，与买方达成交易，这种方法称为"凭牌名或商标买卖"，如联想、可口可乐等。如果某些知名品牌的产品品质具有多样性，可以在规定品牌或商标的基础上，在合同中明确规定品质指标或技术说明。

5. 凭说明书和图样买卖

在国际货物买卖中，有些机器、电器、仪表、大型设备、交通工具等技术密集型产品，由于其结构复杂，制作工艺不同，无法用样品或简单的几项指标来反映其质量全貌。对于这类商品，买卖双方除了要规定其名称、商标牌号、型号等外，通常还必须采用说明书来介绍该产品的构造、原材料、产品形状、性能、使用方法等，有时还附以图样、图片、设计图纸、性能分析表等完整说明其具有的质量特征。例如，在合同中规定，品质和技术数据必须与卖方所提供的产品说明书相符。

6. 凭产地名称或地理标志买卖

有些地区的产品，尤其是一些传统农副产品，具有独特的加工工艺，在国际上享有盛誉，对于这类商品的销售，可以采用产地名称或地理标志来表示其独特的品质。如以一个国家为标志的，法国香水、德国啤酒、中国梅酒；以某个国家的某一地区为标志的，中国东北大米、四川榨菜；以某个国家某一地区的某一地方为标志的，绍兴花雕酒、庐山云雾茶。这些标志不仅标注了特定商品的产地，更重要的是无形中对这些商品的特殊质量和口味提供了一定的保障。

三、品质条款的基本内容

（一）品质条款的一般内容

在品质条款中，一般要写明商品的名称和具体品质。由于表示品质的方法不同，在合同中表示品质条款的内容及其繁简也不尽相同。对可以用科学指标来说明其品质的商品，则应列明诸如商品规格、等级等指标的内容。若商品习惯于凭标准买卖，在品质条款中应列明采用何种标准，对有些品质变化较大而难以规定统一标准的农产品，则往往在品质条款中列明"良好平均品质"字样。对性能和结构比较复杂的机电、仪器等技术密集型产品，很难通过使用几个简单的指标来表示其品质的全貌，故通常在品质条款中载明卖方应提供说明书，并随附有关图样、照片、设计、图纸、分析表及各类数据等内容。

(二)质量公差与品质机动幅度条款

在国际贸易中,卖方交货品质必须严格与买卖合同规定的品质条款相符。而某些商品由于生产过程中存在自然损耗,以及受生产工艺、商品本身特点等诸多方面原因的影响,难以保证交货质量与合同规定的内容完全一致。为了避免交货质量与合同不能完全相符而造成违约,保证交易的顺利进行,可以在合同中做出某些变通规定,即允许交付货物的质量在合同规定的交货质量的基础上做上下波动。

1. 质量公差

质量公差(quality tolerance)是指允许交付货物的特定质量指标有在公认的一定范围内的差异。在工业品生产过程中,对产品的质量指标产生一定的误差有时是难以避免的,如手表走时每天误差若干秒,某一圆形物体的直径误差若干毫米。这种误差若为某一国际行业所公认,即成为"质量公差"。交货质量在此范围内即可认为与合同相同。

对于国际同行业有公认的"质量公差",可以不在合同中明确规定。但如果国际同行业对特定指标并无公认的质量差异,或者买卖双方对质量公差理解不一致,或者由于生产原因需要扩大公差范围时,也可在合同中具体规定质量公差的内容,即买卖双方共同认可的误差。

2. 品质机动幅度

某些初级产品(如农副产品等)的质量不甚稳定,为了交易的顺利进行,在规定其品质指标的同时,可另定一定的品质机动幅度,即允许卖方所交货物的品质指标在一定幅度内有灵活性。关于品质机动幅度,有下列几种规定方法:

(1)规定一定的范围。对品质指标的规定允许有一定的差异范围。例如,漂布,幅阔在35~36 in 时,卖方交付漂布,只要在此范围内均算合格。

(2)规定一定的极限。对所交货物的品质规格,规定上下极限,即最大、最高、最多为多少,最小、最低、最少为多少。例如,大豆的碎粒率最高为15%,水分含量最高为10%,杂质最高为3%。卖方交货只要没有超出上述极限,买方就无权拒收。

(3)规定上下差异。对所交货物的品质规格规定相应的指标数值,并以此为基础规定上下的浮动值。例如,羽绒服中鸭毛含绒量应为18%,可上下浮动1%。

卖方交货质量在质量、机动幅度或质量公差允许范围内,一般均按合同单价计价,不再另做调整。但有些商品也可按交货时的质量状况调整价格,这时就需要在合同中规定质量增减价条款。根据我国外贸实践,品质增减价条款有2种方法。

(1)对机动幅度内的品质差异,可按交货实际品质规定予以增价或减价。例如,在我国大豆出口合同中规定,"水分每增减1%,则合同价格减增1%;碎粒率每增减1%,则合同价格减增0.5%;含油量每增减1%,则合同价格增减1.5%。如增减幅度不到1%者,可按比例计算"。

(2)只对品质低于合同规定者减价。在品质机动幅度范围内,交货品质低于合同规定者减价,而高于合同规定者却不增加价格。为了更有效地约束卖方按规定的品质交货,还可规定不同的减价方法。例如,在机动幅度范围内,交货品质低于合同规定1%,减价1%;低于合同规定1%以上者,则加大减价比例。

采用品质增减价条款,一般应选用对价格有重要影响而又允许有一定机动幅度的主要质量指标，对于次要的质量指标或不允许有机动幅度的重要指标则不适用。

案例 3-3　出口半漂布索赔案

甲国某外贸公司与乙国某公司签订了一系列出口半漂布合同。这批出口半漂布合同的品质条款规定“交货品质为一等品”，但是并未说明一等品的含义。合同还规定“每 100 m 允许 10 个疵点，每个疵点转码 10 cm”，同时还列出了近 20 种疵点名称；合同品质规定实际上是要求卖方供应“0 分布”，与甲国国家标准完全不符。事实上，“0 分布”在任何国家的标准中都是不可能规定的。乙国公司将甲国外贸公司出口的 100 多万 m 半漂布几乎都判为等外品或二等品，提出了高达 110 万美元的索赔要求。根据甲国国家标准检验，半漂布厂生产的 100 多万 m 窄幅布都是一等品，但按这个合同的品质条款检验，都不再是一等品了。乙国公司有关人员也承认，这个合同的品质要求实际上是做不到的。但是既然已经签了合同，就要按品质不符合同要求进行赔偿。最后，甲国外贸公司向乙国公司赔偿了相当金额后才使此案得以解决。

案例分析：

本案例的焦点在于对产品品质的规定不切实际，以致履约出现困难。从本案例可以看出，在订立品质条款时，买卖双方都应小心谨慎，如果规定得不明确，很容易引起纠纷，造成不必要的损失。因此，要订立科学严密的品质条款。本案例中交易商品为纺织品，要根据纺织品的特性及用途签订品质条款，选择合适的品质表示方法，尽量将纺织品的品质规定清楚。卖方不仅要根据国际市场的通行标准和买方的具体要求签订品质条款，同时还要结合国内的具体生产能力，实事求是地签订品质条款。洽商签约的业务员一定要对国内的生产技术状况、产品等具体知识有所了解。如果在洽商时，对产品生产技术某些方面不清楚或不确定，应向技术专家进行咨询后再做决定，切不可急于成交，为迎合买方的过高要求而夸大产品技术指标，给日后的履约带来困难。以上案例提示我们，品质条款中订立的标准应切实可行、科学合理，要确切反映标的物的特点，切不可把生产技术上不可能达到的或根本达不到的指标写入合同中，这样只会使自己被动受损。

四、订立品质条款的注意事项

（一）正确运用各种表示品质的方法

品质的表示方法很多，究竟采用何种表示方法，应视商品特性而定。一般而言，适用于文字、图样、照片、数据等方法来表示商品品质时，应分别采取表示这类品质的方法，不要轻易采用看货成交或凭样品成交的办法。

（二）从实际出发，防止品质条件偏高或偏低

在确定出口商品的品质条件时，既要考虑国外市场的实际需要，又要考虑国内生产部门供货的可能性。凡外商要求过高，我方实际做不到的条件，诸如皮鞋要彻底消灭褶皱、豆类要彻底消灭活虫与死虫之类的条件，我们不应接受。反之，对于品质条件符合国外市场需要的商品，合同中的品质条件不应低于实际商品，以免影响成交价格和出口商品信誉。

（三）合理规定影响品质的各项重要指标

在品质条款中，应有选择地规定各项品质指标。凡影响品质的重要指标，不能将其遗

漏;对于次要指标,可以少列;对于一些与品质无关的条件,可以不列,以免条款过于烦琐。以买卖大豆为例,大豆的含油量及其蛋白质的含量,虽然都是表示大豆品质的指标,但对大豆规格的具体要求可因大豆的不同用途而有所差异。

(四)注意进口国的法令规定

世界各国对进口商品的品质都有具体的规定,凡品质不符合法令规定的商品,一律不准进口,有的还要求就地销毁,并由货主承担由此引起的各种费用,这应当引起我们重视。

(五)注意各品质指标之间的内在联系和相互关系

品质条款包含的各项品质指标都是从不同角度来说明品质的,实际上各项指标之间有的有内在联系且相互影响,在确定品质条件时要通盘考虑,注意它们之间的一致性,以免由于某一品质指标规定不合理而影响其他品质指标,造成不应有的损失。

(六)力求品质条款明确、具体

为便于买卖双方按约定的品质条件交接货物和明确彼此的责任,在规定品质条件时,应当明确具体,避免采用诸如“大约”“左右”之类笼统含糊或模棱两可的规定,以免在交货品质问题上引起争议。

第三节　商品的数量

商品数量是制定单价和计算总金额的重要依据。合同中的数量条款涉及成交数量的确定、计量单位和计量方法的规定,以及数量机动幅度的掌握等内容。买卖双方约定的数量是交接货物的依据,卖方所交货物的数量如与合同不符,买方有权提出索赔,甚至拒收货物。

根据《销售公约》的规定,买方可以收取也可以拒绝收取全部多交货物或部分多交货物;但如果卖方短交,可允许卖方在规定交货期届满之前补齐,但不得使买方遭受不合理的不便或承担不合理的开支,即便如此,买方也保留要求损害赔偿的权利。

一、商品数量的计量单位

在国际贸易中,任何商品都与一定的数量联系在一起。任何数量都与一定的计量单位相联系。

(一)计量单位的确定方法

国际贸易中所使用的常见计量单位有以下几种。

1. 按重量计算

重量(weight)是目前国际贸易中使用最多的一种计量方法。大宗农副产品、矿产品以及一部分工业制成品,习惯于采用按重量计量。按重量计量的单位有:公吨(metric ton,即“吨”)、长吨(long ton)、短吨(short ton)、千克(kilogram)、克(gram)、盎司(ounce)等等。对黄金、白银等贵重商品,通常采用克或盎司来计量。钻石之类的商品,则采用克拉(carat)作为计量单位。

2. 按个数计算

大多数工业制成品,尤其是日用消费品、轻工业品、机械产品以及一部分土特产品,习惯于按个数(number)进行买卖。常见的有件(piece)、双(pair)、套(set)、打(dozen)、罗(gross)、令(ream),以及袋(bag)、桶(drum)、包(bale)、卷(roll)等。

3. 按长度计算

长度(length)单位多用于金属绳索、布匹、绸缎等类商品的买卖。常见的计量单位有米(meter)、英尺(foot)、码(yard)等。

4. 按面积计算

有些商品,如玻璃、地毯、皮革等,习惯于以面积(area)作为计量单位。常见的有平方米(square meter)、平方英尺(square feet)、平方码(square yard)等。

5. 按体积计算

按体积(volume)成交的商品不多,仅用于木材、天然气以及化学气体的买卖。常用的计量单位有立方米(cubic meter)、立方码(cubic yard)等。

6. 按容积计算

各类谷物和流体货物,往往按容积计量。其中,美国以蒲式耳(bushel)作为各种谷物的计量单位,但每蒲式耳所代表的重量,则因谷物不同而有差异。例如,每蒲式耳亚麻籽为56磅(pound),燕麦为32磅,大豆和小麦为60磅。公升(litre)、加仑(gallon)则用于酒类、油类商品。

(二)国际贸易中的度量衡制度

由于各国度量衡制度不同,所使用的计量单位也有差异。度量衡制度关系到货物的计价基础和卖方交货数量的准确性等问题。所以,了解和熟悉不同度量衡制度之间的折算方法是非常重要的。

目前,国际贸易中通常使用的有公制、英制、美制和国际标准计量组织在公制基础上颁布的国际单位制。《中华人民共和国计量法》规定:“国家实行法定计量单位制度。国际单位制计量单位和国家选定的其他计量单位,为国家法定计量单位。”目前,除个别特殊领域外,一般不许再使用非法定的计量单位。我国出口商品,除照顾对方国家贸易习惯约定采用公制、英制或美制计量单位外,均使用我国法定计量单位。我国进口的机器设备和仪器等,应要求使用法定计量单位,否则一般不许进口,如确有特殊需要,必须经有关标准计量管理部门批准。

由于度量衡制度不同,即使是同一计量单位所表示的数量差别也很大。就表示重量的吨而言,实行公制的国家一般采用吨,每吨为1 000 kg;实行英制的国家一般采用长吨,每长吨为1 016 kg;实行美制的国家一般采用短吨,每短吨为907 kg。此外,有些国家对某些商品还规定有自己习惯使用的或法定的计量单位。以棉花为例,许多国家都习惯于以包为计量单位,但每包的含量各国解释不一,如美国棉花规定每包净重为480磅;巴西棉花每包净重为396.8磅;埃及棉花每包净重为730磅。又如糖类商品,有些国家习惯采用袋装,古巴每袋糖的重量规定为133 kg,巴西每袋糖的重量规定为60 kg等。由此可见,了解不同度量衡制度下各计量单位的含量及其计算方法是十分重要的。

为了解决由于各国度量衡制度不同带来的弊端,以及促进国际科学技术交流和国际贸易的发展,国际标准计量组织在各国广为通用的公制的基础上颁布了国际单位制(SI)。国际单位制的实施和推广,标志着计量制度日趋国际化和标准化。现在已有越来越多的国家采用国际单位制。

案例3-4　对计量单位的认识错误造成的损失

甲国某公司在某次商品交易会上与乙国进口商当面谈妥出口大米10 000 t,每吨300美元。在签订合同时,合同上只笼统写了10 000 t,甲国公司业务员主观上认为,合同上的吨是指公吨,即1 t=1 000 kg。后来乙国进口商来证要求按长吨供货,如果甲国公司按照长吨交货(1长吨=1.016 05公吨),则要多交160.5 t,折合美元48 150美元。于是双方发生争议,为什么?

案例分析:

本案争议主要是由于甲国公司业务员对计量单位认识程度不够造成的。在签订合同时,双方应明确规定好货物的计量单位,以免日后成交时引起争议而带来不必要的麻烦。外贸业务人员应明确不同的度量衡制度,计量单位不一样,其计算的结果也不尽相同,不能因为小差错而引起大损失。因此,业务人员在订立数量条款时,一定要明确使用何种度量衡制度,以免成交时陷入被动。

二、商品重量的计量方法

在国际贸易中,按重量计量的商品很多。根据一般商业习惯,通常计算重量的方法有下列几种。

(一)毛重(gross weight)

商品本身重量加包装的重量称为毛重。有些低值产品常以毛重作为计算价格的基础,称为"以毛作净"。例如,大豆1 000公吨,单层麻袋包装以毛作净。"以毛作净"实际上就是以毛重作为净重计价。

(二)净重(net weight)

商品本身重量,即除去其包装物后的实际重量称为净重,这是国际贸易中最常见的计重方法。

在采用净重计重时,对于如何计算包装重量,国际上有下列几种做法:

(1)按实际皮重(actual tare或real tare)计算。实际皮重即指包装的实际重量,它是指对包装逐件衡量后所得的总和。

(2)按平均皮重(average tare)计算。如果商品所使用的包装比较统一,重量相差不大,就可以从整批货物中抽出一定的件数,称出其皮重,然后求出其平均重量,再乘以总件数,即可求得整批货物的皮重。近年来,随着技术的发展和包装材料及规格的标准化,用平均皮重计算净重的做法已日益普遍。有人把它称为标准皮重(standard weight)。

(3)按习惯皮重(customary tare)计算。有些商品由于其所使用的包装材料和规格已比较定型,皮重已为市场所公认,因此在计算其皮重时,就无须对包装逐件过秤,按习惯上公认的皮重乘以总件数即可。

(4)按约定皮重(computed tare)计算。即以买卖双方事先约定的包装重量作为计算的基础。国际上有多种计算皮重的方法,究竟采用哪一种方法来求得净重,应根据商品的性质、使用包装的特点、合同的数量以及交易习惯,由双方当事人事先在合同中订明,以免事后引起争议。

（三）公量（conditioned weight）

国际贸易中的棉花、羊毛、生丝等商品有较强的吸湿性，其所含的水分受客观环境的影响较大，故其重量很不稳定。为了准确计算这类商品的重量，国际上通常采用按公量计算的办法，即以商品的干净重（指烘去商品水分后的重量）加上国际公定回潮率与干净重的乘积所得出的重量，即为公量。其计算公式有下列 2 种：

$$\text{公量}=\text{商品干净量}\times(1+\text{公定回潮率})$$

$$\text{公量}=\frac{\text{商品净重}\times(1+\text{公定回潮率})}{1+\text{实际回潮率}}$$

（四）理论重量（theoretical weight）

对于某些按固定规格生产和买卖的商品，只要其规格一致，每件重量大体是相同的，一般可以从其件数推算出总量。这种计重方法是建立在每件货物重量相同的基础上的，重量如有变化，其实际重量也会产生差异，因此，只能作为计重时的参考。

（五）法定重量（legal weight）

按照一些国家的海关法的规定，在征收从量税时，商品的重量是以法定重量计算的。所谓法定重量，是商品重量加上直接接触商品的包装物料（如销售包装等）重量。

三、关于数量机动幅度的规定

在进出口贸易实际履约过程中，由于商品特性、生产条件、运输工具的承载能力以及包装方式的限制，卖方要做到严格按量交货的确有一定的困难。例如，买卖双方成交铁矿石 1 000 公吨，卖方在装船交货时，要想做到分毫不差，一般是不可能的。为了避免因卖方实际交货不足或超过合同规定而引起的法律责任，方便合同的履行，对于一些数量难以严格限定的商品，如大宗农副产品、矿产品、煤炭以及一些工业制成品，通常在合同中规定，允许交货数量有一定机动幅度，并明确溢短装部分由谁选择和作价原则，这种条款称为溢短装条款（more or less clause）。凡是做出这类规定的合同，卖方的交货数量只要在增减幅度范围之内，即为按合同规定交货，买方不得以交货数量与合同不符为由而提出拒收或索取损失赔偿。

（一）规定机动幅度的方法

数量的机动幅度是指卖方可按买卖双方约定的某一具体数量多交或少交若干幅度。在出口业务中，关于交货的机动幅度大致有以下几种规定方法。

1. 合同中明确具体地规定数量的机动幅度

这种做法是在合同中具体规定允许交货数量有一定范围的机动，一般仅适用于矿产品、煤炭、粮谷、化肥等大宗交易。它可以有 2 种订法：一是只简单地规定机动幅度，如数量 1 000 公吨，溢短装 2%；二是在规定上述幅度的同时，还约定由谁行使这种选择权以及溢短装部分如何计价等，如“数量 1 000 公吨，为适应船舱容量需要，卖方有权多装或少装 5%，超过或不足部分按合同价格计算”。

2. 合同中未明确规定数量机动幅度，但在交易数量前加上“约”字

为使装货数量可以有所机动，合同中对数量规定为约数，但在进出口合同中，一般不宜采用“大约、近似、左右”等带伸缩性的字眼来说明，成交数量只是一个约量。由于各国和各行业对这类词语的解释不一，有的理解为2%的增减，也有的理解为5%，甚至10%的伸缩，容易引起争议。需要注意的是，如果合同中采用信用证支付方式，可按照《跟单信用证统一惯例(UCP 600)》第三十条a款的规定：“约”或“大约”用于信用证金额或信用证规定的数量或单价时，应解释为允许有关金额或数量或单价有不超过10%的增减幅度。

案例 3-5

甲国某公司出口布匹以信用证结算，买方银行来证规定，数量大约为5 000码，每码1美元，但金额注明为总额不超过5 000美元。问：甲国某公司如何掌握装运数量？

案例分析：

本例中，甲国公司最多可装运5 000码，最少装运4 500码。因为根据《跟单信用证统一惯例(UCP 600)》第三十条的规定，若成交数量前使用“约”“大约”等字眼，这个约数可解释为交货数量有不超过10%的增减幅度。合同和来证单价为每码1美元，信用证总金额为5 000美元，因此，甲国公司最多只能装运5 000码，也可少交10%，即交4 500码。

3. 合同中未明确规定数量机动幅度

在合同中没有明确规定机动幅度的情况下，卖方交货的数量原则上应与合同规定的数量完全一致。但在采用信用证支付方式时，根据《跟单信用证统一惯例(UCP 600)》第三十条b款的规定：“在信用证未以包装单位件数或货物自身件数的方式规定货物数量时，货物数量允许有5%的增减幅度，只要总支取金额不超过信用证金额。”以信用证支付方式进行散装货物的买卖，交货的数量可有增减5%的机动幅度。

案例 3-6

广西某粮油进出口公司向美国出口小麦，合同规定，数量为1 000公吨，每公吨300美元，以信用证方式支付。合同签订后，美国进口商开来信用证，金额为300 000美元。问：广西某粮油进出口公司最多、最少可交付多少公吨小麦？为什么？

案例分析：

本例中，广西某粮油进出口公司最多可交付1 000公吨小麦，最少可交付950公吨小麦。因为《跟单信用证统一惯例(UCP 600)》规定：对合同未规定数量机动幅度的散装货，除非信用证规定货物的指定数量不得有增减外，在所支付款不超过信用证金额的条件下，货物数量准许有5%的增减幅度。在本案例中，小麦是散装货，数量可有5%的增减，即卖方交货数量可在950~1 050公吨，但信用证金额只有300 000美元，因此，卖方最多只能交付1 000公吨小麦，最少可交950吨小麦。

(二)机动幅度的选择权

在合同规定有机动幅度的条件下，一般是由卖方行使多交或少交的选择权，有时也可由买方选择。如果涉及海洋运输，由于交货量与承载货物船只的舱容关系非常密切，交货的机动幅度一般由安排舱容和装载货物的一方，根据具体情况做出选择。例如，采用FOB(装运港船上交货)条件成交，由买方负责签订运输合同，安排租船订舱，则数量的机动幅度一般就由买方和船方共同协商予以确认；如果采用CIF(成本、保险加运费)或CFR(成本加运

费)条件成交,由卖方负责安排租船订舱,故数量的机动幅度一般由卖方和船方来决定。

(三)溢短装数量的计价方法

目前,对在机动幅度范围内超出或低于合同数量的多装或少装部分,一般是按合同价格计价结算。由于在数量上的多装或少装,在一定条件下关系到买卖双方的利益,因此,根据《销售公约》规定,卖方多交货物后,买方若收取了超出部分,则要按合同规定支付相应的价款。在国际货物买卖中,尤其是大宗货物,买卖双方从签订合同开始到实际履行合同,需要相当长一段时间。买卖双方所约定的商品价格可能会发生较大的波动,尤其是那些商品价格较敏感或季节性较强的商品更是如此。为了防止有权选择溢短装的当事人利用行市的变化,有意多装或少装,以获取额外的好处,有的合同规定,多装或少装部分不按合同价格计算,而代之以按装船日的行市或目的地的市场价格计算;如果双方未能就装船日或到货日,或是市场价格订立协议,则可交由仲裁机构解决。

四、数量条款的规定及注意事项

(一)数量条款的基本内容

在我国进出口合同中,数量条款通常包括成交数量、计量单位和计量方法等内容。

由于商品种类很多,其性质、特点各异,加之各国度量衡制度不同,计量单位和计量方法也多种多样,因此数量条款内容的繁简主要取决于商品的种类和特性。例如:1 000 公吨,溢短装 3%,由卖方选择,增减部分按合同价格计算。

(二)约定数量条款的注意事项

1. 成交数量必须与国内外市场供求相适应

市场供求状况是决定成交数量至关重要的因素,尤其对于数量较大的商品买卖,更要充分进行市场调研,了解国外市场供求、国内货源供应、国际市场价格动态变化等情况,以免因交易数量违背市场供求规律而引起市场价格波动,给当事人造成损失,进而影响合同的顺利履行。

2. 成交数量必须与客户资信状况相适应

客户的资信状况是影响成交数量不可忽视的因素。对那些资金状况、经营能力和经营作风均一般的小客户,应避免与其成交大数量的买卖,以免冒风险;对资信状况颇佳的大客户,不宜与之商洽小数量的交易,以免因难以吸引对方而徒劳无益。

3. 数量条款的内容必须明确、具体、完整

合同中对成交数量和计量单位的规定必须具体,如具体订明件数、箱数、桶数、捆数或包数等外包装数量,以整数为宜。如在使用“吨”为计量单位时,必须标明是“公吨”“长吨”还是“短吨”,以免因采用的度量衡制度不同而引起交货数量方面的纠纷。此外,还应订明计重方法。对于那些交货数量难以严格限定的商品,如粮食、矿砂等散装货物,还要正确规定溢短装条款,注意与《跟单信用证统一惯例(UCP600)》《关于审核跟单信用证项下单据的国际标准银行实务(ISBP745)》中溢短装条款的内容匹配,应遵循多种规格的同一种货物或多种货物出现溢短装时,按同向溢短装的原则。

4. 合理确定数量机动幅度和计价方法

数量机动幅度要适当,应视商品的特性、行业、贸易习惯和运输方式等而定;对选择权的规定要合理,一般由履行合约的一方即卖方选择,但也要注意如果涉及海运船舶的舱容问题,可以由负责安排船只的一方选择。有时为了防止拥有数量增减选择权的一方利用数量机动幅度,根据市场价格波动故意多装运或少装运货物以获取额外收益,买卖双方可以在合同中规定,多装或少装数量的价格按装运日期指定市场价计算。

第四节 商品的包装

进出口商品,除少数直接装入运输工具的散装货(bulk cargo)和在形态上自成件数、无须包装或略加捆扎既可成件的裸装货(nude cargo)不必包装以外,绝大多数商品都需要包装,以保护商品在流通和销售过程中品质完好、数量完整,并为货物的运输、交接和保管等环节的操作提供方便。由于商品包装涉及买卖双方的利益,故交易双方洽商交易时,应谈妥包装条件,并在合同中具体规定。

根据包装的作用不同,商品的包装可分为运输包装和销售包装两大类。

一、运输包装

(一)运输包装的含义

运输包装(shipping package)是指保护商品,防止货物在运输途中出现货损、货差,以及便于运输、储存计数和分拨的包装,也称大包装、外包装。运输包装的作用是:保护货物在国际运输中的安全性,方便货物的搬运,减少运费,节省仓租,方便计数等。

(二)运输包装的分类

运输包装的方式和造型多种多样,包装的用料和质地各不相同,包装程度也各有差异,这就导致运输包装的多样性。一般来说,运输包装可从下列不同的角度分类。

1. 按照包装方式划分

按照包装方式,可分为单件运输包装和集合运输包装。前者是指货物在运输过程中作为一个计件单位的包装;后者是指将若干单件运输包装组合成一件大包装,以利于更有效地保护商品,提高装卸效率和节省运输费用。

2. 按照包装造型划分

按照包装造型不同,可分为箱、袋、包、桶和捆等不同形状的包装。

3. 按照包装材料划分

按照包装材料不同,可分为纸制包装,金属包装,木制包装,塑料包装,麻制品包装,竹、柳、草制品包装,玻璃制品包装和陶瓷包装等。

4. 按照包装质地划分

按照包装质地划分,有软性包装、半硬性包装和硬性包装。究竟采用其中哪一种,需视商品特性而定。

5. 按照包装程度划分

按照包装程度不同，可分为全部包装（full packed）和局部包装（part packed）2种。前者是指对整个商品全面予以包装，绝大多数商品都需要全部包装；后者是指对商品需要保护的部位加以包装，而不受外界影响的部分，则不予包装。

在国际贸易中，买卖双方究竟采用何种运输包装，应根据商品特性、形状、贸易习惯、货物运输路线的自然条件、运输方式和各种费用开支大小等因素，在洽商交易时谈妥，并在合同中具体订明。

（三）运输包装的标志

为了装卸、运输、仓储、检验和交接工作顺利进行，防止发生错发、错运和损坏货物与伤害人身的事故，以保证货物安全、迅速、准确地运交收货人，需要在运输包装上书写、压印、刷制各种有关的标志，以资识别和提醒人们操作时注意。运输包装上的标志，按其用途可分为运输标志（shipping mark）、指示性标志（indicative mark）和警告性标志（warning mark）3种。

1. 运输标志

运输标志俗称唛头，通常由一个简单的几何图形和一些字母、数字及简单的文字组成。运输标志可以方便有关人员在运输中辨认货物及核对单证，也可以避免货物在运输中发生混乱或延误，使货物顺利、安全地运抵目的地。其主要内容包括：(1) 目的地的名称或代号；(2) 收、发货人的代号；(3) 件号、批号。运输标志示例如图3-1所示。此外，有的运输标志还包括原产地、合同号、许可证号和体积与重量等内容。运输标志的内容繁简不一，由买卖双方根据商品特点和具体要求商定。

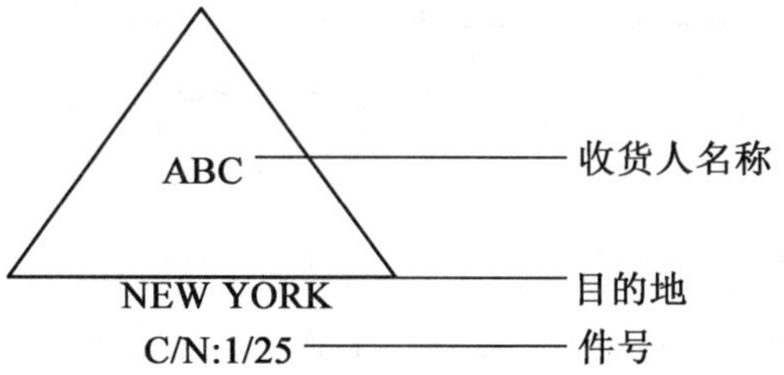

图3-1　运输标志示例

鉴于运输标志的内容差异较大，有的过于繁杂，不适应货运量增加、运输方式变革和计算机在运输与单据流转方面应用的需要，因此联合国欧洲经济委员会简化国际贸易程序工作组在国际标准化组织（ISO）和国际货物装卸协调协会（ICHCA）的支持下，制定了一套运输标志向各国推荐使用。该标准运输标志包括：(1) 收货人或买方名称的英文缩写字母或简称；(2) 参考号，如运单号、订单号或发货票号；(3) 目的地；(4) 件号。标准化运输标志示例如图3-2所示。至于根据某种需要而必须在运输包装上刷写的其他内容（如许可证号等），则不作为运输标志必要的组成部分。

ABC.........................收货人代号
12345.........................参考号
NEW YORK.................目的地
1/25.........................件数代号

图 3-2　标准化运输标志示例

2. 指示性标志

指示性标志是根据商品的特性,对一些容易破、残损和变质的商品,在搬运装卸操作和存放保管条件方面所提出的要求和注意事项,用图形或文字表示的标志。

为了统一各国运输包装指示标志的图形与文字,一些国际组织,如国际标准化组织(ISO)、国际航空运输协会(IATA)和国际铁路货运会议(RID)分别制定了包装储运指示性标志,并建议各会员国予以采纳。我国制定有运输包装指示性标志的国家标准,所用图形与国际上通用的图形基本一致,如图 3-3 所示。

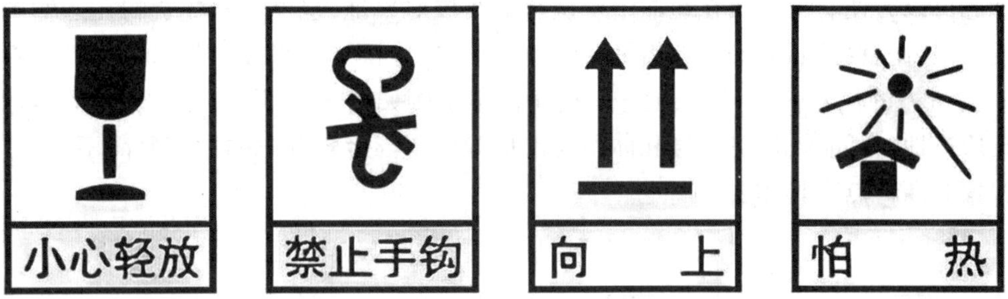

图 3-3　指示性标志示例

3. 警告性标志

警告性标志又称危险品标志,是指在装有爆炸品、易燃物品、腐蚀物品、氧化剂和放射物质等危险货物的运输包装上用图形或文字表示各种危险品的标志。其作用是警告有关装卸、运输和保管人员按货物特性采取相应的措施,以保障人身和物资的安全。

为保证国际危险货物运输的安全,联合国、国际海事组织、国际铁路合作组织和国际民航组织分别制定有国际海上、铁路、航空危险货物运输规则。在危险品的外包装上应分别依照上述规则,刷写必要的危险品标志。警告性标志示例如图 3-4 所示。

二、销售包装

销售包装又称小包装(small packing)、内包装(inner packing)或直接包装(immediate packing),是在商品制造出来以后以适当的材料或容器所进行的初次包装。销售包装除了保护商品的品质外,还有美化商品,宣传推广,便于陈列展销,吸引顾客,方便消费者识别、选购、携带和使用,从而能起到促进销售,提高商品价值的作用。有的商品如罐头食品只有进行了销售包装,生产才真正完成。

图 3-4　警告性标志示例

(一)销售包装的种类

销售包装可采用不同的包装材料、造型结构与式样,这主要根据商品特性和形状而定。常见的销售包装有下列几种。

(1)带有悬挂装置的挂式包装。指带有“吊钩”“吊带”“网兜”“挂孔”等装置的包装,这类包装便于悬挂。

(2)堆叠稳定性强的堆叠式包装。如罐瓶盒类的商品,其包装的盖部和底部在造型设计上可以相互吻合,以使货物能在商店货架上堆叠摆放。

(3)附有提手装置的携带式包装。为方便顾客携带,在包装上附有提手装置的包装。

(4)便于开启的易开包装。指密封的容器上设有容易开启装置的包装,如易拉罐。

(5)带有自动喷出流体的喷雾包装。指包装是一个液体喷雾器,使用时按动按钮液体即可自动喷出。

(6)将配套成交的不同商品装入同一包装内的配套包装。指经常同时使用的不同种类和不同规格的货物搭配成套的包装。

(7)礼品包装。即专门作为礼品的包装。

(8)具备多种用途的复用包装。这种包装除用作出售货物的包装外,还可用来存放其他货物或供观赏,具有多种用途。

(二)销售包装的装潢和文字说明

商品销售包装上的装潢和文字说明是美化商品、宣传商品、吸引消费者,使消费者了解商品特性和妥善使用商品的必要手段。装潢、图案和文字说明通常直接印刷在商品包装上,也有在商品上粘贴、加标签、挂吊牌等方式。

销售包装的装潢通常包括图案与色彩,装潢应美观大方,富有艺术吸引力,并突出商品的特性;同时,还应适应进口国或销售地区的民族习惯和爱好,以利于扩大出口。文字说明通常包括商品名称、商标品牌、数量规格、成分构成与使用说明等内容。这些文字说明应与销售包装的装潢画面紧密结合、和谐统一,以达到树立产品及企业形象、提高宣传和促销的目的。出口销售包装的装潢和文字说明要在不违反进口国相关规定的条件下,重视进口国消费者的禁忌和喜好。

(三)条形码

商品包装上的条形码是由一组带有数字的黑白及粗细间隔不等的平行条纹所组成,它是利用光电扫描阅读设备为计算机输入数据的特殊的代码语言。

国际上通用的条形码主要有2种:一种是由美国、加拿大组织的统一编码委员会编制的UPC(universal product code)条码;另一种是由欧洲物品编码协会(后更名为国际编码协会)编制的EAN(European article number)条码。在实际应用中,EAN条码有2种版本——标准版和缩短版。标准版由13位数字组成,称为EAN-13条形码或长码;缩短版EAN条码由8位数字组成,称为EAN-8条形码或者短码。目前,EAN-13条形码在国际上使用最广泛,该编码前3位数字为国别码,中间4位数字为厂商代码,之后5位数字为产品代码,最后一位为校验码。例如,编码“6920779602080”,“692”为前缀码,代表国家;“0779”是制造厂商代码;“60208”是商品项目代码,“0”为校验码。

为了适应国际市场的需要和扩大出口,1988年12月,我国建立了“中国物品编码中心”,负责推广条形码技术,并对其进行统一管理。1991年4月,我国正式加入国际物品编码协会,该协会分配给我国的国别号为“690”“691”“692”“489”“471”等。此外,我国的书籍代码为“978”,杂志代码为“977”。

三、中性包装与定牌生产

采用中性包装(neutral packing)和定牌生产,是国际贸易中的习惯做法。

(一)中性包装

中性包装是指既不标明生产国别、地名、厂商和名称,也不标明商标或牌号的包装。也就是说,在出口商品包装的内外,都没有原产地和出口厂商的标记。中性包装包括无牌中性包装和定牌中性包装2种。前者是指包装上既无生产地名称和厂商名称,又无商标、品牌;后者是指包装上仅有买方指定的商标或品牌,但无生产地名称和出口商名称。

我国出口商品时可以接受中性包装业务。如果合同规定采用中性包装,生产厂家就必须严格按照合同要求组织生产。对于无牌中性包装要做到:(1)无国别、无产地、无厂名、无商标、无牌号、无中文字样、无特定代号。(2)包装内不附带说明书、合格证、设备清单等中文资料。(3)不使用印有中文的书报、布料等作为包装填充材料。对于定牌中性包装,除按照买方要求注明其指定的商标、牌号或商号名称与代号外,也应做到上述几点。

案例3-7　中性包装引发的思考

甲国某公司与乙国某服装厂洽谈进口业务,打算进口“棉致”牌女士针织衫1 000件,但要求乙国服装厂改用“瑰丽”牌商标,并在包装上不得注明“乙国制造”字样。请问:乙方是否可以接受?在处理此项业务时,应注意什么问题?

案例分析:

这是一笔中性包装业务交易,甲国公司要求采用定牌中性包装,乙国服装厂一般可以接受。乙国服装厂在处理该业务时要注意对方所用商标在国外是否有第三者已经注册,若有则不能接受。如果一时无法判明,则应在合同中写明“若发生工业产权争议应由买方负责”。

(二)定牌生产

定牌生产指卖方按买方的要求,在其出售的商品或包装上标明买方指定的商标或品牌。

当前,世界上许多国家的超市、大百货公司和专业商店对其经营出售的商品,都要在商品上或包装上标有本商店使用的商标或品牌,以扩大本店知名度和显示该商品的身价。许多国家的出口厂商为了提高售价和扩大销路,也愿意接受定牌生产。

按照国际贸易中的习惯做法,我国也接受定牌生产,其具体做法有下列几种。

(1)在定牌生产的商品和/或包装上,只用外商指定的商标或品牌,而不标明生产国别和出口厂商名称,这属于采用定牌中性包装的做法。

(2)在定牌生产的商品和/或包装上,标明我国的商标或品牌,同时也加注国外商号名称或表示其商号的标记。

(3)在定牌生产的商品和/或包装上,采用买方指定的商标或品牌的同时,在其商标或品牌下标示“中国制造”字样。

在洽谈定牌中性包装时应注意:第一,要对买方提供的图案、文字内容进行审查,不接受与我国精神文明标准不符的图案和文字;第二,如果使用买方指定的商标、牌号,则必须在合同中明确予以规定,若日后因此而发生工业产权纠纷或出现侵权行为,则由买方承担一切责任和费用。

案例 3-8　定牌中性包装侵犯知识产权案

2002 年世界杯期间,日本一进口商为了促销运动饮料,向甲国出口公司订购 T 恤衫,要求以红色为底色,并印制“韩日世界杯”字样,此外不需印制任何标识,以在世界杯期间作为促销手段随饮料销售赠送现场球迷。合同规定 2002 年 5 月 20 日为最后装运期。甲国出口公司组织生产后于 5 月 25 日将货物按质按量装运出港,并备齐所有单据向银行议付货款。然而货到时由于日本队止步于 16 强,日方估计到可能的积压损失,以单证不符为由拒绝赎单,在多次协商无效的情况下,甲国出口公司只能将货物运回在国内销售减少损失。但是货物途经海关时,海关认为由于“韩日世界杯”字样及英文标识的知识产权为国际足联所持有,而甲国出口公司不能出具真实有效的商业使用权证明文件,因此海关以侵犯知识产权为由扣留并销毁了这批 T 恤衫。甲国出口公司遭受了严重损失。

案例分析:

本案例的焦点在于卖方在接受定牌中性包装时要注意的问题。

本案例中海关处置正确。这实际上是一个定牌中性包装问题,在国际贸易中,对于中性包装,尤其是定牌中性包装,在按照买方的要求注明有关商标、牌号外,还应注明以后因此而产生的侵权行为或知识产权纠纷由买方承担一切责任和费用。而甲国出口公司在生产产品前未考虑到知识产权问题,也未在合同中订明产品产生的侵权行为或知识产权纠纷由买方承担一切责任和费用,导致自己蒙受了经济损失。

四、合同中包装条款的基本内容

出口合同中的包装条款主要包括包装方式、包装材料、包装规格和包装标志等内容。

(一)包装方式

不论是运输包装还是销售包装,其方式多种多样,买卖双方洽商交易时,究竟采用何种包装方式，应予以明确规定。

(二)包装材料

包装材料多种多样，其中包括金属、塑料、木材、玻璃、陶瓷、竹、麻等，究竟采用何种材料制成的包装，也应一并在包装条款中说明。

(三)包装规格

根据成交商品的形状、特点和适合运输与销售等方面的要求来确定包装的规格及其尺寸大小，并在包装条款中注明，以便买卖双方交接货物时有所遵循。

(四)包装标志

为了保证货物安全、迅速、准确地运交收货人，在运输包装上需要书写、压印、刷制运输及其他有关标志，在销售包装上一般也应附有装潢画面和文字说明等标志。交易双方商定包装条件时，对这些标志也应事先谈妥，并在合同中具体列明。

国际货物买卖合同中的包装条款举例如下：

(1)每件装一塑料袋，半打为一盒，十打装一木箱。

Packing: Each piece in a poly-bag, half dozen in a box and 10 dozen in a woodencase.

(2)单层新麻袋，每袋约 50 kg。

Packing: In new single gunny bags of about 50 kg each.

五、订立包装条款的注意事项

为了使包装条款科学、合理，以利于合同的履行，在商定包装条款时，主要应考虑下列事项。

(一)根据成交商品特点选择适合的包装

商品种类繁多，其特性和形状各异，因而对包装的要求也不同，故在约定包装材料、包装方式和包装标志时，必须考虑商品的特点，以此确定适合的包装。

(二)成交商品所采用的运输方式的要求

进出口商品一般都需要通过长途运输，而不同运输方式对包装的要求不同。因此，交易双方在商定包装条款时，应根据成交商品所采用的运输方式来确定适用何种运输包装。

(三)有关国家的法律规定

许多国家对市场销售的商品规定了有关包装和标签管理的条例，其内容十分繁杂和具体，凡进口商品必须遵守其规定，否则，不准进口或禁止在市场上销售。

(四)在不影响包装品质的前提下注意节省各种费用

交易双方在商定包装条款时，除考虑商品特点、运输要求和有关法律规定外，在选用包装材料和确定包装方式、包装规格等方面，还应考虑有利于节省包装费用和减少其他费用开支。

(五)要考虑有关国家的消费水平、消费习惯和客户的具体要求

由于各国经济、文化背景不同，消费水平和消费习惯有差异，客户对包装样式、包装材

料、包装规格、包装装潢画面及文字说明等方面都有特定的具体要求，在洽商交易和订立合同时，应尽可能考虑其要求，以利于合同的顺利履行。

（六）要正确运用中性包装和定牌生产

中性包装和定牌生产是国际贸易中的习惯做法，正确运用这些贸易习惯做法，有利于打破某些国家的关税壁垒和非关税壁垒，但运用定牌生产时要注意工业产权问题，避免侵犯其他国家的工业产权。

（七）不宜轻易接受按照某国家式样包装的条件

采用按照某国家式样包装的条件，既增加了履约的难度，又容易引起争议，故在包装条款中一般不宜轻易接受此种条件。

（八）对包装的规定要明确、具体

这里需要强调的是，规定包装条款时，切忌使用笼统、含糊的词句。例如，一般不宜采用“海运包装”（seaworthy packing）和“习惯包装”（customary packing）之类的贸易术语。这类贸易术语含义含糊，且无统一解释，容易引起争议。

案例 3-9　包装不宜徒手搬运遭拒收

甲国一家服装企业（以下简称甲国出口商）为乙国一家服装公司（以下简称乙国进口商）生产 PVC 革服装，价值 10 万澳元。由于双方已合作多次，且甲国出口商在乙国有办事处，所以双方合同定为送货到对方的仓库，交货后付款，并按照双方交易的常规在合同中规定：交货延误一天罚款（从货款中扣除）1 000 澳元。让甲国出口商没有料到的是，该项交易在进行到最后交货时出了问题。当出口商按质、按量完成订单，装入纸箱，遵照合同将货物运抵乙国进口商仓库交货时，遭到仓库工人的拒收。

工人拒收的原因是每个纸箱的装货重量超过了 20 kg，不适宜徒手搬运。据了解，乙国工会规定工人有权拒绝徒手搬运超过 25 kg 货物的要求；同时，保险公司对由于搬运超重物品引起的工伤也不予赔偿。为避免可能引起的损害，许多企业都制定了低于 25 kg 的重量标准。乙国进口商则将每个包装重量定为 20 kg。

由于乙国进口商不但要卸货，还要以同样包装送往其在各地的销售点，因此，虽经再三交涉，甲国出口商仍无法说服对方接收货物。最后，甲国出口商不得不将货拉回办事处，买来纸箱，并请临时工将货物重新装成低于 20 kg 一箱。隔天再送往乙国进口商仓库交货，但已晚了一天。乙国进口商收货后，付款时不顾甲国出口商的解释仍按照合同扣除罚款 1 000 澳元。这次交易虽最终完成，但甲国出口商却遭受了一定的损失。

案例分析：

本案例的焦点是包装重量不符合要求给买卖双方带来不便和损失。我们应该从上述案例中吸取教训，避免在国际贸易中遭遇同样的损失。

这一案例至少给我们如下启示：国际贸易商品的包装不仅是保护商品在流通过程中质量完好和数量完整的重要措施，同时还是说明货物的重要组成部分。因此，包装条款被认为是国际贸易合同中一项主要的条款。在国际贸易出口商品的运输包装方面，首先要注意按照合同规定操作；另外，还要考虑有关国家的法律规定，适应不同的运输方式。为了保证装卸、运输、仓储、检验和交接工作的顺利进行，要严格按照国际标准采用运输包装标志。卖方应保证商品的包装符合规格和装运要求,保证商品包装或外包装足够牢固,能保护该商品。在出口产品的包装装箱时,一定要仔细、全面地进行考虑,必须符合进口方所在地的相关规定和要求,甚至惯例,不仅要考虑产品的保护、标记和包装材料等问题,还应考虑搬运的方便性,特别是要明确了解进口方的规定和要求,将人性化的理念融入包装之中。对于任何一项交易,一定要在交易商谈中与对方确定详细的包装要求,包括单箱重量、花色搭配、包装材料等,并将其包括在交易合同之中。

本章小结

品名条款是合同中的主要条款。品名是买卖双方交接货物的重要依据。品名条款的内容是在商品名称的标题下,列明所要成交商品的具体名称。规定品名条款应具体、明确,实事求是。

品质是决定商品价格的重要因素。品质条款是买卖合同中的重要条件。在国际贸易中,表示品质的方法有两大类:以实物表示品质和以文字说明表示品质。为了便于交货,对凭文字说明进行的买卖,可加列公差条款或品质机动幅度条款,允许交货品质可在一定范围内高于或低于合同规定。

数量条件是买卖双方交接货物的依据。计量单位常用的有按重量、数量、长度、面积、体积、容积等。重量的计算方法包括毛重、净重、皮重、公量、理论重量、法定重量等。统一度量衡制度对买卖双方非常重要。为了便于交货,对于某些商品,在合同中应加订数量的机动幅度,即溢短装条款。

商品包装是商品生产的继续。包装应体现科学、经济、牢固、美观、适销等要求。包装根据其在流通领域的作用可分为运输包装和销售包装。中性包装和定牌生产常见于流通领域,而条形码更是进入国外超级市场的必要条件。运输包装上的标志可分为识别标志、指示性标志和警告性标志。销售包装上的标志常有条形码、标签等。包装条款一般应包括包装方式、包装材料、包装规格和包装标志等。

综合练习

一、选择题

1. 适用于在造型上有特殊要求的商品,表示品质的方式是(　　)。

A. 凭等级买卖　　B. 凭样品买卖　　C. 凭商标买卖　　D. 凭说明书买卖

2. 珠宝、字画等具有独特性质的商品,在确定其品质时最好(　　)。

A. 用文字说明　　B. 既用样品又用文字说明

C. 用样品磋商　　D. 看货洽谈成交

3. 对于某些品质变化较大而难以规定统一标准的农副产品,其表示品质的方法通常为(　　)。

A. 看货买卖　　B. 凭样品买卖　　C. 良好平均品质　　D. 上好可销品质

4. 不能作为明确商品品质的标准，因而对买卖双方都没有约束力的样品是（　　）。

A. 参考样　B. 对等样　C. 买方样　D. 卖方样

5. 凡货、样不能做到完全一致的商品，一般都不适宜（　　）。

A. 凭规格买卖　B. 凭等级买卖　C. 凭样品买卖　D. 凭说明书买卖

6. 凭商标或牌名买卖，一般只适用于（　　）。

A. 一些品质稳定的工业制成品　B. 经过科学加工的初级产品

C. 机器、电器和仪表等技术密集产品　D. 造型上有特殊要求的商品

7. 品质机动幅度条款一般适用于某些（　　）。

A. 制成品交易　B. 初级产品交易　C. 机电产品交易　D. 仪表产品交易

8. 若合同规定有品质公差条款，则在公差范围内，买方（　　）。

A. 不得拒收货物　B. 可以拒收货物

C. 可以要求调整价格　D. 可以拒收货物也可以调整价格

9. 凭样品买卖时，如果合同中无其他规定，那么卖方所交货物（　　）。

A. 可以与样品大致相同　B. 必须与样品完全一致

C. 允许有合理公差　D. 允许在包装规格上有一定幅度差异

10. 对于大批量交易的散装货，因较难掌握商品的数量，通常在合同中规定（　　）。

A. 品质公差条款　B. 溢短装条款　C. 立即装运条款　D. 不可抗力条款

11. 在出口业务中，采用 2 种或 2 种以上的方法来表示品质的做法，在一般情况下（　　）。

A. 对买方不利　B. 对卖方不利　C. 对双方都不利　D. 对双方都有利

12. 出口日用消费品、轻工业品及机械产品常用的计量单位为（　　）。

A. 重量单位　B. 数量单位　C. 长度单位　D. 面积单位

13. 对于价值较低的商品，通常采用（　　）计算其重量。

A. 毛重　B. 净重　C. 以毛作净　D. 理论重量

14. 如进口羊毛、生丝等纺织原料，应使用的计量方法为（　　）。

A. 毛重　B. 净重　C. 公量　D. 理论重量

15. 根据国际商会《跟单信用证统一惯例（UCP 600）》规定，数量的“约”或“大约”应理解为（　　）。

A. 3%　B. 5%　C. 10%　D. 15%

16. 根据国际商会《跟单信用证统一惯例（UCP 600）》规定，以 L/C 支付方式进行的非包装货物的交货数量，可以自动有（　　）的机动幅度。

A. 3%　B. 5%　C. 10%　D. 15%

17. 下列标志中（　　）要在买卖合同中的包装条款及有关单据中涉及。

A. 运输标志　B. 指示性标志　C. 警告性标志　D. 商标

18. 定牌中性包装是指（　　）。

A. 有商标、牌名，无产地、厂名　B. 无商标、牌名，无产地、厂名

C. 有商标、牌名，有产地、厂名　D. 无商标、牌名，有产地、厂名

19. 我国出口商品包装条形码采用(　　)条码。

A. 统一编码委员会　　B. 欧洲物品委员会

C. 欧洲统一定义　　D. 国际物品编码协会

20. 按照国际惯例,如果合同中没有相关规定,则运输标志一般由(　　)提供。

A. 保险公司　　B. 卖方　　C. 买方　　D. 船方

二、简答题

1. 买卖合同中规定货物质量的方法有哪几种? 在拟定质量条款时应注意哪些问题?
2. 什么是数量机动幅度? 为什么在某些商品的买卖合同中要规定溢短装条款?
3. 试述“质量机动幅度”和“质量公差”的规定方法及其作用。
4. 运输包装的标志有哪些?
5. 简述采用中性包装时应注意的问题。

三、案例分析题

1. 某年,甲国某公司对外成交自行车3 000辆。合同规定2 000辆为黑色,1 000辆为湖蓝色。在备货过程中,公司业务员发现黑色有货,湖蓝色无货,但还有其他颜色的自行车。公司业务员认为买方着急要货,并且是老客户,搭配一些其他颜色的自行车不会有问题。于是,未征得客户同意,便把300辆橘红色自行车、300辆绿色自行车和400辆银灰色自行车代替原合同中的1 000辆湖蓝色自行车装运出口。客户收到货物后,立即致电甲国公司,要求尽快派人处理1 000辆杂色车,并尽快把湖蓝色自行车补齐,同时还提出了赔偿损失的要求。该公司与外商反复协商,最后同意将杂色车按原价降低7%处理。试分析该公司的错误何在? 为什么?

2. 某公司出口电吹风2 000个,合同规定必须一次装运,不允许分批装运。在装船时,发现有80个严重损坏,临时更换又来不及。为保证交货质量,发货人员认为根据《跟单信用证统一惯例(UCP 600)》的规定,即使合同未规定溢短装条款,数量上仍允许有5%的增减,故决定少交80个,即少交4%。结果遭到银行拒付。请分析一下银行拒付的原因。

3. 我国某粮油进出口公司从国外进口小麦,合同数量550万公吨,允许溢短装10%,而外商装船时共装了600万公吨,对多装的50万公吨,我方应如何处理?

4. 某外商欲购我国某企业生产的电动工具,该企业有自有品牌“荷花”,且该品牌有一定的知名度。外商在洽谈中提出改用该外商拥有的“BOM”牌商标,并不得在包装上注明“Made in China”字样。

请问:外商的这种做法叫什么? 我方是否可以接受? 应该注意哪些问题?

第四章　进出口商品价格

教学要求：通过本章的学习，学生了解并掌握常用国际贸易术语及相关国际惯例；熟悉并掌握出口货物作价原则与方法、佣金和折扣的使用、出口报价的核算以及买卖合同的价格条款。

知识目标：了解并掌握常用国际贸易术语及相关国际惯例；熟悉出口货物作价原则与方法、佣金和折扣的使用、出口报价的核算以及买卖合同的价格条款。

能力目标：能够准确、合理地选用贸易术语，进行商品定价和制定合同价格条款。

导入案例：

甲国公司向乙国公司出口香料 15 t，对外报价为 2 500 美元/t FOB A 港口，装运期为 10 月，集装箱装运。甲国公司 10 月 16 日收到买方的装运通知，为及时装船，公司业务员于 10 月 17 日将货物存于某码头仓库，不料货物因当夜仓库发生火灾而全部灭失，货物损失由甲国公司承担。分析在该笔业务中，甲国公司的做法有何不当之处？

第一节　国际贸易术语

国际贸易术语表明了货物价格的构成，确定了交接货物时买卖双方的责任、费用和风险的划分，明确了买卖双方在交接货物过程中的责任和义务。国际贸易术语是国际贸易实务的核心内容之一，是开展对外贸易的语言。贸易术语的使用，对简化交易磋商过程、缩短交易时间、节约交易费用有重要意义。掌握国际贸易术语是学习国际贸易实务的基本前提。

一、贸易术语的含义

贸易术语（trade terms）又称价格术语或交货条件，它是用一个简短的概念或字母缩写来说明价格的构成及买卖双方有关责任、费用和风险的划分，以确定买卖双方在交接货物过程中应尽的责任和义务。例如，“装运港船上交货”或用英文字母表示的“FOB”，就具有特定的责任、费用和风险的归属要求。“责任”是指因交货地点不同而产生的租船订舱、装货、卸货、投保、申请进出口许可、报关等事宜；“费用”是指因货物的移动而产生的运杂费、保险费、仓储费、港口使用费等；“风险”是指各种原因导致货物被盗、串味、锈蚀、水渍、灭失等危险。

贸易术语是国际惯例的一种，没有强制性，即只有当事人选择使用，才对当事人具有约束力。贸易术语的主要作用在于简化当事人的贸易谈判缔约过程，确定买卖双方当事人的权利与义务。

由于贸易术语确定了买卖双方的部分合同义务，在磋商和订立合同时，采用某种贸易术语，如 FOB 或 CIF，使该合同具有一定的特征，从而可分别称之为“FOB 合同”或“CIF 合同”。

二、有关贸易术语的国际贸易惯例

国际贸易惯例虽然不是法律,但一经采用则对当事人有法律约束力。目前,国际上有较大影响的关于贸易术语的惯例主要有以下3种。

(一)《1932年华沙-牛津规则》

《1932年华沙-牛津规则》是国际法协会(International Law Association)专门为解释CIF合同而制定的,这一规则对于CIF的性质、买卖双方所承担的风险、责任和费用的划分以及所有权转移的方式等问题都做了比较详细的解释。1926年,国际法协会在维也纳开会时,认为国际贸易间商人使用的贸易条件过于混乱,必须进行统一,于是决定对使用最广泛的CIF条件加以整理。经过2年的努力,参照英国贸易习惯及判例,就CIF条件下买卖双方的权利和义务制定了22条规则,并于1928年华沙会议中通过,称为《1928年华沙规则》(Warsaw Rules,1928)。

其后在国际商会(International Chamber of Commerce,ICC)的协助下,国际法协会在1930年纽约会议及1931年巴黎会议时对该规则进行重新修订,并于1932年牛津会议中讨论通过,修订后的条文共21条,称为《1932年华沙-牛津CIF合同规则》(Warsaw-Oxford Rules for CIF Contract,1932),简称《1932年华沙-牛津规则》。

该规则自1932年通过以来,至今再没有修订,以致其中若干规定难以适应实际需要,因而在应用中使用的人不多。但由于此规则专门为CIF而订立,对CIF买卖合同的性质、风险和费用以及所有权转移等问题做了较全面的规定,至今对国际贸易CIF合同当事人的权利和义务划分仍有一定的参考作用(表4-1)。

表4-1 《1932年华沙-牛津规则》下CIF的规定

贸易术语	英文全称	术语解释
CIF	cost, insurance and freight	卖方必须在合同规定时间或期限内,在装运港将货物装到船上(load the goods on the vessel);承担货物装上船之前损坏或灭失的风险,负担运费和保险费;提供“已装船”提单和保险单

(二)《1990年美国对外贸易定义修订本》

《1990年美国对外贸易定义修订本》(Revised American Foreign Trade Definitions 1990)是由美国9个商业团体制定的。它最早于1919年在纽约制定,原名为《美国出口报价及其缩写条例》(The U.S. Export Quotations and Abbreviations)。1941年,美国第27届全国对外贸易会议对该条例进行了修订。这一修订本经美国商会、美国进口商协会和全国对外贸易协会所组成的联合委员会通过,由全国对外贸易协会予以公布。1990年,根据贸易形式的发展再次修订,更名为《1990年美国对外贸易定义修订本》。该修订本中所解释的贸易术语共有13种,见表4-2。

表 4-2 《1990 年美国对外贸易定义修订本》中的 13 种贸易术语

贸易术语	英文全称	中文含义
EXW	ex works	工厂交货
FCA	free carrier	货交承运人
FAS	free alongside ship	船边交货
FOB	free on board	船上交货
CFR 或 C&F	cost and freight	成本加运费
CIF	cost, insurance and freight	成本、保险费加运费
CPT	carriage paid to	运费付至
CIP	carriage and insurance paid to	运费和保费付至
DAF	delivered at frontier	边境交货
DES	delivered ex ship	目的港船上交货
DEQ	delivered ex quay	目的港码头交货
DDU	delivered duty unpaid	未完税交货
DDP	delivered duty paid	完税后交货

这个规则在美国、加拿大、墨西哥等美洲国家被广泛采用，由于它的解释与国际商会的《国际贸易术语解释通则》有一定的差异。因此，与美洲国家进行交易时应加以注意。

（三）《2020 年国际贸易术语解释通则》

《国际贸易术语解释通则》缩写形式为 INCOTERMS，它是国际商会为了统一对各种贸易术语的解释而制定的，最早产生于 1936 年。后来为适应国际贸易业务发展的需要，国际商会先后于 1953 年、1967 年、1976 年、1980 年、1990 年、2000 年、2010 年和 2020 年进行了 8 次修订。现行的《国际贸易术语解释通则® 2020》（以下简称《INCOTERMS® 2020》），是国际商会根据近 10 年来形势的变化和国际贸易发展的需要，在《INCOTERMS® 2010》的基础上修订产生的，并于 2021 年 1 月 1 日起生效。

1.《INCOTERMS® 2020》的基本内容与变化解释

（1）《INCOTERMS® 2020》的基本内容。

《INCOTERMS® 2020》的 11 个贸易术语分为两大类。第一类是适用于任何运输方式或多种运输方式的术语，包括 7 个贸易术语：EXW、FCA、CPT、CIP、DAP、DPU 和 DDP。不论选用何种运输方式，也不论使用一种还是多种运输方式，都可以使用这部分术语，甚至没有海运时也可以使用这些术语。需要注意的是，当船舶用于部分运输时，可以使用这些术语。第二类是适用于海运和内河水运的术语，包括 4 个贸易术语：FAS、FOB、CFR 和 CIF。因为其交货地点和将货物交至买方的地点都是港口，因此被划分为“适用于海运及内河水运的术语”。

在《INCOTERMS® 2020》中，DAT（运输终端交货）和 DAP（目的地交货）呈现的顺序被颠倒过来，即交货发生在卸载之前的 DAP 现在出现在 DAT 之前；另外，DAT 的名称已被改为 DPU（表 4-3），强调了目的地可以是任何地方，而不仅仅是“运输终端”的现实。但是，如果该地点不在运输终端，卖方应确保其打算交付货物的地点是能够卸货的地点。

表 4-3 《国际贸易术语解释通则® 2020》(《INCOTERMS® 2020》)

分组	术语名称	中文含义
第一组 适用于任何运输方式或多种运输方式 (All Types of Transportation)	EXW (ex works)	工厂交货
	FCA (free carrier)	货交承运人
	CPT (carriage paid to)	运费付至
	CIP (carriage and insurance paid to)	运费和保险费付至
	DAP (delivered at place)	目的地交货
	DPU (delivered at place unloaded)	目的地卸货后交货
	DDP (delivered duty paid)	完税后交货
第二组 适用于海运和内河水运 (Water Transport)	FAS (free alongside ship)	船边交货
	FOB (free on board)	船上交货
	CFR (cost and freight)	成本加运费
	CIF (cost, insurance and freight)	成本、保险费加运费

(2)FCA 术语下的已装船批注提单。

货物以 FCA 术语销售经由海运方式运输，卖方或买方(或者更可能是他们的银行)如使用信用证可能需要已装船批注提单。然而，FCA 术语下的交货在货物装船之前已经完成，无法确定卖方是否能够从承运人处获取已装船提单。为满足这种情形，《INCOTERMS® 2020》规定 FCA 中的 A6/B6 现在提供了一个附加选项。买方和卖方可以约定，买方将指示其承运人在货物装船后向卖方签发已装船提单，然后卖方有义务，通常通过银行，向买方提交该提单。国际商会认识到，尽管已装船提单和 FCA 交货之间的结合有些不恰当，但这迎合了市场中显而易见的需求。

如果卖方在装船前通过将集装箱货物移交给承运人来交货给买方的话，建议卖方最好以 FCA 而不是以 FOB 条款销售。但是，《INCOTERMS® 2020》做了改变，即如果此时卖方仍然希望或需要已装船批注提单，FCA 术语 A6/B6 中新的附加选项对该种单据做出了规定。

(3)费用(如列出)。

在《INCOTERMS® 2020》的新排序中，费用现显示在每条 INCOTERMS® 规则的 A9/B9 中。INCOTERMS® 规则的不同术语中各条款划分的各种费用传统上出现在 INCOTERMS® 规则中每个术语的不同部分。但是，在《INCOTERMS® 2020》中，相当于《INCOTERMS® 2010》中 A6/B6 条款的 A9/B9 现在列出了 INCOTERMS® 规则每一特定术语划分的所有费用。因而《INCOTERMS® 2020》中的 A9/B9 比《INCOTERMS® 2010》中的 A6/B6 篇幅更长。

(4)CIF 和 CIP 中保险险别的不同层级。

在《INCOTERMS® 2020》的 CIF 和 CIP 术语中规定不同的最低险别。CIF 术语更可能用于海运大宗商品贸易，但维持《伦敦保险协会货物保险条款》(C)款作为默示立场的现状，当然双方当事人仍可以自由商定较高的保险险别。《INCOTERMS® 2020》的 CIP 术语中，卖方现在必须取得符合《伦敦保险协会货物保险条款》(A)款的保险险别,尽管双方当事人仍可以自由商定较低的保险险别。

(5)在 FCA、DAP、DPU、DDP 中使用卖方或买方自己的运输工具安排运输。

在《INCOTERMS® 2010》中始终设定,在货物由卖方运往买方的情况下,货物将依据具体使用的 INCOTERMS®规则,由卖方或买方为此目的而雇用的第三方承运人运输。然而,在某些情况下,虽然货物要从卖方运往买方,但仍然可以在根本不雇用任何第三方承运人的情况下进行运输。《INCOTERMS® 2020》考虑到了这些可能性,不仅明确允许订立运输合同,而且也允许仅安排必要的运输。

(6)在运输义务和费用中加入与安全有关的要求。

在 21 世纪初与安全相关的问题变得如此普遍之后,《INCOTERMS® 2010》是 INCOTERMS®规则生效后的第一个修订本。这些问题以及随之创建的相关装运实务现在已经更多了。由于与运输要求相关,与安全相关的义务的明确划分现已添加到《INCOTERMS® 2020》的 A4/A7 中。这些要求产生的费用现在在费用条款中,即 A9/B9 中,也占有更为突出的地位。

(7)用户解释说明。

在 2010 年版中,每个 INCOTERMS®规则开头出现的“使用说明”现在作为“用户解释说明”出现。这些用户解释说明解释了 2020 年版中每个规则的基本原理,如应该何时使用、风险何时转移、卖方与买方之间如何划分费用等。解释说明的意图是:①帮助用户在特定交易中更准确、高效地选择合适的 INCOTERMS®规则;②为那些《INCOTERMS® 2020》调整的争议或合同提供解决方案,或者为咨询者就可能需要的解释事项提供指南。

2.《INCOTERMS® 2020》对各贸易术语下买卖双方应承担的义务的划分

《IINCOTERMS® 2020》对各贸易术语下买卖双方应承担的义务的划分见表 4-4。

表 4-4 买卖双方应承担的义务

卖方义务		买方义务	
A1	卖方的一般义务	B1	买方的一般义务
A2	交货	B2	提货
A3	风险转移	B3	风险转移
A4	运输	B4	运输
A5	保险	B5	保险
A6	交货/运输单据	B6	交货/运输单据
A7	出口/进口清关	B7	出口/进口清关
A8	查验/包装/标记	B8	查验/包装/标记
A9	费用划分	B9	费用划分
A10	通知	B10	通知

3. 使用《INCOTERMS® 2020》应注意的问题

(1)选择适合的国际贸易术语。如果对特定的合同选择了错误的 INCOTERMS®规则，可能会产生漏洞、重叠以及不必要的成本。造成“错误的”不匹配的原因是未对《INCOTERMS® 2020》中包含的贸易术语的 2 个最重要的特征给予充分关注，2 个特征互为镜像，即交货和风险转移的港口、地方或地点。无论选择何种贸易术语，买卖双方都应该清楚，对其合同的解释很可能会受到使用的港口或地点特有的惯例的影响。

(2)将《INCOTERMS® 2020》以最佳方式并入合同。如果当事人希望《INCOTERMS® 2020》适用于其合同，最安全做法就是在合同中通过诸如这样的措辞明确其意图：“[所选择的 INCOTERMS®规则][指定的港口、地方或地点]INCOTERMS® 2020。”具体并入方式如：CIF Shanghai INCOTERMS® 2020 或 DAP No. 123, ABC Street, Importland INCOTERMS® 2020。

(3)《INCOTERMS® 2020》本身不是一份销售合同，因此不能作为销售合同的替代。《INCOTERMS® 2020》设计的目的在于反映任何种类的货物的贸易实务，而非特定货物的贸易实务，其既可以适用于散装铁矿石交易，也可以适用于 5 个集装箱的电子设备或 10 个托盘的空运鲜花交易。需要强调的是，《INCOTERMS® 2020》不涉及所售货物的财产/权利/所有权的转移问题。当事人需要在销售合同中对这些事项做出具体约定，否则，日后容易产生履约或违约纠纷。

三、适用于任何运输方式或多种运输方式的术语

这部分包括《INCOTERMS® 2020》中的 7 个术语，即 EXW、FCA、CPT、CIP、DAP、DPU 和 DDP。不论选用何种运输方式，也不论使用一种还是多种运输方式，都可以使用这部分术语。当船舶用于部分运输时，也可以使用这些术语。

(一)EXW 术语

1. EXW 术语的含义

EXW 的全称是 Ex Works (insert named place of delivery) INCOTERMS® 2020，即工厂交货(插入指定交货地点)，是指当卖方在其所在地或其他指定地点(如在其他地点的工厂、车间或仓库等)将货物交由买方处置时，即完成交货。该指定地点可以是卖方所在地，也可以不是卖方所在地。卖方不需要将货物装上任何前来接收货物的运输工具，需要清关时，卖方也无须办理出口清关手续。

该术语可适用于任何运输方式，也可适用于多种运输方式。

2. EXW 术语买卖双方的义务

(1)A 卖方的义务。

①A1 一般义务。

卖方必须提供符合销售合同约定的货物和商业发票，以及合同可能要求的其他与合同相符的证据。

卖方提供的任何单据，根据双方约定可以是纸质或电子形式，如果没有约定，则按照惯常做法提供。

②A2 交货。

卖方必须在指定交货地或位于该地的约定点(如有),以将未装载到任何接收货物的运输工具上的货物交由买方处置的方式交货。若在指定交货地未约定交货点,且在该地有多个地点可用,则卖方可选择最适合其目的的交货点。卖方必须在约定日期或约定交货期限内交货。

③A3 风险转移。

除 B3 规定的灭失或损坏情况外,卖方承担按照 A2 完成交货前货物灭失或损坏的一切风险。

④A4 运输。

卖方对买方没有订立运输合同的义务。但是,在应买方要求并由其承担风险和费用的情况下,卖方必须向买方提供卖方拥有的买方安排运输所需的任何信息,包括与运输有关的安全要求。

⑤A5 保险。

卖方对买方没有订立保险合同的义务。但是,在应买方要求并由其承担风险和费用的情况下,卖方必须向买方提供卖方所拥有的买方取得保险所需的信息。

⑥A6 交货/运输单据。

卖方对买方没有义务。

⑦A7 出口/进口清关。

如适用,在应买方要求并由其承担风险和费用的情况下,卖方必须协助买方获取出口国/过境国/进口国要求的与所有出口/过境/进口清关手续有关的任何单据及/或信息,诸如:出口/过境/进口许可证;出口/过境/进口安检清关;装运前检验及任何其他官方授权。

⑧A8 查验/包装/标记。

卖方必须支付按照 A2 交货所需的查验操作费用(如查验品质、丈量、计重、点数的费用)。卖方必须自付费用包装货物,除非该特定贸易运输的所售货物通常无须包装。除非双方已经约定好具体的包装或标记要求,卖方必须以适合该货物运输的方式对货物进行包装和标记。

⑨A9 费用划分。

卖方必须支付按照 A2 完成交货前与货物相关的所有费用,按照 B9 应由买方支付的费用除外。

⑩A10 通知。

卖方必须向买方发出为买方提取货物所需的任何通知。

(2)B 买方的义务。

①B1 一般义务。

买方必须按照销售合同约定支付货物价款。

买方提供的任何单据,根据双方约定可以是纸质或电子形式,如果没有约定,则按照惯常做法提供。

②B2 提货。

当卖方已按照 A2 完成交货,并按照 A10 发出通知时,买方必须提取货物。

③B3 风险转移。

买方承担按照 A2 交货时起货物灭失或损坏的一切风险。如果买方未按照 B10 发出通知，则买方承担自约定的交货日期起或交货期限届满之时起货物灭失或损坏的一切风险，但以该货物已被清楚地确定为合同项下货物为前提条件。

④B4 运输。

应由买方负责自费签订运输合同或安排自指定交货地起的货物运输。

⑤B5 保险。

买方对卖方没有订立保险合同的义务。

⑥B6 交货证据。

买方必须向卖方提供其已提取货物的适当证据。

⑦B7 出口/进口清关。

如适用，应由买方办理出口国/过境国/进口国所要求的所有出口/过境/进口清关手续，并支付该类费用，诸如：出口/过境/进口许可证；出口/过境/进口安检清关；装运前检验以及任何其他官方授权。

⑧B8 查验/包装/标记。

买方对卖方没有义务。

⑨B9 费用划分。

买方必须：

a. 支付按照 A2 完成交货之时起与货物有关的所有费用。

b. 偿付卖方为按照 A4、A5 或 A7 提供协助或信息而产生的所有费用和开支。

c. 如适用，支付货物出口应缴纳的所有关税、税款和其他费用，以及办理出口清关手续而产生的费用。

d. 支付因买方未提取已交由其处置的货物或未按照 B10 发出适当通知而产生的额外费用，但以该货物已被清楚地确定为合同项下货物为前提条件。

⑩B10 通知。

无论何时根据约定，当买方有权决定在约定交货期限内的时间及/或在指定地点的提货点时，买方必须给予卖方充分通知。

3. 使用 EXW 术语应注意的问题

(1)国内贸易问题。

按 EXW 术语达成的交易，在性质上类似于国内贸易。因为卖方是在本国国内完成交货，其所承担的风险、责任和费用也都局限于出口国的国内，卖方不必过问货物出境、入境及运输、保险等事项，由买方安排车辆或其他运输工具到约定的交货地点接运货物，因此在卖方与买方达成的契约中可不涉及运输和保险的问题。

EXW 适合国内贸易，而 FCA 一般更适合国际贸易。

(2)装货义务问题。

卖方对买方没有装货的义务，即使实际上卖方也许更方便这么做。如果卖方装货，则由买方承担相关风险和费用。当卖方更方便装货时，FCA 一般更为合适，因为其要求卖方承担装货义务(当交货地点是卖方所在地时)，以及与此相关的风险和费用。

(3)交货地或交货点问题。

买卖双方仅需指定交货地。但是,特别建议双方应尽可能清楚地指明交货地范围内的精确交货点,精确交货点会让双方均可清楚货物交付的时间、风险转移至买方的时间以及卖方承担费用的地点。如果双方不指定交货点,则视为留待由卖方选择“最适合卖方目的”的交货点。这意味着,卖方可能会选择某个地点作为交货点,而货物恰好在该地点之前发生了灭失或损坏,从而使买方承担风险。因此,买方最好选择将要交货地范围内的精确地点。

(4)出口清关问题。

按照EXW术语成交,买方要承担办理货物出口和进口的清关手续的义务,因此买方还应考虑在这方面有无困难。如果买方不能直接或间接地办理出口和进口手续,则不应采用这一术语成交。另外,买方仅是有限地承担向卖方提供货物出口相关信息的责任。而卖方则可能出于缴税或申报等目的,需要这方面的信息。

(5)买方义务和风险问题。

由于在EXW条件下,买方要承担过重的义务,并且可能面临更多风险,如装载风险,即当货物置于交货地、尚未装载、由买方处置时,交货已完成,其风险随之转移。但是,货物装载很可能是由卖方操作,装载操作中发生的货物灭失或损坏的风险很可能由没有实际参与货物装载的买方承担。因此对外成交时,买方不能仅仅考虑价格低廉,还应认真考虑可能遇到的各种风险以及运输环节等问题,要权衡利弊,注意核算经济效益。如果买方希望规避在卖方场所装载货物期间的风险,则应当考虑选择FCA规则。

(二)FCA术语

1. FCA术语的含义

FCA的全称是Free Carrier (insert named place of delivery) INCOTERMS® 2020,即货交承运人(插入指定交货地点),是指卖方在卖方所在地或其他指定地点将货物交给买方指定的承运人或其他人。由于风险在交货地点转移至买方,因此特别建议双方尽可能清楚地写明指定交货地内的交付点。如果双方希望在卖方所在地交货,则应将卖方所在地址明确为指定交货地。如果双方希望在其他地点交货,则必须确定特定交货地点。如适用时,FCA要求卖方办理货物出口清关手续。但卖方无义务办理进口清关、支付任何进口税或办理进口的任何海关手续。

在《INCOTERMS® 2020》术语中,承运人是签约承担运输责任的一方。

该术语可适用于任何运输方式,也可适用于多种运输方式。

2. FCA术语买卖双方的义务

(1)A卖方义务。

①A1 一般义务。

卖方必须提供符合销售合同约定的货物和商业发票,以及合同可能要求的其他与合同相符的证据。

卖方提供的任何单据,根据双方约定可以是纸质或电子形式,如果没有约定,则按照惯常做法提供。

②A2 交货。

卖方必须在指定地或指定点(如有),向买方指定的承运人(或其他人)交付货物,或以取得已经如此交付货物的方式交货。

卖方必须按照下述要求交货:在约定日期;在买方按照 B10(b)所通知的约定期间内的交货时间;如果未通知上述时间,则在约定期限届满之时。

以下情形,交货完成:

a. 若指定交货地在卖方所在地,则当货物被装上买方提供的运输工具时。

b. 在任何其他情况下,当货物在卖方的运输工具上做好卸载准备,并交由买方指定的承运人(或其他人)处置时。

如果买方未按照 B10(d)通知在指定交货地内的特定交货点交货,且有数个交货点可用,则卖方可以选择最符合其目的的交货点。

③A3 风险转移。

除 B3 规定的灭失或损坏情况外,卖方承担按照 A2 完成交货前货物灭失或损坏的一切风险。

④A4 运输。

卖方对买方没有订立运输合同的义务。但是,在应买方要求并由其承担风险和费用的情况下,卖方必须向买方提供卖方拥有的买方安排运输所需的任何信息,包括与运输有关的安全要求。如已约定,卖方必须按照惯常条款订立运输合同,由买方承担风险和费用。

卖方必须在完成交货之前遵守任何与运输有关的安全要求。

⑤A5 保险。

卖方对买方没有订立保险合同的义务。但是,应买方要求并由其承担风险和费用,卖方必须向买方提供卖方所拥有的买方获取保险所需的信息。

⑥A6 交货/运输单据。

卖方必须自付费用向买方提供已按照 A2 交货的通常证明。在应买方要求并由其承担风险和费用的情况下,卖方必须协助买方取得运输单据。若买方指示承运人向卖方出具 B6 项下的运输单据,则卖方必须向买方提交承运人出具的这一单据。

⑦A7 出口/进口清关。

a. 出口清关。如适用时,卖方必须办理和支付出口国要求的所有出口清关手续,诸如:出口许可证;出口安检清关;装运前检验及任何其他官方授权。

b. 协助进口清关。如适用时,应买方要求并由其承担风险和费用,卖方必须协助买方获取任何过境国或进口国需要的与所有过境/进口清关手续有关的任何单据及/或信息,包括安全要求和装运前的检验。

⑧A8 查验/包装/标记。

卖方必须支付为了按照 A2 交货所需要进行的查验费用(如查验品质、丈量、计重、点数的费用)。

卖方必须自付费用包装货物,除非该特定贸易运输的所售货物通常无须包装。除非双方已经约定好具体的包装或标记要求,卖方必须以适合该货物运输的方式对货物进行包装和标记。

⑨A9 费用划分。

卖方必须支付:

a. 按照 A2 完成交货前与货物相关的所有费用，按照 B9 应由买方支付的费用除外。

b. 按照 A6 向买方提供已经交货的惯常证据的费用。

c. 如适用，按照 A7(a)办理出口清关有关的关税、税款和任何其他费用。

d. 买方为按照 B7(a)提供协助获取单据及信息相关的所有成本和收费。

⑩A10 通知。

卖方必须就其已按照 A2 完成交货或买方指定的承运人或其他人未在约定期限内提货的情况给予买方充分通知。

(2)B 买方义务。

①B1 一般义务。

买方必须按照销售合同约定支付货物价款。

买方提供的任何单据，根据双方约定可以是纸质或电子形式，如果没有约定，则按照惯常做法提供。

②B2 提货。

当卖方已按照 A2 完成交货，买方必须提取货物。

③B3 风险转移。

买方承担按照 A2 交货时起货物灭失或损坏的一切风险。

如果满足以下条件，则买方承担货物灭失或损坏的所有风险：

a. 买方未按照 A2 指定承运人（或其他人）或未按照 B10 发出通知。

b. 买方未按照 B10(a)指定的承运人（或其他人）接管货物：(i)自约定日期起；如无约定的日期，则(ii)自买方根据 B10(b)选择的时间起；或者，如未通知该时间，则(iii)从任何约定交货期限届满之日起，但以该货物已被清楚地确定为合同项下货物为前提条件。

④B4 运输。

除非卖方根据 A4 订立运输合同，否则，买方必须自付费用订立运输合同或安排从指定交货地开始的货物运输。

⑤B5 保险。

买方对卖方没有订立保险合同的义务。

⑥B6 交货/运输单据。

买方必须接受已按照 A2 完成交货的证据。如果双方已如此约定，买方必须自担费用及风险，指示承运人向卖方出具载明货物已经装载的运输单据（如已装船提单）。

⑦B7 出口/进口清关。

a. 协助出口清关。如适用时，应卖方要求并由其承担风险和费用，买方必须协助卖方获取出口国需要的与所有出口清关手续有关的任何单据及/或信息，包括安全要求和装运前检验。

b. 进口清关。如适用时，买方必须办理和支付过境国和进口国要求的所有手续，诸如：进口许可证及过境所需的任何许可证；进口及任何过境安检清关；装运前检验及任何其他官方授权。

⑧B8 查验/包装/标记。

买方对卖方没有义务。

⑨B9 费用划分。

买方必须支付：

a. 按照 A2 完成交货之时起与货物有关的所有费用，按照 A9 应由卖方支付的费用除外。

b. 卖方为按照 A4、A5、A6 及 A7(b)提供协助获取单据及信息相关的所有成本和收费。

c. 如适用时，按照 B7(b)办理过境或进口清关有关的关税、税款和任何其他费用。

d. 由于以下原因之一产生的任何额外费用：(i)买方未按照 B10 指定承运人或其他人；(ii)按照 B10 由买方指定的承运人或其他人未接管货物，但以该货物已被清楚地确定为合同项下货物为前提条件。

⑩B10 通知。

买方必须通知卖方：

a. 指定的承运人或其他人的名称，该通知留出充分时间，以便卖方能按照 A2 完成交货。

b. 在约定交货期限内所选择的由指定的承运人或其他人收取货物的时间(如有)。

c. 指定的承运人或其他人使用的运输方式，包括任何与运输有关的安全要求。

d. 在指定交货地的收货点。

3. 使用 FCA 术语应注意的问题

(1)卖方交货义务。

若在卖方所在地交货，则卖方有装载货物的义务，只有当卖方将货物装上买方指定的运输工具并支付相应装货费用，其交货义务才算完成。

如果买方指定的交货地点在卖方所在地之外的其他地点，则卖方有义务将货物运到指定交货地点使货物置于买方指定的承运人或其代理人或其他人的支配之下，此时卖方才完成交货义务。需要指出的是，卖方没有卸货的义务，货物运到指定地点后卸货前其交货义务即已完成。

卖方为了避免因交货地点不明确而增加费用支出，应该在签订买卖合同时，约定卖方将货物运到承运人确定的地点并明确货物以何种方式向承运人交货，或货物是否应装入集装箱内等。卖方可将承担的费用包括在货物价格中，防止造成损失。

(2)货物与运输工具的衔接。

在 FCA 合同中，由买方指定承运人以及订立运输合同，卖方负责交货，货物与运输工具衔接是否顺利是一个非常重要的问题。在实际业务中，常常出现货物等待运输工具或运输工具等待货物的情况，这样会引起费用损失，费用损失由买方负担还是由卖方负担往往会产生争议。有时买方请求卖方协助与承运人订立合同，只要买方承担费用和风险，卖方也可以办理。当然，卖方也可以拒绝接受，若拒绝接受，则应立即通知买方，以便买方另作安排。

(3)风险转移问题。

尽管惯例规定，自约定的交货日期或约定的交货期间届满之日起，因买方未指定承运人或其他人，或者买方指定承运人或其他人未接管货物，货物灭失或损坏的风险由买方承担，但是此种损失往往需要通过法院或仲裁机构的判决或裁决，甚至需要法院的强制执行才能得到经济补偿，给卖方带来许多麻烦。为了避免此类情况发生，卖方在签订买卖合同时可以规定:“买方不及时指定承运人或其他人接管货物,或者买方指定的承运人或其他人不及时接管货物,卖方有权在交货期截止时起代为指定承运人或其他人,订立运输合同,因此而产生的风险和费用由买方承担。”

(4)FCA 术语下的已装船批注提单。

为满足卖方用 FCA 术语销售时对已装船批注提单的可能需求,FCA INCOTERMS® 2020 首次提供了以下可选机制:如果双方在合同中如此约定,则买方必须指示承运人出具已装船批注提单给卖方。当然,承运人可能不同意买方的请求。但是,如果在买方承担费用与风险的情况下,承运人已经向卖方出具了提单,卖方必须将该单据提供给买方,以便买方用该提单从承运人处提取货物。当然,如果双方已约定卖方将提交给买方一份仅声明货物已收妥待运而非已装船的提单,则不需要选择该方案。此外,需要强调的是,即使采用该可选机制,卖方对买方也不承担运输合同条款下的义务。最后,如采用该可选机制,内陆交货及装船的日期将可能不同,这可能对信用证下的卖方造成困难。

(三)CPT 术语

1. CPT 术语的含义

CPT 的全称是 Carriage Paid to (insert named place of destination) INCOTERMS® 2020,即运费付至(插入指定目的地),是指卖方将货物在双方约定地点(如双方已经约定了地点)交给卖方指定的承运人或其他人。卖方必须签订运输合同并支付将货物运至指定目的地所需费用。在使用该术语时,当卖方将货物交付给承运人时,而不是当货物到达目的地时,即完成交货。

CPT 术语要求卖方办理出口清关手续。但卖方无进口清关义务、支付任何进口税或办理进口相关的任何海关手续。

该术语可适用于任何运输方式,也可适用于多种运输方式。

2. CPT 术语买卖双方的义务

(1)A 卖方义务。

①A1 一般义务。

卖方必须提供符合销售合同规定的货物和商业发票,以及合同可能要求的其他与合同相符的证据。

卖方提供的任何单据,根据双方约定可以是纸质或电子形式,如果没有约定,则按照惯常做法提供。

②A2 交货。

卖方必须以将货物交给按照 A4 订立合同的承运人或以取得已经如此交付的货物的方式交货。在这 2 种情形下,卖方均必须在约定日期或约定期限内交货。

③A3 风险转移。

除按照 B3 的灭失或损坏情况外,卖方承担按照 A2 完成交货前货物灭失或损坏的一切风险。

④A4 运输。

卖方必须签订或取得运输合同,将货物自交货地内的约定交货点(如有),运送至指定目的地,或位于该目的地的任何交货点(如已约定)。运输合同必须按照惯常条款订立,由卖方承担费用,经由通常路径,按照所售货物类型的惯常运输方式运送货物。如果该具体地点未经约定,也未根据实务确定,则卖方可以选择最符合其目的的交货点或位于指定目的地内的交货点。

卖方必须遵守运至目的地过程中任何与运输有关的安全要求。

⑤A5 保险。

卖方对买方无订立保险合同的义务。但是,在应买方要求并由其承担风险和费用的情况下,卖方必须向买方提供卖方所拥有的买方取得保险所需的信息。

⑥A6 交货/运输单据。

依惯例或应买方要求,卖方必须承担费用,向买方提供其按照 A4 订立的运输合同项下的通常运输单据。

该运输单据必须载明合同项下货物,且其签发日期应在约定的运输期限内。如已凭约定或依惯例,该运输单据还必须能使买方在指定目的地向承运人索取货物,并能使买方通过向其下家买方转让该单据或通知承运人来转卖在途货物。

当该运输单据以可转让方式签发且有数份正本时,全套正本必须向买方提交。

⑦A7 出口/进口清关。

a. 出口清关。如适用,卖方必须办理出口国要求的所有出口清关手续并支付费用,诸如:出口许可证;出口安检清关;装运前检验及任何其他官方授权。

b. 协助进口清关。如适用,应买方要求并由其承担风险和费用,卖方必须协助买方获取任何过境国或进口国需要的与所有过境/进口清关手续有关的任何单据及/或信息,包括安全要求和装运前检验。

⑧A8 查验/包装/标记。

卖方必须支付为了按照 A2 交货所需要进行的查验费用(如查验品质、丈量、计重、点数的费用)。

卖方必须自付费用包装货物,除非该特定贸易运输的所售货物通常无须包装。除非双方已经约定好具体的包装或标记要求,卖方必须以适合该货物运输的方式对货物进行包装和标记。

⑨A9 费用划分。

卖方必须支付:

a. 按照 A2 完成交货前与货物相关的所有费用,按照 B9 应由买方支付的费用除外。

b. 按照 A4 所发生的运费和所有其他费用,包括装货费用及与运输有关的安全费用。

c. 在约定目的地产生的任何卸货费用,但仅以运输合同规定应由卖方承担此类费用为条件。

d. 根据运输合同应由卖方承担的过境费用。

e. 按照 A6 向买方提供已经交货的通常证据的费用。

f. 如适用,按照 A7(a)办理出口清关有关的关税、税款和任何其他费用。

g. 买方为按照 B7(a)提供协助获取单据及信息相关的所有费用和开支。

⑩A10 通知。

卖方必须向买方发出已按照 A2 完成交货的通知以及其他任何所需通知以便买方收取

货物。

(2)B 买方义务。

①B1 一般义务。

买方必须按照销售合同约定支付货物价款。

买方提供的任何单据，根据双方约定可以是纸质或电子形式，如果没有约定，则按照惯常做法提供。

②B2 提货。

当卖方按照 A2 交货时，买方必须提取货物，并在指定目的地或在该地方内约定地点自承运人处收取货物。

③B3 风险转移。

买方承担按照 A2 交货时起货物灭失或损坏的一切风险。如买方未按照 B10 发出通知，则买方承担自约定的交货日期起或约定交货期限届满之时起货物灭失或损坏的一切风险，但以该货物已清楚地确定为合同项下货物为前提条件。

④B4 运输。

买方对卖方没有订立运输合同的义务。

⑤B5 保险。

买方对卖方没有订立保险合同的义务。

⑥B6 交货/运输单据。

如果运输单据与合同相符，买方必须接受按照 A6 提供的运输单据。

⑦B7 出口/进口清关。

a. 协助出口清关。如适用时，应卖方要求并由其承担风险和费用，买方必须协助卖方获取出口国需要的与所有出口清关手续有关的任何单据及/或信息，包括安全要求和装运前检验。

b. 进口清关。如适用时，买方必须办理任何过境国和进口国要求的所有手续并支付费用，诸如：进口许可证及过境所需的任何许可证；进口及任何过境安检清关；装运前检验及任何其他官方授权。

⑧B8 查验/包装/标记。

买方对卖方没有义务。

⑨B9 费用划分。

买方必须支付：

a. 按照 A2 完成交货之时起与货物有关的所有费用，按照 A9 应由卖方支付的费用除外。

b. 过境费用，除非根据运输合同该项费用应由卖方承担。

c. 卸货费用，除非根据运输合同该项费用应由卖方承担。

d. 卖方为按照 A5 和 A7(b)提供协助获取单据及信息相关的所有费用。

e. 如适用，按照 B7(b)办理过境或进口清关有关的关税、税款和任何其他费用。

f. 由于未按照 B10 发出通知而产生的自约定交货日期或约定交货期限届满之时起的任何额外费用，但以该货物已清楚地确定为合同项下货物为前提条件。

⑩B10 通知。

无论何时根据约定，当买方有权决定发货时间及/或指定目的地的收货点时，买方必须给予卖方充分通知。

3. 使用 CPT 术语应注意的问题

（1）卖方及时发出交货通知。

《INCOTERMS® 2020》规定，卖方必须向买方发出已按照 A2 完成交货的通知以及其他任何所需通知以便买方收取货物。交货通知的作用是使买方及时办理货物运输保险和进口手续、报关，做好接货准备。交货通知的内容通常包括合同号或订单号、信用证号、货物名称、数量、总值、运输标志、起运地、起运日期、运输工具名称及预计到达目的地日期等。如果买方需要卖方提供特殊信息，应在买卖合同中约定或在信用证中做出规定。按照国际惯例，若卖方未按惯例规定发出或未及时发出交货通知，使买方投保无依据或造成买方漏保，货物在运输过程中一旦发生灭失或损坏，应由卖方承担赔偿责任。

（2）卖方应买方请求提供投保信息。

尽管在 CPT 术语下卖方对买方无投保义务，但一旦买方请求并支付费用，提供保险信息就成为卖方的一项义务。一般情况下，装运通知中的内容能够满足买方对投保信息的要求，但某些保险公司可能要求额外的信息，买方也有可能选择卖方所在国家的保险公司办理保险，所以要求卖方将指定保险公司的保险条款等情况提供给买方。按惯例，若买方提出请求卖方提供投保信息，卖方未能提供该信息，致使买方来不及或无法为货物投保，一旦货物在运输途中出现灭失或损坏，卖方应承担因其过错导致的损害赔偿责任。

（3）CPT 术语的 2 个关键点。

由于风险转移和费用转移的地点不同，CPT 术语有 2 个关键点：特别建议双方尽可能在合同中明确交货地点（风险在这里转移至买方）以及指定的目的地（卖方必须签订运输合同至目的地）。如果全程运输涉及多个承运人，且双方不能就交货点达成协议时，可以推定：当卖方在某个完全由其选择且买方不能控制的地点将货物交付给第一个承运人时，风险转移至买方。如果双方希望风险晚些转移（如在某港或机场转移），则需要在合同中订明。

由于卖方需承担将货物运到目的地具体地点的费用，特别建议双方尽可能确切地在指定目的地内明确地点。建议卖方取得完全符合该选择的运输合同。如果按照运输合同卖方需要承担在指定目的地发生的卸货费用，除非双方另有约定，卖方无权向买方要求偿付。

（四）CIP 术语

1. CIP 术语的含义

CIP 的全称是 Carriage and Insurance Paid to（insert named place of destination）INCOTERMS® 2020，即运费和保险费付至（插入指定目的地），是指卖方将货物在双方约定地点交给指定的承运人或其他人。卖方必须签订运输合同并支付将货物运至指定目的地所需的费用。同时，卖方必须为买方在运输途中货物的灭失或损坏风险签订保险合同。

CIP 术语要求卖方办理出口清关手续。但卖方无义务办理进口清关或经由第三国过境的清关、支付任何进口关税或办理进口相关的任何海关手续。

在使用 CIP 术语时，当卖方将货物交付给承运人时，而不是当货物到达目的地时，即完成交货。一旦货物以此种方式交付给买方，卖方并不保证货物将以良好的状态、约定的数量或是否确实到达目的地。这是因为在将货物移交给承运人完成对买方的交货时，风险即从卖方转移到了买方。

该术语可适用于任何运输方式，也可适用于多种运输方式。

2. CIP 术语买卖双方的义务

(1) A 卖方义务。

①A1 一般义务。

卖方必须提供符合销售合同约定的货物和商业发票，以及合同可能要求的其他与合同相符的证据。

卖方提供的任何单据，根据双方约定可以是纸质或电子形式，如果没有约定，则按照惯常做法提供。

②A2 交货。

卖方必须以将货物交给按照 A4 订立合同的承运人或以取得已经如此交付的货物的方式交货。在这 2 种情形下，卖方均必须在约定日期或约定期限内交货。

③A3 风险转移。

除按照 B3 的灭失或损坏情况外，卖方承担按照 A2 完成交货前货物灭失或损坏的一切风险。

④A4 运输。

卖方必须签订或取得运输合同，将货物自交货地内的约定交货点(如有)，运送至指定目的地，或位于该目的地的任何交货点(如已约定)。运输合同必须按照惯常条款订立，由卖方承担费用，经由通常路径，按照所售货物类型的惯常运输方式运送货物。如果该具体地点未经约定，也未根据实务确定，则卖方可以选择最符合其目的的交货点或位于指定目的地内的交货点。

卖方必须遵守运至目的地过程中任何与运输有关的安全要求。

⑤A5 保险。

除非另有约定或在特定贸易中的习惯做法，卖家须自付费用取得货物保险。该保险需符合《伦敦保险协会货物保险条款》任何附加险所需信息，贷款市场协会/伦敦国际承保人协会(LMA/IUA)条款或任何适于货物运输方式的类似条款。保险应与信誉良好的承保人或保险公司订立，并应使买方或任何其他对货物具有可保利益的人有权直接向保险人索赔。

当买方要求且能够提供给卖方任何所需的信息时，卖方必须提供任何附加险，由买方承担费用，如果能够办理，诸如符合《伦敦保险协会货物保险条款》中的战争险条款(institute war clauses)及/或罢工险条款(institute strikes clauses)，或任何其他类似条款的险别(除非该险别已经包括在前款所述的货物保险中)。最低保险金额应是合同规定价格另加 10%(即 110%)，并应采用合同货币。保险范围应从货物自 A2 规定的交货点起，至少至指定的目的地止。

卖方必须提供给买方保险单或保险证明或任何其他保险投保证据。此外，应买方要求并由其承担风险和费用，卖方必须向买方提供买方取得任何附加险所需信息。

⑥A6 交货/运输单据。

依惯例或应买方要求，卖方必须承担费用，向买方提供其按照 A4 订立的运输合同项下的通常运输单据。

该运输单据必须载明合同项下货物，且其签发日期必须在约定的运输期限内。如已凭约定或按照惯例，该运输单据还必须能使买方在指定目的地向承运人索取货物，并能使买方通过向其下家买方转让该单据或通知承运人来转卖在途货物。

当该运输单据以可转让方式签发并且有数份正本时，全套正本必须向买方提交。

⑦A7 出口/进口清关。

a. 出口清关。如适用，卖方必须办理出口国要求的所有出口清关手续并支付费用，诸如：出口许可证；出口安检清关；装运前检验及任何其他官方授权。

b. 协助进口清关。如适用，应买方要求并由其承担风险和费用，卖方必须协助买方获取任何过境国或进口国需要的与所有过境/进口清关手续有关的任何单据及/或信息，包括安全要求和装运前检验。

⑧A8 查验/包装/标记。

卖方必须支付为了按照 A2 交货所需要进行的查验费用（如查验品质、丈量、计重、点数的费用）。

卖方必须自付费用包装货物，除非该特定贸易运输的所售货物通常无须包装。除非双方已经约定好具体的包装或标记要求，卖方必须以适合该货物运输的方式对货物进行包装和标记。

⑨A9 费用划分。

卖方必须支付：

a. 按照 A2 完成交货前与货物相关的所有费用，按照 B9 应由买方支付的费用除外。

b. 按照 A4 所发生的运费和所有其他费用，包括装货费用及与运输有关的安全费用。

c. 在约定目的地产生的任何卸货费用，但仅以运输合同规定应由卖方承担此类费用为条件。

d. 根据运输合同应由卖方承担的过境费用。

e. 按照 A6 向买方提供已经交货的通常证据的费用。

f. 按照 A5 产生的保险费用。

g. 如适用，按照 A7(a)办理出口清关有关的关税、税款和任何其他费用。

h. 买方为按照 B7(a)提供协助获取单据及信息相关的所有费用和开支。

⑩A10 通知。

卖方必须向买方发出已按照 A2 完成交货的通知以及任何所需通知，以便买方收取货物。

(2)B 买方义务。

①B1 一般义务。

买方必须按照销售合同约定支付货物价款。

买方提供的任何单据，根据双方约定可以是纸质或电子形式，如果没有约定，则按照惯常做法提供。

②B2 提货。

当卖方按照 A2 交货时，买方必须提取货物，并在指定目的地或在该地方内约定地点自承运人处收取货物。

③B3 风险转移。

买方承担按照 A2 交货时起货物灭失或损坏的一切风险。

如买方未按照 B10 发出通知,则买方承担自约定的交货日期起或约定交货期限届满之时起货物灭失或损坏的一切风险,但以该货物已清楚地确定为合同项下货物为前提条件。

④B4 运输。

买方对卖方没有订立运输合同的义务。

⑤BS 保险。

买方对卖方没有订立保险合同的义务。但是,应卖方要求,买方必须向卖方提供卖方按照 A5 投保任何附加险所需的信息。

⑥B6 交货/运输单据。

如果运输单据与合同相符,买方必须接受按照 A6 提供的运输单据。

⑦B7 出口/进口清关。

a. 协助出口清关。如适用,应卖方要求并由其承担风险和费用,买方必须协助卖方获取出口国需要的与所有出口清关手续有关的任何单据及/或信息,包括安全要求和装运前检验。

b. 进口清关。如适用,买方必须办理任何过境国和进口国要求的所有手续并支付费用,诸如:进口许可证及过境所需的任何许可证;进口及任何过境安检清关;装运前检验及任何其他官方授权。

⑧B8 查验/包装/标记。

买方对卖方没有义务。

⑨B9 费用划分。

买方必须支付:

a. 按照 A2 完成交货之时起与货物有关的所有费用,按照 A9 应由卖方支付的费用除外。

b. 过境费用,除非根据运输合同该项费用应由卖方承担。

c. 卸货费用,除非根据运输合同该项费用应由卖方承担。

d. 应买方要求,按照 A5 投保附加险所发生的费用。

e. 卖方为按照 A5 和 A7(b)提供协助获取单据及信息相关的所有费用和开支。

f. 如适用,按照 B7(b)办理过境或进口清关有关的关税、税款和任何其他费用。

g. 由于未按照 B10 发出通知而产生的自约定交货日期或约定交货期限届满之时起的任何额外费用,但以该货物已清楚地确定为合同项下货物为前提条件。

⑩B10 通知。

无论何时根据约定,当买方有权决定发货时间及/或指定目的地的收货点时,买方必须给予卖方充分通知。

3. 使用 CIP 术语应注意的问题

(1)关于办理保险问题。

《INCOTERMS® 2020》规定,在 CIP 术语条件下由卖方负责与保险人签订保险合同、支付保险费。在 CIP 条件下，卖方投保的性质与 CIF 条件一样，都是卖方为买方利益保险，是卖方代替买方投保的性质，可以从投保险别的选择、保险金额的确定、保险期限和保险权利转让等方面充分说明这一点。

①在 CIP INCOTERMS® 2020 规则下，卖方需要投保符合《伦敦保险协会货物保险条款》(A)款或其他类似条款下的范围广泛的险别，而不是符合《伦敦保险协会货物保险条款》(C)款下的范围较为有限的险别。但是，双方仍然可以自行约定更低的险别。

②保险金额的确定是由买卖双方按 CIP 合同的规定进行一定的加成，至于加成率多少是根据买方要求确定的。如果买方未提出任何加成要求，卖方必须按 CIP 价款加成 110%，并应当以买卖合同货币的币种投保。

③保险期限已在 CIP 术语中做出明确规定。尽管保险条款规定保险人承担责任起讫是“仓至仓”，但在“仓至仓”条款中却有 2 个可保利益阶段，即在货物交给承运人或其他人接管时止为卖方可保利益阶段；在货物交给承运人或其他人接管时起直至目的地指定收货地点为买方可保利益阶段。因此按惯例，在 CIP 条件下，卖方投保期限为本术语卖方承担风险区间和从买方接收交货时起，也就是买方可保利益阶段。

④卖方必须向买方转让保险权利。在 CIP 条件下，卖方必须使买方或任何其他对货物有可保利益者有权直接向保险人索赔。为了实现上述目标，卖方在投保后，必须在保险单或其他单据上背书，实施保险权利转让。买方合法取得保险单据后，一旦货物在运输途中遭受承保范围内的风险，造成货物灭失或损坏，买方或任何其他对货物有可保利益者有权持保险单据向保险公司索赔。

按照 CIP 贸易术语签订的进口合同，由国外的卖方办理保险。尽管按惯例，卖方必须与信誉良好的保险人或保险公司订立保险合同。但是，在实际进口业务中，国外卖方为了节省保险费而选择资信较差的保险公司办理保险，如果货物发生重大损失，保险公司可能无力赔偿。

(2)订立运输合同问题。

CIP 术语适合各种运输方式，其中包括空运、陆运、铁路运输和多式联运。卖方订立运输合同是有条件的，只限“按照通常方式经惯常路线”，按照通常条件订立运输合同。这里的惯常路线应该是“从事此类贸易人士经常性使用的路线”。也就是说，如果卖方在订立运输合同时，惯常路线发生不可抗力受阻，卖方对订立运输合同可以免责，因此而造成延迟交货或不交货，卖方不承担责任。

(3)装卸费和过境海关费用。

在 CIP 条件下，卖方应该在合同规定日期或期间内将货物交给承运人或其他人或第一承运人接管。若交货地点在卖方所在地，卖方应该负责装货并承担费用和风险；若在其他地点交货，卖方则不负责装货。在目的地(港)的卸货费由买方负担，但根据运输合同应由卖方负担卸货费的，卖方无权要求买方支付。

按照惯例，在 CIP 条件下，由卖方订立运输合同，需经第三国转运时，由买方还是卖方负担经由第三国海关的有关费用，必须在买卖合同中加以明确，否则会产生争议。《INCOTERMS® 2020》提出，该类税费原则上由买方负担，这样与买方负责办理途经第三国的进口清关手续相协调。但是，有时根据运输合同规定，卖方有可能需要负担货物经第三国过境运输所产生的有关海关费用,这一点必须引起卖方的注意。

(4)CIP 术语的 2 个关键点。

由于风险转移和费用转移的地点不同,CIP 术语有 2 个关键点:特别建议双方尽可能确切地在合同中明确货物的交货地或交货点(如有)(用于确定风险转移),以及约定为货物终点的目的地或目的点(作为卖方承诺签订运输合同运至的地点)。当全程运输涉及多个承运人,且双方不能就交货点达成协议时,可以推定:当卖方在由其选择,且买方不能控制的地点将货物交付给第一个承运人时,风险转移至买方。如果双方希望风险晚些转移(如在某港或机场转移),则需要在合同中订明。

由于卖方需承担将货物运到目的地的具体地点的费用,特别建议双方尽可能确切地在指定目的地内明确地点。建议卖方取得完全符合该选择的运输合同。如果卖方按照运输合同在指定的目的地卸货发生了费用,除非双方另有约定,否则卖方无权向买方要求偿付。

(五)DAP 术语

1. DAP 术语的含义

DAP 的全称是 Delivered at Place(insert named place of destination)INCOTERMS® 2020,即目的地交货(插入指定目的地),是指当卖方在指定目的地或该指定目的地内的约定交货点(如已约定该交货点)将仍处于抵达的运输工具上,且已做好卸载准备的货物交由买方处置时,即为交货。卖方必须承担货物运到指定目的地或该指定目的地内的约定交货点的一切风险。

DAP 要求卖方办理出口清关手续。但卖方无义务办理进口清关或交货后经由第三国过境的清关、支付任何进口税或办理任何进口海关手续。

如果双方希望卖方办理货物进口清关、支付任何进口关税或税款,并办理任何进口海关手续,可以考虑使用 DDP。

该术语可适用于任何运输方式,也可适用于多种运输方式。

2. DAP 术语买卖双方的义务

(1)A 卖方义务。

①A1 一般义务。

卖方必须提供符合销售合同约定的货物和商业发票,以及合同可能要求的其他与合同相符的证据。

卖方提供的任何单据,根据双方约定可以是纸质或电子形式,如果没有约定,则按照惯常做法提供。

②A2 交货。

卖方必须在指定目的地的约定地点(如有),以将放置在抵达的运输工具上并做好卸货准备的货物交由买方处置,或以取得已经如此交付的货物的方式交货。在这 2 种情况下,卖方必须在约定日期或约定期限内交货。

③A3 风险转移。

除按照 B3 的灭失或损坏情况外,卖方承担按照 A2 完成交货前货物灭失或损坏的一切风险。

④A4 运输。

卖方必须自付费用签订运输合同或安排运输，将货物运至指定目的地或者指定目的地内的约定交货点（如有）。如果该具体地点未经约定，也未根据实务确定，则卖方可以选择最符合其目的的指定目的地内的交货点。

卖方必须遵守运至目的地过程中任何与运输有关的安全要求。

⑤A5 保险。

卖方对买方没有订立保险合同的义务。

⑥A6 交货/运输单据。

卖方必须自付费用向买方提交所要求的任何单据，以便买方能够接管货物。

⑦A7 出口/进口清关。

a. 出口和过境清关。如适用，卖方必须办理出口国和任何过境国（除了进口国之外）要求的所有出口和过境清关手续，并支付费用，诸如：出口过境许可证；出口/过境安检清关；装运前检验及任何其他官方授权。

b. 协助进口清关。如适用，应买方要求并由其承担风险和费用，卖方必须协助买方获取进口国所需的所有与进口清关手续相关的任何单据及/或信息，包括安全要求和装运前检验。

⑧A8 查验/包装/标记。

卖方必须支付为了按照 A2 交货所需要进行的查验费用（如查验品质、丈量、计重、点数的费用）。卖方必须自付费用包装货物，除非该特定贸易运输的所售货物通常无须包装。除非双方已经约定好具体的包装或者标记要求，卖方必须以适合该货物运输的方式对货物进行包装和标记。

⑨A9 费用划分。

卖方必须支付：

a. 按照 A2 完成交货前与货物及其运输相关的所有费用，按照 B9 应由买方支付的费用除外。

b. 在目的地产生的任何卸货费用，但仅以运输合同规定应由卖方承担此类费用为条件。

c. 按照 A6 提供交货/运输单据的费用。

d. 如适用，按照 A7（a）办理出口和任何过境清关有关的关税、税款和其他费用。

e. 买方为按照 B5 和 B7（a）提供协助获取单据及信息相关的所有成本和收费。

⑩A10 通知。

卖方必须向买方发出买方收取货物所需的任何通知。

（2）B 买方义务。

①B1 一般义务。

买方必须按照销售合同约定支付货物价款。

买方提供的任何单据，根据双方约定可以是纸质或电子形式，如果没有约定，则按照惯常做法提供。

②B2 提货。

当卖方按照 A2 交货时，买方必须提取货物。

③B3 风险转移。

买方承担按照 A2 交货时起货物灭失或损坏的一切风险。

如果：

a. 买方未按照 B7 履行义务，则承担因此造成的货物灭失或损坏的一切风险。

b. 买方未按照 B10 发出通知，则自约定交货日期起或交货期限届满之时起，买方承担货物灭失或损坏的一切风险，但以该货物已清楚地确定为合同项下货物为前提条件。

④B4 运输。

买方对卖方没有订立运输合同的义务。

⑤B5 保险。

买方对卖方无订立保险合同的义务。但是，应卖方要求并由其承担风险和费用，买方必须向卖方提供卖方取得保险所需的信息。

⑥B6 交货/运输单据。

买方必须接受按照 A6 提交的单据。

⑦B7 出口/进口清关。

a. 协助出口和过境清关。如适用，应卖方要求并由其承担风险和费用，买方必须协助卖方获取出口国和任何过境国(除了进口国之外)需要的与所有出口/过境清关手续相关的任何单据及/或信息，包括安全要求和装运前检验。

b. 进口清关。如适用，买方必须办理进口国要求的所有手续并支付费用，诸如：进口许可证；进口安检清关；装运前检验及任何其他官方授权。

⑧B8 查验/包装/标记。

买方对卖方没有义务。

⑨B9 费用划分。

买方必须支付：

a. 按照 A2 完成交货之时起与货物相关的所有费用。

b. 在指定目的地从抵达运输工具上提取货物所必需的所有卸货费用，除非根据运输合同该费用应由卖方承担。

c. 卖方为按照 A7(b)提供协助获取单据及信息相关的所有费用和开支。

d. 如适用，按照 B7(b)办理进口清关有关的关税、税款和任何其他费用。

e. 如买方未按照 B7 履行义务或未按照 B10 发出通知，导致卖方发生的任何额外费用，但以该货物已清楚地确定为合同项下货物为前提条件。

⑩B10 通知。

无论何时根据约定，当买方有权决定约定期限内的时间及/或指定目的地的提货点时，买方必须给予卖方充分通知。

3. 使用 DAP 术语应注意的问题

(1)关于卸货义务。

在 DAP 条件下，卖方只需要做好卸货准备无须卸货即完成交货。由于卖方承担在特定地点交货前的风险，特别建议双方尽可能清楚地约定指定目的地或该指定目的地内的约定交货点(如已约定该交货点)。建议卖方取得完全符合该选择的运输合同。如果卖方按照运输合同在交货地/目的地发生了卸货相关的费用,除非双方另有约定,卖方无权另行向买方追偿该费用。

(2)买卖双方的通知义务。

DAP 条件成交,因卖方负责订立运输合同将货物运送至约定地点,故卖方应将货物预期到达时间通知买方,方便买方做好接收货物的准备。如果买方有权确定交货时间和接收货物的地点,则应当给予卖方充分的通知,以便货物交接工作的顺利进行;如果买方未按规定给予通知,或未按时接收货物,则由此引起的额外费用和风险,应由买方承担。

(六)DPU 术语

1. DPU 术语的含义

DPU 的全称是 Delivered at Place Unloaded (insert named place of destination) INCOTERMS® 2020,即目的地卸货后交货(插入指定目的地),是指当卖方在指定目的地或该指定目的地内的约定交货点(如有),将货物从抵达的载货运输工具上卸下,交给买方处置时,即为交货。卖方承担将货物运送到指定目的地以及卸载货物的一切风险。

DPU 要求卖方办理出口清关手续。但卖方无义务办理进口清关或交货后经由第三国过境的清关、支付任何进口税或办理任何进口海关手续。

如果双方希望卖方办理货物进口清关、支付任何进口关税或税款,并办理任何进口海关手续,可以考虑使用 DDP。

该术语可适用于任何运输方式,也可适用于多种运输方式。

2. DPU 术语买卖双方的义务

(1)A 卖方义务。

①A1 一般义务。

卖方必须提供符合销售合同约定的货物和商业发票,以及合同可能要求的其他与合同相符的证据。

卖方提供的任何单据,根据双方约定可以是纸质或电子形式,如果没有约定,则按照惯常做法提供。

②A2 交货。

卖方必须在指定目的地的约定地点(如有),以将货物从抵达的运输工具上卸下并交由买方处置,或以取得已经如此交付的货物的方式交货。在这 2 种情况下,卖方必须在约定日期或约定期限内交货。

③A3 风险转移。

除按照 B3 的灭失或损坏情况外,卖方承担按照 A2 完成交货前货物灭失或损坏的一切风险。

④A4 运输。

卖方必须自付费用签订运输合同或安排运输,将货物运至指定目的地或者指定目的地内的约定交货点(如有)。如果该具体地点未经约定,也未根据实务确定,则卖方可以选择最符合其目的的指定目的地内的交货点。

卖方必须遵守运至目的地过程中任何与运输有关的安全要求。

⑤A5 保险。

卖方对买方没有订立保险合同的义务。

⑥A6 交货/运输单据。

卖方必须自付费用向买方提交所要求的任何单据,以便买方能够接管货物。

⑦A7 出口/进口清关。

a. 出口和过境清关。如适用,卖方必须办理出口国和任何过境国(除了进口国之外)要求的所有出口和过境清关手续,并支付费用,诸如:出口过境许可证;出口/过境安检清关;装运前检验及任何其他官方授权。

b. 协助进口清关。如适用,应买方要求并由其承担风险和费用,卖方必须协助买方获取进口国所需的所有与进口清关手续相关的任何单据及/或信息,包括安全要求和装运前检验。

⑧A8 查验/包装/标记。

卖方必须支付为了按照 A2 交货所需要进行的查验费用(如查验品质、丈量、计重、点数的费用)。卖方必须自付费用包装货物,除非该特定贸易运输的所售货物通常无须包装。除非双方已经约定好具体的包装或者标记要求,卖方必须以适合该货物运输的方式对货物进行包装和标记。

⑨A9 费用划分。

卖方必须支付:

a. 按照 A2 完成交货前与货物及其运输相关的所有费用,按照 B9 应由买方付的费用除外。

b. 按照 A6 提供交货/运输单据的费用。

c. 如适用,按照 A7(a)办理出口和任何过境清关有关的关税、税款和任何其他费用。

d. 买方为按照 B5 和 B7(a)提供协助获取单据及信息相关的所有费用和开支。

⑩A10 通知。

卖方必须向买方发出买方收取货物所需的任何通知。

(2)B 买方义务。

①B1 一般义务。

买方必须按照销售合同约定支付货物价款。

买方提供的任何单据,根据双方约定可以是纸质或电子形式,如果没有约定,则按照惯常做法提供。

②B2 提货。

当卖方按照 A2 交货时,买方必须提取货物。

③B3 风险转移。

买方承担按照 A2 交货时起货物灭失或损坏的一切风险。

如果:

a. 买方未按照 B7 履行义务,则承担因此造成的货物灭失或损坏的一切风险。

b. 买方未按照 B10 发出通知,则自约定交货日期起或交货期限届满之时起,买方承担货物灭失或损坏的一切风险,但以该货物已清楚地确定为合同项下货物为前提条件。

④B4 运输。

买方对卖方没有订立运输合同的义务。

⑤B5 保险。

买方对卖方无订立保险合同的义务。但是,应卖方要求并由其承担风险和费用,买方必须向卖方提供卖方取得保险所需的信息。

⑥B6 交货/运输单据。

买方必须接受按照 A6 提交的单据。

⑦B7 出口/进口清关。

a. 协助出口和过境清关。如适用,应卖方要求并由其承担风险和费用,买方必须协助卖方获取出口国和任何过境国(除了进口国之外)需要的与所有出口/过境清关手续相关的任何单据及/或信息,包括安全要求和装运前检验。

b. 进口清关。如适用,买方必须办理进口国要求的所有手续并支付费用,诸如:进口许可证;进口安检清关;装运前检验及任何其他官方授权。

⑧B8 查验/包装/标记。

买方对卖方没有义务。

⑨B9 费用划分。

买方必须支付:

a. 按照 A2 完成交货之时起与货物相关的所有费用。

b. 卖方为按照 A7(b)提供协助获取单据及信息相关的所有费用和开支。

c. 如适用,按照 B7(b)办理进口清关有关的关税、税款和任何其他费用。

d. 如买方未按照 B7 履行合同义务或未按照 B10 发出通知,导致卖方发生的任何额外费用,但以该货物已清楚地确定为合同项下货物为前提条件。

⑩B10 通知。

无论何时根据约定,买方有权决定约定交货期限内的时间及/或指定目的地的提货点,买方必须给予卖方充分通知。

3. 使用 DPU 术语应注意的问题

(1)关于 DPU 与 DAT 的异同。

在《INCOTERMS® 2020》中,DPU 代替了《INCOTERMS® 2010》中的 DAT,强调了目的地可以是任何地方,而不仅仅是“运输终端”的现实。但是,如果该地点不在运输终端,卖方应确保其打算交付货物的地点是能够卸货的地点。

(2)费用的划分。

《INCOTERMS® 2020》规定,卖方必须支付:

a. 按照 A2 完成交货前与货物及其运输相关的所有费用,按照 B9 应由买方付的费用除外。

b. 按照 A6 提供交货/运输单据的费用。

c. 按照 A7(a)办理出口和任何过境清关有关的关税、税款和任何其他费用。

d. 买方为按照 B5 和 B7(a)提供协助获取单据及信息相关的所有费用和开支。

(3)关于交货地点。

由于卖方承担在交货地或交货点/目的地或目的点之前的风险,特别建议双方尽可能清楚地约定目的地或目的点。建议卖方取得的运输合同应与所做选择确切吻合。但是如果双方不希望卖方承担卸货的风险和费用,则不应使用 DPU 规则,而应使用 DAP 规则。

(七)DDP 术语

1. DDP 术语的含义

DDP 的全称是 Delivered Duty Paid (insert named place of destination) INCOTERMS® 2020,即完税后交货(插入指定目的地),是指卖方在指定的目的地将仍处于抵达的运输工具上,但已完成进口清关,且可供卸载的货物交由买方处置时,即为交货。卖方承担将货物运至目的地的一切风险和费用,并且有义务完成货物出口清关和进口清关,支付所有出口和进口的关税和办理所有海关手续。

DDP 术语下卖方承担最大责任。

若卖方不能直接或间接地取得进口许可证,则不应使用此术语。除非买卖合同中另行明确规定,任何增值税或其他应付的进口税款由卖方承担。

该术语适用于各种运输方式,也可适用于多种运输方式。

2. DDP 术语买卖双方的义务

(1)A 卖方义务。

①A1 一般义务。

卖方必须提供符合销售合同约定的货物和商业发票,以及合同可能要求的其他与合同相符的证据。

卖方提供的任何单据,根据双方约定可以是纸质或电子形式,如果没有约定,则按照惯常做法提供。

②A2 交货。

卖方必须在指定目的地的约定地点(如有),以将放置在抵达的运输工具上并做好卸货准备的货物交由买方处置,或以取得已经如此交付的货物的方式交货。在这 2 种情况下,卖方必须在约定日期或约定期限内交货。

③A3 风险转移。

除按照 B3 的灭失或损坏情况外,卖方承担按照 A2 完成交货前货物灭失或损坏的一切风险。

④A4 运输。

卖方必须自付费用签订运输合同或安排运输,将货物运至指定目的地或者指定目的地内的约定交货点(如有)。如果该具体地点未经约定,也未根据实务确定,则卖方可以选择最符合其目的的指定目的地内的交货点。

卖方必须遵守运至目的地过程中任何与运输有关的安全要求。

⑤A5 保险。

卖方对买方没有订立保险合同的义务。

⑥A6 交货/运输单据。

卖方必须自付费用向买方提交所要求的任何单据,以便买方能够接管货物。

⑦A7 出口/进口清关。

如适用,卖方必须办理出口国、过境国和进口国要求的所有出口/过境/进口清关手续,并支付费用,诸如:出口/过境/进口许可证;出口过境进口安检清关;装运前检验及任何其他官方授权。

⑧A8 查验/包装/标记。

卖方必须支付为了按照 A2 交货所需要进行的查验费用(如查验品质、丈量、计重、点数的费用)。卖方必须自付费用包装货物,除非该特定贸易运输的所售货物通常无须包装。除非双方已经约定好具体的包装或者标记要求,卖方必须以适合该货物运输的方式对货物进行包装和标记。

⑨A9 费用划分。

卖方必须支付:

a. 按照 A2 完成交货前与货物及其运输相关的所有费用,按照 B9 应由买方支付的费用除外。

b. 在目的地产生的任何卸货费用,但仅以运输合同规定应由卖方承担此类费用为条件。

c. 按照 A6 提供交货/运输单据的费用。

d. 如适用,按照 A7 办理出口/过境及进口清关有关的关税、税款和其他费用。

e. 买方为按照 B5 和 B7 提供协助获取单据及信息相关的所有款项和费用。

⑩A10 通知。

卖方必须向买方发出买方收取货物所需的任何通知。

(2)B 买方义务。

①B1 一般义务。

买方必须按照销售合同约定支付货物价款。

买方提供的任何单据,根据双方约定可以是纸质或电子形式,如果没有约定,则按照惯常做法提供。

②B2 提货。

当卖方按照 A2 交货时,买方必须提取货物。

③B3 风险转移。

买方承担按照 A2 交货时起货物灭失或损坏的一切风险。

如果:

a. 买方未按照 B7 履行义务,则承担因此造成的货物灭失或损坏的一切风险。

b. 买方未按照 B10 发出通知,则自约定交货日期起或交货期限届满之时起,买方承担货物灭失或损坏的一切风险,但以该货物已清楚地确定为合同项下货物为前提条件。

④B4 运输。

买方对卖方没有订立运输合同的义务。

⑤B5 保险。

买方对卖方无订立保险合同的义务。但是,应卖方要求并由其承担风险和费用,买方必须向卖方提供卖方取得保险所需的信息。

⑥B6 交货/运输单据。

买方必须接受按照 A6 提交的单据。

⑦B7 出口/进口清关。

如适用，卖方要求并由其承担风险和费用，买方必须协助卖方办理出口国/过境国/进口国需要的所有与出口/过境/进口清关手续有关的单据及/或信息，诸如：出口/过境/进口许可证；出口/运输/进口安检清关；装运前检验及任何其他官方授权。

⑧B8 查验/包装/标记。

买方对卖方没有义务。

⑨B9 费用划分。

买方必须支付：

a. 按照 A2 完成交货之时起与货物相关的所有费用。

b. 在指定目的地从抵达运输工具上提取货物所必需的所有卸货费用，除非根据运输合同该费用应由卖方承担。

c. 如买方未按照 B7 履行义务或未按照 B10 发出通知，导致卖方发生的任何额外费用，但以该货物已清楚地确定为合同项下货物为前提条件。

⑩B10 通知。

无论何时根据约定，当买方有权决定约定期限内的时间及/或指定目的地的提货点时，买方必须给予卖方充分通知。

3. 使用 DDP 术语应注意的问题

(1)进口手续与清关问题。

在 DDP 交货条件下，卖方有义务在办理好进口报关手续后在指定目的地交货，这实质上是卖方已将货物运进了进口方的国内市场，除非买卖合同中另行明确规定，任何增值税或其他应付的进口税款由卖方承担。若卖方不能直接或间接地取得进口许可证，则不应使用此术语。如果双方希望买方承担所有进口清关的风险和费用，则应使用 DAP 术语。

(2)卖方办理保险事宜。

DDP 术语下卖方对买方无订立保险合同的义务，但由于卖方承担的责任、费用及风险最大，为了能在货物受损或灭失时及时得到经济补偿，卖方应该为了自己的利益办理货运保险。选择险别的原则，要考虑货物的性质、运输方式等来灵活决定。

(3)关于交货地点和卸货费。

由于卖方承担在特定地点交货前的风险，特别建议双方尽可能清楚地约定指定目的地内的交货点。建议卖方取得完全符合该选择的运输合同。如果卖方按照运输合同需要支付在目的地发生的卸货费用，除非双方另有约定，否则卖方无权向买方要求偿付。

四、适用于海运和内河水运的术语

这部分包括《INCOTERMS® 2020》中的 4 个术语：FAS、FOB、CFR 和 CIF。这一类术语交货地点和目的地都是港口，因此被划分为“适用于海运和内河水运的术语”。在 FOB、CFR 和 CIF 3 个术语中，取消了以“船舷”作为交货点的表述，取而代之的是货物置于“船上”时完成交货。

(一)FAS 术语

1. FAS 术语的含义

FAS 的全称是 Free Alongside Ship(insert named port of shipment) INCOTERMS® 2020,即船边交货(插入指定装运港),是指当卖方在指定的装运港将货物交到买方指定的船边(如在码头或驳船上)时,即完成交货。买方必须承担自那时起货物灭失或损坏的一切风险。

如适用时,FAS 要求卖方办理出口清关手续。但卖方无义务办理进口清关、支付任何进口税或办理任何进口海关手续。

该术语仅适用于海运和内河水运。

2. FAS 术语买卖双方的义务

(1)A 卖方义务。

①A1 一般义务。

卖方必须提供符合销售合同约定的货物和商业发票,以及合同可能要求的其他与合同相符的证据。

卖方提供的任何单据,根据双方约定可以是纸质或电子形式,如果没有约定,则按照惯常做法提供。

②A2 交货。

卖方必须在买方指定的装运港内的装货点(如有),以将货物置于买方指定的船舶旁边,或以购得已经如此交付的货物的方式交货。

卖方必须按照下述要求交货:在约定日期;在买方按照 B10 所通知的约定期限内的交货时间;如果未通知上述时间,则在约定期限届满之时;按照该港口的习惯方式,如果买方未指定具体的装货点,卖方则可以在指定的装运港内选择最符合其目的的装货点。

③A3 风险转移。

除根据 B3 的灭失或损坏情况外,卖方承担按照 A2 完成交货前货物灭失或损坏的一切风险。

④A4 运输。

卖方对买方没有订立运输合同的义务。但是,应买方要求并由其承担风险和费用,卖方必须向买方提供卖方所拥有的买方安排运输所需的任何信息,包括与运输有关的安全要求。如已约定,卖方必须按照通常条款订立运输合同,由买方承担风险和费用。

卖方必须在完成交货之前遵守任何与运输有关的安全要求。

⑤A5 保险。

卖方对买方没有订立保险合同的义务。但是,应买方要求并由其承担风险和费用,卖方必须向买方提供卖方所拥有的买方获取保险所需的信息。

⑥A6 交货/运输单据。

卖方必须自付费用向买方提供已按照 A2 交货的通常证明。除非上述证明是运输单据,否则,应买方要求并由其承担风险和费用,卖方必须协助买方获取运输单据。

⑦A7 出口/进口清关。

a. 出口清关。如适用,卖方必须办理出口国要求的所有出口清关手续并支付费用,诸如:出口许可证;出口安检清关;装运前检验及任何其他官方授权。

b. 协助进口清关。如适用，应买方要求并由其承担风险和费用，卖方必须协助买方取得与所有过境/进口清关手续有关的任何单据及/或信息，包括任何过境国或进口国需要的安全要求和装运前检验。

⑧A8 查验/包装/标记。

卖方必须支付为了按照 A2 交货所需要进行的查验费用（如查验品质、丈量、计重、点数的费用）。卖方必须自付费用包装货物，除非该特定贸易运输的所售货物通常无须包装。除非双方已经约定好具体的包装或标记要求，卖方必须以适合该货物运输的方式对货物进行包装和标记。

⑨A9 费用划分。

卖方必须支付：

a. 按照 A2 完成交货之前与货物相关的所有费用，按照 B9 应由买方支付的费用除外。

b. 按照 A6 向买方提供已经交货的通常证据的费用。

c. 如适用，按照 A7（a）办理出口清关有关的关税、税款和任何其他费用。

d. 买方为按照 B7（a）提供协助获取单据及信息相关的所有费用和开支。

⑩A10 通知。

卖方必须就其已按照 A2 完成交货或船舶未在约定时间内提货给予买方充分通知。

（2）B 买方义务。

①B1 一般义务。

买方必须按照销售合同约定支付货物价款。

买方提供的任何单据，根据双方约定可以是纸质或电子形式，如果没有约定，则按照惯常做法提供。

②B2 提货。

当卖方按照 A2 完成交货时，买方必须提取货物。

③B3 风险转移。

买方承担按照 A2 交货时起货物灭失或损坏的一切风险。

如果：

a. 买方未按照 B10 发出通知。

b. 买方指定的船舶未准时到达，致使卖方未能遵循 A2 的规定、未接收货物，或早于 B10 通知的时间停止装货。

则：

（i）自约定日期，或在未约定日期的情况下；（ii）自买方根据 B10 所选择的日期，或如未通知该日期；（iii）自任何约定期限届满之时起，买方承担货物灭失或损坏的一切风险，但以该货物已清楚地确定为合同项下货物为前提条件。

④B4 运输。

除非卖方按照 A4 的规定订立了运输合同，否则，买方必须自付费用订立自指定装运港起的货物运输合同。

⑤B5 保险。

买方对卖方没有订立保险合同的义务。

⑥B6 交货/运输单据。

买方必须接受按照 A6 提供的交货证明。

⑦B7 出口/进口清关。

a. 协助出口清关。如适用,应卖方要求并由其承担风险和费用,买方必须协助卖方获取出口国需要的与所有出口清关手续有关的任何单据及/或信息,包括安全要求和装运前检验。

b. 进口清关。如适用,买方必须办理任何过境国和进口国要求的所有手续并支付费用,诸如:进口许可证及过境所需的任何许可;进口及任何过境安检清关;装运前检验及任何其他官方授权。

⑧B8 查验/包装/标记。

买方对卖方没有义务。

⑨B9 费用划分。

买方必须支付:

a. 按照 A2 完成交货之时起与货物相关的所有费用,按照 A9 应由卖方支付的费用除外。

b. 卖方为按照 A4、A5、A6 和 A7(b)提供协助获取单据及信息相关的所有款项和费用。

c. 如适用,按照 B7(b)办理过境或进口清关有关的关税、税款和任何其他费用。

d. 由于以下原因之一发生的任何额外费用:(i)买方未按照 B10 发出通知;(ii)买方按照 B10 指定的船舶未准时到达、未提取货物,或早于 B10 通知的时间停止装货,但以该货物已清楚地确定为合同项下货物为前提条件。

⑩B10 通知。

买方必须就任何与运输相关的安全要求、船舶名称、装货点以及约定期限内所选择的交货时间(如有)给予卖方充分通知。

3. 使用 FAS 术语应注意的问题

(1)关于装货地点。

由于卖方承担在特定地点交货前的风险和费用,而且这些费用和相关作业可能因各港口惯例不同而变化,特别建议双方尽可能清楚地约定指定港口内的装货点。另外,当货物装在集装箱里时,卖方通常将货物在集装箱码头移交给承运人,而非交到船边。这时,使用 FAS 术语不合适,而应当使用 FCA 术语。

(2)关于交货方式。

在《INCOTERMS® 2020》中,对交货做了新的补充,即除了“卖方必须在买方指定的装运港内的装船点,将货物置于买方指定的船舶旁边”外,又增加了“取得已经如此交付的货物”。此处使用的“取得”一词适用于商品贸易中常见的交易链中的链式销售(string sales)。与特定产品的销售不同,在商品销售中,货物在运送至销售链终端的过程中常常被多次转卖。出现此种情况时,在销售链中间的卖方实际上不运送货物,因为处于销售链始端的卖方已经安排了运输。因此,处在销售链中间的卖方不是以运输货物的方式,而是以“取得”货物的方式,履行对其买方的义务。为了澄清此问题,《INCOTERMS® 2020》中包括“取得运输中货物”的义务,并以其作为在相关术语中运输货物义务的替代义务。

(二) FOB 术语

1. FOB 术语的含义

FOB 的全称是 Free on Board (insert named port of shipment) INCOTERMS® 2020,即船上交货(插入指定装运港),是指卖方以在指定装运港将货物装上买方指定的船舶或通过取得已交付至船上货物的方式交货。货物灭失或损坏的风险在货物交到船上时转移,同时买方承担自那时起的一切费用。

FOB 要求卖方办理货物出口清关。但卖方没有义务办理货物进口清关或经由第三国过境的清关、支付任何进口关税或办理任何进口海关手续。

本规则仅适用于海运或内河水运运输方式下双方意在将货物交到船上即完成交货的情形。因此,FOB 规则不适合于货物在交到船上之前已经移交给承运人的情形,如在集装箱终端被交给承运人。在此种情况下,双方应当考虑使用 FCA 规则,而非 FOB 规则。

2. FOB 术语买卖双方的义务

(1) A 卖方义务。

①A1 一般义务。

卖方必须提供符合销售合同约定的货物和商业发票,以及合同可能要求的其他与合同相符的证据。

卖方提供的任何单据,根据双方约定可以是纸质或电子形式,如果没有约定,则按照惯常做法提供。

②A2 交货。

卖方必须在买方指定的装运港内的装货点(如有),以将货物置于买方指定的船上,或以取得已经如此交付的货物的方式交货。

卖方必须按照下述要求交货:在约定日期;在买方按照 B10 所通知的约定期限内的交货时间;如果未通知上述时间,则在约定期限届满之时;按照该港口的习惯方式,如果买方未指定具体的装货点,卖方则可以在指定的装运港内选择最符合其目的的装货点。

③A3 风险转移。

除根据 B3 的灭失或损坏情况外,卖方承担按照 A2 完成交货前货物灭失或损坏的一切风险。

④A4 运输。

卖方对买方没有订立运输合同的义务。但是,应买方要求并由其承担风险和费用,卖方必须向买方提供卖方所拥有的买方安排运输所需的任何信息,包括与运输有关的安全要求。如已约定,卖方必须按照惯常条款订立运输合同,由买方承担风险和费用。

卖方必须在完成交货之前遵守任何与运输有关的安全要求。

⑤A5 保险。

卖方对买方没有订立保险合同的义务。但是,应买方要求并由其承担风险和费用,卖方必须向买方提供卖方所拥有的买方获取保险所需的信息。

⑥A6 交货运输单据。

卖方必须自付费用向买方提供已按照 A2 交货的通常证明。除非上述证明是运输单据,否则,应买方要求并由其承担风险和费用,卖方必须协助买方获取运输单据。

⑦A7 出口/进口清关。

a. 出口清关。如适用,卖方必须办理出口国要求的所有出口清关手续并支付费用,诸如:出口许可证;出口安检清关;装运前检验及任何其他官方授权。

b. 协助进口清关。如适用,应买方要求并由其承担风险和费用,卖方必须协助买方取得与所有过境/进口清关手续有关的任何单据及/或信息,包括任何过境国或进口国需要的安全要求和装运前检验。

⑧A8 查验/包装/标记。

卖方必须支付为了按照 A2 交货所需要进行的查验费用(如查验品质、丈量、计重、点数的费用)。卖方必须自付费用包装货物,除非该特定贸易运输的所售货物通常无须包装。除非双方已经约定好具体的包装或标记要求,卖方必须以适合该货物运输的方式对货物进行包装和标记。

⑨A9 费用划分。

卖方必须支付:

a. 按照 A2 完成交货之前与货物相关的所有费用,按照 B9 应由买方支付的费用除外。

b. 按照 A6 向买方提供已经交货的通常证据的费用。

c. 如适用,按照 A7(a)办理出口清关有关的关税、税款和任何其他费用。

d. 买方为按照 B7(a)提供协助获取单据及信息相关的所有费用和开支。

⑩A10 通知。

卖方必须就其已按照 A2 完成交货或船舶未在约定时间内提货给予买方充分通知。

(2)B 买方义务。

①B1 一般义务。

买方必须按照销售合同约定支付货物价款。

买方提供的任何单据,根据双方约定可以是纸质或电子形式,如果没有约定,则按照惯常做法提供。

②B2 提货。

当卖方按照 A2 完成交货时,买方必须提取货物。

③B3 风险转移。

买方承担按照 A2 交货时起货物灭失或损坏的一切风险。

如果:

a. 买方未按照 B10 发出通知。

b. 买方指定的船舶未准时到达,致使卖方未能遵循 A2 的规定、未接收货物,或早于 B10 通知的时间停止装货。

则:

(i)自约定的日期起,或在未约定日期的情况下;(ii)自买方根据 B10 所选择的日期起,或如未通知该日期;(iii)自任何约定期限届满之时起,买方承担货物灭失或损坏的一切风险,但以该货物已清楚地确定为合同项下货物为前提条件。

④B4 运输。

除非卖方按照 A4 的规定订立了运输合同,否则,买方必须自付费用订立自指定装运港起的货物运输合同。

⑤B5 保险。

买方对卖方没有订立保险合同的义务。

⑥B6 交货/运输单据。

买方必须接受按照 A6 提供的交货证明。

⑦B7 出口/进口清关。

a. 协助出口清关。如适用,应卖方要求并由其承担风险和费用,买方必须协助卖方获取出口国需要的与所有出口清关手续有关的任何单据及/或信息,包括安全要求和装运前检验。

b. 进口清关。如适用,买方必须办理任何过境国和进口国要求的所有手续并支付费用,诸如:进口许可证及过境所需的任何许可;进口及任何过境安检清关;装运前检验及任何其他官方授权。

⑧B8 查验/包装/标记。

买方对卖方没有义务。

⑨B9 费用划分。

买方必须支付:

a. 按照 A2 完成交货之时起与货物相关的所有费用,按照 A9 应由卖方支付的费用除外。

b. 卖方为按照 A4、A5、A6 和 A7(b)提供协助获取单据及信息相关的所有款项和费用。

e. 如适用,按照 B7(b)办理过境或进口清关有关的关税、税款和任何其他费用。

d. 由于以下原因之一发生的任何额外费用:(i)买方未按照 B10 发出通知;(ii)买方按照 B10 指定的船舶未准时到达、未提取货物或早于 B10 通知的时间停止装货,但以该货物已清楚地确定为合同项下货物为前提条件。

⑩B10 通知。

买方必须就任何与运输相关的安全要求、船舶名称、装货点以及约定期限内所选择的交货时间(如有)给予卖方充分通知。

3. 使用 FOB 术语应注意的问题

(1)风险划分界限的改变。

《INCOTERMS® 2020》对于风险划分的界限做了重大的修改。在《INCOTERMS® 2000》中,"船舷"是 FOB 术语买卖双方风险划分的界限,"船舷为界"表明货物在装上船之前的风险,包括在装船时货物跌落码头或海中所造成的损失,均由卖方承担。货物上船之后,包括在运输过程中所发生的损坏或灭失,则由买方承担。而在《INCOTERMS® 2020》中,为了更符合当今商业现实,且避免那种已经过时的"风险在一条假想垂直线上摇摆不定"的情形出现,在 FOB、CFR 和 CIF 中取消了以"船舷"作为风险转移点的表述,取而代之的是将货物置于"船上"时作为风险转移的界限。

(2)交货方式。

在《INCOTERMS® 2020》中,FOB 术语下卖方通过以下方式向买方完成交货:在指定装运港将货物装上由买方指定的船舶或者取得已经如此交付的货物。此处的"取得"一词适用于交易链中的多层销售(链式销售),在大宗商品贸易中尤其常见。与特定产品的销售不同，在商品销售中，货物在运送至销售链终端的过程中常常被多次转卖。出现此种情况时，在销售链中间的卖方实际上无须装运货物，因为处于销售链始端的卖方已经装运了货物。因此，处在销售链中间的卖方不是以装运货物的方式，而是以“取得”货物的方式，履行对其买方的义务。为了澄清此类问题，《INCOTERMS® 2020》中包括“取得运输中货物”的义务，并以其作为在相关术语中装运或运输货物义务的替代义务。

(3)船货衔接问题。

按照FOB术语成交的合同，卖方负责在指定的装运港把货物装在买方派来的船上，因此船货衔接就是一个重要的问题。如果船只提前或延迟到达指定的装运港，则船等货或货等船引起的费用损失均要由买方负担。因此，在FOB合同中，必须对船货衔接问题进行明确规定，可在合同中规定：如买方没能按期派船，包括未经卖方同意提前将船派到和延迟派到装运港，卖方有权拒绝交货，并由买方承担由此造成的各种损失和费用，如空舱费(dead freight)、滞期费(demurrage)和仓储费等。如成交数量不大，只需部分舱位或用班轮装运时，卖方可接受买方委托代为租船或订舱。但这纯属代办性质，运费仍应由买方负担，如租不到船只或订不到舱位，其风险由买方承担。

(4)关于装船费用的划分。

FOB合同买卖双方费用的划分是以货物交到船上为界。在班轮运输情况下，由于班轮运费包括装船费用和在目的港的卸货费用，因此装船费用实际上由买方负担。但是在买方用定程租船方式装运货物时，涉及与装船有关的理舱费和平舱费由谁负担的问题，需要买卖双方进行洽商。为了明确有关装船费用的划分，也可以在FOB术语后加列字母或缩写表示附加条件，即用FOB术语的变形来表示。常见的FOB术语变形有以下几种：

①FOB班轮条件(FOB liner terms)，指装船费用如同班轮装运一样，由船方负担。

②FOB吊钩下交货(FOB under tackle)，指卖方将货物置于轮船吊钩所及之处，从货物起吊开始的装船费用由买方负担。

③FOB包括理舱(FOB stowed，FOB. S.)，指卖方负责将货物装入船舱并支付包括理舱费在内的装船费用。

④FOB包括平舱(FOB trimmed，FOB. T.)，指卖方负责将货物装入船舱并支付包括平舱费在内的装船费用。

⑤FOB包括理舱、平舱(FOB stowed and trimmed，FOB. S. T.)，指卖方负责将货物装入船舱，并支付包括理舱费和平舱费在内的装卸费用。

使用贸易术语变形可以明确和改变买卖双方关于费用和手续的划分，但不改变交货点和风险划分的界限。

《INCOTERMS® 2020》对这些术语后添加的词句不提供任何指导性规定，建议买卖双方在合同中明确规定。

(三)CFR术语

1. CFR术语的含义

CFR的全称是Cost and Freight (insert named port of destination) INCOTERMS® 2020，即成本加运费(插入指定目的港)，是指卖方在船上交货或以取得已经这样交付的货物的方式交货。货物灭失或损坏的风险在货物交到船上时转移，而无论货物是否实际以良好的状态、约定的数量或是否确实到达目的地。卖方必须签订合同，并支付必要的成本和运费，将货物运至指定的目的港。卖方按照所选择的方式将货物交付给承运人时，即完成其交货义务，而不是货物到达目的地之时。

如适用时，CFR 术语要求卖方办理出口清关。但卖方无义务办理进口清关、支付任何进口税或办理任何进口海关手续。

CFR 规则仅适用于海运或内河水运运输方式。如果使用多种运输方式，常见于货物在集装箱终端被交给承运人的情形，如用集装箱运输的货物通常是在集装箱码头交货，则适合使用的规则是 CPT，而非 CFR。

2. CFR 术语买卖双方的义务

(1) A 卖方义务。

①A1 一般义务。

卖方必须提供符合销售合同约定的货物和商业发票，以及合同可能要求的其他与合同相符的证据。

卖方提供的任何单据，根据双方约定可以是纸质或电子形式，如果没有约定，则按照惯常做法提供。

②A2 交货。

卖方必须以将货物装上船，或者以取得已经如此交付的货物的方式交货。在这 2 种情况下，卖方均必须在约定日期或期限内，按照该港口的习惯方式交货。

③A3 风险转移。

除根据 B3 的灭失或损坏情况外，卖方承担按照 A2 完成交货前货物灭失或损坏的一切风险。

④A4 运输。

卖方必须签订或取得运输合同，将货物自交货地内的约定交货点(如有)，运送至指定目的港，或位于该港内的任何交货点(如已约定)。运输合同必须按照惯常条款订立，由卖方承担费用，经由通常航线，用通常用于运输该类所售货物的船舶运送货物。

卖方必须在完成交货之前遵守任何与运输有关的安全要求。

⑤A5 保险。

卖方对买方没有订立保险合同的义务。但是，应买方要求并由其承担风险和费用，卖方必须向买方提供卖方所拥有的买方获取保险所需的信息。

⑥A6 交货/运输单据。

卖方必须承担费用，向买方提供运至约定目的港的通常运输单据。该运输单据必须载明合同货物且其签发日期必须在约定的运输期限内，还必须能使买方在目的港凭此向承运人索取货物，并且除非另有约定，须能使买方通过向其下家买方转让该单据或通知承运人来转卖在途货物。

当该运输单据以可转让形式签发并有数份正本时，全套正本必须向买方提交。

⑦A7 出口/进口清关。

a. 出口清关。如适用，卖方必须办理出口国要求的所有出口清关手续并支付费用，诸如：出口许可证；出口安检清关；装运前检验及任何其他官方授权。

b. 协助进口清关。如适用,应买方要求并由其承担风险和费用,卖方必须协助买方取得与所有过境/进口清关手续有关的任何单据及/或信息,包括任何过境国或进口国需要的安全要求和装运前检验。

⑧A8 查验/包装/标记。

卖方必须支付为了按照 A2 交货所需要进行的查验费用(如查验品质、丈量、计重、点数的费用)。卖方必须自付费用包装货物,除非该特定贸易运输的所售货物通常无须包装。除非双方已经约定好具体的包装或标记要求,卖方必须以适合该货物运输的方式对货物进行包装和标记。

⑨A9 费用划分。

卖方必须支付:

a. 按照 A2 完成交货之前与货物相关的所有费用,按照 B9 应由买方支付的费用除外。

b. 按照 A4 所发生的运费和所有其他费用,包括货物装船费用及与运输相关的安全费用。

c. 根据运输合同规定应由卖方承担的在约定卸货港产生的任何卸货费用。

d. 根据运输合同应由卖方承担的过境费用。

e. 按照 A6 向买方提供已经交货的通常证据的费用。

f. 如适用,按照 A7(a)办理出口清关有关的关税、税款和任何其他费用。

g. 买方为按照 B7(a)提供协助获取单据及信息相关的所有费用和开支。

⑩A10 通知。

卖方必须向买方发出已按照 A2 完成交货的通知。卖方必须向买方发出买方收取货物任何所需通知以便买方收取货物。

(2)B 买方义务。

①B1 一般义务。

买方必须按照销售合同支付价款。

买方提供的任何单据,根据双方约定可以是纸质或者电子形式,如果没有约定,则按照惯常做法提供。

②B2 提货。

当卖方按照 A2 完成交货时,买方必须提取货物,并在指定目的港自承运人处收取货物。

③B3 风险转移。

买方承担按照 A2 交货时起货物灭失或损坏的一切风险。如买方未按照 B10 发出通知,则买方承担自约定交货日期或约定期限届满之时起货物灭失或损坏的一切风险,但以该货物已清楚地确定为合同项下货物为前提条件。

④B4 运输。

买方对卖方没有订立运输合同的义务。

⑤B5 保险。

买方对卖方没有订立保险合同的义务。

⑥B6 交货/运输单据。

如果运输单据与合同相符,买方必须接受按照 A6 提供的运输单据。

⑦B7 出口/进口清关。

a. 协助出口清关。如适用,应卖方要求并由其承担风险和费用,买方必须协助卖方获取出口国需要的与所有出口清关手续有关的任何单据及/或信息,包括安全要求和装运前检验。

b. 进口清关。如适用,买方必须办理任何过境国和进口国要求的所有手续并支付费用,诸如:进口许可证及过境所需的任何许可;进口及任何过境安检清关;装运前检验及任何其他官方授权。

⑧B8 查验/包装/标记。

买方对卖方没有义务。

⑨B9 费用划分。

买方必须支付:

a. 按照 A2 完成交货之时起与货物相关的所有费用,按照 A9 应由卖方支付的费用除外。

b. 过境费用,除非根据运输合同该项费用应由卖方承担。

c. 包括驳运费和码头费在内的卸货费用,除非根据运输合同该项费用应由卖方承担。

d. 卖方为按照 A5 及 A7 提供协助获取单据及信息相关的所有款项和费用。

e. 如适用,按照 B7(b)办理过境或进口清关有关的关税、税款和任何其他费用。

f. 由于未按照 B10 发出通知而产生的自约定交货日期或约定交货期限届满之时起的任何额外费用,但以该货物已清楚地确定为合同项下货物为前提条件。

⑩B10 通知。

无论何时根据约定,当买方有权决定运输时间及/或指定目的港的收货点时,买方必须给予卖方充分通知。

3. 使用 CFR 术语应该注意的问题

(1)CFR 术语中装运港、目的港以及卸货港的问题。

在 CFR 中,有 2 个港口很重要:货物交到船上的港口和约定为目的港的港口。当货物在装运港装上船或者以取得已经如此交付的货物的方式交付给买方时,风险即从卖方转移到买方。但是,卖方必须签订将货物从交货地运往约定目的地的运输合同。例如,货物在上海(港口)装船,运往南安普顿(也是港口)。货物在上海装到船上时交付,风险于此时即转移到买方;而卖方必须签订从上海到南安普顿的运输合同。

尽管合同中总会指定一个目的港,但却未必会指定装运港,而装运港是风险转移给买方的地方。如果装运港对买方具有特殊意义,如买方也许希望借以确定货物价格中的运费构成是否合理,那么特别建议双方在合同中尽可能清楚地指定装运港。

建议双方尽可能精准地指定目的港的特定地点,因为卖方需承担将货物运往该地点的费用。卖方必须签订涵盖货物运输的一份或多份合同,包括从货物交付到运至指定港或销售合同中已约定的该港口范围内的约定地点。如果卖方按照运输合同在目的港交付点承担卸货费用,除非双方事先另有约定,卖方无权向买方要求补偿该项费用。

(2)CFR 术语的交货问题。

在《INCOTERMS® 2020》中,将货物装上船或者取得已经如此交付的货物,即完成交货,此外,卖方还需要签订一份运输合同,或者取得一份这样的合同。此处使用"取得"一词适用于商品贸易中常见的交易链中的链式销售。货物灭失或损坏的风险在货物交到船上时转移,这样卖方即被视为已履行了交货义务,而无论货物是否实际以良好的状态、约定的数量或是否确实到达目的地。在 CFR 中,卖方对买方没有购买保险的义务,因此,特别建议买方为其自身购买一定的保险。

(3)CFR 术语下装船通知的重要性。

装船通知(shipping advice)也称装运通知,其目的在于让买方做好付款、购买保险或提货手续准备。CFR 术语下卖方负责安排运输,而买方自行办理保险,因此《INCOTERMS® 2020》强调卖方必须向买方发出已装船通知,以便买方采取收取货物通常所需要的措施。

按照国际惯例,如果卖方未能及时向买方发出已装船通知,致使买方未能及时办理保险,则货物在运输途中发生灭失或损坏,其风险仍由卖方承担。因此,CFR 术语下装船通知具有重要的作用。

(4)CFR 术语下租船订舱问题。

CFR 术语下卖方必须签订或取得运输合同,将货物自交货地内的约定交货点运送至指定目的港或该目的港的交付点。必须按照通常条件订立合同,由卖方支付费用,经由常规航线,由通常来运输该类商品的船舶运输。基于此,如果买方提出对船龄、船籍、船级、船型等限制性要求以及指定某航运公司的船只,卖方可以拒绝接受,如果卖方接受了买方限制性的条件,则必须严格执行。

(5)关于卸货费用的划分。

在班轮运输情况下,由于班轮运费包括装船费用和在目的港的卸货费用,因此 CFR 条件下的卸货费用实际上由卖方负担。但大宗商品的交易通常采用定程租船运输,在多数情况下,船方一般是不负担装卸费的。因此,CFR 条件下买卖双方容易在卸货费用由何方负担的问题上引起争议。船方是否承担装卸责任,即运费中是否包括装卸费用,需由租船合同另行规定。买卖双方在商定买卖合同时,应明确装卸费用由谁负担。CFR 术语下有关卸货费用通常采用 CFR 术语的变形来说明。常见的 CFR 术语变形有以下几种:

①CFR 班轮条件(CFR liner terms):指卸货费由承运人支付,实际上由卖方支付。

②CFR 舱底交货(CFR ex ship's hold):指买方负担将货物从舱底吊卸到码头的费用。

③CFR 吊钩下交货(CFR under tackle):指卖方负责将货物卸离船舶吊钩。如船不能靠泊在锚地卸货,买方需承担风险和费用租用驳船,在载货船的吊钩下接收货物。

④CFR 卸到岸上(CFR landed):指卖方负责将货物卸到岸上。如船不能靠泊在锚地卸货,卖方需承担风险和费用租用驳船。

使用贸易术语变形可以明确和改变买卖双方关于费用和手续的划分,但不改变交货点和风险划分的界限。

《INCOTERMS® 2020》对这些术语后添加的词句不提供任何指导性规定,建议买卖双方在合同中明确规定。

(6)多个承运人的问题。

海运的不同航段可能由不同的承运人负责。例如,货物先由承运人驾驶支线船舶从香港地区运到上海,再由远洋船舶从上海运到南安普顿。此时产生的问题在于,风险是在香港地区还是在上海从卖方转移到买方:交货发生在哪里?买卖双方很可能已在销售合同中约定。如果无此约定,则默认的立场是风险在货物交付给第一个承运人时转移,即在香港地区,这就延长了买方承担灭失或损坏风险的时间。如买卖双方希望风险晚些转移的话(此例中的上海),则双方需要在销售合同中予以明确。

(四) CIF 术语

1. CIF 术语的含义

CIF 的全称是 Cost Insurance and Freight (insert named port of destination) INCOTERMS® 2020,即成本、保险费加运费(插入指定目的港),是指卖方在船上交货或以取得已经这样交付的货物的方式交货。货物灭失或损坏的风险在货物交到船上时转移。卖方必须签订合同,并支付必要的成本和运费,以将货物运至指定目的港。卖方按照所选择的方式将货物交付给承运人之时,即完成其交货义务,而不是货物到达目的地之时。

CIF 要求卖方办理货物出口清关。但卖方没有义务办理货物进口清关或经由第三国过境的清关、支付任何进口税或办理任何进口海关手续。

CIF 规则仅适用于海运或内河水运运输方式。如果使用多种运输方式(常见于货物在集装箱终端交给承运人的情形),则适合使用的规则是 CIP,而非 CIF。

2. CIF 术语买卖双方的义务

(1) A 卖方义务。

①A1 一般义务。

卖方必须提供符合销售合同约定的货物和商业发票,以及合同可能要求的其他与合同相符的证据。

卖方提供的任何单据,根据双方约定可以是纸质或电子形式,如果没有约定,则按照惯常做法提供。

②A2 交货。

卖方必须以将货物装上船,或者以取得已经如此交付的货物的方式交货。在这 2 种情况下,卖方均必须在约定日期或期限内,按照该港口的习惯方式交货。

③A3 风险转移。

除根据 B3 的灭失或损坏情况外,卖方承担按照 A2 完成交货前货物灭失或损坏的一切风险。

④A4 运输。

卖方必须签订或取得运输合同,将货物自交货地内的约定交货点(如有),运送至指定目的港,或位于该港内的任何交货点(如已约定)。运输合同必须按照惯常条款订立,由卖方承担费用,经由通常航线,用通常用于运输该类所售货物的船舶运送货物。

卖方必须在完成交货之前遵守任何与运输有关的安全要求。

⑤A5 保险。

除非另有约定或特定贸易中的习惯做法,卖家须自付费用取得货物保险。该保险需符合《伦敦保险协会货物保险条款》(C)款或任何适于货物运输方式的类似条款。保险应与信誉良好的承保人或保险公司订立,并应使买方或任何其他对货物具有可保利益者有权直接向保险人索赔。

当买方要求且能够提供给卖方任何所需的信息时,卖方必须提供任何附加险,由买方承担费用,如果能够办理,诸如符合《伦敦保险协会货物保险条款》中的战争险条款及/或罢工险条款或任何其他类似条款的险别(除非该险别已经包括在前款所述的货物保险中)。

最低保险金额应是合同规定价格另加 10%(即 110%),并应采用合同货币。保险范围应从货物自 A2 规定的交货点起,至少至指定的目的港止。卖方必须提供给买方保险单或保险证明或其他投保证据。此外,在应买方要求并由其承担风险和费用的情况下,卖方必须向买方提供买方取得任何额外保险所需信息。

⑥A6 交货/运输单据。

卖方必须承担费用,向买方提供运至约定目的港的通常运输单据。

该运输单据必须载明合同货物,且其签发日期必须在约定的运输期限内,还必须能使买方在目的港凭此向承运人索取货物,除非另有约定,须能使买方通过向其下家买方转让该单据或通知承运人来转卖在途货物。

当该运输单据以可转让形式签发并有数份正本时,全套正本必须向买方提交。

⑦A7 出口/进口清关。

a. 出口清关。如适用,卖方必须办理出口国要求的所有出口清关手续并支付费用,诸如:出口许可证;出口安检清关;装运前检验及任何其他官方授权。

b. 协助进口清关。如适用,应买方要求并由其承担风险和费用,卖方必须协助买方取得与所有过境/进口清关手续有关的任何单据/或信息,包括任何过境国或进口国需要的安全要求和装运前检验。

⑧A8 查验/包装/标记。

卖方必须支付为了按照 A2 交货所需要进行的查验费用(如查验品质、丈量、计重、点数的费用)。卖方必须自付费用包装货物,除非该特定贸易运输的所售货物通常无须包装。除非双方已经约定好具体的包装或标记要求,卖方必须以适合该货物运输的方式对货物进行包装和标记。

⑨A9 费用划分。

卖方必须支付:

a. 按照 A2 完成交货之前与货物相关的所有费用,按照 B9 应由买方支付的费用除外。

b. 按照 A4 所发生的运费和所有其他费用,包括货物装船费用及与运输相关的安全费用。

c. 根据运输合同规定应由卖方承担的在约定卸货港产生的任何卸货费用。

d. 根据运输合同应由卖方承担的过境费用。

e. 按照 A6 向买方提供已经交货的通常证据的费用。

f. 按照 A5 产生的保险费用。

g. 如适用,按照 A7(a)办理出口清关有关的关税、税款和任何其他费用。

h. 买方为按照 B7(a)提供协助获取单据及信息相关的所有费用和开支。

⑩A10 通知。

卖方必须向买方发出已按照 A2 完成交货的通知。卖方必须向买方发出买方收取货物任何所需通知以便买方收取货物。

(2)B 买方义务。

①B1 一般义务。

买方必须按照销售合同约定支付货物价款。

买方提供的任何单据,根据双方约定可以是纸质或电子形式,如果没有约定,则按照惯常做法提供。

②B2 提货。

当卖方按照 A2 完成交货时,买方必须提取货物,并在指定目的港自承运人处收取货物。

③B3 风险转移。

买方承担按照 A2 交货时起货物灭失或损坏的一切风险。如买方未按照 B10 发出通知,则买方承担自约定交货日期或约定期限届满之时起货物灭失或损坏的一切风险,但以该货物已清楚地确定为合同项下货物为前提条件。

④B4 运输。

买方对卖方没有订立运输合同的义务。

⑤B5 保险。

买方对卖方没有订立保险合同的义务。但是,应卖方要求,买方必须向卖方提供卖方按照 A5 要求的投保任何附加险所需的信息。

⑥B6 交货/运输单据。

如果运输单据与合同相符,买方必须接受按照 A6 提供的运输单据。

⑦B7 出口/进口清关。

a. 协助出口清关。如适用,应卖方要求并由其承担风险和费用,买方必须协助卖方获取出口国需要的与所有出口清关手续有关的任何单据或信息,包括安全要求和装运前检验。

b. 进口清关。如适用,买方必须办理任何过境国和进口国要求的所有手续并支付费用,诸如:进口许可证及过境所需的任何许可;进口及任何过境安检清关;装运前检验以及任何其他官方授权。

⑧B8 查验/包装/标记。

买方对卖方没有义务。

⑨B9 费用划分。

买方必须支付:

a. 按照 A2 完成交货之时起与货物相关的所有费用,按照 A9 应由卖方支付费用除外。

b. 过境费用,除非根据运输合同该项费用应由卖方承担。

c. 包括驳运费和码头费在内的卸货费用,除非根据运输合同该项费用应由卖方承担。

d. 应买方要求,按照 A5 和 B5 投保附加险所发生的费用。

e. 卖方为按照 A5 和 A7(b)提供协助获取单据及信息相关的所有费用和开支。

f. 如适用,按照 B7(b)办理过境或进口清关有关的关税、税款和任何其他费用。

g. 由于未按照 B10 发出通知而产生的自约定交货日期或约定交货期限届满之时起的任何额外费用,但以该货物已清楚地确定为合同项下货物为前提条件。

⑩B10 通知。

无论何时根据约定,买方有权决定运输时间及/或指定目的港的收货点,买方必须给予卖方充分通知。

3. 使用 CIF 术语应注意的问题

(1)CIF 术语中装运港、目的港以及卸货港的问题。

在 CIF 中,有 2 个港口很重要:货物交到船上的港口和约定为目的港的港口。当货物在装运港装上船或者以取得已经如此交付的货物的方式交付给买方时,风险即从卖方转移到买方。但是,卖方必须签订将货物从交货地运送往约定目的地的运输合同。例如,货物在上海(港口)装船,运往南安普顿(也是港口)。货物在上海装到船上时交付,风险于此时即转移给买方;而卖方必须签订从上海到南安普顿的运输合同。

尽管合同中总会约定一个目的港,但却未必会指定装运港,而装运港是风险转移给买方的地方。如果装运港对买方具有特殊意义,如买方也许希望借以确定货物价格中的运费构成是否合理,那么特别建议双方在合同中尽可能清楚地指定装运港。

建议双方尽可能精准地指定目的港的特定地点,因为卖方需承担将货物运往该地点的费用。卖方必须签订涵盖货物运输的一份或多份合同,包括从货物交付到运至指定港或销售合同中已约定的该港口范围内约定地点。

(2)关于卸货费用的划分。

同 CFR 术语一样,CIF 术语有关卸货费用的划分也是通过变形来说明,主要包括:

①CIF 班轮条件(CIF liner terms):指卸货费由承运人支付,实际上由卖方支付。

②CIF 舱底交货(CIF ex ship's hold):指买方负担将货物从舱底吊卸到码头的费用。

③CIF 吊钩下交货(CIF under tackle):指卖方负责将货物卸离船舶吊钩。如船不能靠泊在锚地卸货,买方需承担风险和费用租用驳船,在载货船的吊钩下接收货物。

④CIF 卸到岸上(CIF landed):指卖方负责将货物卸到岸上。如果船不能靠泊在锚地卸货,则卖方需承担风险和费用租用驳船。

使用贸易术语变形可以明确和改变买卖双方关于费用和手续的划分,但不改变交货点和风险划分的界限。

《INCOTERMS® 2020》对这些术语后添加的词句不提供任何指导性规定,建议买卖双方在合同中明确规定。

(3)CIF 术语下租船订舱问题。

与 CFR 术语一致,不再累述。

(4)有关保险问题。

在 CIF 合同中,卖方还必须签订保险合同,以对由买方承担的从装运港至少到目的港过程中货物灭失或损坏的风险投保。如目的地国家要求在本地购买保险,则可能会造成困难。在此种情况下,双方应考虑使用 CFR。买方还应注意,在 CIF INCOTERMS® 2020 规则下,卖方需要投保符合《伦敦保险协会货物保险条款》(C)款或其他类似条款下的有限的险别,而不是《伦敦保险协会货物保险条款》(A)款下的较高险别。但是,双方仍然可以约定较高的险别。

(5)象征性交货(symbolic delivery)。

所谓象征性交货,是针对实际交货(physical delivery)而言的。象征性交货是指卖方只要按期在约定地点完成装运,并向买方提交合同规定的包括物权凭证在内的有关单证,就算完成了交货义务,而无须保证将货物实际交到买方手上。实际交货是指卖方要在规定的时间和地点,将符合合同规定的货物提交给买方或其指定人,而不能以交单代替交货。在象征性交货方式下,卖方是凭单交货,买方是凭单付款,只要卖方按时向买方提交了符合合同规定的全套单据,即使货物在运输途中灭失或损坏,买方也必须履行付款义务。反之,如果卖方提交的单据不符合要求,即使货物完好无损地运达目的地,买方仍有权拒付货款。由此可见,CIF 交易实际上是一种单据的买卖,装运单据在 CIF 交易中具有特别重要的意义。但是,必须指出,按 CIF 术语成交,卖方履行其交单义务,只是得到买方付款的前提条件,除此之外,卖方还必须履行交货义务。如果卖方提交的货物不符合要求,买方即使已经付款,仍然可以根据合同的规定向卖方提出索赔。事实上,在 CFR、CPT、CIP 条件下都具有象征性交货的特征。

(6)多个承运人的问题。

海运的不同航段可能由不同的承运人负责。例如,货物先由承运人驾驶支线船舶从香港地区运到上海,再由远洋船舶从上海运到南安普顿。此时产生的问题在于,风险是在香港地区还是在上海从卖方转移到买方:交货发生在哪里? 买卖双方很可能已在销售合同中约定。如果无此约定,则默认的立场是风险在货物交付给第一个承运人时转移,即在香港地区,这就延长了买方承担灭失或损坏风险的时间。如买卖双方希望风险晚些转移的话(此例中的上海),则双方需要在销售合同中予以明确。

第二节　作价的原则和方法

商品的价格是国际货物买卖的主要交易条件,价格条款是买卖合同中必不可缺的合同条款。价格条款的确定不仅直接关系到买卖双方的利益,而且与合同中的其他条款也有密切联系。商品的价格是根据不同的定价依据、定价目标、定价方法和定价策略来制定的,商品价格的构成一般受商品成本、商品质量、成交数量、供求关系、竞争条件、运输方式和价格政策等多种因素的影响。因此,对于外贸业务人员而言,确定商品的价格是一项复杂而艰巨的工作。为了做好这项工作,外贸业务人员必须熟悉进出口商品作价的原则及影响因素,了解进出口商品的作价方法,掌握主要贸易术语的价格构成和换算方法以及出口商品的成本核算,才能合理地制定国际货物买卖合同中的价格条款。

一、作价的原则

进出口商品的作价原则是:在贯彻平等互利的原则下,根据国际市场价格水平,结合国别(地区)政策,并按照购销意图确定适当的价格。

所谓国际市场价格,又称世界市场价格或国际价格,是国际范围内市场价值或其转化形态的货币表现,是指某种商品在国际市场的一定时期内客观形成的具有代表性的成交价格。

具有代表性的成交价格通常是指：

(1)某些国际市场集散中心成交的商品价格，集散地的市场价格。

(2)某些商品主要出口国(或地区)具有代表性的出口价格。

(3)某些商品主要进口国(或地区)具有代表性的进口价格。

(4)某些重要商品的拍卖价格、开标价格等。

二、作价方法

(一)固定价格

我国进出口合同绝大部分都是在双方协商一致的基础上，明确规定具体价格，这也是国际上常见的做法。按照各国法律的规定，合同价格一经确定，就必须严格执行。除非合同另有约定，或经双方当事人一致同意，任何一方都不得擅自更改。在合同中规定固定价格是一种常规做法。它具有明确、具体、肯定和便于核算的特点。不过，由于市场行情瞬息万变，价格涨落不定，在国际货物买卖合同中规定固定价格，意味着买卖双方要承担从订约到交货付款以至转售时价格变动的风险。如果行市变动过于剧烈，这种做法则可能影响合同的顺利执行。一些不守信用的商人很可能为逃避亏损，而寻找各种借口拒绝履行合同。为了降低价格风险，在采用固定价格时应该注意以下问题：

(1)综合分析影响商品供需的各种因素，准确对价格的变动趋势做出判断，以此作为决定合同价格的依据。

(2)慎重选择交易的对象，必须对客户的资信进行充分的了解和调查，控制客户的信用风险，尤其是在外贸业务人员获得的信息不充分的情况下，必须进行专业的资信调查，以发现和防范有可能产生的风险。

(3)大宗交易一般应订立外汇保值条款。国际商品市场的变化往往受各种临时性因素的影响，变幻莫测。由于各种货币汇价动荡不定、商品市场变动频繁，在此情况下，固定价格往往会给买卖双方带来巨大的风险。因此，为了降低风险，促成交易，提高履约率，在合同价格的规定方面，可以采用订立外汇保值条款，防止从订约到交货期间由于计价货币币值的变动给买卖双方当事人带来损失。

通常，买卖双方愿意选择汇率稳定的货币作为计价货币。但是，在汇率不稳定的情况下，出口方倾向于选用“硬币”，即币值坚挺、汇率看涨的货币；而进口方则倾向于选用“软币”，即币值疲软、汇率看跌的货币。

合同中规定外汇保值条款的方法主要有3种：

(1)计价货币和结算货币均为同一“软币”。确定订约时这一货币与另一硬币的汇率，支付时按当日汇率折算成原货币支付。

(2)“软币”计价，“硬币”支付。将成品单价或总金额按照计价货币与结算货币当时的汇率，折合成另一种“硬币”，按另一种“硬币”支付。

(3)“软币”计价，“软币”支付。由双方协商同意确定某一货币与另几种货币的算术平均汇率，或用其他方式计算出的汇率，按照支付当日与另几种货币算术平均汇率或其他汇率的变化做相应的调整，折算成原货币支付。这种保值可称为“一揽子汇率保值”。几种货币的综合汇率可有不同的计算办法，如简单平均法、加权平均法等。

（二）非固定价格

非固定价格即一般业务上所说的“活价”，大体上可分为下述几种。

1. 待定价格

待定价格是指商品价格待定，买卖双方只在合同中约定未来确定价格的依据和方法。这种定价方法又可分为以下 2 种具体做法：

（1）在价格条款中明确规定定价时间和定价方法。例如，在合同中规定，在装船月份前 30 天，参照当地商品交易所该商品的收盘价，协商议定正式价格，或按照提单日期的国际市场价格计算。

（2）只规定作价时间。例如，由双方在某年某月某日协商确定价格。这种方式由于未就作价方式做出规定，容易给合同带来较大的不稳定性，双方可能因缺乏明确的作价标准，而在商定价格时产生争议，导致合同无法执行。因此，这种方式一般只适用于双方有长期交往并已形成比较固定的交易习惯的合同。

2. 暂定价格

在合同中先订立一个初步价格，作为开立信用证和初步付款的依据，待双方确定最后价格后再进行最后清算，多退少补。例如，单价暂定 CIF 纽约，每公吨 1 000 美元，作价方法：以纽约商品交易所 3 个月期货，按照装船月份月平均加价 5 美元计算，买方按本合同规定的暂定价开立信用证。由于国际市场价格瞬息万变，买卖双方在合同中的价格仅供参考，因此这种做法可能在商定最后价格时，因没有订明定价依据而导致合同无法履行。

3. 部分固定价格，部分非固定价格

为了兼顾买卖双方的利益，也可采用部分固定价格、部分非固定价格，或分批作价的方法。交货期近的商品价格在订约时固定下来，余者在交货前一定期限内作价。采用这种做法有助于暂时解决双方在价格方面的分歧，解除客户对价格风险的顾虑，有利于巩固和扩大出口市场，也有利于生产、收购和出口计划的安排。对进出口双方而言，虽然不能完全排除价格风险，但是对出口商来说，可以不失时机地做成生意；对进口商来说，可以保证一定的转售利润。

非固定价格的做法是先订约后作价，合同的关键条款价格是在订约之后由双方按照一定的方式来确定的。这就不可避免地给合同带来较大的不稳定性，存在双方在作价时不能取得一致意见，而使合同无法执行的可能，或由于合同作价条款规定不当，而使合同失去法律效力的危险。在采用非固定作价时，应注意以下问题：

（1）要明确规定作价方法。为减少非固定价格条款给合同带来的不稳定因素，消除双方在作价方面的矛盾，明确订立作价方法就是一个重要的、必不可少的前提，作价标准可根据不同商品酌情做出规定。例如，以某商品交易公布的价格为准，或以某国际市场价格为准等。

（2）要明确规定作价时间。关于作价时间的确定，可以采用下列几种做法：①在装船前作价。一般是规定在合同签订后若干天或装船前若干天作价。采用此种作价办法，交易双方仍要承担自作价至付款转售时的价格变动风险。②装船时作价。一般是指按提单日期的行市或装船月的平均价作价。这种做法实际上只能在装船后进行，除非有明确的客观的作价标准，否则卖方不会轻易采用，因为其怕承担风险。③装船后作价。一般是指在装船后若干天，甚至在船到目的地后进行作价。采用这类做法，卖方承担的风险也较大，故一般很少使用。

（三）调整价格

在国际货物买卖中，还可以采用调整价格的方法定价，即在合同中规定一个初始价格和交货时的价格调整方法，这样合同中会增加一个价格调整条款。例如，卖方对其他客户的成交价高于或低于合同价格5%，对本合同未执行的数量，双方协商调整价格。这种做法的目的是把价格变动的风险规定在一定范围之内，以提高客户经营的信心。

需要注意的是，在国际上，随着某些国家通货膨胀的加剧，有些商品合同，特别是加工周期较长的机器设备合同，都普遍在"价格调整条款"（price adjustment clause）中规定初始价格（initial price），同时规定原料价格、工资等影响商品生产成本变化的调整方法。

在价格调整条款中，通常使用下面公式来调整价格：

$$P=P_0\times(A+\mathrm{B}M/M_0+\mathrm{C}W/W_0)$$

式中：P 代表商品交货时经调整后的价格；P_0 代表签订合同时约定的初始价格；M 代表计算最后价格时引用的有关原料的平均价格或指数；M_0 代表签订合同时引用的有关原料的价格或指数；W 代表计算最后价格时引用的有关工资的平均数或指数；W_0 代表签订合同时引用的有关工资的平均数或指数；A 代表经营管理费用和利润在价格中所占的比重；B 代表原料在价格中所占的比重；C 代表工资在价格中所占的比重。A、B、C 所分别代表的比重在合同确定后固定不变。

合同可以约定，调整价格与初始价格的差额不超过某一范围，初始价格可不予调整。调整价格是出口厂商转嫁国内通货膨胀、确保利润的一种手段。

需要注意的是，这种做法已被联合国欧洲经济委员会纳入它所制定的一些"标准合同"之中，而且其应用范围已从原来的机械设备交易扩展到一些初级产品交易，因而具有一定的普遍性。由于这类条款是以工资和原料价格的变动作为调整价格的依据，因此在使用这类条款时必须注意工资指数和原料价格指数的选择，并在合同中予以明确。此外，在国际贸易中，买卖双方有时也将物价指数作为调整价格的依据。如合同期间的物价指数发生的变动超出一定的范围，价格即做相应调整。总之，在使用价格调整条款时，合同价格的调整是有条件的。用来调整价格的各个因素在合同期间所发生的变化，如约定必须超过一定的范围才予调整，而未超过限度的不予调整。

第三节　佣金与折扣

在订立合同价格条款中，有时会涉及佣金（commission）和折扣（discount）。价格条款中所规定的价格，可分为包含佣金或折扣的价格和不包含这类因素的净价（net price）。包含佣金的价格，在业务中通常称为"含佣价"。

一、佣金

（一）佣金的含义

在国际贸易中，有些交易是通过中间代理商进行的。因中间商介绍生意或代买代卖而需收取一定的酬金，此项酬金叫佣金。凡在合同价格条款中，明确规定佣金的百分比的做法被称为“明佣”。如不标明佣金的百分比，甚至连“佣金”字样也不标示出来，有关佣金的问题由双方当事人另行约定，这种暗中约定佣金的做法被称为“暗佣”。佣金直接关系到商品的价格，货价中是否包括佣金和佣金比例的大小，都影响商品的价格。显然，含佣价比净价要高。正确运用佣金，有利于调动中间商的积极性和扩大交易。

（二）佣金的表示办法

在商品价格中包括佣金时，通常应以文字来说明。例如，每公吨 200 美元 CIF 纽约，包括 2%佣金（USD 200 per M/T CIF New York including 2% commission）。也可在贸易术语上加注佣金的缩写英文字母“C”和佣金的百分比来表示。例如，每公吨 200 美元 CIFC 2%纽约（USD 200 per M/T CIFC 2% New York）。商品价格中所包含的佣金，除用百分比表示外，也可以用绝对数来表示。例如，每公吨付佣金 25 美元。

（三）佣金的计算方法

在国际贸易中，计算佣金的方法不一，有的按成交金额约定的百分比计算，也有的按成交商品的数量来计算，即按每一单位数量收取若干佣金计算。在我国进出口业务中，计算方法也不一致，有以下几种方法。

1. 按 FOB 价计算佣金

不管买卖双方以何种价格成交，均按 FOB 价计算佣金。理由是：运费、保险费是卖方固定支付的，而不是卖方销售收入，因此不应支付佣金。

例如，CIF 价为 1 000 美元，运费为 100 美元，保险费为 10 美元，佣金率为 2.5%。则：

$$佣金=(1\ 000-100-10)\times 2.5\%=22.25(美元)$$

2. 按成交价格净价计算佣金

例如，CIF 价为 1 000 美元，佣金率为 2.5%。则：

$$佣金=1\ 000\times 2.5\%=25(美元)$$

3. 按含佣价计算佣金

这种方法是最为常见的，计算佣金的公式如下：

$$单位货物佣金额=含佣价\times 佣金率$$

$$含佣价=净价\div(1-佣金率)$$

例如，已知 A 商品 CIF 纽约价格为每吨 1 000 美元，现美商要求改报 CIFC 5%纽约，如果要保持卖方的收入不变，则应报价为：

$$含佣价=净价\div(1-佣金率)=1\ 000\div(1-5\%)=1\ 052.63(美元)$$

$$佣金=1\ 052.63\times 5\%=52.63(美元)$$

这里需要注意的是，如在洽商交易时，我方报价为 1 000 美元，对方要求 5%的佣金，在此情况下，我方改报含佣价，按上述公式算出应为 1 052.63 美元，这样才能保证实收 1 000 美元。

佣金的支付一般有 2 种做法：一种是由中间代理商直接从货价中扣除佣金；另一种是在委托人收清货款之后，再按事先约定的期限和佣金比率，另行付给中间代理商。在支付佣金时，应防止错付、漏付和重付等情况发生。按照一般惯例，在独家代理情况下，如委托人同约定地区的其他客户达成交易，即使未经独家代理过手，也得按约定的比率付给其佣金。

二、折扣

(一)折扣的含义

折扣是指卖方按原价给予买方一定百分比的减让,即在价格上给予适当的优惠。国际贸易中使用的折扣名目很多,除一般折扣外,还有为扩大销售而使用的数量折扣(quantity discount),为实现某种特殊目的而给予的特别折扣(special discount),以及年终回扣(turnover bonus)等。凡在价格条款中明确规定折扣率的被称为“明扣”;凡交易双方就折扣问题已达成协议,而在价格条款中却不明示折扣率的被称为“暗扣”。折扣直接关系到商品的价格,货价中是否包括折扣和折扣率的大小,都影响商品价格,折扣率越高,则价格越低。折扣同佣金一样,都是市场经济的必然产物,正确运用折扣,有利于调动采购商的积极性和扩大销路,是加强对外竞销的一种手段。

(二)折扣的表示方法

在国际贸易中,折扣通常在合同价格条款中用文字明确表示出来。例如,CIF 伦敦每公吨 200 美元,折扣 3%(USD 200 per M/T CIF London including 3% discount)。此例也可这样表示:CIF 伦敦价格为每公吨 200 美元,减 3%折扣(USD 200 per M/T CIF London less 3% discount)。此外,折扣也可以用绝对数来表示。例如,每公吨折扣 6 美元。在实际业务中,也有用 CIFD 或 CIFR 来表示 CIF 价格中包含的折扣。这里的 D 和 R 是 discount 和 rebate 的缩写。鉴于在贸易往来中加注的 D 或 R 含义不清,可能引起误解,因此最好不使用此缩写语。

(三)折扣的计算方法

折扣通常是以成交额或发票金额为基础计算出来的。其计算方法如下:

$$\text{单位货物折扣额} = \text{原价(或含折扣价)} \times \text{折扣率}$$

$$\text{卖方实际净收入} = \text{原价} - \text{单位货物折扣额}$$

例如,某商品报价 CIF 伦敦,每公吨 2 000 英镑,折扣 2%,卖方的实际净收入为:

$$\text{折扣额} = 2\ 000 \times 2\% = 40\text{(英镑/每公吨)}$$

$$\text{卖方实际净收入} = 2\ 000 - 40 = 1\ 960\text{(英镑/每公吨)}$$

折扣一般是在买方支付货款时预先予以扣除。也有的折扣金额不直接从货价中扣除,而按照暗中达成的协议另行支付给买方,这种做法通常在给“暗扣”或“回扣”时采用。

三、佣金和折扣的区别

佣金和折扣的不同表现在,前者是付给中间商的报酬,后者是卖方付给买方的价格减让。对佣金收入要征收所得税,对折扣则不征税,这与卖方有切身的利益,与买方也不是毫无关系。当按 CIF 价成交由卖方投保并付保险费的情况下,如将折扣当佣金处理会多付一些保险费,因为保险费是按保险金额计算的,而在有佣金的情况下,保险金额习惯上应高一些。在有折扣的情况下,一般是按照减掉折扣金额后的发票净值计算保额的,因而保额相对低一些,所付保险费相应低一些。将佣金和折扣区分开对买卖双方均有好处。

第四节　出口报价的核算

一、主要贸易术语的价格构成与价格换算

(一)主要贸易术语的价格构成

国际贸易中的价格主要由成本、费用、利润三部分构成。成本(cost)是整个价格的核心,它是出口企业为出口其产品进行生产、加工或采购所产生的含税成本;费用(expenses)是指整个交易过程中发生的费用,出口报价中的费用主要有国内费用和国外费用两部分;利润(profit)是指企业预期净收入。

1. FOB、CFR、CIF 3 种贸易术语的价格构成

以上 3 种贸易术语在价格构成中也主要包括成本、费用和利润三方面。其中费用包括国内费用和国外费用。

(1)国内费用主要有:

①加工整理费用;

②包装费用;

③保管费用(仓租费、火险费等);

④国内运输费用;

⑤证件费用(商检费、公证费、领事签证费、产地证费、许可证费、报关单费等);

⑥装船费(装船费、起吊费和驳船费等);

⑦银行费用(贴现利息、手续费等);

⑧预计损耗(耗损、短损、漏损、破损、变质等);

⑨邮电费(电报、电传、邮件等)。

(2)国外费用主要有:

①国外运费(自装运港至目的港的海上运输费用);

②国外保险费(海上货物运输保险);

③包括支付给中间商的佣金、国外促销费用等。

计算公式如下:

FOB 价=进货成本价+国内费用+净利润

CFR 价=进货成本价+国内费用+国外运费+净利润

CIF 价=进货成本价+国内费用+国外运费+国外保险费+净利润

2. FCA、CPT 和 CIP 3 种贸易术语的价格构成

这 3 种贸易术语在价格构成中也包括三方面内容:进货成本、费用和净利润。其中费用的核算包括国内费用和国外费用。

(1)国内费用主要有:

①加工整理费用;

②包装费用:

③保管费用(仓租费、火险费等):

④国内运输费用；
⑤拼箱费（如果货物构不成一整集装箱）；
⑥证件费用（商检费、公证费、领事签证费、产地证费、许可证费、报关单费等）；
⑦银行费用（贴现利息、手续费等）；
⑧预计损耗（耗损、短损、漏损、破损、变质等）；
⑨邮电费（电报、电传、邮件等）。
（2）国外费用主要有：
①国外运费（自出口国起运地至国外目的地的运输费用）；
②国外保险费；
③包括支付给中间商的佣金、国外促销费用等。
计算公式如下：
FCA 价=进货成本价+国内费用+净利润
CPT 价=进货成本价+国内费用+国外运费+净利润
CIP 价=进货成本价+国内费用+国外运费+国外保险费+净利润

（二）主要贸易术语的价格换算

1. FOB、CFR 和 CIF 3 种贸易术语的价格换算
（1）FOB 价换算为其他价。
CFR 价=FOB 价+国外运费
CIF 价=（FOB 价+国外运费）÷（1−投保加成×保险费率）
（2）CFR 价换算为其他价。
FOB 价=CFR 价−国外运费
CIF 价=CFR 价÷（1−投保加成×保险费率）
（3）CIF 价换算为其他价。
FOB 价=CIF 价×（1−投保加成×保险费率）−国外运费
CFR 价=CIF 价×（1−投保加成×保险费率）
2. FCA、CPT 和 CIP 3 种贸易术语的价格换算
（1）FCA 价换算为其他价。
CPT 价=FCA 价+国外运费
CIP 价=（FCA 价+国外运费）+（1−投保加成×保险费率）
（2）CPT 价换算为其他价。
FCA 价=CPT 价−国外运费
CIP 价=CPT 价÷（1−投保加成×保险费率）
（3）CIP 价换算为其他价。
FCA 价=CIP 价×（1−投保加成×保险费率）−国外运费
CPT 价=CIP 价×（1−投保加成×保险费率）

二、出口报价的核算

(一)出口商品的报价

实践中,出口商品报价的基本关系式如下,这些基本关系式不会因为各种费用和利润的计算方式不同而有差异。

$$\text{FOB 价} = \text{出口商品的成本} + \text{利润}$$

$$\text{CFR 价} = \text{FOB} + \text{运费}$$

$$\text{CIF 价} = \text{FOB} + \text{运费} + \text{保险费} = \text{CFR} + \text{保险费}$$

1. 生产型企业与贸易型企业的出口报价

对于生产型企业来说,出口商品的成本就是出口商品的生产成本;对于贸易型企业来说,出口商品的成本就是出口商品的实际采购成本再加上各种国内费用。下面详细地说明贸易型企业的出口商品的报价计算过程。出口商品的采购价也就是进货价(含增值税)。

$$\begin{aligned}\text{FOB 价} &= \text{出口商品的成本} + \text{利润}\\ &= \text{出口商品的实际采购成本} + \text{各种国内费用} + \text{利润}\end{aligned}$$

其中

$$\begin{aligned}\text{出口商品的实际采购成本} &= \text{出口商品的采购价} - \text{出口退税收入}\\ &= \text{出口商品的采购价} \times \left(1 - \frac{\text{出口退税率}}{1 + \text{增值税税率}}\right)\end{aligned}$$

$$\text{FOB 价} = \text{出口商品的采购价} \times \left(1 - \frac{\text{出口退税率}}{1 + \text{增值税税率}}\right) + \text{各种国内费用} + \text{利润}$$

2. 计价结算货币:本币与外币

目前,由于人民币已经可以用来进行对外贸易的计价结算,加之实践中出口商品的采购价、各种国内费用和利润也是以人民币作为计价单位货币给出的,因此,可以用上面公式计算出的结果直接进行对外报价。它适用于目前的边境贸易和周边国家贸易的出口商品报价。

如果以外币计价结算,而实践中出口商品的采购价、各种国内费用和利润是以人民币作为计价单位货币给出的,则

$$\text{FOB 价} = \frac{\text{出口商品的采购价} \times \left(1 - \dfrac{\text{出口退税率}}{1 + \text{增值税税率}}\right) + \text{各种国内费用} + \text{利润}}{\text{银行现汇买入价}}$$

3. 银行现汇买入价:即期与远期

对银行现汇买入价来说,如果出口商能即期收汇,就用银行即期现汇买入价;如果出口商是远期收汇,就用银行远期现汇买入价。

$$\text{FOB 价} = \frac{\text{出口商品的采购价} \times \left(1 - \dfrac{\text{出口退税率}}{1 + \text{增值税税率}}\right) + \text{各种国内费用} + \text{利润}}{\text{即期现汇买入价}}$$

$$\text{FOB 价} = \frac{\text{出口商品的采购价} \times \left(1 - \dfrac{\text{出口退税率}}{1 + \text{增值税税率}}\right) + \text{各种国内费用} + \text{利润}}{\text{远期现汇买入价}}$$

4. 利润的核算方式:报价的百分比与 1 美元赚取的人民币数量

如果利润率以报价的百分比 a 表示,利润额以 1 美元赚取的人民币数量 b 表示,银行现汇买入价(即外汇汇率)用 E 表示,上面的 FOB 报价如下:

$$\text{FOB 价}=\frac{\text{出口商品的采购价}\times\left(1-\dfrac{\text{出口退税率}}{1+\text{增值税税率}}\right)+\text{各种国内费用}}{E(1-a)}$$

$$\text{FOB 价}=\frac{\text{出口商品的采购价}\times\left(1-\dfrac{\text{出口退税率}}{1+\text{增值税税率}}\right)+\text{各种国内费用}}{E-b}$$

例如,我国某出口企业收到美国客商的一份询价,需要订购一个 20 ft 集装箱数量的变速箱,支付条件为全额 T/T 预付。出口企业如果希望以报价为基础有 10%的利润,该出口企业报出的 FOB Tianjin 和 CIF New York 的价格应该是每台变速箱多少美元?

其他已知条件如下:生产企业变速箱的卖价(含税)是每台 410 元人民币,包装规格每台体积为 8 cm×50 cm×70 cm,GW:20 kg,NW:19 kg;厂家到港口仓库的内陆距离为 157 km,运费标准每吨内陆运费为 0.45 元/km;20 ft 的集装箱港口费为 1 200 元人民币,天津港口到纽约的运费是 20 ft 的集装箱为 1 400 美元;出口企业投保一切险附加战争险,费率为 0.5%,按发票金额 110%投保加成;变速箱的海关编码为 84834090,经查出口退税率为 13%,增值税税率为 17%;人民币对美元的现汇买入价格为 6.80(一个 20 ft 集装箱的配货毛重一般为 17.5 t,体积为 25 m^3)。

解:首先计算一个 20 ft 集装箱内所装变速箱的数量

按重量算

(17.5×1000)÷20=875(台)

按体积算

25×1000000÷(8×50×70)=892(台)

一个 20 ft 集装箱内所装变速箱的数量是 875 台。

各种国内费用=内陆运费+港口费

每台内陆运费=20×0.45×157÷1000=1.413(元)

$$\text{港口费}=\frac{1\ 200}{875}=1.371(\text{元})$$

各种国内费用=1.413+1.371=2.784(元)

每台海洋运费=1 400×6.80÷875=10.88(元)

$$\text{FOB 价}=\frac{\text{出口商品的采购价}\times\left(1-\dfrac{\text{出口退税率}}{1+\text{增值税税率}}\right)+\text{各种国内费用}}{E(1-a)}$$

$$=\frac{410\times\left(1-\dfrac{13\%}{1+17\%}\right)+2.784}{6.80\times(1-10\%)}$$

=60.00(美元/台)

$$\text{CIF 价}=\frac{\text{出口商品的采购价}\times\left(1-\dfrac{\text{出口退税率}}{1+\text{增值税税率}}\right)+\text{各种国内费用}+\text{海洋运费}}{E\times(1-100\%\times\text{保险费率}-a)}$$

$$=\frac{410\times\left(1-\dfrac{13\%}{1+17\%}\right)+2.784+10.88}{6.80\times(1-100\%\times0.5\%-10\%)}$$

$$=62.16(\text{美元/台})$$

(二)出口商品的换汇成本

出口商品的换汇成本=出口总成本(人民币)/出口销售外汇净收入出口总成本
=进货价(含增值税)+国内费用+税金

以 FOB 价为例,出口商品的国内费用通常有加工整理费、包装费、保管费、国内运输费、证件费(商检、公证、许可证、产地证、报关等)、装船费、银行费用、邮电费(电报、电传、信件等)和预计损耗等费用。

注意:出口退税应从税金中扣除。已知出口退税率,出口退税收入的计算如下:

$$\text{出口退税收入}=\frac{\text{进货价(含增值税)}}{1+\text{增值税税值}}\times\text{退税率}$$

出口销售人民币净收入是指从出口商品的外汇价格中扣除其他外汇支出,再按收汇日的外汇牌价中的买入价折成等额的人民币。

出口商品的换汇成本即表示用多少人民币可换回一个单位的外汇。

核算出口商品换汇成本的意义:

(1)比较不同种类出口商品的换汇成本,以便调整出口商品的结构,即出口换汇成本低的商品。

(2)对同类商品比较出口到不同国家或地区的换汇成本,作为选择销售市场的一个依据。

(3)对同类商品比较不同时期的换汇成本,以便对出口措施进行分析。

需要注意的是,出口商品换汇成本计算中涉及的出口销售外汇净收入和出口总成本 2 个指标都是以 FOB 价为基础计算的。

(三)利润和利润率

利润和利润率指标是企业、投资人和贷款人非常关心的一个财务指标,使用这一指标更符合国际惯例。

计算出口商品的利润和利润率指标与会计和财务管理课程中所给出的定义一致,不同的是考核对象为出口商品。因此,在计算中要注意出口成本和出口销售收入的核算,以及不同货币之间的换算。因为出口成本中许多成本项目是以本币计价的,而直接得到的出口销售收入大多是以美元结算的,所以会遇到不同货币之间的换算问题。

第五节　合同中的价格条款

一、价格条款的基本内容

合同中的价格条款,一般包括商品的单价和总值 2 项基本内容。有时还包括作价方法以及佣金和折扣的运用。

(一)单价

单价由 4 个部分组成,即计量单位、单位价格金额、计价货币和贸易术语。

例如,CIF 洛杉矶价格为每公吨 2 000 美元(USD 2 000 per M/T CIF Los Angeles)。

1. 计量单位

一般来说,计量单位应该与数量条款所使用的计量单位一致,并要注意使用同一度量衡制度。

2. 单位价格金额

单位价格金额应按双方协商一致的价格,正确填写在书面合同中,不得有误。

3. 计价货币

应该明确使用哪国货币、单价和总值所使用的货币应该一致。

4. 贸易术语

在使用贸易术语时,应该根据不同的含义加注不同的地点,如果有重名地点问题,应该加注国别或地区名称。

(二)总值

总值(或称总价)是单价同数量的乘积,也就是一笔交易的贷款总金额。总值所使用的货币必须与单价的货币一致,除用阿拉伯数字填写外,还要用文字表示,并防止计算、书写错误。

例如,中国大米,良好平均品质,100 公吨,麻袋装,每袋 50 kg,每公吨 175 美元 CIF 新加坡,总额 17 500 美元。(Chinese Rice, FAQ, 100 M/T, In Gunny Bags, 50 KG Each, USD 175 per M/T CIF Singapore, Total Amount USD 17500)。

二、规定价格条款应注意的问题

合同中的价格条款应真实反映买卖双方价格磋商的结果,条款内容应该完整、明确、具体、准确。在制定价格条款时,应该注意以下问题。

(一)合理地确定商品的价格水平

贯彻我国进出口商品作价原则,考虑各种影响价格的因素,并结合购销意图来确定适当的价格水平,防止偏高或偏低。出口商品价格过高不利于市场的开拓,过低会造成外汇收入的减少,甚至会导致反倾销诉讼。进口商品价格过高会导致外汇的浪费,影响企业的经济效益。

(二)选择适当的贸易术语

贸易术语可以反映商品的价格构成,而各种贸易术语的价格构成各不相同,运费、保险费是价格的一部分。因此,在选用贸易术语时,应考虑运费、保险费的因素。一般来说,在出口贸易中,我方应争取选用 CIF 和 CFR 术语。在进口贸易中,应争取选用 FOB 术语。对 FCA、CPT 和 CIP 术语的选用也应按上述原则掌握。这样有利于节省运费和保险费的外汇支出,促进我国对外运输事业和保险事业的发展。另外,在选用贸易术语时,还应注意运费变动的趋势。当运费看涨时,为了避免承担运费上涨的风险,出口时应选用 FOB 术语,进口时应选用 CIF 或 CFR 术语。如果因某种原因采用由我方安排运输的贸易术语,则应对货价进行调整,将运费上涨的风险考虑到货价中去。

(三)争取选择有利的计价货币或订立外汇保值条款

计价货币(money of account)是指合同中规定用来计算价格的货币。在国际货物买卖合同价格条款中,必须对货币做出明确的规定。用来计价的货币,可以是出口国家货币,也可以是进口国家货币或双方同意的第三国货币,一般由买卖双方协商确定。在出口业务中,一般尽可能争取多使用在成交期内汇率比较稳定且有上升趋势的货币,即“硬币”。而在进口业务中,则应争取多使用在成交期内汇率比较疲软且有下降趋势的货币,即“软币”,否则,应考虑订立外汇保值条款来避免汇率变动的风险。

(四)应订立品质与数量机动幅度的计算方法

当交货品质、交货数量有机动幅度或包装费另行计价时,应一并订明机动部分作价和包装费计价以及支付的具体办法,以利于合同的顺利履行。

(五)合理运用佣金和折扣

在合同价格条款中,有时会涉及佣金和折扣,正确运用佣金和折扣,有利于调动中间商和采购商的积极性和扩大销路,在国际贸易中,它是加强对外竞销的一种手段。

本章小结

本章介绍了有关贸易术语的惯例,如《1932 年华沙-牛津规则》《1990 年美国对外贸易定义修订本》《2020 年国际贸易术语解释通则》;重点介绍了《2020 年国际贸易术语解释通则》的 11 种贸易术语;介绍了货物的作价原则、作价方法、佣金和折扣的使用、出口报价的核算等外贸业务人员必须熟练掌握的业务技能,以及正确制定合同中价格条款等内容。本章的目的是使学生较好地掌握国际货物买卖合同的核心内容,即价格条款。

综合练习

一、单项选择题

1. 在一般情况下,按 CFR 贸易术语成交的合同中,不应计入货物价格的是(　　)。

A. 货物成本　　B. 运费　　C. 保险费　　D. 各项出口税费

2. 在实际业务中,FOB 条件下,买方常委托卖方代为租船、订舱,其费用由买方负担。如到期订不到舱,租不到船,(　　)。

A. 卖方不承担责任,其风险由买方承担

B. 卖方承担责任,其风险也由卖方承担

C. 买卖双方共同承担责任、风险

D. 双方均不承担责任,合同停止履行

3. 我方出口大宗商品,按 CIF 新加坡成交,合同规定采用租船运输,我方不愿承担卸货费用,则我方应选择的贸易术语的变形是(　　)。

A. CIF Liner Terms Singapore

B. CIF Landed Singapore

C. CIF Ex Ship's Hold Singapore

D. CIF Ex Tackle Singapore

4. 我国某出口公司出口白色运动袜一批,每打出口成本为 36.00 元,出口价格为 CIFC5 New York USD 7.20 Per Dozen,其中已知运费和保险费分别为 0.40 美元和 0.01 美元,佣金和换汇成本分别为(　　)。

A. USD 0.36 Per Dozen 和 5.00 元人民币/美元

B. USD 0.36 Per Dozen 和 5.60 元人民币/美元

C. USD 0.36 Per Dozen 和 5.30 元人民币/美元

D. USD 0.22 Per Dozen 和 5.30 元人民币/美元

5. 为规避外汇风险给出口商带来的损失,出口商可采用的办法有(　　)。

A. 计价使用"软币",结算使用"硬币"

B. 计价结算使用外币

C. 计价结算用"软币"

D. 计价结算使用本币

6. 向中间商支付佣金的方式,下面更合适(　　)。

A. 买卖双方签订合同后,卖方即向中间商支付佣金

B. 卖方收到货款前,支付给中间商

C. 买卖双方都要向中间商支付佣金

D. 卖方收到货款后,再支付给中间商

7. 我国企业在订立一般国际货物买卖合同时,通常采用的作价方法为(　　)。

A. 待定价格　　B. 暂定价格　　C. 固定价格　　D. 后定价格

二、简答题

1. 什么是国际贸易术语?为什么在国际贸易中要使用这些术语?

2. 为什么说 CFR、CIF 合同是象征性交货?如何正确理解象征性交货?

3. 试比较 FOB、CFR、CIF 3 种术语的含义,买卖双方应承担的风险、费用和责任以及采用它们时应注意的事项。

4. DPU 与 DAP 的区别是什么?

5. 什么是贸易术语变形？贸易术语变形是否改变了原术语规定的买卖双方义务？

6. FOB、CFR、CIF 3 种价格术语的价格构成主要有哪些区别？

7. 简述固定价格的利弊及采用固定价格时应注意的问题。

8. 简述非固定价格的利弊及采用非固定价格时应注意的问题。

9. 如何规定合同中的佣金和折扣？应注意哪些问题？

10. 如何正确制定合同的价格条款？应注意哪些问题？

三、案例分析题

1. 甲公司向乙公司出口一批运动鞋，贸易条件为 EXW，交货期为 2023 年 3 月。3 月乙公司派来货车装运运动鞋，由于甲公司坚持要乙公司负担装车费，双方发生争议。

请问：究竟应由哪方负责装车？

2. 甲公司出口某产品对外报价：每公吨 1 200 美元 FOB A 港口。现外商要求甲公司将价格改为 CIF B 港口。

请问：甲公司能否接受？为什么？

3. 甲公司有意向乙地出口电视机。经多方联系，乙地一贸易商愿作为代理帮助甲公司达成出口电视机的交易。该代理要求每笔交易按成交金额的 5%给付佣金。不久，通过该代理商，甲公司与当地的进口商达成了一项总金额为 6 万美元的 CIPC5 交易。买卖合同签订后，该代理商要求甲公司立即支付佣金 3 000 美元。

请问：甲公司是否应该立即给付这笔佣金？为什么？

4. 甲公司向国外出口女士衬衫，单价为每件 2. 10 美元，共 2 000 件。国外开来的信用证中规定的金额为“about USD 4200, CIF A PORT, less 5% commission and 5% discount”（约 4 200 美元，CIF A 港口，减 5%的佣金和 5%的折扣）。该公司将衬衫装船发运后，向银行交单议付时，需要缮制出口商品发票。该公司的经办人员认为信用证规定的“减 5%的佣金和 5%的折扣”，就是 CIF 净价在 4 200 美元的总价上直接减 10%就可以了，于是将发票缮制如下：

Ladies Blouses	Unit Price	Amount
2000 pieces	USD 2. 10	USD 4200. 00
less 5% commission and 5% discount		USD 420. 00
CIF London net	USD 3780. 00	

请问：这样缮制发票对吗？经办人员的失误在哪里？

第五章　国际货物运输

教学要求:通过本章的学习,学生了解并掌握常用国际货物运输方式;熟悉并掌握海运运费的计算方法、提单的使用以及买卖合同中装运条款的订立。

知识目标:理解国际货物运输方式,根据实际需要正确选择运输方式;熟知提单的性质、作用、种类和内容;掌握合同中装运条款的拟定及海运运费的计算。

能力目标:具备对国际各种运输费用的计算方法;熟知和掌握国际货物运输方面的运作程序;具有签订国际货物运输条款的能力;具有办理国际货物运输的业务能力,从而做到学思用贯通、知信行统一。

导入案例

我国某公司对南非出口一批化工产品 2 000 t,采用信用证支付方式。国外来证规定:"禁止分批装运,允许转运。"该证并注明:按 UCP 600 办理。现已知:装运期临近,已订妥一艘驶往南非的"黄石"号货轮,该船先停靠新港,后停靠青岛。但此时,该批化工产品在新港和青岛各有 1 000 t 尚未集中在一起。如果你是这笔业务的经办人,你会选择哪种处理方法? 为什么?

案例分析:

应选择新港、青岛各装 1 000 t。因为:

(1)根据 UCP 600 规定,运输单据表面上注明是使用同一运输工具装运并经同一线路运输,即使运输单据上注明的装运日期或装运港不同,只要运输单据注明是同一目的地,则不视为分批装运。

(2)本案例中我国某公司如在新港、青岛各装 1 000 t 于同一船("黄石"号)、同一航次上,提单虽注明不同装运港和不同装运期限,则不视作分批装运。因此,这种做法应认为符合信用证的规定,银行理应付款。

第一节　国际货物运输方式

国际贸易中的商品流通不同于国内贸易,其空间距离较大,一般都需要通过长途运输。在运输过程中,往往需要经过多次装卸搬运,使用各种运输工具,并变换不同的运输方式,故货物的运输线长而广,中间环节多,情况变化大,涉及的问题也较多,它远比国内的运输复杂。

在国际货物运输中,使用的运输方式很多,其中包括海洋运输、国际铁路货物联运、航空运输、集装箱运输、国际多式联运等。我国参与对外贸易的货物,绝大部分通过海洋运输,少部分通过铁路运输,也有一些货物通过航空运输等其他运输方式进行运输。我国外贸企业应本着审慎的原则,根据进出口货物的特点、运量的大小、路程的远近、需要的缓急、运费的高低、风险的程度、装卸的情况、气候与自然条件以及国际政治形势的变化等因素，合理选择运输方式。

一、海洋运输

（一）海洋运输的特点

在国际货物运输中，海洋运输（ocean transport）是最主要的运输方式，其运量占国际货物运输总量的80%以上。海洋运输借助天然航道，具有载运量大、所需动力和燃料消耗较低且运费低廉等优点。但海洋运输的不足之处也显而易见：海洋运输受气候和自然条件的影响较大，运期不易确定，而且风险较大，速度也相对较慢。

我国沿海拥有许多终年不冻的优良港口，现有的主要海港分布于大连、秦皇岛、天津、烟台、青岛、连云港、南通、上海、宁波、温州、福州、厦门、黄埔、北海、湛江等地。我国港口与世界各国港口之间开辟了许多定期或不定期的海洋航线，海洋运输对我国对外贸易发展起着重大的作用。

（二）海运船舶的营运方式

国际贸易中使用的海洋商船，按其用途可分为干货船（dry cargo carrier）和油轮（oil tanker）两大类。其中干货船又可分为杂货船（general cargo vessel）、散装船（bulk carrier）、冷藏船（refrigerated vessel）、木材船（timber carrier）、集装箱船（container ship）、滚装船（roll-on/roll-off ship，ro-ro ship）和载驳船（barge carrier）等。

按海洋运输船舶的经营方式的不同，国际海洋货物运输可分为班轮运输（liner transport）和租船运输2种（shipping by chartering）。

1. 班轮运输

班轮运输又称定期船运输，它是在一定航线上，有一定的停靠港口，定期开航的船舶运输。一般而言，班轮运输具有以下特点：

（1）“四固定”。即固定航线、固定费率、固定停靠港口、固定航行日期。

（2）“两管”。由船方负责配载装卸，装卸费包括在运费中，供货方不再另付装卸费，船货双方也不再计算滞期费和速遣费。

（3）船货双方的权利、义务与责任豁免，以船方签发的提单条款为依据。

（4）班轮承运货物的品种、数量比较灵活，货运质量较有保证，而且一般采取在码头仓库交接货物，故为货主提供了较便利的条件。

班轮公司运输货物所收取的运输费用，是按照班轮公司运价表（liner's freight tariff）的规定计收的。在国际航运中，班轮运价表的制定各国都不相同，概括起来主要有班轮公司运价表、双边运价表和航运公会运价表3种类型。班轮运价在一定时期内相对稳定，而且其中包括装卸费用，以便于买卖双方核算运费和成交时进行比价。

班轮运价表一般包括货物分级表、各航线费率表、附加费率表、冷藏货及活牲畜费率表。目前，我国海洋班轮运输公司使用的是“等级运价表”，即将承运的货物分成若干等级（一般为20个等级），每个等级的货物有一个基本费率。

班轮运费包括基本运费和附加运费两部分。基本运费是指货物运往班轮航线上固定停靠的港口,按照运价表内货物划分的等级所收取的运费,它是构成全程运费的主要部分。附加运费是指班轮公司收取的除基本运费之外的那部分运费,附加费名目繁多,而且会随着航运情况的变化而变动。

在班轮运输中常见的附加费有下列几种:

(1)超重附加费(extra charges on heavy lifts)。它是指由于货物单件重量超过一定限度而加收的一种费用。

(2)超长附加费(extra charges on over lengths)。它是指由于单件货物的长度超过一定限度而加收的一种费用。

(3)选卸附加费(additional on optional discharging port)。对于选卸货物(optional cargo)需要在积载方面给予特殊的安排,这就会增加一定的手续和费用,甚至有时会发生翻船,由于上述原因而追加的费用,称为选卸附加费。

(4)直航附加费(additional on direct)。如一批货物达到规定的数量,托运人要求将一批货物直接运达非基本港口卸货,船运公司为此加收的费用,称为直航附加费。

(5)转船附加费(transshipment additional)。如果货物需要转船运输,班轮公司必须在转船港口办理换装和转船手续,由于上述作业所增加的费用,称为转船附加费。

(6)港口附加费(port additional)。由于某些港口的情况比较复杂,装卸效率较低或港口收费较高等原因,班轮公司特此加收一定的费用,称为港口附加费。

除上述各种附加费外,班轮公司有时还根据各种不同情况临时决定增收某种费用,如燃油附加费、货币贬值附加费、绕航附加费等。

班轮运费的构成为

$$班轮运费=基本运费+附加运费$$

基本运费按班轮运价表规定的计收标准收取。在班轮运价表中,根据不同的商品,对运费的计算标准,通常采用以下几种:

(1)按毛重计算,即重量吨(weight ton),在运价表内用W表示。

(2)按体积计算,即尺码吨(measurement ton),1尺码吨一般以1 m^3 或40 ft^3 为计算单位,用M表示。

(3)按毛重或体积计收,按二者中收费高的计算,用WW/MM表示。

(4)按商品价格计收,又称从价运费,即按FOB价的一定百分比收取,用A. V.或Ad. val(Ad valorem freight)表示。

(5)按商品毛重、体积或从价计收,选择其中一种收费较高者计收运费,用W/M或Ad. val表示。

(6)按货物毛重或尺码选择其较高者,再加上从价运费计算,用W/M plus A. V.来表示。

(7)按货物的个数收取。如活牲畜和动物,按"每头"(per head)计收;车辆有时按"每辆"(per unit)计收;起码运费按"每提单"计收等。

(8)由船方与货方临时议价。适用于粮食、豆类、矿石、煤炭等运量较大、货值较低、装卸容易、装卸速度快的大宗货物。议价货物的运费率一般较低。

在实际业务中,基本运费的计算标准以按货物的毛重(W)和按货物的体积(M)或按重量、体积选择(W/M)的方式为多。贵重货物较多的是使用货物的 FOB 总值(A. V.)计收。上述计算运费的重量吨和尺码吨统称为运费吨(freight ton),又称计费吨。国际上一般都采用公制,其重量单位为 t,尺码单位为 m^3。班轮运费的具体计算步骤为:

①根据货物的英文名称从货物分级表中查出有关货物的计费等级和其计算标准。如通过查找货物等级表(表 5-1),发现品名为 Beans 的计费标准是 W,等级为 5 级。

表 5-1　货物等级表

货物名称	计费标准	等级
Agricultural Machine	W	10
Beans	W	5
Canned Goods	W/M	8
……	……	……

②根据货物等级和计费标准,在航线费率表中查出货物的基本运费费率。如通过查找广州-伦敦航线费率表(表 5-2),品名为 Beans,等级 5 级,其基本费率为 100 美元/运费吨。

表 5-2　广州-伦敦航线费率表

货物等级	基本费率(美元/运费吨)
1	50
5	100
10	200
……	……

③查找各项需支付的附加费率(额)表。

④汇总求出单位货物的运费。

单位运费=基本运费率×(1+附加费率之和)+附加费额之和

⑤将单位运费乘以计算重量吨或尺码吨等运费计收单位,算出总运价。如果是从价运费,则按规定的百分率乘以 FOB 货值即可,无须再计算附加运费。

总运费=单位运费×总运费吨

练习 5-1

由天津新港运往莫桑比克首都马普托门锁 500 箱,每箱体积为 0.025 m^3,毛重为 30 kg,计收标准为 W/M,经东非航线运往马普托每运费吨为 450 港元,另收燃油附加费 20%,港口附加费 10%。请问:该批门锁的运费为多少?

解析: W=30×500÷1000=15(运费吨)

M=0.025×500=12.5(运费吨)

因为 W>M,所以采用 W 计费。

单位运费=[基本运费×(1+附加费率之和)+附加费额之和]×运费吨

$$=[450\times(1+20\%+10\%)+0]\times 15=8\ 775(\text{港元})$$

总运费=单位运费×总运费吨

$$=8\ 775\times 500=4\ 387\ 500(\text{港元})$$

2. 租船运输

租船运输又称不定期船运输,它与班轮运输有很大的区别。在租船运输业务中,没有预先设定的船期表,船舶经由的航线和停靠的港口也不固定,须按租船双方签订的租船合同来安排。有关船舶的航线和停靠的港口、运输货物的种类以及航行时间等都按承租人的要求,由船舶所有人确认而定,运费也由双方根据市场行情在租船合同中加以约定。租船运输通常适用于大宗货物的运输,如粮食、油料、矿产品和工业原料等进出口通常采用租船运输方式。

租船运输的方式可以分为定程租船(voyage charter)和定期租船(time charter)。

定程租船又称航次租船,是指由船舶所有人负责提供船舶,在指定港口之间进行一个航次或数个航次承运指定货物的租船运输。定程租船就其租赁方式可分为单航次租船、来回航次租船、连续航次租船、包运合同。

定期租船是指由船舶所有人将船舶出租给承租人,供其使用一定时期的租船运输。

此外,还有一种特殊的租船形式,即光船租船(bareboat charter,demise charter)。近年来,国际上发展起一种介于定程租船和定期租船之间的租船方式,即航次租期(time charter on tripbasis,TCT),这是以完成一个航次运输为目的,按完成航次所花的时间,按约定的租金率计算租金的方式。

租船运费的计算方式与支付时间需由租船人与船方在所签订的程租船合同中明确规定。其计算方式主要有2种:一种是按运费率计算(rate freight),即规定每单位重量或单位体积的运费额,同时规定按装船时的货物重量(intaken quantity)或按卸船时的货物重量(delivered quantity)来计算总运费;另一种是整船包价(lump sum freight),即规定一笔整船运费,船方保证船舶能提供的载货重量和容积,不管租船人实际装货多少一律照整船包价付费。

租船的装卸费由租船人和船方协商确定后在定程租船合同中做出具体规定。船方与租船人之间装卸费用的划分有5种情况:(1)船方负担装卸费(gross terms,liner terms)。又称班轮条件,在此条件下,船货双方一般以船边划分费用。它多用于木材和包装货物的运输。(2)船方不负担装卸费(free in and out,FIO)。这种条件一般适用于散装货。(3)船方不负担装卸、理舱和平舱(free in and out,stowed and trimmed,FIOST)。(4)船方管装不管卸(free out,FO)。(5)船方管卸不管装(free in,FI)。

在世界租船市场上,有些国家和地区的航运组织或商会,根据有关的航线、货类和租船方式的特点制定各种标准租船合同,以便船、租双方办理租船业务时,可以以这些合同中的条款为依据进行洽商,从而加速交易的进行。

租船合同与贸易合同是有联系的,特别是采用定程租船运输时,有关装卸港口、装运货物的种类和数量、装卸费用、装运期、装卸时间、滞期费和速遣费等问题,在租船合同与贸易合同的规定中应当互相衔接。因此,进出口公司的业务人员应当了解租船运输方面的基本知识,在磋商交易和签订大宗货物的买卖合同时,应与有关运输人员密切联系,充分考虑运输方面的问题，认真订好合同中的装运条款，使贸易合同与租船合同的有关规定统一起来。

二、国际铁路货物联运

国际铁路货物联运是指 2 个或 2 个以上不同国家铁路当局联合起来完成一单货物的铁路运送。它使用一份统一的国际联运票据，由铁路部门经过 2 个或 2 个以上国家铁路的全程运输，并由一国铁路向另一国铁路移交货物时无须发货人、收货人参与。国际铁路货物联运通常根据《国际货约》和《国际货协》进行。国际铁路货物联运所使用的运单和运单副本，是铁路与货主间缔结的运送契约。在发货人提交全部货物和付清其所负担的一切费用后，始发站在运单和运单副本上加盖发站日期戳记，证明货物业已承运，运送契约即告缔结。

运单随同货物从始发站至终到站全程附送，最后交给收货人。运单既是铁路承运货物的凭证，也是铁路在终到站向收货人核收运杂费用和点交货物的依据。运单副本在铁路加盖戳记证明货物的承运和承运日期后，发还发货人。

按照我国同参加《国际货协》各国所签订的贸易交货共同条件的规定，运单副本是卖方通过有关银行向买方结算货款的主要证件之一。

按《国际货协》规定，发送国铁路的运送费用，按照发送国铁路的国内运价计算，在始发站由发货人支付。到达国铁路的运送费用，按照到达国铁路的国内运价计算，在终到站由收货人支付。过境国铁路的运送费用，按照《国际货协》统一过境运价规程（简称"统一价规"）的规定计算，由发货人向始发站或者收货人向终到站支付。

三、集装箱运输、托盘运输和国际多式联运

（一）集装箱运输、托盘运输

集装箱运输（container transportation）和托盘运输（pallet transportation）都是成组运输的重要方式。所谓成组运输，就是把零散的货物合并组成大件进行运输。随着国际贸易的日益发展和运输装载工具的不断革新，集装箱运输和托盘运输也相应迅速发展起来，并成为国际货物运输中的重要方式。

1. 集装箱运输

集装箱是一种容器，又称"货柜"或"货箱"。集装箱运输是以集装箱作为运输单位进行货物运输的一种现代化运输方式，它可用于海洋运输、铁路运输以及国际多式联运等。集装箱运输具有手续简便、装卸效率高、营运成本低、货运质量高、包装用料省、运杂费用低等优点。

国际标准化组织制定的集装箱标准规格共有 13 种，最常见的有 20 ft 和 40 ft 2 种。20 ft 集装箱也称 20 ft 货柜，是国际上计算集装箱的标准单位，英文为 twenty-foot equivalent unit，简称 TEU，规格为 8 ft×8 ft×20 ft，内径尺寸为 5.9 m×2.35 m×2.38 m，最大毛重为 20 t，最大容积为 31 m^3，一般可装 17.5 t 或 25 m^3 货物。40 ft 集装箱规格为 8 ft×8 ft×40 ft，内径尺寸为 12.03 m×2.35 m×2.38 m，最大毛重为 30 t，最大容积为 67 m^3，一般可装 25 t 或 55 m^3 货物。一个 40 ft 集装箱相当于 2 个 TEU。

为适应运输各类货物的需要，集装箱除通用的干货集装箱外，还有罐式集装箱、冷藏集装箱、框架集装箱、平台集装箱、通风集装箱、牲畜集装箱、散装集装箱、挂式集装箱等类型。

集装箱运输有整箱货(full container load,FCL)和拼箱货(less than container load, LCL)之分。整箱货由货方在工厂或仓库进行装箱,货物装箱后直接运交集装箱堆场(container yard,CY)等待装运,货到目的地(港)后,收货人可直接从目的地(港)集装箱堆场提走。拼箱货是指货物量不足一整箱,需由承运人在集装箱货运站(container freight station,CFS)负责将不同发货人的少量货物拼装在一个集装箱内,货到目的地(港)后,由承运人拆箱后分拨给各收货人。

集装箱的交接方式主要有:(1)集装箱堆场→集装箱堆场(CY→CY);(2)集装箱货运站→集装箱货运站(CFS→CFS);(3)“门到门”(door to door)。集装箱运输的费用构成和计算方法与传统的运输方式不同,它包括内陆或装运港市内运输费、拼箱服务费、堆场服务费、海运运费、集装箱以及设备使用费等。

目前,集装箱运输有下列 2 种计费方法:(1)按件杂货基本费率加附加费。这是按照传统的按件杂货计算方法,以每运费吨为计算单位,再加收一定的附加费。(2)按包箱费率。这是以每个集装箱为计费单位。包箱费率视船运公司和航线等因素不同而有所不同。

经营集装箱运输的船运公司为了保证营运收入不低于成本,通常还有最低运费的规定。最低运费即起码运费,在拼箱货的情况下,最低运费的规定与班轮运输中的规定基本相同。即在费率表中都订有最低运费,任何一批货物其运费金额低于规定的最低运费额时,则按最低运费金额计收。在整箱货的情况下,由货主自行装箱,如箱内所装货物没有达到规定的最低计费标准时,则亏舱损失由货主负担。各船运公司都分别按重量吨和尺码吨给不同类型与用途的集装箱规定了最低的装箱吨数,并以二者中较高者作为装箱货物的最低运费吨,因此,提高集装箱内积载技术,充分利用集装箱容积,有利于节省运输费用。

2. 托盘运输

除集装箱运输外,托盘运输也是一种比较先进的运输方式。目前,世界上许多国家,特别是在一些还没有条件采取集装箱运输的地方,都在大力推广托盘化运输。因为托盘化不需大量投资,普通库场、码头都可使用。一般船舶只要甲板、货仓平整,能允许铲车作业,即能承运托盘化货物。

(二)国际多式联运

国际多式联运(international multimodal transport,international combined transport)是在集装箱运输的基础上产生和发展起来的。它一般以集装箱为媒介,把各种单一的运输方式有机地结合起来,组成一种国际性的连贯运输。根据《联合国国际货物多式联运公约》的定义,国际多式联运是指按照多式联运合同,以至少 2 种不同的运输方式,由多式联运经营人将货物从一国境内接管货物的地点运至另一国境内指定交付货物的地点的一种运输方式。据此,构成国际多式联运应具备下列条件:

(1)必须有一个多式联运合同,合同中明确规定多式联运经营人和托运人之间的权利、义务、责任和豁免。

(2)必须使用一份包括全程的多式联运单据。

(3)必须至少有 2 种不同运输方式的连贯运输。

(4)必须是国际的货物联运。

(5)由一个多式联运经营人对全程运输负责。

(6)按照全程单一运费率计收运费。

多式联运合同(multimodal transport contract)是指多式联运经营人与托运人之间订立的凭以收取运费、负责完成或组织完成国际多式联运的合同。它明确规定了多式联运经营人和托运人之间的权利、义务、责任和豁免。多式联运经营人(multimodal transport operator)是指其本人或通过其代表订立多式联运合同的任何人,他是事主,而不是发货人的代理人或代表、参加多式联运的承运人的代理人或代表,并且负有履行合同的责任。多式联运单据(multimodal transport document)是指证明多式联运合同以及证明多式联运经营人接管货物并按照合同条件交付货物的单据,根据发货人的要求,它可以做成可转让的,也可以做成不可转让的。

开展国际多式联运是实现"门到门"运输的有效途径,它简化了手续,减少了中间环节,加快了货运速度,降低了运输成本并提高了货运质量。货物的交接地点也可以做到门到门、门到场站、场站到场站、场站到门等。

案例 5-1　一起多式联运引发的思考

我国某出口企业同德国 A 公司达成一笔交易,买卖合同中规定:支付方式为即期付款交单;装运自重庆至汉堡;多式运输单据可以接受,禁止转运。我方按期将货物委托 B 外运公司承运,货物如期在重庆被装上火车经上海改装轮船运至香港,再在香港转船至汉堡,并由 B 外运公司于装车日签发多式运输单据。但货到目的港后,A 公司已宣布破产倒闭。当地 C 公司伪造假提单向第二程船公司在当地的代理人处提走了货物。我方企业装运货物后,曾委托银行按照跟单托收付款交单方式收款。但因收货公司已倒闭,货款无着落,后又获悉货物已被冒领,遂我出口企业与 B 外运公司交涉,凭其签发的多式联运单据要求其交出承运货物。B 外运公司却借以承运人只对第一程负责,对第二程不负责为由,拒绝赔偿,于是诉讼至法院。对此案件,你认为法院应如何判决理由何在?

案例分析:

应由承运人负责。根据《联合国国际货物多式联运公约》对国际多式联运的定义,国际多式联运使用一份包括全程的多式联运单据,并由多式联运经营人对全程运输负总的责任。在国际多式联运方式下,货物运程不论多远,不论由几种运输方式共同完成货物运输,也不论货物在途中经过多少次转运,所有运输事项均由多式联运经营人负责办理。而货主只需办理一次托运、订立一份运输合同、支付一次运费、办理一次保险,并取得一份联运提单。一旦在运输过程中发生货物灭失或损坏时,由多式联运经营人对全程运输负责。本案例中,B 外运公司于装车日签发多式运输单据,因此它应作为多式联运经营人对全程运输负责。

四、航空运输

航空运输(air transport)是指利用飞机运送进出口货物。航空运输的特点是交货速度快,时间短,安全性能高,货物破损小,节省包装费、保险费等;航行便利,不受地面条件限制,可以通往世界各地。它适合于运送急需货物、鲜活商品、精密仪器及贵重商品等。国际航空运输有班机运输(scheduled airline)、包机运输(chartered carrier)、集中托运(consolidation)和航空急件传送方式(air express service)等。

(一)班机运输

班机是指在固定时间、固定航线、固定始发站和目的站运输的飞机。通常班机是使用客货混合型飞机,一些大的航空公司也有开辟定期全货机航班的。班机因有定时、定航线、定站等特点,因此适用于运送急需物品、鲜活商品以及节令性商品。

(二)包机运输

包机是指包租整架飞机或由几个发货人(或航空货运代理公司)联合包租一架飞机来运送货物。因此,包机又分为整包机和部分包机 2 种形式。前者适用于运送数量较大的商品;后者适用于多个发货人,而货物到达站又是同一地点的货物运输。

(三)集中托运

集中托运是指航空货运公司把若干单独发运的货物(每一货主的货物要出具一份航空运单)组成一整批货物,用一份总运单(附分运单)整批发运到预定目的地,由航空货运公司在那里的代理人收货、报送、分拨后交给实际收货人。集中托运的运费比国际空运协会公布的班机运费低 7%~10%。因此发货人比较愿意将货物交给航空货运公司安排。

(四)航空急件传送方式

航空急件传送是目前国际航空运输中最快捷的运输方式。不同于航空邮寄和航空货运,它是一个专门经营此项业务的机构,与航空公司密切合作,设专人用最快的速度在货主、机场、收件人之间传送急件,特别适用于急需的药品、医疗器械、贵重物品、图纸资料、货样及单证等的传送,被称为“桌到桌运输”(desk to desk service)。

航空运单(airway bill)与海运提单有很大不同,而与国际铁路运单相似。它是由承运人或其代理人签发的重要的货物运输单据,是承托双方的运输合同,其内容对双方均具有约束力。航空运单不可转让,持有航空运单也并不能说明可以对货物要求所有权。

在国际贸易中,除了使用海运、铁路和航空运输方式外,还有使用公路、内河、邮政、管道等方式运输货物的。

第二节　国际货物运输单据

运输单据是指托运人(出口商)将货物交给承运人办理装运时,或在装运完毕后,由承运人签发给托运人的证明文件。它是交接货物、处理索赔与理赔以及向银行结算货款或进行议付的主要单据。在国际货物运输中,运输单据的种类较多,其中包括海运提单、海运单、国际铁路联运运单、航空运单、承运货物证明、多式联运单据等。

一、海运提单

(一)海运提单的含义

海运提单(ocean bill of lading,B/L)简称提单,是指由船运公司或其代理人签发的,证明已收到特定货物,允诺将货物运至指定目的地,并交付给收货人的书面凭证。

(二)海运提单的性质和作用

海运提单是承运人或其代理人签发的货物收据,证明承运人已按提单所列内容收到货物。

海运提单是一种货物所有权的凭证。提单在法律上具有物权证书的作用。船货抵达目的港后,承运人应向提单的合法持有人交付货物。提单的持有人还可通过背书将提单转让而转移货物所有权,亦可凭提单向银行办理抵押贷款(进出口押汇)。

海运提单是承运人和托运人之间订立的运输契约的证明。运输契约是在装货前商定的,而提单是在装货后才签发的,因此,提单本身并不是运输契约,而只是运输契约的证明。在提单背面照例应印有各项运输条款和条件,规定承运人和托运人双方的权利和免责事项。提单的合法持有人有权向承运人取得违约赔偿。

有些国家港口规定,必须将提单送交当地海关查验;有些国家在办理领事签证时,也须交验提单副本,作为核查商品能否进口或征收税款之用。

(三)海运提单的格式和内容

提单的格式很多,每个船运公司都有自己的提单格式,但基本内容大致相同,一般包括提单正面的记载事项和提单背面印就的运输条款。

提单正面的内容分别由托运人和承运人或其代理人填写,通常包括下列事项:(1)托运人;(2)收货人;(3)被通知人;(4)收货地或装货港;(5)目的地或卸货港;(6)船名及航次;(7)运输标志及件号;(8)货名及件数;(9)重量和体积;(10)运费预付或运费到付;(11)正本提单的份数;(12)船运公司或其代理人的签章;(13)签发提单的地点及日期。

提单背面印有明确承运人与托运人、收货人、提单持有人之间权利和义务的运输条款。有关提单的国际公约包括《海牙规则》《维斯比规则》《汉堡规则》。

(四)海运提单的分类

1. 根据货物是否已经装船,可分为已装船提单和备运提单

(1)已装船提单(on board B/L)是指货物已装上船后签发的提单。由于已装船提单对收货人按时收货有保障,所以在买卖合同中一般都规定卖方需要提供已装船提单。《跟单信用证统一惯例(UCP 600)》规定:如信用证无特殊规定,银行将拒绝接受迟于提单装运日期 21 天后提交的单据。

(2)备运提单(received for shipment B/L)是指承运人在货物已交其接管、待运时所签发的提单。这时货物尚未装船,而仅仅是等待装船,因此,提单上没有具体的装船日期,有时甚至连船名都没有。

2. 根据提单上对货物外表状况有无不良批注,可分为清洁提单和不清洁提单

(1)清洁提单(clean B/L)是指货物装船时表面状况良好,一般未经过添加明显表明货物及/或包装有缺陷的词句或批注的提单。根据规定,除非信用证中明确规定可以接受的条款或批注,银行只接受清洁提单。清洁提单也是提单转让所必备的条件。

(2)不清洁提单(unclean B/L)是指承运人在签发的提单上带有明确宣称货物及/或包装状况不良或存在缺陷等批注的提单。例如,提单上批注有“被雨淋湿”“×件损坏”“包装不固”“包装破损”等。

银行为了自身的安全,对于不清洁提单,除信用证明确规定可接受外,一般都拒绝接受。因此,在实际业务中,有些托运人为了便于向银行结汇,当遇到货物外表状况不良或存在缺

陷时,便要求承运人不加批注,仍给予签发清洁提单。但在这种情况下,托运人必须向承运人出具保证函,保证如因货物破残短损及承运人因签发清洁提单而引起的一切损失,概由托运人负责。在国际贸易业务中,一般认为,下列3种内容的批注,不应视为不清洁提单:

①不明确表示货物或包装不能令人满意的条款,如"旧箱""旧桶"等。

②强调承运人对于货物或包装品质所引起的风险不负责任的条款。

③否认承运人知道货物内容、重量、容积、质量或技术规格的条款。

在我国对外贸易中,都明确规定卖方必须提供清洁提单。

案例5-2　没尽到妥善、谨慎管理也赔偿吗?

我国A公司与某国B公司依据FOB条件,在2月签订了一份出售10万t大豆的合同。当年4月1日,A公司按时将大豆运到港口,按时装船,承运人C运输公司签发了清洁提单。当年5月2日,货物到达目的港,B公司发现90%的货物严重破包,造成重大损失。C运输公司称,破包是由于包装不坚固所造成的,主张按照"因包装不坚固所发生的货损,承运人不承担赔偿责任"的规定,免除责任。请问:C运输公司是否可以在签发了清洁提单的情况下,主张"因包装不坚固发生货损,承运人不承担赔偿责任"从而免除责任?

案例分析:

如果承运人签发了清洁提单,就应当承担破包赔偿责任。C运输公司在运输途中,没有尽到妥善、谨慎管理货物的义务,应当承担赔偿责任。

案例5-3　自然条件在贸易中的影响

有一加拿大商人打算购买我国某商品,向我国某进出口公司报价:每吨5 000加元CIF魁北克,1月装运,即期不可撤销信用证付款,并要求我方提供已装船、清洁的记名提单。请问:此条件我国进出口公司应如何考虑并如何答复?

案例分析:

魁北克1月天气非常寒冷,港口会上冻,船只将无法进港。所以我国进出口公司不能贸然答应进口商提出的要求。

3. 根据提单收货人抬头的不同,可分为记名提单、指示提单和不记名提单

(1)记名提单(straight B/L)是指发给指定的收货人的提单,在提单中的收货人栏内,具体填明收货人的名称。这种提单只能是指定的收货人提货,不能转让,因而又称为"不可转让提单"。记名提单虽可避免提单转让过程中的风险,但却失去其代表货物转让流通的便利,同时银行也不愿接受这种提单作为议付证件,因而在国际贸易业务中极少使用。一般只有在运送贵重物品、援助物资和展览品等情况下,才予以采用。

(2)指示提单(order B/L)是指提单收货人栏内填写"凭指示(to order)"或"凭某人指示(to the order of)"字样的一种提单。这种提单经过背书后可以转让,在国际贸易中使用最广泛。背书的方式又有空白背书和记名背书之分。前者是仅有背书人在提单背面签名,而不注明被背书人名称;后者是指背书人除在提单背面签名外,还列明被背书人的名称。目前,在实际业务中使用最多的是"凭指示"并经空白背书的提单,习惯上称为"空白抬头、空白背书"提单。

(3)不记名提单(bearer B/L)是指提单收货人栏内没有指明具体收货人名称,该栏或留空白,或填写to the bearer字样。谁持有提单,谁就可以提货。承运人交货只凭单,不认人。

不记名提单无须背书转让，流通性极强，采用这种提单风险大，因此，在国际贸易中很少使用。

4. 根据提单使用效力，可分为正本提单和副本提单

（1）正本提单（original B/L）是指提单上有承运人、船长或其代理人签字盖章并注明签发日期的提单。这种提单在法律上和商业上都是公认有效的单证。提单上必须要标明“正本”字样，正本提单一般签发一式两份或三份，凭其中的任何一份提货后，其余的即作废。根据《跟单信用证统一惯例（UCP 600）》规定，银行接受仅有一份的正本提单，如签发一份以上正本提单时，应包括全套正本提单。买方与银行通常要求卖方提供船运公司签发的全部正本提单，即所谓“全套”提单。

（2）副本提单（copy B/L）是指提单上没有承运人、船长或其代理人签字盖章，而仅供工作上参考之用的提单，在副本提单上一般都有 COPY 或 Non-negotiable（不做流通转让）字样，以示与正本提单有别。副本提单只用于日常业务，不具备法律效力。

5. 根据运输方式不同，可分为直达提单、转船提单和联运提单

（1）直达提单（direct B/L）是指轮船中途不经过换船而驶往目的港所签发的提单。凡合同和信用证规定不准转船者，必须使用直达提单。

（2）转船提单（transshipment B/L）是指从装运港装货的轮船，不直接驶往目的港，而需在中途换装另外船舶所签发的提单。在这种提单上要注明“转船”或“在××港转船”字样。

（3）联运提单（through B/L）是指经过海运和其他运输方式联合运输时由第一程承运人签发的包括全程运输的提单。它如同转船提单一样，货物在中途转换运输工具和进行交接，由第一程承运人或其代理人向下一程承运人办理。需要注意的是，联运提单虽包括全程运输，但签发联运提单的承运人一般都在提单中规定，只承担他负责运输的一段航程内的货损责任。

6. 根据船舶营运方式的不同，可分为班轮提单和租船提单

（1）班轮提单（liner B/L）是指由班轮公司承运货物后所签发给托运人的提单。

（2）租船提单（charter party B/L）是指承运人根据租船合同而签发的提单。在这种提单上注明“一切条件、条款和免责事项按照×年×月×日的租船合同”或批注“根据××租船合同出立”字样。这种提单受租船合同条款的约束。银行或买方在接受这种提单时，通常要求卖方提供租船合同的副本。

7. 根据提单内容的繁简，可分为全式提单和略式提单

（1）全式提单（long form B/L）是指既有提单正面条款又有提单背面条款的提单，提单背面条款一般详细规定了承运人与托运人的权利和义务。

（2）略式提单（short form B/L）又称简式提单，是指仅有提单正面条款，而没有提单背面条款的提单。此种提单一般都列有“本提单货物的收受、保管、运输和运费等项，均按本公司提单上的条款办理”字样。此外，租船合同项下所签发的提单，通常也是略式提单，在这种略式提单上应注明：“所有条件根据×年×月×日签订的租船合同。”这种提单与全式提单在法律上具有同等效力。但租船合同项下的略式提单，除非信用证另有规定，银行一般不予接受。

8. 其他种类提单：集装箱提单、舱面提单、过期提单、倒签提单和预借提单

（1）集装箱提单（container B/L）是指由负责集装箱运输的经营人或其代理人，在收到货

物后签发给托运人的提单。

集装箱提单与传统的海运提单有所不同，其中包括集装箱联运提单（combined transport B/L，CTB/L）和多式联运单据（multimodal transport document，MTD）等。

（2）舱面提单（on deck B/L）是指承运货物装在船舶甲板上所签发的提单，故又称为甲板货提单。根据《跟单信用证统一惯例（UCP 600）》，除非信用证另有约定，银行不接受舱面提单。

由于货物装在甲板上风险较大，故托运人一般都向保险公司加保甲板险。承运人在签发提单时加批“货装甲板”字样。《海牙规则》不适用甲板货，除非在提单条款中明确订明。货物装在甲板上受损的风险很大，所以进口商一般不愿意货物装在甲板上，不接受甲板提单。

在《海牙规则》下，舱面货是指“在运输合同上声明装载于舱面上并且已经这样装运的货物”。因此，构成舱面货必须同时满足 2 个条件：一是货物装在甲板上，二是须在运输合同上声明货物装载于甲板。所谓“在运输合同上声明”是指承运人在签发的海运提单上记载货物被装于甲板，通常以 on deck 的字样标记在提单正面。如果提单上没有这样的记载即被视为货物装于舱内。

（3）过期提单（stale B/L）是指过了装运期的提单。过了银行规定的交单议付日期的提单，晚于货物到达目的港的提单。常见于近洋运输。故在近洋国家间的贸易合同中，一般都订有“过期提单可以接受”（Stale B/L is acceptable.）的条款。

超过提单签发日期后 21 d 才到银行议付的提单，按照《跟单信用证统一惯例（UCP 600）》规定：如信用证无特殊规定，银行将拒绝接受迟于提单装运日期 21 d 才到银行议付的提单。

（4）倒签提单（anti-dated B/L）是承运人应托运人的要求，签发提单的日期早于实际装船日期的提单，以符合信用证对装船日期的规定，便于在信用证下结汇。

案例 5-4　签发倒签提单索赔

甲国某进出口公司于 6 月与荷兰 K 公司成交某商品 2 000 t，每吨单价为 EUR 345 CIF 鹿特丹，交货日期为当年 7~8 月。货物临装船时，发现包装有问题必须整理，不得已，商请船运公司改配 B 轮。但 B 轮实际上于当年 9 月 18 日将货物装船，为了符合信用证的规定，该进出口公司凭保证函向船运公司取得了船运日期为当年 8 月 31 日的海运提单，并向银行交单议付，收妥货款。B 轮于当年 11 月 21 日到达鹿特丹港，从提单日期推算，该轮在途达 80 余天，荷兰 K 公司认定提单日期存在问题，因此拒绝提货，并提出索赔。

案例分析：

本案例的关键在于此提单为倒签提单，即签发提单的日期（当年 8 月 31 日）。荷兰 K 公司拒绝提货并提出索赔是合理的。

（5）预借提单（advanced B/L）是由于信用证规定的结汇日期已到，而货主因故未能及时备妥货物装船，或因为船期延误，影响了货物装船，托运人要求承运人先行签发已装船提单，以便结汇。

海运提单（样本）见表 5-3。

表 5-3　海运提单(样本)

<table>
<tr><td colspan="2">Shipper Insert Name, Address and Phone</td><td rowspan="6">B/L NO.
COSCO
中国远洋运输公司
CHINA OCEAN SHIPPING COMPANY
Cable:　Telex:
COSCO BEIJING　22264 CRCPK CN
GUANGZHOU　44330 COSCA CN
Combined Transport BILL OF LADING
RECEIVED in apparent good order and condition except as otherwise noteD. The total number of containers or other packages or units enumerated below for transportation from the place of receipt to the place of delivery subject to the terms and conditions hereof. One of the Bill of Lading must be surrendered duly endorsed in the exchange for the goods or delivery order. On presentation of this document duly endorsed to the Carrier by or on behalf of the Holder of the Bill of Lading, the rights and liabilities arising in accordance with the terms, and conditions hereof shall, without prejudice to any rule of common law or statute rendering them binding on the Merchant, become binding in all respects between the Carrier and the Holder of the Bill of Lading as though the contract evidenced hereby had been made between them. In witness whereof the number of original Bill of Lading stated under have been signed, all of this tenor and date, one of which being accomplished, the other to be void.</td></tr>
<tr><td colspan="2">Consignee Insert Name, Address and Phone</td></tr>
<tr><td colspan="2">Notify Party Insert Name, Address and Phone
(It is agreed that no responsibility shall attach to the Carrier or his agents for failure to notify)</td></tr>
<tr><td>Pre-carriage by</td><td>Place of Receipt</td></tr>
<tr><td>Ocean Vessel
Voy. No.</td><td>Port of Loading</td></tr>
<tr><td>Port of Discharge</td><td>Place of Delivery</td></tr>
</table>

Container No. / Seal No.	Marks & Nos.	No. of Containers/ No. of Packages	Description of Goods	Gross Weight (Kgs)	Measurement (M3)

TOTAL NUMBER OF CONTAINERS OR PACKAGE (IN WORDS)

<table>
<tr><td colspan="2">Freight & Charges</td><td>Revenue Tons</td><td>Rate</td><td>Per.</td><td>Prepaid</td><td>Collect</td></tr>
<tr><td rowspan="2">Ex. Rate</td><td>Prepaid at</td><td colspan="3">Payable at</td><td colspan="2">Place and Date of Issue</td></tr>
<tr><td>Total Prepaid</td><td colspan="3">No. of Original B(s)/L</td><td colspan="2" rowspan="2">Signed for the Carrier</td></tr>
<tr><td colspan="5">LADEN ON BOARD THE VESSEL
DATE　　BY</td></tr>
</table>

二、海运单

海运单(sea waybill,ocean waybill)是证明海上运输合同和货物由承运人接管或装船,以及承运人保证据以将货物交付给单证所载明的收货人的一种不可流通的单证,因此又称"不可转让海运单"(non-negotiable sea waybill)。

海运单不是物权凭证,故而不可转让。收货人不是凭海运单提货,而是凭到货通知提货,因此,海运单收货人一栏应填写实际收货人的名称和地址,以利于货物到达目的港后通知收货人提货。近年来,欧洲、北美和远东、中东地区的贸易领域越来越倾向于使用不可转让的海运单,主要是因为方便进口商及时提货,简化手续,节省费用,还能在一定程度上减少以假单据进行诈骗的现象。另外,由于EDI(电子数据交换)技术在国际贸易中的广泛使用,不可转让海运单更适用于电子数据交换信息。1990年,国际海事委员会曾通过《1990年国际海事委员会海运单统一规则》,该规则适用于不使用可转让提单的运输合同,适用于全部海运的运输合同和含有海运的多式联运合同。

三、国际铁路联运运单

国际铁路联运运单是国际铁路联运的主要运输单据,它是参加联运的发运国铁路与发货人之间订立的运输契约,其中规定了参加联运的各国铁路、发货人的权利和义务。对收、发货人都具有法律约束力。

运单正本随同货物到达终到站,并交给收货人,它既是铁路承运货物出具的证明,也是铁路与货主交接货物、核收运费和处理索赔与理赔的依据。

运单副本于运输合同缔结后交给发货人,是卖方凭此向收货人结算货款的主要依据。

承运货物收据(cargo receipt)是在特定运输方式下所使用的一种运输单据,它既是承运人开具的货物收据,也是承运人与托运人签订的运输契约。

承运货物收据的格式及内容和海运提单基本相同,主要区别是它只有第一联为正本。

四、航空运单

航空运单(air waybill)是承运人与托运人之间签订的运输契约,也是承运人或其代理人签发的货物收据。航空运单还可作为承运人核收运费的依据和海关查验放行的基本单据。但航空运单不是代表货物所有权的凭证,也不能通过背书转让。收货人提货不是凭航空运单,而是凭航空公司的提货通知单。

航空运单依据签发人的不同可以分为主运单(master airwaybill)和分运单(house airway-bill)。前者是由航空公司签发的,后者是由航空货运代理公司签发的。二者在内容上基本相同,具有相同的法律效力,对于收货人、发货人而言,只是承担货物运输的当事人不同。

五、多式联运单据

多式联运单据是指证明多式联运合同以及证明多式联运经营人接管货物并负责按照合同条款交付货物的单据。《联合国国际货物多式联运公约》规定,多式联运单据是多式联运合同的证明,也是多式联运经营人收到货物的收据和凭以交付货物的凭证。

根据发货人的要求,多式联运单据可以做成可转让的,也可以做成不可转让的。多式联运单据如果签发一套一份以上的正本单据,应注明份数,其中的一份完成交货后,其余各份正本即失效。副本单据没有法律效力。在实际业务中,对多式联运单据正本和副本的份数规定不一,主要看发货人的要求而定。

第三节　合同中的装运条款

买卖合同中的装运条款包括装运时间、装运地(港)和目的地(港)、是否允许分批装运和转运等,如果采用租船运输,买卖双方还需在合同中规定装运通知、装卸时间或装卸率、滞期费和速遣费等条款。

一、装运时间

装运时间(time of shipment)又称装运期,是指卖方将合同规定的货物装上运输工具或交给承运人的期限。装运时间是国际货物买卖合同的主要交易条款,卖方必须严格按规定时间交付货物,不得任意提前或延迟。否则,如造成违约,买方有权拒收货物,解除合同,并要求损害赔偿。

在国际贸易中,交货时间(time of delivery)和装运时间是 2 个不同的含义。在使用 FOB、CIF、CFR、FCA、CIP、CPT 等贸易术语签订的买卖合同中,卖方在装运港或装运地,将货物装上船只或交付给承运人监管就算已完成交货义务,因此,按照上述贸易术语订立的合同,交货和装运的含义是一致的,可以把二者当作同义语。但若采用 D 组贸易术语成交的合同,交货和装运则是 2 类完全不同的含义,如采用 DAP、DAT 等达成交易时,交货时间是指货物运到目的地交给买方的时间,装运时间是指卖方在装运地将货物装上船或其他运输工具的时间。

(一)明确规定装运时间

规定装运时间可分为规定一段时间和规定最迟装运期限 2 种。具体有:

(1)规定在某月内装运。装运时间一般不规定在某一个具体日期,而是确定一段时间。例如:7 月装运(Shipment during July)。

(2)规定在某月底或某日以前装运。即在合同中规定一个最迟装运的期限,这个最迟装运期限既可以是某月的月底,也可以是某一天。例如:9 月底或以前装运(Shipment at or before the end of Sep.);装运期不迟于 7 月 15 日或以前装运(Shipment on or before July 15th)。

(3)跨月装运。有时所规定的一段可供装运的期间,可从某月跨到下月,甚至更迟的月份。

(二)规定在收到信用证或预付款后若干天内装运

对外汇管制较严的国家或地区的出口贸易,或对买方资信情况不够了解,或专为买方特制的出口商品时,为了防止买方不按时履行合同而造成损失,在出口合同中可采用在收到信用证后一定时间内装运的方法规定装运时间,以保障出口企业的利益。例如:收到信用证后

45 天内装运(Shipment within 45 days after receipt of L/C);并在合同中规定"买方最迟于某月某日以前将信用证开抵卖方"(The Buyers must open the relative L/C to reach the Sellers before ×× date)。

(三)采用术语表示装运时间

除非买卖双方对诸如"立即装运""尽快装运""即期装运"这类术语的解释已有一致的理解,否则,应尽量避免使用类似词语,如使用这类术语,银行将不予理会。

二、装运港(地)和目的港(地)

装运港(port of shipment)是指货物起始装运的港口。目的港(port of destination)是指货物最终卸货的港口。在 EXW 内陆交货的合同中,交货地点为卖方的货物所在地的某个指定地点;DAT、DAP、DDP 等到达合同的交货地点则是指定的目的港或进口国的某一指定地点;FAS、FOB、FCA、CFR、CIF、CPT、CIP 等装运合同的交货地点都在装运港和装运地。

(一)装运港(地)和目的港(地)的规定方法

一般而言,装运港是由卖方提出,经买方同意后确定的;而目的港则是买方提出,经卖方同意后确定的。

(1)一般情况下,装运港和目的港分别规定一个。如装运港:上海(Port of Shipment: Shanghai),目的港:伦敦(Port of Destination:London)。

(2)有时按实际业务需要,如货物分散在多处或磋商交易时尚不能确定在何处发运货物,装卸港(地)可分别规定 2 个或 2 个以上。如装运港:天津新港/上海(Tianjinxingang/Shanghai);目的港:伦敦/利物浦(London/Liverpool)。当买卖合同规定 2 个或 2 个以上装卸港(地)时,凡由卖方负责安排运输的 CFR、CIF、CPT、CIP 合同,可由卖方在实际装运货物时在规定的范围内任意选择装运港(地)。

(3)在交易磋商时,如明确规定一个或几个装卸港有困难,可采用选择港(optional ports)的方法。规定选择港有 2 种方法:一种是在 2 个或 2 个以上港口中选择一个,如 CIF 伦敦选择港:汉堡或鹿特丹(CIF London optional Hamburg/Rotterdam),或者 CIF 伦敦/汉堡/鹿特丹(CIF London/Hamburg/Rotterdam);另一种是笼统规定某一航区为装运港或目的港,如"地中海主要港口",即最后交货选择地中海的一个主要港口为目的港。

(二)规定国外装运港和目的港应注意的问题

(1)对国外装运港的规定,应力求具体明确,不能采用如"欧洲主要港口(EMP)"和"非洲主要港口(AMP)"等模糊术语。

(2)不能接受内陆城市为装运港或卸货港的条件,因为接受这一条件,我方要承担从港口到内陆城市的运费和风险。

(3)必须注意装卸港的具体条件,如有无直达班轮航线,港口的装卸条件、运费和附加费水平以及对船舶国籍有无限制等。

(4)应注意国外港口有无重名问题。如维多利亚港(Victoria),叫这一名称的港口世界上有 12 个之多,而叫波特兰港(Portland)的也有好几个。为防止发生差错,在买卖合同中应明确注明装运港和目的港所在国家和地区的名称。

(5)如采用选择港规定,要注意选择港口不宜太多,一般不超过3个,而且必须在同一航区、同一航线上。同时在合同中应明确规定:如所选目的港要增加运费、附加费,应由买方负担。还要规定买方宣布最晚到达的港的时间。

三、分批装运和转运

分批装运(partial shipment)和转运(transshipment)直接关系到买卖双方的权益,因此,能否分批装运和转运,往往是国际货物买卖合同中交货条款的重要内容,而且需要在磋商交易时明确说明。

(一)分批装运

分批装运又称分期装运(shipment by installments),是指一个合同项下的货物分若干批次或若干期装运。在国际贸易中,商品交易因为数量较大,或者由于备货、运输条件、市场需要或资金的限制,有必要分期或分批交货、到货的,则可在进出口合同中规定分批装运条款。

一个合同能否分批交货或装运,应视合同中是否规定允许分批交货或装运而定,如合同中未明确规定允许分批,一般应理解为必须一次交货或装运。但有的国际规则,如《跟单信用证统一惯例(UCP 600)》规定:(1)同一航次中多次装运货物,即使提单表示不同的装船日期及(或)不同装运港口,只要运输单据注明的目的地相同,也不视为分批装运。(2)除非信用证另有规定,允许分批装运,为防止误解,如需要分期分批装运的,一般均应在合同中做明确的规定。

在进出口合同中分批装运的规定方法包括:(1)只规定“允许分批装运”,不加任何限制。这种做法对卖方来说比较主动,卖方完全可以根据货源和运输条件,在合同规定的装运期内灵活掌握。(2)订明分若干批次装运,而不规定每批装运的数量,即定批。(3)订明每批装运的时间和数量,即定期、定批装运。如“4~7月4批,每月平均装运”,以及类似的限批、限时、限量的条件,则卖方应严格履行约定的分批装运条款,只要其中任何一批没有按时、按量装运,则本批及以后各批均告失效。据此,在买卖合同和信用证中规定分批、定期、定量装运时,卖方必须严格按照合同和信用证的有关规定办理。

案例5-5　装运港和分批装运的应用

我国某粮油进出口公司于4月以CIF条件与英国N贸易有限公司成交一笔出售棉籽油贸易,总数量为1 000 t,允许分批装运。对方开来信用证中有关装运条款规定:1 000 t棉籽油,装运港:广州,允许分2批装运。600 t于该年9月15日前运至伦敦,400 t于该年10月15日前运至利物浦。粮油进出口公司于8月3日在黄埔港装运450 t棉籽油至伦敦,计划在月末再继续装运剩余的150 t至伦敦,9月末再装运至利物浦的400 t。第一批450 t棉籽油装运完后即备单办理议付,但单据寄到国外,开证行提出单证不符,即装运港和分批装运不符合信用证规定。

案例分析:

开证行所提出的异议是正确的,该粮油进出口公司违反了装运港和分批装运的规定。本案例的关键是装运港和分批装运问题,也是装运条款的具体内容之一。

(二)转运

货物没有直达船或一时无适当的船舶运输,而需要通过中途港转船的称为“转运”。买卖双方可以在合同中商订“允许转船”(Transshipment to be allowed)的条款。

《跟单信用证统一惯例(UCP 600)》规定,“转运”一词在不同运输方式下有不同的含义:(1)在海运方式下,是指在装货港和卸货港之间的海运过程中,货物从一艘船卸下再装上另一艘船的运输。(2)在航空运输方式下,是指从起运机场至目的地机场的运输过程中,货物从一架飞机卸下再装上另一架飞机的运输。(3)在公路、铁路或内河运输过程中,是指货物从一种运输工具卸下,再装上另一种运输工具的行为。

《跟单信用证统一惯例(UCP 600)》规定,除非信用证另有规定,否则可准许转运。

案例 5-6　装运的应用

我国某公司向坦桑尼亚出口一批货物,目的港为坦塥。国外来证未明确说明可否转船,而实际上从新港到坦塥无直达船舶。请问:这种情况下是否需要国外改证,加上“允许转船”字样?

案例分析:

按照《跟单信用证统一惯例(UCP 600)》的规定,除非信用证另有规定,否则可准许转运,所以可以不要求国外改证。但是为了明确责任和便于安排装运,买卖双方是否同意转运以及有关转运的办法和转运费的负担等问题,应在买卖双方的合同中明确规定。

(三)合同中的分批、转运条款

国际货物买卖合同中的分批、转运条款通常是与装运时间条款结合起来规定的。合同中分批、转运条款举例如下:(1)5/6/7 月装运,允许分批和转运(Shipment during May/June/July,with partial shipments and transshipment allowed);(2)6/7 月分 2 批装运,禁止转运(During June/July in two shipments,transshipment is prohibited);(3)11/12 月分 2 次平均装运,由香港转运(During Nov./Dec. in two equal monthly shipment,to be trans shipped at Hong Kong)。

案例 5-7　信用证中装运期的应用

某合同中规定“6、7 月分 2 批平均装运”,我方公司于 5 月 12 日收到国外买方开来的信用证,规定“装运期不迟于 7 月 31 日”。我方公司货物早已全部备好,信用证中并没有规定必须分期装运,因此我方公司于 6 月 10 日一次装船并运出,试问:我方公司的这种做法是否妥当,为什么?

案例分析:

我方公司的做法不妥当。本案例涉及信用证问题,根据《跟单信用证统一惯例(UCP 600)》规定,该信用证并无矛盾,合同规定“6、7 月分 2 批平均装运”,信用证证规定“装运期不迟于 7 月 31 日”。另外根据信用证的特点:信用证是一份独立的文件,它以合同为基础而开立,但一经开出,就成为独立于合同之外的另一种契约,银行只受信用证条款约束,不受合同约束。而进出口双方既要受信用证约束,也要受合同约束。

结合本案例,信用证与合同中的规定并无冲突,买卖双方要受合同及信用证的双约束,故我方公司于 6 月一次装运显然是违反了合同,故而是不妥当的,买方是有权拒收货物或要求损害赔偿的。

案例 5-8　正确理解外贸业务中的分批装运

大连某公司向新加坡出口一批水果,共 6 000 kg。国外开来信用证规定:不许分批装运,在 9 月 30 日以前装船。我方于 9 月 8 日和 9 月 10 日分别在大连和烟台各装 3 000 kg

于“东方”号货轮运往新加坡,提单上也注明了不同的装运港和装船日期。请问:我方的行为是否构成违约?银行能否拒付?

案例分析:

分批装运是指一次成交的货物分若干批次装运。这里的“分批”指的是不同的航次、不同的船,不是指一批货物的装运港只能有一个。因此,一次成交的货物即使在不同的时间和不同的港口装在同一船只运出也不能视为分批装运。本案例中我方由于货源的问题,选择了 2 个装运港,并将两地的货物装于同一航次同一船只,事实上仍是一次交货,不存在不同航次、不同船舶、不同时间到达目的港的可能,因而不能视为分批装运。故我方的行为并不构成违约,银行不能以此为由拒付。

案例 5-9　一起对《跟单信用证统一惯例(UCP 600)》的综合运用案

信用证规定:从中国港口运至神户 100 t 红小豆,不许分批装运。收货人交来单据中包含 2 套提单:第一套提单表明载货船名“Zhuang He”,航程为“018”,装运港为“Tianjin”,卸货港为“Kobe”,净重为“51. 48”,装运日期为“7 月 11 日”。第二套提单表明载货船名为“Zhuang He”,航程为“018”,装运港为“Qingdao”,卸货港为“Kobe”,净重为“51. 05”,装运日期为“7 月 17 日”。银行接受单据付款。请问:(1)银行付款的依据是什么?(2)此批货物的装运日期应为哪天?

案例分析:

(1)《跟单信用证统一惯例(UCP 600)》第三十一条 b 款规定,运输单据上表面注明货物系使用同一运输工具并经同一路线运输的,即使每套运输单据注明的装运日期不同及/或装货港、接受监管地、发运地不同,只要运输单据注明的目的地相同,也不视为分批装运。本案例十分清楚地表明,该批货物系使用同一运输工具(Zhuang He 号船)并经同一路线运输(“018”航程),运输单据注明的目的地(Kobe)相同。据此,没有分批装运。《跟单信用证统一惯例(UCP 600)》第三十条 b 款规定,除非信用证规定货物的指定数量不得有增减外,在所支付的款项不超过信用证金额的条件下,货物数量准许有 5%的增减幅度。但是,当信用证上规定的数量是以包装单位或个数计数时,此项增减幅度则不适用。本案例中的 100 t 红小豆可以有 5%的增减幅度(51. 48+51. 05 = 102. 53 t),没有超过 105 t 的上限。所以,银行不能拒付。(2)此批货物的装运日期应为 7 月 17 日。

四、装运通知

装运通知(advice shipment)也是装运条款的重要内容。买卖双方为了互相配合,共同做好车、船、货的衔接和办理保险等,不论采用何种贸易术语成交,贸易双方都要承担互相通知的义务。

按照 FOB、CFR 和 CIF 术语签订的合同,卖方应在货物装船后,按约定的时间,将合同、货物的品名、件数、重量、发票金额、船名以及装船日期等内容电告买方;按照 FCA、CPT、CIP 等术语签订的合同,卖方应在把货物交付承运人接管后,将交付货物的具体情况以及交付日期电告买方,以便买方办理保险并做好接卸货物的准备,及时办理进出口报关手续。需要特别强调的是,买卖双方按照 CFR、CPT 条件成交时,卖方交货后,及时向买方发出装运通知,具有更为重要的意义。

五、装卸时间、装卸率、滞期费和速遣费

采用租船运输时，如果租船合同中规定船方不承担装（卸）费用，则买卖双方需要在合同中明确装卸费用的负担，以及装卸时间、滞期费和速遣费。装卸时间、滞期费和速遣费的规定应与租船合同的规定相符。

（一）装卸时间

装卸时间（lay time）是指承租人和船舶所有人约定的，承租人保证将合同货物在装运港全部装完和在卸货港全部卸完的时间，它一般以天数或小时数来表示，主要有以下几种：日或连续日、工作日、晴天工作日、连续晴天工作日、按照“港口习惯快速装卸”。

（二）装卸率

装卸率是指每日装卸货物的数量。一般应按照港口习惯的正常装卸速度，规定平均每天装卸若干吨。

装卸率的高低，关系到完成装卸任务的时间和运费水平。装卸率规定得过高或过低都不合适。规定过高，完不成装卸任务，要承担滞期费的损失；如果装卸率规定过低，虽能提前完成装卸任务，可得到船方的速遣费，但船方会因装卸率低，船舶在港时间长而增加运费，致使租船人得不偿失。

（三）滞期费和速遣费

滞期费（demurrage）是指在规定的装卸期限内，租船人未完成装卸作业，给船方造成经济损失，租船人对超过的时间向船方支付的罚金。

速遣费（despatch money）是指在规定的装卸期限内，租船人提前完成装卸作业，使船方节省了船舶在港口的费用开支，船方向租船人支付的奖金。

按照国际惯例，速遣费一般为滞期费的一半。滞期费和速遣费通常约定为每天若干金额，不足一天者，按比例计算。

练习 5-2

外轮在青岛港每晴天工作日装卸袋装花生的标准为 1 000 M/T，现有一艘登记吨为 20 000 t 的轮船按照晴天工作（节假日除外）的标准装运花生 7 200 M/T 出口，具体装运情况见表 5-4，试计算速遣费或滞期费。速遣费为每登记吨为 0. 14 元人民币，滞期费每登记吨 0. 28 元人民币。

表 5-4　工作时间和实际工作时间

日期	工作时间	实际工作时间/h
8 月 18 日	24:00	10
8 月 19 日	00:00～24:00	24
8 月 20 日	00:00～14:00	14

解析：装运期限运期限＝7200÷1000＝7. 2（天）

实际装运天数＝（10+24+14）÷24＝2（天）

节约天数＝7. 2−2＝5. 2（天）

应收速遣费＝20000×0. 14×5. 2＝14 560（元）

案例 5-10　正确计算滞期费和速遣费

我方向澳大利亚 FOB 价格购进一批矿产品共 30 000 t。在贸易合同中规定,卖方每天应负责装货 2 000 t,按照晴天工作日计算。我方在运进这批货物的租船合同中规定,每天装货 2 500 t,按照连续工作日计算。在上述 2 个合同中滞期费每天均为 6 000 美元,速遣费每天均为 3 000 美元。结果卖方只用了 13 d 其中包括 2 个周日便将全部货物装完。请问:我方在签订上述 2 个合同时有何失误之处?

案例分析:

2 个合同规定的装运日不同:

①在贸易合同中规定,卖方每天应负责装货 2 000 t,按照晴天工作日计算。该批货的装卸时间为 30000÷2000=15 个晴天工作日。晴天工作日的含义为既是晴天又是工作日的一天,如遇刮风下雨,使装卸工作不能正常进行,虽属工作日也不能计算装卸时间,其中 2 个周日也不计为装卸日。按照贸易合同规定的装卸时间为 15 d 而卖方只用了 13 d,其中包括 2 个周日全部装完,则卖方实际可计算的装货日为 11 d,有 4 d 速遣,可得速遣费 12 000 美元。

②在租船合同中规定每天装货 2 500 t,按照连续工作日计算。该批货的装卸时间为 30000÷2500=12 个连续工作日。连续日是从午夜零时到次日午夜零时,不管气候如何,时钟连续走过 24 h 就算 1 d,没有任何扣除。卖方用 13 d 将全部货物装完,根据租船合同,卖方有 1 d 滞期,卖方应向船方支付滞期费 6 000 美元。总之,按照贸易合同中的规定有利于卖方,而按照租船合同中规定的条件则不利于卖方。

六、OCP 条款(内陆地区)

OCP 是“overland common points”的缩写,是指“内陆地区”,即享受优惠费率通过陆运可抵达的地区。“内陆地区”根据费率规定,以美国西部 9 个州为界,即以落基山脉为界,其以东地区为内陆地区。按 OCP 运输条款达成的交易,出口商不仅可享受美国内陆运输的优惠费率,而且也可以享受 OCP 海运的优惠费率。加拿大受美国影响也划有 OCP 地区和类似的运费优惠办法。采用 OCP 条款需注意的事项如下:(1)货物最终目的地必须属于 OCP 地区范围。(2)货物必须经由美国西海岸港口中转。(3)提单上必须注明 OCP 字样,并且在提单目的港一栏中除填写美国西海岸港口名称外,还要加注内陆地区城市名称。(4)运输标志中须加注 OCP 字样及最终目的地城市名称。

本章小结

本章介绍了国际货物运输方式、运输单据和合同中的装运条款。重点介绍了国际货物运输中的海洋运输;详细介绍了班轮运输和租船运输,以及海运提单的性质、类型等重点内容。本章的目的是使学生熟知和掌握国际货物运输方面的运作程序;具有签订国际货物运输条款和办理国际货物运输的业务能力。

综合练习

一、单项选择题

1. 班轮运输最大的特点是(　　)。

A. 运量大　　B. 承运人负责装卸货物，不另计装卸费

C. 运速快　　D. 费用低

2. 某出口货物每箱毛重 68 kg，体积 0.068 8 m^3，运费计收标准为 W/M，计算运费时应(　　)。

A. 由承运人选择　　B. 由托运人选择

C. 按照货物的毛重计收　　D. 按照货物的体积计收

3. 某商品每箱毛重 40 kg，体积 0.05 m^3。在运费表中的计费标准为 W/M，每运费吨基本运费率为 200 美元，另加收燃油附加费 10%，则每箱运费为(　　)美元。

A. 10　　B. 11　　C. 220　　D. 8.8

4. 在定程租船方式下，对装卸费的收取采用较为普遍的办法是(　　)。

A. 船方不负担装卸费

B. 船方负担装卸费

C. 船方只负担装货费，而不负担卸货费

D. 船方只负担卸货费，而不负担装货费

5. 被称为集装箱的标准箱位(TEU)是(　　)。

A. 10 ft　　B. 20 ft　　C. 30 ft　　D. 40 ft

6. 在进出口业务中，能够作为物权凭证的运输单据是(　　)。

A. 铁路运单　　B. 海运提单　　C. 航空运单　　D. 邮包收据

7. 必须经背书才能进行转让的提单是(　　)。

A. 记名提单　　B. 不记名提单　　C. 指示提单　　D. 海运单

8. 按照《跟单信用证统一惯例(UCP 600)》的解释，若信用证条款中未明确规定是否“允许分批装运”“允许转运”，则应视为(　　)。

A. 可允许分批装运，但不允许转运　　B. 可允许分批装运和转运

C. 可允许转运，但不允许分批装运　　D. 不允许分批装运和转运

9. 在国际买卖合同中，使用较普遍的装运期规定办法是(　　)。

A. 明确规定具体的装运期

B. 规定在收到信用证后的某期限内装运

C. 收到信汇、电汇或票汇后若干天后装运

D. 采用某装运术语

10. 按照提单收货人抬头分类，在国际贸易中被广泛使用的提单有(　　)。

A. 记名提单　　B. 不记名提单　　C. 指示提单　　D. 班轮提单

11. 在国际货物运输中，使用最多的是（　　）运输。

A. 公路　　B. 铁路　　C. 航空　　D. 海洋

12. 按照货物重量、体积或价值三者中较高的一种计收运费，运价表内以（　　）表示。

A. M/W　　B. W/M or AD. Val.

C. Ad. Val　　D. Open

13. 在同一包装、同一票货物和同一提单内出现货物混装的情况时，班轮公司的收费原则是（　　）。

A. 就高不就低　　B. 就低不就高　　C. 平均征收　　D. 分别计收

14. 当大宗货物采用（　　）运输方式时，为了加快装卸速度，减少船舶在港口停留的时间，通常会在合同中规定滞期、速遣条款。

A. 班轮　　B. 定程租船　　C. 定期租船　　D. 光船租船

15. 国际多式联合运输是以至少 2 种不同的运输方式，将货物从一国境内接收货物的地点运至另一国境内指定交付货物的地点的运输，它由（　　）。

A. 一个联运经营人负责货物的全程运输，运费按全程费率一次计收

B. 一个联运经营人负责货物的全程运输，运费按不同运输方式分别计收

C. 多个运输经营人负责货物的全程运输，运费按全程费率一次计收

D. 多种运输方式，分别经营，分别计费

16. 20 ft 集装箱的规格为 8 ft×8 ft×20 ft，载重量一般为 17.5 t，有效容积一般为（　　）m^3。

A. 20　　B. 22　　C. 25　　D. 30

17. 信用证的到期日为 12 月 31 日，最迟装运期为 12 月 15 日，最迟交单日期为运输单据出单后 15 天。出口人备妥货物安排出运的时间是 12 月 10 日，则出口人最迟应于（　　）向银行交单议付。

A. 12 月 15 日　　B. 12 月 25 日　　C. 12 月 20 日　　D. 12 月 31 日

18. 我国某公司与外商签订一份 CIF 出口合同，以 L/C 为支付方式。国外银行开来的信用证中规定："信用证有效期为 8 月 10 日，最迟装运期为 7 月 31 日。"我方加紧备货出运，于 7 月 21 日取得大副收据，并换回正本已装船清洁提单，我方应不迟于（　　）向银行提交单据。

A. 7 月 21 日　　B. 7 月 31 日　　C. 8 月 10 日　　D. 8 月 11 日

19. 在定程租船方式下，装卸费的收取办法中 FIO 的含义是（　　）。

A. 船方不管装不管卸　　B. 船方管装管卸

C. 船方管装不管卸　　D. 船方管卸不管装

20. 为了促使买方早开立或按时开立信用证，装运期一般规定为（　　）。

A. 明确具体的装运期　　B. 立即装运

C. 收到信用证后若干天装运　　D. 尽快装运

二、多项选择题

1. 海洋运输中的船舶按其经营方式不同分为（　　）。

A. 班轮运输　　B. 大陆桥运输　　C. 集装箱运输　　D. 租船运输

2. 班轮运输最基本的特点是(　　)。

A. 一种灵活的运输方式

B. 班轮公司和货主之间的权利、义务及责任豁免均以班轮公司签发的提单条款为依据

C. “四固定”

D. “一负责”

3. 班轮运费的构成包括(　　)。

A. 基本运费　　B. 附加运费　　C. 装卸费　　D. 燃油费

4. 国际货物买卖合同中可以采用的装运期的规定方法有(　　)。

A. 规定在某一天装运　　B. 规定在收到信用证后若干天内装运

C. 笼统地规定装运期　　D. 明确规定具体的装运期限

5. 国际货物买卖中比较常见的装运港和目的港的规定方法有(　　)。

A. 笼统地规定装运港和目的港

B. 一般情况下，只规定一个装运港和一个目的地

C. 大宗商品可规定 2 个装运港和目的港

D. 在双方洽商暂无法确定装运港和目的港时，可采用选择港方式

6.《跟单信用证统一惯例(UCP 600)》对分批装运所做的规定主要有(　　)。

A. 运输单据表明货物是使用同一运输工具并经由同一路线运输的，即使运输单据注明装运日期及装运地不同，只要目的地相同，也不视为分批装运

B. 除非信用证另有规定，允许分批装运

C. 除非信用证另有规定，不允许分批装运

D. 如信用证规定在规定的时间内分批装运，若其中任何一批未按约定的时间装运，则信用证对该批和以后各批均告失效

7. 国际标准化组织为统一集装箱的规格，推荐了 3 个系列 13 种规格的集装箱。我国在贸易中最常使用的是(　　)。

A. 10 ft　　B. 20 ft　　C. 30 ft　　D. 40 ft

8. 海运提单的性质与作用主要是(　　)。

A. 海运单据的唯一表现形式

B. 承运人或其代理人出具的货物收据

C. 代表货物所有权的凭证

D. 承运人与托运人之间订立的运输契约的证明

9. 在国际贸易中，开展以集装箱运输的国际多式联运，有利于(　　)。

A. 简化货运手续　　B. 加快货运速度

C. 提高运输费用　　D. 节省运杂费用

10. 构成国际多式联运应具备的条件是(　　)。

A. 必须要有一份多式联运会同和使用一份包括全程的多式联运单据并由一个多式联运经营人对全程运输负责

B. 必须是至少 2 种不同运输方式的连贯运输

C. 必须是国际的货物运输

D. 必须是全程单一的运费费率

三、判断题

1. 集装箱运输的特点是:货损货差小、包装费用省、转运手续简单、装卸率高、运输时间短、运输成本高。（　　）

2. 在采用集装箱运输时,FCL 是指整箱运输。（　　）

3. 班轮运价表中的货物等级共分为 20 级,1 级商品的运费最高。（　　）

4. 如果托运人要求将一批货物运往班轮航线上的非基本港口,承运人为此而加收的费用叫作港口附加费。（　　）

5. 海运提单如有 3 份正本,则凭其中任何一份即可在卸货港向船公司或船代理提货。（　　）

6. 根据《跟单信用证统一惯例(UCP 600)》的规定,如果信用证中没有明确规定是否允许分批装运及转船,应理解为允许。（　　）

7. 货轮运费计收标准中的“W/M Plus Ad. Val”是指在计收运费时,应选三者中较高者计收。（　　）

8. 合同中的装运条款为“9/10 月装运”,我方出口公司需将货物于 9 月、10 月 2 个月内,每月各装运一批。（　　）

9. 按照《跟单信用证统一惯例(UCP 600)》的规定,分批装运中任何一批若未按规定装运,则本批及以后各批均告失效。（　　）

10. 业务中常用的“空白抬头”的提单是指在提单收货人栏中不填写任何内容。（　　）

四、综合题

我国某公司与美国某客商以 FOB 条件出口大枣 5 000 箱,5 月装运,合同和信用证均规定不允许分批装运。我方于 5 月 10 日将 3 000 箱货物装上“喜庆”轮,取得 5 月 10 日的海运提单;又于 5 月 15 日将 2 000 箱装上“飞雁”轮,取得 5 月 15 日的海运提单,两轮货物在新加坡转船,均由“顺风”轮运往旧金山港。

请根据以上内容回答下列问题:

1. 我方有没有分批装运?（　　）

A. 有,5 月 10 日和 15 日 2 次装运　　B. 有,2 次装运在不同的货轮上

C. 没有,货物最终都装在“顺风”轮上　D. 没有,都是同一目的地

2. 下列不属于《跟单信用证统一惯例(UCP 600)》对分批装运所做的规定的是(　　)。

A. 运输单据表明货物是使用同一运输工具并经由同一路线运输的,即使运输单据注明装运日期及装运地不同,只要目的地相同,也不视为分批装运

B. 除非信用证另有规定,允许分批装运

C. 除非信用证另有规定,不允许分批装运

D. 如信用证规定在指定的时间内分批装运,若其中任何一批未按约定的时间装运,则信用证对该批和以后各批均告失效

3. 分批装运的原因主要有(　　)。

A. 数量大,卖方不能做到货物一次交付或备货资金不足

B. 有的进口商自己没有仓库,货到后直接送工厂加工;提前到货则无处存放,迟交货可能造成停产

C. 运输条件的限制

D. 银行不愿意一次性支付货款

4. 下列关于分批装运的叙述,正确的有(　　)。

A. 分批装运使卖方比较有主动权

B. 卖方一般不愿意分批装运,因为太麻烦

C. 买方一般不愿意卖方分批装运,除非有特殊原因

D. 分批装运不适用溢短装条款

5. 本案的结果是(　　)。

A. 我方违约,拿不到货款

B. 我方违约,但毕竟交货完毕,可以拿到货款

C. 我方做法没有问题,可以拿到货款

D. 我方违反分批装运的规定,但其他都符合规定,可以拿到主要货款

五、计算题

1. 我方按 CFR 迪拜价格出口洗衣粉 100 箱,该商品内包装为塑料袋,每袋 0.5 kg,外包装为纸箱,每箱 100 袋,箱的尺寸为:长 47 cm、宽 30 cm、高 20 cm,基本运费为每尺码吨 HK $ 367,另加收燃油附加费 33%,港口附加费 5%,转船附加费 15%,计费标准为 M,试计算:该批商品的运费为多少?

2. 某公司出口货物共 200 箱,对外报价为每箱 438 美元 CFR 马尼拉,菲律宾商人要求将价格改报为 FOB 价。已知该批货物每箱的体积为 45 cm×35 cm×25 cm,毛重为 30 kg,商品计费标准为 W/M,每运费吨基本运费为 100 美元,到马尼拉港需加收燃油附加费 20%,货币附加费 10%,港口拥挤费 20%。试求每箱货物应付的运费及改报的 FOB 价为多少?

六、案例分析题

1. 某国 A 外贸公司与国外 B 公司达成一笔出口合同,信用证中规定“数量 9 000 t,7~12 月部分装运,每月装 1 500 t”。卖方在 7~9 月每月装 1 500 t,银行已分批凭单款。第四批货物原定于 10 月 15 日装运出口,但由于台风登陆,第四批货物延迟至 11 月 2 日才装船运出。当受益人凭 11 月 2 日的装船提单向银行议付时,遭银行拒付。后来受益人以“不可抗力”为由要求银行付款,亦遭银行拒绝。请问:在上述情况下,银行有无拒付的权利? 为什么?

2. 一份买卖日用品的 CIF 合同规定“9 月装运”,即期信用证的有效期为 10 月 15 日。卖方 10 月 6 日向银行办理议付所交的单据中包括 9 月 29 日签发的已装船清洁提单。经银行审核,单单相符、单证相符,银行接受单据并支付货款。但买方收到货物后,发现货物受损

重，且短少 50 箱。买方因此拒绝收货，并要求卖方退回货款。请问：(1)买方有无拒收货物并求退回货款的权利？为什么？(2)此案中的买方应如何处理此事才合理？

3. 甲国公司与乙国公司签订出售某产品的合同，装船时间为当年 12 月至次年 1 月。甲国公司在租船装运时，因原定船舶临时损坏，在国外修理，不能在预定时间到达装运港装货，临时改派香港某公司期租船装运，但又因连日风雪，迟至 2 月 11 日才装完毕，2 月 13 日航。甲国公司为取得符合信用证规定装船日期的 B/L，要求承运人按照 1 月 31 日签发 B/L，并以此 B/L 向银行办理了议付。试问：甲国公司行为有可能造成什么后果？

4. 北京某公司出口 2 000 t 大豆，国外来证规定：不允许部分装运。结果我方在规定期限内在大连和青岛各装 1 000 t 于同一航次的同一船只上，提单上也注明了不同的港和不同的装船日期。试问：我方做法是否违约？银行能否议付？

5. 某出口公司收到国外来证："允许部分装运，8 月和 9 月每月装 500 t。"8 月，出口公司分别将 200 t 和 300 t 的货物装上不同的船后发运，请问该出口公司能否顺利收汇？

6. 某进出口公司按 CFR 条件、即期不可撤销信用证以集装箱装运出口纺织品 200 箱，装运条件是 CY/CY。货物交运后，该公司取得已装船清洁提单，提单上标明"Shipper's Load and Count"，在信用证规定的有效期内，该公司及时交单议付了货款。25 天后，接买方来函称：经有关船方、海关、保险公司、公证行会同对到货开箱检验，发现其中有 20 箱包装严重破损，每箱均有短少，共缺纺织品 280 件。各有关方均证明集装箱外表完好无损，为此，买方要求该公司赔偿其货物短缺的损失，并承担全部检验费 3 000 美元。请问：买方的要求是否合理？为什么？

七、实践操作题

背景资料：

(1)我国某公司拟出口 9 000 t 散装水泥到孟加拉国吉大港，租船运输，贸易术语 CIFEx Ship's Hold CHATTOGRAM，信用证方式结算。该出口合同的装运条款如下：

装运时间：2020 年 3 月 25 日

装运港：烟台

目的港：吉大港

(2)某公司拟出口 1 000 套女士套裙到德国，集装箱运输，合同中的装运条款如下：

Shipment Date：2020 年 9 月 10 日

Port of Loading：Guangzhou/Shenzhen

Port of Destination：Hamburg/Frankfurt

Partial Shipment：Allowed

Transhipment：Allowed

Shipping Advice：The Sellers should send the shipping advice to the Buyers immediately after the loading of the goods

任务：

1. 请分析上述内容不妥之处，并说明理由。

2. 撰写《国际货物运输》实训报告。

《国际货物运输》实训报告

项目实训班级：	项目小组：	项目组成员：
实训时间：年月日	实训地点：	实训成绩：

实训目的：

实训步骤：

实训结果：

实训感言：

不足与今后改进：

项目组长评定签字：　　　　项目指导教师评定签字：

第六章　国际货物运输保险

教学要求：通过本章的学习，学生能解释风险、损失、费用与保险间的关系；能解释中国保险条款(CIC)及《协会货物条款》(ICC)保险体系下各险种的承保范围；能订立国际货物买卖合同的运输保险条款；能办理国际货物运输保险索赔业务。

知识目标：掌握海运货物保险范围、承保险别、适用的保险条款以及英国伦敦保险协会海运货物保险条款；了解陆运、空运及邮包运输保险的基本险别；掌握国际货物买卖合同中保险条款的内容，理解相应的保险操作实务。

能力目标：能准确完成投保单的填写，能根据运输货物、路线等情况，选择合适的保险险别，具备独立完成国际货物运输保险业务的能力。

导入案例：

我国某外贸公司与荷兰进口商签订一份皮手套合同，价格条件为 CIF 鹿特丹，向中国人民保险公司投保了一切险，生产厂家在生产的最后一道工序将清晰度降到了最低程度，然后用牛皮纸包好装入双层瓦楞纸箱，再装入 20 ft 的集装箱，货物到达鹿特丹后检验结果表明：全部货物湿、霉、变色、玷污，损失价值达 80 000 美元。据分析，该批货物的出口地不异常热，进口地鹿特丹不异常冷，运输途中无异常，完全属于正常运输，试问：(1)保险公司对该项损失是否赔偿，为什么？(2)进口商对受损货物是否支付货款，为什么？(3)你认为外贸公司应如何处理此事？

案例分析：

(1)保险公司对该批货物的损失不予赔偿。原因是：根据中国人民保险公司《海洋货物运输保险条款》基本险的除外责任：在保险责任开始之前，被保险货物已存在品质不良或数量短少所造成的损失；被保险货物的自然损耗、本质缺陷、特性及市价跌落、运输延迟所引起的损失或费用保险公司不负责赔偿损失。在本案例中，运输途中一切正常，货物发生质变不属于保险公司的责任范围，故保险公司对该批货物的损失不予赔偿。

(2)进口商应支付货款。因为本案例中交货条件为 CIF，根据《2020 年国际贸易术语解释通则》的解释，按 CIF 条件成交，买卖双方交货的风险界点在装运港的船上，货物装到船上以前的风险由卖方承担，货物装到船上以后的风险由买方承担；另外，CIF 是象征性交货，卖方凭单交货、买方凭单付款，即使货物在运输途中全部灭失，买方仍需付款，但如货物品质有问题，可凭商检机构的检验证书向卖方索赔。

(3)外贸公司应对该批货物负赔偿责任，因为该批货物在运输途中并无任何风险导致损失，发生质变完全是因为生产工序问题，这属于货物的品质问题，故其应负向买方赔偿损失的责任。

国际货物运输保险是以运输过程中的各种货物作为保险标的,被保险人向保险人按一定金额投保一定的险别,并缴纳保险费取得保险单证,保险人承保后,如果保险标的在运输过程中发生承保责任范围内的损失,应按规定给予被保险人经济上的补偿的一种财产保险。

现代国际贸易总量的80%是通过海上运输完成的。海上运输的一个缺点就是风险大大,货物在运输过程中遭到损失的可能性较其他方式要大。这种不确定性会对企业的经营产生不良影响,可能因此阻碍贸易的发展。通过保险,被保险人支付一定的保险费,保险公司对被保险人的货物遭受保险事故造成的损失和产生的责任负责赔偿。这样将可能发生的损失变为固定的费用,在货物遭受承保范围内的损失时,可以从有关保险公司及时得到经济上的补偿,从而有效地促进国际贸易的发展。

国际货物运输保险按照运输方式的不同,可以分为海洋运输保险、陆上运输保险、航空运输保险和邮包运输保险。

第一节　海洋运输货物保险保障的范围

一、海洋运输货物保险保障的风险

海洋运输货物保险保障的范围包括海上风险和外来风险。

(一)海上风险

海上风险是指船舶或货物在海上航行中或随附海上运输所发生的风险。在现代海上保险业务中,保险人所承保的海上风险是有特定范围的:一方面,它并不包括在海上发生的一切风险;另一方面,它又不局限于航海中所发生的风险,还包括发生在与海上航运相关联的内陆、内河、内湖运输过程中的一些风险。海上风险一般包括自然灾害和意外事故2种。按照国际保险市场的一般解释,这些风险所指的内容大致如下。

1. 海上自然灾害

自然灾害是指由于自然界的变异引起破坏力量所造成的灾害。在海运货物保险中,自然灾害仅指恶劣气候、雷电、海啸、地震、洪水、火山爆发等人力不可抗拒的灾害。

2. 海上意外事故

意外事故是指由于意料不到的原因所造成的事故。在海运货物保险中,意外事故仅指搁浅、触礁、沉没、碰撞、火灾、爆炸、失踪、倾覆等。

(二)外来风险

外来风险是指海上风险以外由于其他各种外来的原因所造成的风险,外来风险包括下列3种类型。

1. 一般外来风险

一般外来风险是指偷窃、提货不着,淡水雨淋,短量,混杂、沾污,渗漏,破损、破碎,串味,受潮受热,钩损,包装破裂,锈损等外来风险。它们分别由11种对应的一般附加险承保。

2. 特殊外来风险

特殊外来风险主要是指由于军事、政治、国家政策法令和行政措施等原因所致的风险损失，如战争和罢工等。

3. 特别外来风险

特别外来风险主要是指6种外来风险，分别由舱面险、进口关税险、拒收险、黄曲霉素险、交货不到险和货物出口到香港（包括九龙）或澳门存仓火险责任扩展条款承保。

二、海洋运输货物保险保障的损失

被保险货物因遭受海洋运输中的风险所导致的损失称为海上损失，简称海损。海损按损失程度的不同，可分为全部损失和部分损失。而海损按性质又可分为共同海损和单独海损。

（一）全部损失

全部损失简称全损，可以分为实际全损（total loss）和推定全损（constructive loss）。

1. 实际全损

根据《中华人民共和国海商法》的规定，保险标的发生保险事故后灭失，或者受严重损坏完全失去原有形体、效用，或者不能再归保险人所拥有的，为实际全损。构成被保险货物"实际全损"的情况有下列几种：

（1）保险标的完全灭失（physical destruction）。保险标的实体已经完全毁损或不复存在，如大火烧掉船舶或货物，糖、盐这类易溶货物被海水溶化，船舶遭遇飓风沉没，船舶碰撞后沉入深海等情况。

（2）保险标的丧失属性（loss of specie）。保险标的属性已被彻底改变，不再是投保时所描述的内容，如货物发生了化学变化使得货物分解，在这类情况下，保险标的丧失商业价值或使用价值，均属于实际全损。如果货物到达目的地时损失虽然严重，但属性没有改变，经过一定的整理，还可以以原来的商品名义降价处理，那就只是部分损失。

（3）被保险人无法挽回地丧失了保险标的（irretrievable deprivation）。在这种情况下，保险标的仍然实际存在，可能丝毫没有损失，或者有损失但没有丧失属性，但被保险人已经无可挽回地丧失了对它的有效占有。例如，战时保险货物被敌方获得并宣布为战利品。

（4）保险货物的神秘失踪（mysterious disappearance）。按照海上保险的惯例，船舶失踪达一定的合理期限，即可宣布为失踪船舶。在和平时期，如无相反的证据，船舶的失踪被认为是由于海上风险造成的实际损失。船舶如果失踪，船上所载货物也随之发生"不明原因失踪"，货主可以向货物保险人索赔实际损失。

2. 推定全损

推定全损是指被保险货物受损后未完全灭失，但施救、恢复、整理受损货物并将其运至原定目的地的费用总和已超过货物到达该目的地的价值，即这种损失已超过被保险货物的保险价值。推定全损主要有以下几种情况：

（1）被保险货物遭受严重损害，完全灭失已不可避免，或者为了避免实际全损而进行施救等所花费用，将超过获救后被保险货物的价值。

（2）被保险货物受损害后，修理费用估计要超过货物修复后的价值。

（3）被保险货物遭受严重损害后，整理和继续运抵目的地的运费已超过残存货物到达目的地的价值。

(4)被保险货物遭受责任范围内的事故,使被保险人失去被保险货物的所有权,而收回其所有权所需费用将超过收回后被保险货物的价值。

特别需要注意的是,发生推定全损时,被保险人可以要求保险人按照部分损失赔偿,也可要求按全部损失赔偿,这时须向保险人发出委付(abandonment)通知。

委付是指被保险人将保险货物的一切权利转让给保险人,并要求保险人按照全损给予赔偿的行为。委付必须经保险人同意方为有效,保险人一经接受,委付就不得撤回。

(二)部分损失

部分损失是指被保险货物的损失没有达到全部损失的程度,包括共同海损和单独海损。

1. 共同海损

共同海损(general average)指载货船舶在海运途中遇到海上风险使船货面临共同的安全威胁时,为了解除这种共同的安全威胁,船长有意识地采取某些合理措施,造成某些货物的特殊损失或支出的特殊费用。

构成共同海损的条件如下:

(1)船方在采取紧急措施时,必须确实有危及船、货共同安全的危险存在,不能主观臆测可能有危险发生。

(2)船方所采取的措施必须是有意的、合理的,是为了维护船货的共同安全。

(3)船方所做出的牺牲或支出的费用是在非常性质下产生的,具有特殊性。

(4)构成共同海损的牺牲和费用支出,最终必须是有效支出。

2 单独海损

单独海损(particular average)是指除共同海损以外的,由海上风险直接导致的船舶或货物的部分损失。这种损失只属于特殊利益方,不属于所有其他的货主或船方,由受损方单独承担。

3. 共同海损和单独海损的区别

(1)造成海损的原因不同。单独海损是海上风险直接导致的货物损失,而共同海损是为了解除或减轻船、货、运费三方的共同危险而人为造成的损失。

(2)损失的承担者不同。单独海损由受损方自行承担损失,而共同海损则由船、货、运费三方按获救财产价值大小的比例分摊。

(3)损失的构成不同。单独海损一般是指货物本身的损失,不包括费用损失;而共同海损既包括货物损失,又包括因采取共同海损行为而引起的费用损失。

案例 6-1　共同海损和单独海损的区分

某货轮从天津新港驶往新加坡,在航行途中船舶货舱起火,大火蔓延到机舱,船长为了船货的共同安全,决定采取紧急措施,往舱中灌水灭火。火虽被扑灭,但由于主机受损,无法继续航行。于是船长决定雇用拖轮将货船拖回新港修理。检修后重新驶往新加坡。事后调查,这次事件造成的损失有:(1)1 500 箱货物被火烧毁;(2)800 箱货物由于灌水灭火受损;(3)主机和部分甲板被烧坏;(4)拖船费用;(5)额外增加的燃料和船长、船员工资。试分析:以上损失中哪些属于共同海损?哪些属于单独海损?为什么?

案例分析:(1)和(3)是由意外事故所造成的损失,显然属于单独海损;而其余三项是为了解除由于火灾造成的共同危险而采取的措施造成的特殊牺牲和费用,所以属于共同海损。

4. 共同海损的分摊

共同海损分摊时,涉及的受益方包括货方、船方和运费方。共同海损的分摊有 2 个原则:第一,分摊以实际遭受的损失或额外增加的费用为准;第二,无论受损方还是未受损方均应按标的物进行共同海损分摊时,一般遵循《1994 年约克-安特卫普规则》进行海损理算,共同海损的牺牲按最后获救的价值按比例分摊。

练习 6-1　共同海损的分摊

有一艘载货船舶在航行途中发生共同海损,货物共损失 50 万美元,其中货主 A、B、C、D 分别损失 10 万美元、20 万美元、0 美元、20 万美元,船体损失 25 万美元,救助费 3 万美元,运费损失 1 万美元。货主 A、B、C、D 的货物价值分别为 120 万美元、140 万美元、120 万美元、100 万美元。船舶价值 500 万美元,承运人运费总计 20 万美元。请问:船、货、运费三方各应分摊多少共同海损的牺牲和费用?

解析:

总损失额 = 50+25+3+1 = 79(万美元)

分摊价值总额 = 120+140+120+100+500+20 = 1 000(万美元)

分摊率 = 总损失额÷分摊价值总额×100% = 7.9%

船方应分摊额 = 500×7.9% = 39.5(万美元)

货主 A 应分摊额 = 120×7.9% = 9.48(万美元)

货主 B 应分摊额 = 140×7.9% = 11.06(万美元)

货主 C 应分摊额 = 120×7.9% = 9.48(万美元)

货主 D 应分摊额 = 100×7.9% = 7.9(万美元)

运费方应分摊额 = 25×7.9% = 1.975(万美元)

三、海运货物保险保障的费用

保险人不仅对由于承保风险而造成的损失,按照保险合同的规定负赔偿责任,而且承担施救费用和救助费用。

(一)施救费用

施救费用(sue & labour charges)也称为诉讼及营救费用或损害防止费用,是指被保险货物在遭遇承保责任范围内的灾害事故时,被保险人(或其代理人、雇佣人员或受让人)为了避免或减少货物损失,采取各种抢救与防护措施所支出的合理费用。

(二)救助费用

救助费用(salvage charge)是指海上保险财产在遭遇承保范围内的灾害事故时,由保险人和被保险人以外的第三者采取救助措施并获成功,由被救方支付给救助方的一种报酬。

救助费用一般可以列为共同海损的费用项目,因为通常它是在船货各方遭遇共同危难的情况下,为了共同安全由其他船舶前来救助而支出的费用。在各国保险法或保险公司的保险条款中,一般都列有保险人对救助费用负赔偿责任的规定。

(三)施救费用与救助费用的区别

施救费用与救助费用的区别主要有以下几点。

1. 采取行为的主体不同

施救是由被保险人及其代理人等采取的行为，而救助是保险人和被保险人以外的第三者进行的。

2. 给付报酬的原则不同

施救费用是施救不论有无效果，都予以赔偿，而救助则是“无效果，无报酬”。

3. 保险人的赔偿责任不同

施救费用可在保险货物本身的保额以外，再赔一个保额；而保险人对救助费用的赔偿责任是以不超过获救财产的价值为限。

第二节　我国海运货物保险条款

为了适应国际货物海运保险的需要，中国人民保险公司根据我国保险业的实际情况并参照国际保险市场的习惯做法，分别制定了各种保险条款，总称为“中国保险条款”（China insurance clauses，CIC），其中包括“海洋运输货物保险条款”“海洋运输货物战争险条款”以及其他专门条款。投保人可根据货物特点、航线与港口实际情况自行选择投保适当的险别。

一、保险险别

基本险又称主险，是可以单独投保的险别。海洋运输货物保险的基本险包括平安险（free from particular average，FPA）、水渍险（with average or with particular average，WA or WPA）和一切险（all risks）。

附加险是不能单独投保的险别，它必须依附于主险项下，即只有投保基本险中的一种之后，才可加保附加险。

（一）基本险别

1. 平安险

平安险意即“单独海损不赔”。平安险的承保责任范围是：

（1）被保险的货物在运输途中由于恶劣气候、雷电、海啸、地震、洪水等自然灾害造成整批货物的全部损失或推定全损。若被保险的货物用驳船运往或运离海轮时，则每一驳船所装的货物可视作一个整批。

（2）由于运输工具遭到搁浅、触礁、沉没、碰撞，与流冰或其他物体碰撞以及失火、爆炸等意外事故所造成的货物全部或部分损失。

（3）在运输工具已经发生搁浅、触礁、沉没、焚毁等意外事故的情况下，货物在此前后又在海上遭受恶劣气候、雷电、海啸等自然灾害所造成的部分损失。

（4）在装卸或转船时由于一件或数件甚至整批货物落海所造成的全部或部分损失。

（5）被保险人对遭受承保责任内的危险货物采取抢救、防止或减少货损的措施所支付的合理费用，但不可以超过该批被毁货物的保险金额。

（6）运输工具遭遇海难后，在避难港由于卸货引起的损失，以及在中途港或避难港由于卸货、存仓和运送货物所产生的特殊费用。

（7）共同海损的牺牲、分摊和救助费用。

(8)运输契约中如订有“船舶互撞责任”条款,则根据该条款规定应由货方偿还船方的损失。

上述责任范围表明,在投保平安险的情况下,保险公司对由于自然灾害所造成的单独海损不负赔偿责任,而对因意外事故所造成的单独海损则要负赔偿责任。此外,如在运输过程中运输工具发生搁浅、触礁、沉没、焚毁等意外事故,则不论在事故发生之前或发生之后由于自然灾害所造成的单独海损,保险公司也要负赔偿责任。

案例 6-2

我国某外贸公司按照 CIF 术语出口了一批货物,装运前已向保险公司按照发票金额的 110%投保平安险;6 月初货物装妥顺利开航。载货船舶于 6 月 13 日在海上遇到暴风雨,致使一部分货物受到水渍,损失价值为 2 100 美元;数日后该轮又突然触礁,致使该批货物又遭受部分损失,价值 8 000 美元。请问:保险公司对该批货物是否应该赔偿? 为什么?

案例分析:

本案例涉及对《海洋运输货物保险条款》关于平安险承保责任范围的相关条款的运用:如果运输工具在运输途中发生意外事故,而在该意外事故之前或者之后又发生自然灾害并引起单独海损,则该单独海损也在平安险的赔付范围内。即在运输途中,只要有过意外事故,则对于海上风险,保险公司就都应该赔偿,不再区分单独海损和共同海损,在该情况下,平安险的承保范围基本上接近水渍险。所以对于本案中的 2 次海损的损失,保险公司都应该赔付。

2. 水渍险

水渍险意即负责单独海损赔偿。水渍险的承保责任范围是:投保水渍险后,保险人除了负责平安险所承保的全部责任外,还负责被保险货物在运输途中,由于恶劣气候、雷电、海啸、地震、洪水等自然灾害所造成的部分损失的赔偿。

3. 一切险

一切险的责任范围除包括平安险、水渍险的各项保险责任外,还对被保险货物在运输过程中由于外来原因造成偷窃、提货不着、淡水雨淋、短量、包装破损、污染、渗漏、碰损破碎、串味、受潮受热、钩损、锈损等全部或部分损失负赔偿责任。

一切险的责任范围是 3 种基本险别中最大的一种,它除包括平安险、水渍险的责任范围外,还包括被保险货物在运输过程中,由于一般外来风险所造成的全部或部分损失。因此,一切险是平安险、水渍险加一般附加险的总和。需要指出的是,一切险并非保险人对一切风险损失均负赔偿责任,它只对水渍险和一般外来原因引起的可能发生的风险损失负责,而对货物的内在缺陷、自然损耗以及由于特殊外来原因,如战争、罢工等引起的风险损失,概不负赔偿责任。

(二)附加险别

在海运保险业务中,进出口商除了投保货物的基本险外,还可以根据货物的特点和实际需要,再选择若干适当的附加险别。附加险别包括一般附加险、特别附加险和特殊附加险。

1. 一般附加险

一般附加险不能作为一个单独的项目投保,而只能在投保平安险或水渍险的基础上,根据货物的特点和实际需要加保一种或若干种一般附加险。如加保所有的一般附加险,这就叫投保一切险,因为上述险别已经包含在一切险的承保范围内。

一般附加险共有 11 种:偷窃、提货不着险(theft, pilferage and non-delivery, TPND),淡水雨淋险(fresh water rain damage),渗漏险(risk of leakags),短量险(risk of shortage in weight),钩损险(hook damage),污染险(risk of contaminution),破碎险(risk of breakage),碰损险(clashing),生锈险(risk of rust),串味险(risk of odor),受潮受热险(risk of sweating and/or heating)等。凡保险人对承保这些附加险货物如在运输途中发生损失,均按条款规定的责任范围予以赔偿。

2. 特别附加险

特别附加险包括交货不到险(failure to deliver)、进口关税险(import duty risk)、舱面险(on deck risk)、拒收险(rejection risk)、黄曲霉素险(aflatoxin risk)、港澳存仓火险等 6 种。

3. 特殊附加险

特殊附加险包括战争险(war risk)和罢工险(或称罢工暴动民变险)(risk of strike, riots and civil commotions, SRCC)2 种。

案例 6-3　CIF 术语下投保附加险案例

我国某进出口公司按 CIF 条件从中东地区进口某批货物,由于战争,货轮于途中被扣。保险合同规定投保水渍险附加偷窃、提货不着险。进出口公司在提货不着后便向保险公司提出索赔。请问:(1)保险公司是否应给予赔偿? 为什么? (2)如进出口公司投保的是水渍险加交货不到险,则保险公司是否应给予赔偿?

案例分析:

(1)偷窃、提货不着险是在保险有效期内,保险货物被偷走或窃走,以及货物运抵目的地以后,货物的全部或整件未交的损失,由保险公司负责价值赔偿。本案例中,货物是由于战争而致使货轮于途中被扣,因此不属于因偷窃或其他不明的原因导致的提货不着。所以进出口公司向保险公司提出索赔时,保险公司不会给予赔偿。

(2)交货不到险是不论何种原因,从被保险货物装上船开始,如货物不能在预定抵达目的地的日期起 6 个月内交付的,保险公司负责按全损赔偿。如进出口公司投保的是交货不到险,在这种情况下,可以向保险公司提出赔偿要求。但需要注意的是,进出口公司只能在货物不能在预定抵达目的地的日期起 6 个月内交付时,才能向公司索赔。即如果按正常情况,该批货物应该于 3 月 1 日抵达目的港,则从 3 月 1 日起算,如果 6 个月内该批货物仍没有交付给收货人,则从 9 月 1 日以后,进出口公司可以向保险公司索赔。

二、除外责任

除外责任是指保险人不予赔偿的损失和费用。这是为了维护保险人的权益而对承保责任范围做进一步的明确和划分。除外责任一般来说属于非意外的、非偶然的,或比较特殊的风险。根据《中国人民保险公司海洋货物运输条款》的规定,保险公司对下列损失不予赔偿:

(1)被保险人的故意行为或过失造成的损失。

(2)由于发货人的责任所引起的损失。

(3)被保险货物在保险责任开始之前就已存在品质不良或数量短缺所形成的损失。

(4)被保险货物的自然损耗、品质特性以及市价跌落、运输延迟所引起的损失和费用。

战争险的除外责任:由于敌对行为使用原子弹或热核制造的武器导致被保险货物的损失和费用不负责赔偿。

罢工险的除外责任:与战争险一样。如由于劳动力短缺或无法使用劳动力,致使堆放码头的货物遭到雨淋、日晒而受损,冷冻机因无燃料中断制冷而造成的被保险货物的损失保险公司不负责赔偿。

案例6-4　冷冻设备停机保险公司是否该赔偿

我方按CIF出口冷冻食品一批,合同规定投保平安险加战争、罢工险。货到目的港后适逢码头工人罢工,港口无人作业,货物无法卸载。不久货轮因无法补充燃料以致冷冻设备停机,等到罢工结束,该批冷冻食品已变质。请问:这种由于罢工而引起的损失,保险公司是否负责赔偿?

案例分析:

保险公司不负责赔偿。根据《海洋货物运输保险条款》,保险公司仅承保罢工者、被迫停工工人、参加工潮、暴动和战争的人员采取行动所造成的承保货物的直接损失,对间接损失不负责。本案例中该批冷冻食品变质是因为货物到目的港后适逢码头工人罢工,因港口无人作业,无法卸货,导致燃料不足,冷冻设备停机所致,可见是罢工的间接损失而非直接损失,所以保险公司不负责赔偿。

三、责任起讫

责任起讫又称保险期间或保险期限,是指保险人承担责任的起讫时限。

(一)基本险的责任起讫

根据《中国人民保险公司海洋运输货物条款》的规定,保险公司对平安险、水渍险和一切险的承保责任起讫是采用国际保险业惯用的"仓至仓条款"(warehouse to warehouse clause),简称W/W。W/W条款规定保险责任自被保险货物运离保险单所载明的启运地发货人仓库时开始生效,包括正常运输过程中的海上运输和陆上运输,直至该项货物到达保险单所载明的目的地收货人仓库为止。W/W条款的限制性条件为:

(1)当货物从目的港卸离海轮时起满60 d,不论货物是否进入收货人仓库,保险责任均告终止。

(2)如上述保险期限内被保险货物需要转交到非保险单所载明的目的地时,保险责任则以该项货物开始转交时终止。

(3)被保险货物在运至保险单所载明的目的港或目的地以后,在某一仓库发生分组、分派的情况,则该仓库就作为被保险人的最后仓库,保险责任也从货物运抵该仓库时终止。

(4)被保险人可以要求扩展期限。

(5)当发生非正常运输情况时,如运输迟延、绕道、被迫卸货、航程变更等,被保险人及时通知保险人,加交保险费,可按扩展条款办理。

案例6-5　"仓至仓"条款的应用

5月,某公司以CFR条件在上海从国外进口一批汽车零件,并据卖方提供的装船通知及时向中国人民保险公司投保了水渍险,后来由于国内用户发生变更,该公司通知承运人将货物改卸到黄埔港。货物在黄埔港装火车运往南京途中遇到山洪,致使部分货物受损,该公司据此向保险公司索赔,但遭拒绝。请问:(1)保险公司拒赔有无道理?(2)如果海轮正常于当年6月1日抵达上海港并开始卸货,6月3日全部卸在码头货棚中而未运往收货人仓库,保险公司的保险责任至哪一天终止?

案例分析:

保险公司拒赔是合理的。W/W 条款的限制性条件中有一项规定:在保险期限内被保险货物需要转交到非保险单所载明的目的地时,保险责任则以该项货物开始转交时终止。案例中该公司投保水渍险,其保险单所载明的目的地为上海,货物改卸至黄埔港,并从黄埔港装火车运往南京,这 2 个地点均不是保险单所载明的目的地,而且发生了货物转交。在转交南京的途中遇到山洪,已经超出了保险责任的承保期限,所以保险公司拒赔有道理。根据W/W 条款,当货物从目的港卸离海轮时起满 60 d,不论货物是否进入收货人仓库,保险责任均告终止。从 6 月 3 日货物全部卸在码头货棚中开始算起,60 d 以后也就是在 8 月 1 日,保险公司的保险责任终止。

(二)不同价格贸易术语影响"仓至仓"的责任起讫点

1. 在 CIF 条件下,保险责任起讫期间是"仓至仓"

案例 6-6　CIF 合同保险责任起讫

某公司有一份 CIF 合同出售大米 50 t,卖方在装船前投保了一切险加战争险,自南美洲内陆仓库起,直至英国伦敦买方仓库为止。货物从卖方仓库运往码头途中,发生了承保范围内的损失。请问:当卖方凭保险单向保险公司提出索赔时,能否得到赔偿?

案例分析:

卖方能够得到保险公司的赔偿。在 CIF 条件下,货物装上船前,所有权属于卖方,并由卖方向保险公司投保,所以卖方对承保货物具有可保利益。所谓可保利益,是投保人对保险标的具有法律上承认的利益。只有对保险标的拥有所有权的人,才具有保险利益,而只有具有利益的人才有投保权,并且 CIF 合同保险责任起讫期间是"仓至仓",货物从卖方仓库运往码头途中,发生了承保范围内的损失,保险公司应该给予赔偿。

2. 在 FOB、CFR 条件下,保险责任起讫期间是"船至仓"

案例 6-7　CIF 能改为 FOB 或 CFR 吗?

某公司有一份 CIF 合同出售大米 50 t,卖方在装船前投保了一切险加战争险,自南美洲内陆仓库起,直至英国伦敦买方仓库为止。货物从卖方仓库运往码头途中,发生了承保范围内的损失。请问:本案例中的贸易术语若改为 FOB 或 CFR,卖方能否得到保险公司的赔偿?

案例分析:

本案例中的贸易术语若改为 FOB 或 CFR,卖方不能得到保险公司的赔偿。以 FOB 或 CFR 术语成交,卖方均不需要办理保险,而是由买方为其自身的利益而授保。货物装船前,在 FOB 或 CFR 条件下,因是买方投保,所以卖方不具备可保利益,卖方也就无法持有保险单向保险公司索要赔偿。同时,在 FOB 或 CFR 条件下,保险责任起讫期间是"船至仓"。所以货物从卖方仓库运往码头途中,发生了承保范围内的损失,因其没有在"船至仓"的保险期限内,自然也不属于保险公司的赔偿范畴。

(三)战争险的责任起讫

保险公司对战争险的责任起讫时限与基本险不同,保险公司只承担货物装上海轮起至货物运抵目的港并卸离海轮为止的水面风险。如果货物不卸离海轮或驳船,则从海轮到达目的港当日午夜起算满 15 d 之后责任自行终止;如果中途转船,不论货物在当地卸货与否,保险责任以海轮到达该港可卸货地点的当日午夜起算满 15 d 为止,等再装上续运海轮时,保险责任继续有效。由于敌对行为使用原子弹或热核制造的武器导致被保险货物的损失和费用,保险公司不负责赔偿。

第三节　伦敦保险协会货物保险条款

英国伦敦保险协会制定的《伦敦保险协会海运货物保险条款》,一般简称为《协会货物条款》(institute cargo clauses,ICC),在国际保险业中有着广泛的影响,目前世界上很多国家在海上保险业务中直接采用,或者在制定本国保险条款时参考,部分采用了上述条款。在我国按照 CIF 或 CIP 条件成交的出口交易中,国外商人有时要求按照《协会货物条款》投保,我国出口企业和保险公司一般均可接受。目前实行的是其 1982 年修订的条款。

一、英国伦敦保险协会修订的海运货物保险条款的种类

(1)协会货物条款(A):ICC(A)。

(2)协会货物条款(B):ICC(B)。

(3)协会货物条款(C):ICC(C)。

(4)协会战争险条款(货物)。

(5)协会罢工险条款(货物)。

(6)恶意损害险条款。

在以上险别中 A、B、C 3 种险别是基本险,战争险、罢工险及恶意损害险是附加险。其中,除了恶意损害险外,前 5 种险别都可以单独投保。另外,A 险包括恶意损害险,但在投保 B 险或 C 险时,应另行投保恶意损害险。

二、协会货物保险主要险别的承保范围与除外责任

(一)ICC(A)

1. 承保范围

ICC(A)类似于我国的一切险,采用"一切风险减除外责任"的概括式规定方法,即除了"除外责任"项下所列的风险保险人不予负责外,其他风险均予负责。

2. 除外责任

(1)一般除外责任。如包装或准备不足、不当所造成的损失,使用原子弹或热核武器所造成的损失和费用。

(2)不适航、不适货除外责任。主要指保险人在被保险货物装船时已知道船舶不适航,以及船舶、运输工具、集装箱等不适货。

(3)战争除外责任。

(4)罢工除外责任。

(二)ICC(B)

1. 承保范围

ICC(B)类似于我国的水渍险,采用承保“除外责任”之外列明风险的办法,即将承保的风险一一列举出来。ICC(B)具体承保的风险如下:

(1)灭失或损坏合理归因于下列原因者:火灾、爆炸;船舶或驳船触礁、搁浅、沉没或倾覆;陆上运输工具倾覆或出轨;船舶、驳船等运输工具同水以外的外界物体碰撞;在避难港卸货;地震、火山爆发、雷电等自然灾害。

(2)灭失或损坏由于下列原因造成者:共同海损牺牲;抛货;浪击落海;海水、湖水或河水进入船舶、驳船、运输工具、集装箱、大型海运箱或贮存处所;货物在装卸时落海或摔落造成整件的全损。

2. 除外责任

ICC(A)除外责任加上ICC(A)的“海盗行为”与“恶意损害险”。

ICC(B)与ICC(A)的区别:在ICC(A)中,仅规定保险人对归因于被保险人故意的不法行为所致的损失或费用,不负赔偿责任;而在ICC(B)中,则规定保险人对被保险人以外的其他人的故意非法行为所致的风险不负赔偿责任。可见,在ICC(A)中,恶意损害的风险被列为承保风险;而在ICC(B)中,保险人对此项风险却不负赔偿责任。被保险人如想获得此种风险的保险保障,就需加保“恶意损害险”。

在ICC(A)中,标明“海盗行为”不属除外责任;而在ICC(B)中,保险人对此项风险不负保险责任。

(三)ICC(C)

1. 承保范围

ICC(C)类似于我国的平安险,仅承保“重大意外事故”的风险,而不承保自然灾害及非重大意外事故的风险,具体承保风险如下:

(1)灭失或损坏合理归因于下列原因者:火灾、爆炸;船舶或驳船触礁、搁浅、沉没或倾覆;陆上运输工具倾覆或出轨;船舶、驳船或运输工具同水以外的外界物体碰撞;在避难港卸货。

(2)灭失或损坏由于下列原因造成者:共同海损牺牲,抛货。

2. 除外责任

除外责任与ICC(B)完全相同。

ICC(A)、ICC(B)、ICC(C)险的承保范围类似于CIC的一切险、水渍险和平安险,不同之处如下:

(1)海盗行为所造成的损失是ICC(A)的承保范围,而在一切险中是除外责任。

(2)ICC(A)包括恶意损害险,而一切险中不包括此种险。

(3)ICC(B)、ICC(C)改变了水渍险与平安险对承保范围中某些风险不明确的弊病,采取列明风险的办法,即把承保风险和损失列明。

(四)协会战争险条款(货物)

1. 承保范围

(1)直接由于战争、内战、革命、造反、叛乱,或由此引起的内乱,或任何交战方之间的敌对行为所造成的运输货物的损失。

(2)由于上述原因所引起的捕获、扣押、扣留、拘禁或羁押等所造成的运输货物的损失。

(3)各种常规武器所造成的运输货物的损失。

2. 除外责任

除与ICC(A)除外责任相同之外,还包括:

(1)基于航程、航海上的损失或受阻的任何索赔不负赔偿责任。

(2)由于敌对行为使用原子弹或热核武器所造成的损失不负赔偿责任。

(3)责任起讫适用于“水面”条款,以“水上危险”为限。

(五)协会罢工险条款(货物)

1. 承保范围

(1)由于罢工工人、被迫停工工人或参与工潮、暴动或民变的人员所造成的损失或损害。

(2)罢工、被迫停工、工潮、暴动或民变造成的损失和费用。

(3)由于恐怖分子或出于政治动机所造成的人为损失或损害。

2. 除外责任

除与ICC(A)的一般除外责任相同之外,还包括:

(1)因罢工、关厂、工潮、暴动或民变造成的各种劳力流失、短缺或抵制引起的损失、损害或费用不负赔偿责任。

(2)基于航程或航海上的损失或受理的任何索赔不负赔偿责任。

(3)由于战争、内战、革命、造反、叛乱,或由此引起的内乱或交战方之间的敌对行为造成的损失、损害或费用不负赔偿责任。

(六)恶意损害险的承保风险

若要对恶意损害造成的损失取得保障,可以投保ICC(A),或在投保ICC(B)或ICC(C)时加保恶意损害险。

三、协会海运货物保险的保险期限

保险期限又称保险有效期,是指保险人承担保险责任的起止期限。ICC(A)、ICC(B)、ICC(C)条款与我国海运货物保险条款对期限的规定大体相同,也是“仓至仓”条款,但比我国条款规定得更为详细、明确。

在我国进出口业务中,特别是以CIF条件出口时,外商如要求我国出口公司按照《协会货物条款》投保,我国出口企业和中国人民保险公司也可通融接受。

第四节　我国陆运、空运货物与邮包运输保险

陆运货物险、空运货物险及邮包运输险是在海运货物保险的基础上发展起来的。由于陆运、空运及邮运同海运可能遭致货物损失的风险种类不同，所以陆、空、邮货运保险与海上货运保险的险别及其承保责任范围也有所不同。

一、陆上运输货物保险

陆上运输货物保险是承保以火车、汽车等运输工具进行货物运输的保险。根据我国 1981 年 1 月 1 日修订的《陆上运输货物保险条款》规定，陆上运输货物保险的基本险别分为陆运险（overland transportation risk）和陆运一切险（overland transportation all risks）2 种。此外，还有陆上运输冷藏货物险（overland transportation insurance frozen products）和陆上运输货物战争险（overland transportation cargo war risks）。

（一）陆运险

陆运险的承保范围与海洋运输货物保险条款中的“水渍险”相似，承保的责任范围包括：被保险货物在运输中遭受暴风、雷电、地震、洪水等自然灾害，或由于陆上运输工具（主要是指火车、汽车）遭受碰撞、倾覆或出轨而造成的损失；在驳运过程中，包括驳运工具搁浅、触礁、沉没或由于遭受隧道坍塌、崖崩或火灾、爆炸等意外事故所造成的全部或部分损失。

（二）陆运一切险

陆运一切险的责任范围除包括上述陆运险的责任外，保险公司对被保险货物在运输途中由于外来原因造成的短少、短量、偷窃、渗漏、碰损、破碎、钩损、雨淋、生锈、受潮、霉变、串味、玷污等全部或部分损失，也负责赔偿。

陆上运输货物保险的除外责任包括下列情况：

（1）被保险人的故意行为或过失所造成的损失。

（2）属于发货人所负责任或被保险货物的自然消耗所引起的损失。

（3）由于战争、工人罢工或运输延迟所造成的损失。

保险责任起讫按照“仓至仓”条款办理，但是货物未进仓者，以该货到达最后卸货车站的 60 d 为止。

（三）陆上运输冷藏货物险

陆上运输冷藏货物险是陆上运输货物险中的一种专门保险。其责任范围除陆运险所列的损失外，还负责赔偿由于冷藏机器或隔温设备在运输途中损坏造成的货物解冻溶化而腐败的损失。

保险责任起讫：自货物运离保单所载起运地点的冷藏仓库装入运送工具开始运输时生效，直至运达目的地收货人仓库为止。最长保险责任期限以货物到达目的地车站后 10 d 为限。

(四)陆上运输货物战争险

陆上运输货物战争险是陆上运输货物险的一种附加险。保险责任范围包括火车运输途中由于战争、类似战争行为和敌对行为、武装冲突所致的货物损失;各种常规武器所致的损失。

陆上运输战争险的责任起讫:自保单载明的起运地装上车开始,至目的地卸离火车止。若在目的地不卸车,则至目的地当日午夜起算 48 h 后责任终止。若中途转车,无论卸载与否,则至中途站的当日午夜起算 10 d 责任终止。在此期限内若重新装车续运,保险恢复有效。

陆运货物在投保上述基本险之一的基础上,可以加保附加险,如投保陆运险,则可酌情加保一般附加险和战争险等特殊附加险;如投保陆运一切险,就只需加保战争险,而不需再加保一般附加险,陆运货物在加保战争险的前提下,再加保罢工险,不另收保险费。陆运货物战争险的责任起讫,是以货物置于运输工具时为限。

二、航空运输货物保险

保险公司承保航空运输货物,保险责任是以飞机作为主体来加以规定的。航空运输货物保险(air transportation cargo insurance)分为航空运输险和航空运输一切险 2 种,此外还有附加险。

(一)航空运输险

航空运输险(air transportation risks)相当于海运的水渍险。航空运输险的承保责任范围为:

(1)被保险货物在运输途中遭受雷电、火灾、爆炸或由于飞机遭受恶劣气候或其他危难事故而被抛弃,或由于飞机遭碰撞、倾覆、坠落或失踪等意外事故所造成的全部或部分损失。

(2)被保险人对遭受承保责任范围内危险的货物采取抢救,防止或减少货损的措施而支付合理的费用,但以不超过该批被救货物的保险金额为限。

(二)航空运输一切险

航空运输一切险(air transportation all risks)相当于海运的一切险。航空运输货物保险的责任起讫期限从被保险货物运离保险单所载明起运地仓库或储存处所开始运输生效。在正常运输过程中继续有效,直至该项货物运抵保险单所载明目的地交到收货人仓库或储存处所,被保险人将货物用作分配、分派或非正常运输的其他存储处所为止。如保险货物款未到达上述仓库或储存处所,则以被保险货物在最后卸货地卸离飞机后 30 d 为止。与陆运货物保险一样,被保险货物在投保航空运输险和航空运输一切险后,还可经协商加保航空运输货物战争险等附加险。

(三)航空运输货物战争险

航空运输货物战争险(air transportation cargo war risks)是航空运输货物险的一种附加险。其保险责任范围包括由于战争、类似战争行为、敌对行为或武装冲突及各种常规武器造成的货物损失。

保险责任起讫:自保单载明的起飞地上机开始,至目的地卸机止。若不卸机,则至目的地当日午夜起算满 15 d 责任终止。若需中转,则以至转运地当日午夜起算满 15 d 止,一装上续运飞机,保险恢复生效。

投保战争险之后加保罢工险不另收费;仅加保罢工险,按照战争险费率收费。

三、邮包运输货物保险

邮包保险承保通过邮政局邮包寄递的货物在邮递过程中发生保险事故所致的损失。以邮包方式将货物发送到目的地,可能通过海运,也可能通过陆上或航空运输,或者经过2种或2种以上的运输工具运送。不论通过何种运送工具,凡是以邮包方式将贸易货物运达目的地的保险均属邮包保险。邮包保险按照其保险责任分为邮包险(parcel post risks)和邮包一切险(parcel post all risks)2种。前者与海洋运输货物保险水渍险的责任相似,后者与海洋运输货物保险一切险的责任基本相同。

(一)邮包险

邮包险的责任范围如下:

(1)被保险邮包在运输途中由于恶劣气候、雷电、海啸、地震、洪水等自然灾害或由于运输工具遭受搁浅、触礁、沉没、碰撞、倾覆、出轨、坠落、失踪,或由于失火爆炸意外事故所造成的全部或部分损失。

(2)被保险人对遭受承保责任内危险的货物采取抢救,防止或减少货损的措施而支付的合理费用,但以不超过该批被救货物的保险金额为限。

(二)邮包一切险

邮包一切险的责任除上述邮包险的各项责任外,还负责被保险邮包在运输途中出于外来原因所致的全部或部分损失。

邮包险保险责任起讫:自邮包离开保单所载起运地点寄件人的处所运往邮局时开始生效,直至邮包运达保单载明的目的地邮局发出通知书给收件人当日午夜起计算满15 d为止。在此期限内,邮包一经交至收件人的处所时,保险责任即行终止。

(三)邮包战争险

邮包战争险(parcel post war risks)是一种附加险,其保险责任范围包括在邮包运输过程中由于战争、类似战争行为、敌对行为、武装冲突、海盗行为以及各种常规武器所造成大的损失;被保险人对遇险货物采取抢救,防止或减少损失的措施而支付的合理费用。

保险责任起讫:自邮局的储存处所开始运送时生效,至目的地邮局送交收件人止。投保战争险之后,加保罢工险不另收费;如仅加保罢工险,按照战争险费率收费。

第五节　合同中的保险条款与保险操作实务

在国际货物买卖合同中,为了明确交易双方在货运保险方面的责任,通常都订有保险条款,其内容主要包括:保险投保人、保险公司和保险条款、保险险别、保险金额以及保险单据的约定等事项。

一、保险投保人的约定

每笔交易的货运保险究竟由买方还是卖方投保,完全取决于买卖双方约定的交货条件和所使用的贸易术语。由于每笔交易的交货条件和所使用的贸易术语不同,故对投保人的规定也相应有别。一般而言,按照 EXW、FCA、FAS、FOB、CFR 和 CPT 条件成交时,一般只订明"保险由买方自理"。如买方要求卖方代办保险,则应在合同保险条款中订明"由买方委托卖方按发票金额××%代为投保××险,保险费由买方负担"。当按照 CIF 或 CIP 条件成交时,由于货价中包括保险费,故在合同保险条款中,需要详细约定卖方负责办理货运保险的有关事项,如约定投保的险别、支付保险费和向买方提供有效的保险凭证等。

二、保险公司和保险条款的约定

在按照 CIF 或 CIP 条件成交时,保险公司的资信情况与卖方关系不大,但与买方却有重大的利害关系。因此,买方一般要求在合同中限定保险公司和所采用的保险条款,以利于日后保险索赔工作的顺利进行。例如,我国按照 CIF 或 CIP 条件出口时,买卖双方在合同中,通常都订明:"由卖方向中国人民保险公司投保,并按该公司的保险条款办理。"

三、保险险别的约定

按照 CIF 或 CIP 条件成交时,运输途中的风险本应由买方承担,但一般保险费则约定由卖方负担,因货价中包括保险费。买卖双方约定的险别通常为平安险、水渍险、一切险 3 种基本险别中的一种。有时也可根据货物特性和实际情况加保一种或若干种附加险。如约定采用《协会货物条款》,也应根据货物特性和实际需要约定该条款的具体险别。在双方未约定险别的情况下,依惯例,卖方可按照最低的险别予以投保。

在 CIF(或 CIP)价中,一般不包括加保战争险等特殊附加险的费用,因此,如买方要求加保战争险等特殊附加险时,其费用应由买方负担。如买卖双方约定,由卖方投保战争险并由其负担保险费时,卖方为了避免承担战争险的费率上涨的风险,往往要求在合同中规定"货物出运时,如保险公司增加战争险的费率,则其增加的部分保险费应由买方负担"。

四、保险金额的约定

保险金额是指投保人与保险公司之间实际投保和承保的金额,是保险费的计收依据,是投保人或其受让人索赔和保险人理赔的最高限额。

按照 CIF(或 CIP)条件成交时,因保险金额关系到卖方的费用负担和买方的切身利益,故买卖双方有必要将保险金额在合同中具体订明。根据保险市场的习惯做法,保险金额一般都是按照 CIF(或 CIP)价加成计算。

保险金额的计算公式为:保险金额=CIF 价×(1+加成率)。

由于保险金额一般是以 CIF(或 CIP)价为基础加成确定的,因此,在仅有货价与运费(即已确定 CFR 和 CPT 价)的情况下,CIF(或 CIP)价可按下列公式计算:

$$\text{CIF(或 CIP)价} = \frac{\text{CFR(或 CPT)价}}{1 - \text{保险费率} \times (1 + \text{投保加成率})}$$

为简化计算程序,中国人民保险公司制定了一份保险费率常用表。将 CFR 和 CPT 价格直接乘以表内所列常数,便可算出 CIF(或 CIP)价。

我国进口货物的保险金额,在原则上虽也按照进口货物的 CIF(或 CIP)价计算,但在实际业务中，我国进口合同大多采用 FOB（或 FCA）条件，为方便计算，可以按平均运费率和平均保险费率直接计算保险金额。其计算公式如下：

保险金额=FOB 价×（1+平均运费率+平均保险费率）

这里的保险金额即估算的 CIF（或 CIP）价而不再另外进行加成。如果投保人要求在 CIF（或 CIP）价的基础上加成投保，保险人也可接受。

保险费是保险人经营业务的基本收入，也是保险人所掌握的保险基金（即损失赔偿基金）的主要来源。投保人交付保险费，是保险合同生效的前提条件，在被保险人支付保险费前，保险人可以拒绝签发保险单据。

保险费的计算公式是：保险费=保险金额×保险费率。

练习 6-2

某货主在货物装船前，按发票金额的 110% 办理了货物投保手续，投保一切险加战争险。该批货物以 CIF 价成交的总价值为 20.75 万美元，一切险和战争险的保险费率合计为 0.6%。请问：(1)该货主应交纳的保险费是多少？(2)若发生了保险公司承保范围内的损失，导致货物全部灭失，保险公司的最高赔偿金额是多少？

解析：

保险费=保险金额×保险费率

保险费=CIF（或 CIP）价×（1+投保加成率）×保险费率

=20.75×10000×110%×0.6%=1 369.5（美元）

最高赔偿金额=20.75×110%=22.825（万美元）

五、保险单据的约定

在买卖合同中，如约定由卖方投保，通常还规定卖方应向买方提供保险单据，如被保险的货物在运输过程中发生承保范围内的风险损失，买方即可凭卖方提供的保险单据向有关保险公司索赔。

保险单据是一份法律文件，它是保险人和被保险人之间有关权利与义务关系的书面证明，它反映了保险人与被保险人之间的权利和义务关系，也是保险人承保的证明。当发生保险责任范围内的损失时，它又是办理索赔和理赔的主要依据。保险单据有以下几种。

（一）保险单

保险单（insurance policy）又称大保单，它是一种正规的保险合同，除载明投保单所述各项内容外，还列有保险公司的责任范围以及保险公司与被保险人双方各自的权利和义务等方面的详细条款。

（二）保险凭证

保险凭证（insurance certificate）又称小保单，它是一种简化的保险合同，除其背面没有列入详细保险条款外，其余内容与保险单相同。保险凭证也具有与保险单同样的法律效力。但保险条款仍以保险单的保险条款为准。

（三）预约保险单

预约保险单（open policy）又称预约保险合同，它是被保险人（一般为进口人）与保险人之间订立的总合同。订立这种合同的目的是简化保险手续，又可使货物一经装运即可取得保障。合同中规定承保货物的范围、险别、费率、责任、赔款处理等条款，凡属合同约定的运输货物，在合同有效期内自动承保。

（四）联合凭证

为简化手续，在出口公司的商业发票上加注保险编号、保险金额，并加盖印戳，作为承保凭证，其他项目以发票所列为准。这种联合凭证（combined insurance certificate）目前仅适用于对我国香港、澳门地区的部分贸易。

六、保险索赔

保险索赔是指当被保险货物遭受承保责任范围内的风险损失时，被保险人向保险人提出的索赔要求。

（一）免赔率

对容易破碎和易短量的货物，应了解是否有免赔的规定，即所谓不论损失程度（irrespective of percentage，IOP）均予赔偿，或规定免赔率。免赔率有绝对免赔率和相对免赔率之分。

1. 绝对免赔率

扣除免赔额度内的损失部分，只赔付超过约定免赔额度部分。如损失 18%，约定免赔率 5%，保险人赔付 13%；若损失 4%，保险人不赔。

2. 相对免赔率

对所承保货物受损金额达到或超过免赔额度的才给予赔偿，但赔偿时不扣除免赔额度以内的损失部分，而是对受损额全额赔付。

中国人民保险公司现在实行的是绝对免赔率，但伦敦保险业协会的《协会货物条款》则无免赔率的规定。

（二）赔偿额的计算

全损的赔偿是按照保险单载明的保险金额为准，予以赔付；部分损失赔偿是以灭失或短少的数量占保险货物总量之比计算：

赔款额＝保险金额×（短少数量÷被保险货物总量）

货物遭受局部损失的赔款额＝保险金额×［（货物完好价值－受损后价值）÷货物完好价值］

难以确定当地市价时，按发票金额计算赔款额：

赔款额＝保险金额×（按发票金额计算的损失额÷发票金额）

练习 6-3

一出口公司出口某商品净重 100 t，装 5 000 箱，每箱单价为 89 美元，加一成投保一切险。货到目的港后，买方发现除短少 5 箱外，还短量 380 kg。请问：保险公司负责赔偿的金额是多少？

解析：

总投保金额＝5000×89×110%＝489 500（美元）

短少数量＝5+［380÷（100000÷5000）］＝5+19＝24（箱）

保险公司负责赔偿的金额＝保险金额×（短少数量÷被保险货物总量）

$=489\ 500\times(24\div5000)$

$=2\ 349.6$(美元)

(三)保险索赔手续

中国人民保险公司承保的出口货物,在到达国外目的地以后发现货物损失,收货人或其代理人一般都按照保险单规定委请指定的检验人检验货损,出具检验报告,由国外收货人凭检验报告连同有关权益证明书、保险单正本,直接向保险公司或其代理人索赔。

中国人民保险公司承保的进口货物运抵国内后,如果发现残损或短缺,在港口的收货单位应立即通知当地的保险公司,在内地的收货单位则应立即通知当地的保险公司或中国人民银行,会同有关部门进行联合检验,出具联合检验报告。申请联合检验的期限,一般最迟不能超过保险责任终止日前10 d。收货单位应根据残损货物联合检验报告的损失金额或程度,向卸货港的保险公司索赔。为了分清国内、国外有关单位的责任,防止国外不法商人以劣货充好货和国外承运人失职所造成的货损,保险公司应会同各有关贸易单位、港口和运输部门加强港口检验工作,及时发现国外商人的责任事故,立即办好对外索赔手续。

本章小结

国际货物运输中面临着各种风险,货主为了在货物受到损失后能得到补偿,减少损失,就要投保货物运输保险。

海上运输是国际贸易中最主要的运输方式。海上货物运输保险中承保的内容为风险和损失。风险包括海上风险和外来风险,损失包括全部损失和部分损失;保险人承保的海上费用,由施救费用和救助费用构成。

海运货物运输保险的基本险依照承保范围的大小依次是平安险、水渍险和一切险,在投保时只能选择其中一种进行投保。此外,还可以根据实际义务需要加保一般附加险或特殊附加险,但一切险的承保范围已经包括一般附加险,因此,在投保一切险时,无须加保一般附加险。

海运货物保险条款中,我国有中国人民保险公司的各种条款;在国际上有伦敦保险业协会条款,在使用中应注意中国人民保险公司的保险条款与伦敦保险业协会的保险条款的相同及不同之处,在实际业务中选择使用。

进出口合同中的保险条款包括以下内容:由何方负责办理保险事宜、保险费由何方承担,如何确定保险险别和保险金额,如何选择保险人、保险单据以及如何交纳保险费等。

综合练习

一、单项选择题

1. 某公司出口货物在运输途中遭遇风暴,运输船舶与货物均沉入海底。该公司损失的货物应属于(　　)。

A. 部分损失　　B. 全部损失　　C. 共同损失　　D. 共同海损

2. 出口木材一批，如在运输中发生风险，(　　)不属于实际全损。

A. 船只失踪3个月　　B. 船只遇难沉没，货物沉入海底

C. 船只被海盗劫去　　D. 船只在避难港避难

3. 按照我国海运货物保险条款的规定，投保一切险后还可以加保(　　)。

A. 偷窃、提货不着险　　B. 卖方利益险

C. 战争、罢工险　　D. 淡水雨淋险

4. “仓至仓”条款是(　　)。

A. 承运人负责运输责任起讫的条款　　B. 保险人负责保险责任起讫的条款

C. 出口人负责交货责任起讫的条款　　D. 进口人向保险公司索赔的起讫条款

5. 按照国际保险市场的惯例，投保时的保险加成率一般为(　　)。

A. 5%　　B. 10%　　C. 15%　　D. 20%

6. 下列不在一切险承保范围内的险别是(　　)。

A. 偷窃、提货不着险　　B. 渗漏险

C. 交货不到险　　D. 碰损险

7. 下列(　　)情况属于特殊附加险。

A. 偷窃　　B. 串味　　C. 罢工　　D. 锈损

8. 某货轮在航运途中，A舱失火，船长误以为B舱也失火，命令对两舱同时施救。A舱共2批货，甲批货物全部焚毁，乙批货物为棉织被单全部遭水浸；B舱货物也全部遭水浸。这种损失应为(　　)。

A. A舱乙批货、B舱货都属于单独海损

B. A舱乙批货、B舱货都属于共同海损

C. A舱乙批货属于共同海损，B舱货属于单独海损

D. A舱乙批货属于单独海损，B舱货属于共同海损

9. 下列我国海运货物保险条款中不能单独投保的险别是(　　)。

A. 平安险　　B. 水渍险　　C. 一切险　　D. 战争险

10. 按照保险人承担责任范围大小，下列3种险别依次顺序为(　　)。

A. 平安险、一切险、水渍险　　B. 一切险、水渍险、平安险

C. 水渍险、平安险、一切险　　D. 一切险、平安险、水渍险

11. 一批货物在海上运输途中受损，修理费用超过货物修复后的价值，这种损失应为(　　)。

A. 实际全损　　B. 推定全损　　C. 共同海损　　D. 单独海损

12. 水泥受海水浸泡后结块，丧失原有的使用价值，属于(　　)。

A. 实际全损　　B. 推定全损　　C. 共同海损　　D. 单独海损

13. 舱面险属于(　　)。

A. 一切险　　B. 平安险　　C. 水渍险　　D. 附加险

14. (　　)承保责任范围最大。

A. ICC(A)　　B. ICC(B)　　C. ICC(C)　　D. ICC(D)

15. 为防止运输途中货物被窃，应该投保（　　）。

A. 一切险，偷窃、提货不着险　　B. 水渍险

C. 平安险，偷窃、提货不着险　　D. 一切险，平安险，偷窃、提货不着险

16. 船舶在航行途中因故搁浅，船长为了解除船货的共同危险，有意合理地将部分货物抛入海中，使船舶起浮，继续航行至目的港，搁浅和抛货的损失（　　）。

A. 前者属于共同海损，后者属于单独海损

B. 前者属于单独海损，后者属于共同海损

C. 都属于共同海损

D. 都属于单独海损

二、简答题

1. 海上货物运输保险承保的范围是什么？
2. 构成共同海损的条件是什么？
3. 共同海损和单独海损有何区别？
4. 根据《中国人民保险公司海洋货物运输条款》的规定，保险公司的除外责任有哪些？
5.《伦敦保险协会海运货物保险条款》ICC（A）条款的承保范围是什么？

三、计算题

1. 某出口公司原来对外报价为 USD 1890 CFR 鹿特丹，后外商来电要求改报 CIFC5%鹿特丹。规定按发票金额的 120%投保一切险和战争险，一切险保险费率为 0.6%，战争险保险费率为 0.03%。试计算 CIFC5%的价格，该公司应付给保险公司多少保险费？应付多少佣金？

2. 一批出口货物 CFR 价为 2 680 美元，现客户来电要求按照 CIF 价加 20%投保一切险，如保险率为 0.8%，卖方应向客户补收多少保险费？

四、案例分析题

1. 有一份 CIF 合同，卖方在装船前向保险公司投保了“仓至仓”条款一切险，但货物在从卖方仓库运往码头的途中，发生了承保范围以内的货物损失。事后卖方以保险单含有“仓至仓”条款为由，要求保险公司赔偿此项损失，但遭到保险公司拒绝。保险公司认为货物未装运，损失不在承保范围内。试问在上述情况下，保险公司能否拒赔？为什么？

2. 某货轮在航行途中因设备故障起火，该船的第四舱内发生火灾，经灌水灭火后统计损失，被火烧毁货物价值 5 000 美元，因灌水救火被水浸坏货物价值 6 000 美元。船方宣布为共同海损，试根据上述案例分析回答下列问题：

（1）船长宣布损失为共同海损是否合理？

（2）被火烧毁的货物损失 5 000 美元船方是否应负责赔偿，理由是什么？

（3）被水浸的货物损失 6 000 美元属什么性质的损失？应由谁负责？

3. 某公司出口蜡烛一批，投保一切险，由于货轮陈旧、速度慢，加上该轮沿途到处揽载，结果航行了 3 个月才到达目的港，卸货后，蜡烛因受热时间太长，已经软化变形无法销售。请问这种情况保险公司是否会给予赔偿？

第七章 国际货款的收付

教学要求：通过本章的学习，学生了解国际货款收付的支付工具，熟知国际货款收付的几种支付方式，掌握结算方式的比较与结合使用，学会订立合同中的支付条款。

知识目标：了解汇票、本票与支票的概念与主要内容；熟知国际货款收付的几种支付方式，特别是托收及信用证基本程序和法律性质以及使用时应该注意的问题；并学会订立合同中的支付条款。

能力目标：能初步应用汇款、托收等方法完成结算；学会开立和使用信用证业务，熟悉信用证有关内容；具备在不同国际贸易条件下正确选择适当的支付方式的能力。

导入案例：

某年6月6日，甲托收行受理了一笔付款条件为 D/P at sight 的出口托收业务，金额为USD 100000，甲托收行按照出口商的要求将全套单据整理后撰打了托收函一同寄给乙国一家代收行。单据寄出5 d后委托人声称进口商要求托收将 D/P at sight 改为 D/A at 60 days after sight，最后甲托收行按委托人的要求发出了修改指令，此后一直未见代收行发出承兑指令。当年8月19日甲托收行收到代收行寄回的单据，发现3份正本提单只有2份。委托人立即通过乙国有关机构了解到，货物已经被进口商提走。此时，甲托收行据理力争，要求代收行要么退回全部单据，要么承兑付款，但是代收行始终不予理睬，货款始终没有着落。

第一节 支付工具

国际上最早的贸易方式是易货贸易（barter trade）。在易货贸易结算中，不需要媒介手段。随着国际贸易的发展，以货币作为媒介的现金支付手段才逐渐流行起来。但是，这种结算方式存在着运送风险大、需要识别真伪、清点不方便、资金积压等许多弊端。因此，在国际贸易的发展过程中又出现了以票据作为媒介的非现金结算方式。在国际贸易结算中，最常用的支付工具是汇票、本票和支票。英美法系国家的票据法是以英国1882年颁布施行的《英国票据法》为蓝本的。大陆法系国家的票据法是以法国、德国等欧洲大陆为主的20多个国家签订的国际公约《日内瓦统一法》为依据的。因此，当今世界上存在两大票据法体系，即大陆法系（也称日内瓦法系）和英美法系。虽然1988年联合国第43次大会一致通过了《联合国国际汇票和国际本票公约》和《联合国国际支票公约》，设想将两大票据法体系统一在一个"公约"范围内，但由于迄今为止签署国还未达到必要的法定数量，公约尚未生效。由于《日内瓦统一法》中仅规定票据的必要项目而没有用严谨的文句对票据下定义，因此，世界各国均广泛引用或参照1882年《英国票据法》对各票据所下的定义。

一、汇票

(一)汇票的定义

1. 1882 年《英国票据法》关于汇票的定义

汇票(bill of exchange/draft)是由一人开至另一人的书面无条件支付命令,由发出命令的人签名,要求接受命令的人即期,或定期,或在可以确定的将来时间,把一定金额的货币支付给一个特定的人,或其指示人,或执票来人 。

2.《中华人民共和国票据法》关于汇票的定义

汇票是出票人签发的,委托付款人在见票时或者在指定日期无条件支付确定的金额给收款人或者持票人的票据。

(二)汇票的必要项目

汇票是一种要式证券,必须具备法定的形式,载明必要的法定项目,才可成立有效。各国票据法对汇票要项的规定不尽相同,但一般应包括以下项目:

(1)写明“汇票(exchange/draft)”字样。

(2)无条件书面支付命令(unconditional order in writing)。

(3)出票日期及地点(date and place of issue)。

(4)付款期限(tenor)。

(5)收款人(payee)。

(6)一定金额(amount)。

(7)付款人(drawee)。

(8)付款地点(place of payment)。

(9)出票人名称和签字(drawer's signature)。

汇票样例如图 7-1 所示。

BILL OF EXCHANGE

Exchange for(汇票金额)______　　　　Beijing, 5th April,2023(出票时间地点)

At(见票)____ Sight of this FIRST of Exchange(Second of Exchange being unpaid)

Pay to the order of (收款人)____________

The sum of (大写金额)________________

To(付款人)__________

________(出票人签字)

(Signature)

图 7-1　汇票样例

(三)汇票的当事人

出票时,作为汇票必要项目的 3 个当事人,即出票人、付款人和收款人,是汇票的必要当事人,也是汇票进入流通领域以前的基本当事人。

(1)出票人(drawer)。出票人是指开立、签发和交付汇票的人。出票人在付款人承兑前是主债务人,承兑后是从债务人。

(2)付款人(payer)。付款人是指接受汇票的人,又称为受票人(drawee)。承兑前,因其未在汇票上签名,故不是汇票债务人,不承担汇票一定付款的责任。但远期汇票一经付款人承兑,付款人就成为承兑人(acceptor),是汇票的主债务人。

(3)收款人(payee)。收款人是指收取票款之人,是汇票的第一持票人。

汇票进入流通领域以后,会出现以下当事人:

(1)背书人(endorser)。背书是指收款人不拟凭票取款,而是以背书交付的方法转让汇票,卖给他人。收款人背书后成为第一背书人,以后汇票继续转让,还有第二、第三背书人。

(2)被背书人(endorsee)。被背书人是指接受背书之人。当他受让汇票后再转让时,他就成为另一个背书人;如果他不转让,则将持有汇票,成为第二持票人。所以,被背书人是汇票的债权人,最后被背书人必将是持票人。

(3)持票人(holder)。持票人是指现在正持有汇票者,即收款人或被背书人或来人。汇票持票人包括收款人、被背书人、来人,是汇票的债权人,对汇票享有充分的权利。承兑人、出票人、背书人是汇票的债务人,对汇票付款承担责任。

汇票债务人承担汇票付款责任的次序如下:

承兑前:①出票人;②第一背书人;③第二背书人。

承兑后:①承兑人;②出票人;③第一背书人。

(4)正当持票人(holder in due course)。正当持票人是指经过转让而持有汇票的人。根据《英国票据法》规定,正当持票人应具备的条件是:汇票票面完整;成为持票人时汇票未过期;不知道汇票曾被退票;以善意并支付对价取得汇票;不知道转让人的所有权有任何缺陷。

(四)汇票的种类

1. 根据出票人不同,汇票可以分为银行汇票和商业汇票

(1)银行汇票(bank draft/banker's draft)。这种汇票的出票人是银行,一般来说,其付款人也是银行。所以,这种汇票提供的是银行信用,多用于汇款方式中的票汇。

(2)商业汇票(trade bill/commercial bill)。这种汇票的出票人是工商业企业或个人,付款人是工商业企业或个人或银行。这种汇票提供的是商业信用,多用于托收和信用证方式,而且使用时大多随附货运单据。

2. 根据付款时间不同,汇票可以分为即期汇票和远期汇票

(1)即期汇票(sight bill/demand draft)。出票人要求付款人在持票人向其提示汇票时见票即付的汇票即为即期汇票。

(2)远期汇票(usance bill/time bill)。出票人要求付款人在持票人向其提示汇票时先行承兑,经过一段时间后再向持票人付款的汇票称为远期汇票。远期汇票的持票人必须先向付款人提示承兑,以明确承兑人的责任,到期再提示付款。

远期汇票付款日期有4种记载方法:

①见票后××天付款,即需要在汇票上写"at ×× days after sight"。具体为以付款人见票承兑日为起算日,××天后到期付款。

②出票后××天付款,即需要在汇票上写"at ×× days after date"。具体为付款人以汇票

出票日为起算日,××天后到期付款。

③提单日后××天付款,即需要在汇票上写“at ×× days after B/L”。具体为付款人以提单签发日为起算日,××天后到期付款。

④某指定日期付款。这种汇票也被称为“定期付款汇票”,如“On 25th FeB. 2023”。

以上4种方法中,第一种对付款人有利,第二种对收款人有利,第三种比较客观,在国际贸易中也比较常见。

3. 根据承兑人不同,商业汇票可以分为商业承兑汇票和银行承兑汇票

(1)商业承兑汇票(trader's/commercial acceptance bill)。它是指由个人或企业承兑的远期汇票。这种汇票提供的是商业信用。

(2)银行承兑汇票(banker's acceptance bill)。它是指由银行承兑的远期汇票。当银行承兑商业汇票后,就将商业汇票的商业信用转变为银行信用。

4. 根据有无随附货运单据,汇票可以分为光票和跟单汇票

(1)光票(clean bill)。它是指不随附货运单据的汇票。银行汇票多为光票。在国际贸易货款的结算中,这种汇票使用不多,一般仅用于贸易从属费用、货款尾数、佣金等的收取或支付。

(2)跟单汇票(documentary bill)。它是指随附货运单据的汇票,其中货运单据主要是指提单。商业汇票多为跟单汇票。

(五)汇票的票据行为

票据行为是指以发生、变更或消灭票据的权利义务关系为目的的法律行为。票据行为包括出票、提示、承兑、付款、背书、拒付和追索、贴现等。其中,出票是使票据权利得以发生的最初始的行为,是主票据行为,或称基础票据行为;其他行为都是由出票所开立的票据为基础而衍生出来的行为,是从票据行为,也称附属票据行为。

1. 出票

出票(issue)是指汇票的签发,即汇票的出票人写成汇票经签字后交付给收款人的票据行为。出票包括2个动作:一是出票人写成汇票并在汇票上签字;二是出票人将汇票交付收款人。2个动作都完成后,就创设了汇票的债权,收款人持有汇票就拥有债权,汇票开始生效。对于即期汇票以及未承兑的远期汇票,出票人是票据的主债务人。国际贸易结算中使用的汇票多由出口公司签发,故多数是商业汇票,而且通常一式两份。这2份汇票具有同等的法律效力,但付款人只对其中的一份承兑或付款,即“付一不付二”“付二不付一”(second or first unpaid)。

2. 提示

提示(presentation)是指持票人向付款人出示汇票,要求付款人承兑或付款的行为。提示分为2种:一是承兑提示(presentation for acceptance),即远期汇票的持票人向付款人出示汇票,要求付款人承诺到期付款的行为;二是付款提示(presentation for payment),即即期汇票或已承兑的远期汇票的持票人向付款人或承兑人出示汇票要求付款的行为。这表明即期汇票只需一次付款提示,远期汇票需要2次提示,包括承兑提示和付款提示。提示必须在规定的时限办理,如未在规定时限提示,持票人将丧失对其前手的追索权。另外,提示必须于汇票载明的付款地点及营业时间内办理。

3. 承兑

承兑(acceptance)是指远期汇票的付款人在汇票上签名,表示同意在汇票到期日向持票人支付汇票金额的行为。只有远期汇票才需要承兑。承兑包括 2 个动作:一是付款人在汇票上签字,注明“已承兑(accepted)”字样与承兑日期;二是付款人将已承兑汇票交还给持票人。汇票一经承兑,付款人就成为承兑人,并成为汇票的主债务人,而出票人则成为汇票的从债务人。

4. 付款

付款(payment)是指付款人向持票人按照汇票金额支付款项的行为。对于即期汇票,付款人需在持票人提示汇票时付款。对于远期汇票,付款人需先在汇票上承兑,并于汇票到期日向持票人付款。付款人向持票人正当付款之后,汇票即被解除责任,不仅解除了付款人的付款义务,而且解除了所有的票据债务人的债务。

5. 背书

背书(endorsement)是指汇票的收款人或持票人在汇票的背面记载有关事项,经签字后交付给受让人以实现票据权利转让的行为。汇票的背书也包括 2 个动作:一是收款人或持票人(即背书人)在汇票上记载有关的事项,并签上自己的名字或再加上受让人(即被背书人的名字);二是背书人将汇票交付给被背书人。

背书主要有 3 种方式:

(1)限制性背书(restrictive endorsement)。即对“支付给×××”的指示带有限制性词语的背书,如仅付给 A 银行(pay to A bank only)。做成限制性背书的汇票,禁止被背书人对汇票继续流通或转让,只能凭票取款。这种背书是不可转让背书,由于限制了汇票的流通性,所以在国际结算中很少使用。

(2)空白背书(blank endorsement/endorsement in blank)。又称不记名背书,是指不记载被背书人名称,只有背书人签字的背书。空白背书的受让人具有可以仅凭交付而继续转让汇票的权利,因为他没有在汇票背面签字,所以对汇票不承担责任。

(3)特别背书(special endorsement)。又称记名背书,是指不仅有背书人签字,而且也写明被背书人名称的背书。被背书人可用背书和交付的方法继续转让汇票。经过背书多次转让的汇票,对于受让人来说,所有在他以前的背书人以及原出票人都是他的“前手”;对于出让人来说,在他出让以后的所有受让人都是他的“后手”。前手对后手负有担保汇票必然会被承兑或付款的责任。

6. 拒付和追索

拒付(dishonor)又称退票,是指持票人按照票据法规定做有效提示时遭到付款人拒绝付款或承兑人拒绝承兑的行为。除了拒绝承兑和拒绝付款外,付款人避而不见、死亡或宣告破产,以致付款事实上已成为不可能时,也称为拒付。

持票人遭到拒付时,其追索权(right of recourse)立即产生,持票人有权向背书人和出票人追索票款。

所谓追索(recourse),即持票人在汇票被拒付时,对背书人、出票人及其他票据债务人(如承兑人等)请求偿还汇票金额及其他有关费用的行为。追索权是持票人拥有的一项权利。

关于追索需要注意:

(1)只有持票人才有权提出追索,其他当事人没有这项权利。

(2)持票人行使追索权之前,必须在法定期限内向付款人提示了汇票,并遭到付款人拒付。

(3)持票人必须在法定期限内向其前手发出退票通知(notice of dishonour),将退票事实通知前手。其目的是要汇票债务人及早知道拒付之事,以便做好准备。

(4)持票人在向前手行使追索权时,应提供由拒付地点的法定公证人出具的证明拒付事实的文件,即拒绝证书(protest),在我国可请公证处做成拒绝证书。

(5)持票人或背书人必须在法定期限内行使其追索权,否则即自行丧失。追索的金额应包括:被拒付的汇票金额、汇票金额自到期日或提示付款日起至清偿日止的利息和做成退票通知、拒绝证书及其他必要的费用。

7. 贴现

贴现(discount)是指银行承兑汇票的持票人在汇票到期日前,为了取得资金,贴付一定利息将票据权利转让给银行的票据行为。贴现行在汇票到期日将贴现的远期汇票提示给承兑人要求付款,承兑人支付票面金额。可见,贴现业务既是票据买卖业务,也是资金融通业务。持票人可以获得资金融通,贴现行可以赚取贴现息。贴现息是按照贴现天数,即自贴现日至票据到期日天数乘以贴现率计算得来的。因贴现率多用年率表示,应将其折成日率。计算公式为

$$贴现息=票面金额\times贴现天数\times贴现率/360$$

$$贴现净额=票面金额-贴现息$$

例如:一张出票日期为3月2日,5月2日到期,票面金额为6 000美元的远期汇票已被承兑,持票人于4月3日到银行贴现此汇票,贴现率为5%。试计算贴现息和贴现净额。

贴现天数:4月3日至5月2日,共30 d(4月28日,5月2日)

贴现息 = 6 000×(30÷360)×5% = 25(美元)

贴现净额 = 6 000−25 = 5 975(美元)

二、本票

(一)本票的定义

1. 1882年《英国票据法》关于本票的定义

本票(promissory note)是由一人开至另一人的书面的无条件支付承诺,并由出票人签名,保证即期,或定期,或在可以确定的将来时间,把一定金额的货币支付给一个特定的人,或其指示人,或执票来人。

2.《中华人民共和国票据法》关于本票的定义

本票是出票人签发的,承诺自己在见票时无条件支付确定的金额给收款人或持票人的票据。本法所称本票,是指银行本票。

(二)本票的必要项目

各国票据法对本票内容的规定并不完全一致,但一般包括以下内容:

(1)写明“本票(promissory note)”字样。

(2)无条件书面支付承诺。

(3)出票日期和地点。

(4)付款期限(未载明付款期限者,视为见票即付)。

(5)收款人。

(6)一定金额。

(7)付款地点(未载明付款地点者,出票地视为付款地)。

(8)出票人名称和签字。需要特别指出的是,本票不规定付款人,因为出票人即付款人。

本票有 2 个基本当事人,即出票人和付款人,其中出票人又称签票人(maker)。

本票样例如图 7-2 所示。

PROMISSORY NOTE

(本票金额)________________　　　　Beijing, 5th April,2023(出票时间地点)

On the ____ (付款时间) fixed by the Promissory Note.

We promise to pay to the order of ____________(收款人)

The sum of (大写金额)________________

________(出票人)

(Signed)

图 7-2　本票样例

(三)本票的种类

1. 按照付款时间不同,本票可以分为即期本票和远期本票

(1)即期本票(sight promissory note)即见票即付的本票。

(2)远期本票(usance promissory note)即出票人承诺于将来某一规定的或可以确定的日期付款的本票。远期本票不需要提示承兑,这一点不同于远期汇票。

2. 按照出票人不同,本票可以分为商业本票和银行本票

(1)商业本票(commercial promissory note/trader's promissory note)又称一般本票(general promissory note),即出票人是工商企业或个人的本票。商业本票有即期与远期之分。商业本票在国际贸易结算中很少使用。

(2)银行本票(banker's promissory note/banker's note)即出票人是银行或其他金融机构的本票。银行本票都是即期本票。在国际贸易中,多数本票都是由银行签发的不可转让的本票。使用银行本票时,进口商首先需要从银行购买本票,然后寄给出口商以支付货款。当出口商收到本票后,通常会将其交给往来银行,由往来银行向开出本票的银行要求付款。本票就像已被承兑的汇票,只能有一份;当遭到拒付时,收款人不必为解决争端提供拒绝证书。我国目前仅有银行本票,没有商业本票。

三、支票

(一)支票的定义

1.1882 年《英国票据法》关于支票的定义

支票(check/cheque)是以银行为付款人的即期汇票。具体地说,支票是银行存款户向该银行签发的,授权银行即期支付一定金额的货币给一个特定的人,或其指示人,或执票来人的书面无条件支付命令。

与汇票相比,支票的付款人一定是银行,期限一定是即期的,而出票人一定是付款行的储户。此外它与汇票无本质不同。所以,凡适用于即期汇票的规定也适用于支票。支票也有 3 个基本当事人,即出票人、付款人和收款人。支票的出票人一定要确认开出的支票金额不超过他在付款行存款的余额,否则支票将会被拒付。

2.《中华人民共和国票据法》关于支票的定义

支票是出票人签发的,委托办理支票存款业务的银行或者其他金融机构在见票时无条件支付确定的金额给收款人或持票人的票据。

(二)支票的必要项目

各国票据法对支票内容的规定并不完全一致,但一般包括以下内容:

(1)"支票(check/cheque)"字样。

(2)无条件支付命令。

(3)付款银行名称。

(4)出票日期与地点(未写明出票地点者,出票人营业场所、处所或经常居住地为出票地点)。

(5)付款地(未写明付款地点者,付款银行的营业场所、处所或经常居住地为付款地)。

(6)收款人名称。

(7)一定金额。

(8)出票人名称和签字。

支票样例如图 7-3 所示。

```
THE BANK OF COMMUNICATION(出票人开户行)
(支票金额)________________          Beijing, 5th April,2023(出票时间地点)
Pay against this Check to the order of (收款人)______________
The sum of (大写金额)________________
                                                        ________(出票人)
                                                              (Signed)
```

图 7-3 支票样例

(三)支票的种类

1. 按照是否画线,支票可分为一般支票和画线支票

(1)一般支票(general cheque/open cheque/uncrossed cheque)也称公开支票、现金支票,该类支票上不带画线。对于这种支票,持票人既可以凭其向银行提取现金,也可以委托银行收款入账。

(2)画线支票(crossed cheque)即正面有2道平行横线的支票。这种支票的持票人只能凭支票要求银行代收票款入账,而不能要求银行解付现金。画线支票在支票遗失、被人冒领时,还可能通过银行代收的线索追回票款,因此,较一般支票更具安全性。

画线支票又分为2种形式:

①一般画线支票(general crossed cheque),也称普通画线支票,这种支票仅在其正面有2道平行横线,而在画线中不写明具体的代收银行名称,故持票人可以委托任何一家银行代收支票的款项入账。

②特别画线支票(special crossed cheque),是在支票正面的2道平行线中写明具体的代收银行名称的支票。对于特别画线支票,持票人只能要求被指明的银行代收款项入账。

2. 按照收款人的写法不同,支票可分为记名支票和不记名支票

(1)记名支票(cheque payable to order)即在收款人一栏写明具体收款人名称的支票,取款时需由收款人签名。

(2)不记名支票(cheque payable to bearer)又称来人支票、空白支票,即收款人一栏不写明具体的收款人名称,只是注明"仅付来人"字样的支票。不记名支票持票人无须在支票上签名即可支取票款,也可仅凭交付而转让。

3. 按照是否有他人保付,支票可分为保付支票和不保付支票

(1)保付支票(certified cheque)即由付款银行注明"保付(certified)"字样并签字的支票。支票一经保付,付款银行即成为支票的主债务人。付款银行在对支票保付后,为了自身的安全,会设立一个过渡账户,从出票人的存款账户内取出相应票款,转入该账户以备付款。这样,保付支票提示时,就不会因为没有余额或余额不足而退票。

(2)不保付支票(non-certified cheque)即付款银行不注明"保付"字样的支票。对于不保付支票,出票人仍是票据的主债务人。

第二节　国际贸易中的主要支付方式

通过一定的方式,在一定的条件下,使用一定的货币结清债权、债务关系,称为结算方式。这实际上也是一种债务人对债权人偿还债务的方式,又称为支付方式。随着国际贸易和银行业务的发展,结算方式也从简单的现金结算方式即交货付款,转变为凭单付款的非现金结算。国际支付方式有很多,如汇付、托收、信用证、银行保函和备用信用证等。根据资金的流向和结算工具的传送方向的不同,这些结算方式可分为两大类,即顺汇(direct remittance)和逆汇(reverse remittance)。在顺汇中,资金与结算工具的流向相同,都是由付款(债务)人转移给收款(债权)人。国际结算中的汇付方式是顺汇。逆汇又称出票法,是指由债权人以开出票据的方式,委托银行向国外债务人收取一定金额的款项的结算方式。在逆汇

中,资金与结算工具的流向相反,结算工具是由债权人转移给债务人,资金是由债务人转移给债权人。国际结算中的托收和信用证方式是逆汇。

一、汇付

(一)汇付的定义

汇付(remittance)又称汇款,是指汇款人委托银行,通过一定的结算工具,将款项付给国外收款人的一种结算方式。在国际结算中,汇付方式出现最早,使用起来也最方便。在汇付方式中,是银行(汇出行)应汇款人(进口方)的要求,以其国外联行或代理行作为付款银行(汇入行),以一定的方式将一定的金额付给收款人(出口方)。银行只负责按照汇款人的指示将款项交付给收款人,对货物本身及代表货物所有权的单据概不负责,故这种结算方式属于商业信用,风险较大。但这种支付方式手续简单、费用低廉,因此,目前在国际贸易货款结算中很少单独使用,通常与其他结算方式结合使用。在贸易从属费(如佣金、运保费、样品费、劳务费等)或非贸易结算中仍在使用。

(二)汇付方式的基本当事人

汇付方式有 4 个基本当事人,具体如下:

(1)汇款人(remitter),即向银行申请汇出款项的人。在国际贸易中,汇款人一般是进口方。

(2)收款人(payee/beneficiary),即接受汇款的人。在国际贸易中,收款人一般是出口方。

(3)汇出行(remitting bank),即接受汇款人的委托,将资金汇出的银行。在国际贸易中,汇出行一般是进口方所在地的银行。

(4)汇入行(receiving bank/paying bank),又称解付行、付款行,即接受汇出行的委托,向收款人解付汇款的银行。在国际结算中,汇入行通常是出口方所在地的银行,通常也是汇出行在海外的联行或代理行。

(三)汇付方式的种类

按汇款汇出方式的不同,汇付可分为电汇、信汇和票汇。

1. 电汇

电汇(telegraphic transfer,T/T)是指汇款人委托汇出行,以加押电报、电传、环球同业银行金融电信协会(SWIFT)网络等电信工具指示汇入行向收款人解付款项的一种汇付方式。电汇是一种最快捷的汇款方式,安全性强,但费用较高。然而,随着通信行业的发展和讲求效率的要求越来越高,电汇方式被使用得越来越多。

2. 信汇

信汇(mail transfer,M/T)是指汇出行应汇款人的申请,将信汇委托书或支付委托书以航空信件邮寄给汇入行,授权其向收款人解付款项的一种汇付方式。在业务处理程序上,信汇与电汇基本相同,不同的是信汇费用低廉,资金在途时间长,银行可短期占用汇款人的资金。

电汇业务的基本流程如图 7-4 所示。

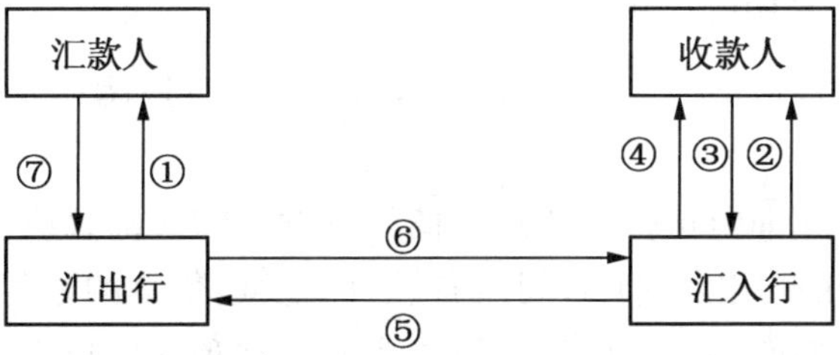

①汇款人递交电汇申请书并交款付费；

②汇出行发给汇款人电汇回执；

③汇出行发出电报、电传、SWIFT 电文；

④汇入行缮制电汇通知书，通知收款人取款；

⑤收款人持通知书一式两联向汇入行取款，并在收款人收据上签章；

⑥汇入行解付汇款；

⑦汇入行向汇出行寄送付讫借记通知书并索偿。

图 7-4 电汇业务流程

3. 票汇

票汇(remittance by banker's demand draft，D/D)是指汇出行应汇款人的申请，开立以汇入行为付款人的银行即期汇票，委托汇入行将票面金额支付给汇票上指定的收款人的汇付方式。由于汇票本身是一张独立的票据，可以通过背书实现流通和转让，这样收款人就可以向任何一家愿意接受汇票的银行转让汇票而获得资金。票汇收款人的主动性和方便性比信汇要强得多。然而，汇票一旦遗失或被窃，需要挂失止付，颇为麻烦。票汇和信汇一样需要邮寄，时间较长，收费较低。

票汇业务的基本流程如图 7-5 所示。

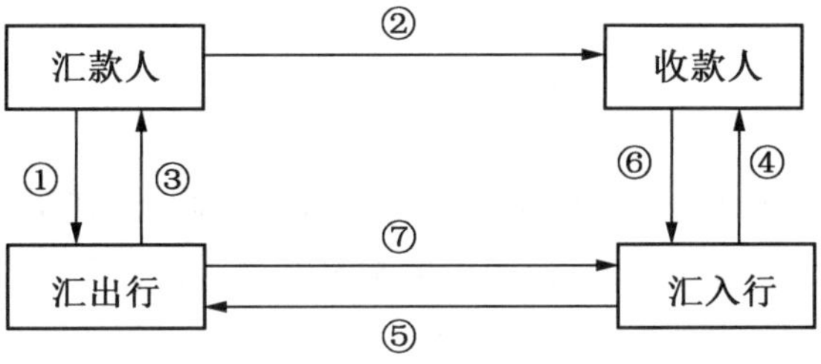

①汇款人递交电汇申请书并交款付费；

②银行开出即期汇票给汇款人；

③汇款人将即期汇票自行邮寄给收款人；

④汇出行将汇款通知书和汇票票根寄给汇入行；

⑤收款人持汇票向汇入行取款；

⑥汇入行核对无误后付款；

⑦汇入行向汇出行寄送付讫借记通知书并索偿。

图 7-5 票汇业务流程

（四）汇付在国际贸易中的应用

在国际贸易中，使用汇付方式结算货款主要有以下2种做法。

1. 预付货款

预付货款（payment in advance）是指进口商先将货款的一部分或全部汇交出口商，出口商收到货款后，立即或在规定的一定时间内向进口商发运货物的汇付结算方式。通常采取预付货款的商品多是紧俏商品。预付货款的结算方式有利于出口商，对进口商则不利。出口商在发货前就得到了部分或全部货款，掌握了交易的主动权。而对于进口商而言，预付货款不仅占压了资金，而且还承担着出口商不按时履行交货和交单义务或所收货物与合同不符甚至货款两空的风险。

2. 货到付款

货到付款（payment after arrival of goods）又称赊销（sold on credit）或记账赊销（open account，O/A），是指出口商先发货，待进口商收到货物后，立即或在规定的一定时间内向出口商汇交货款的汇付结算方式。

货到付款在国际贸易上可分为售定和寄售2种。

（1）售定（goods sold）是指按照交易双方签订的合同，出口企业先发货，国外进口商收到货物后再将货款通过银行汇交出口企业。多数的货到付款系指售定方式。对于出口企业来说，售定的风险很大，除非对对方的信用状况十分了解，或者销售鲜活商品，一般不宜采用售定方式。

（2）寄售（sold on consignment）是指出口商先将货物运至进口国，委托进口国的商人在当地市场代为销售，待售出后受托人将货款按照规定扣除佣金后的余额汇交出口商。寄售方式中出口商承担的风险很大，寄售项下货款能否收进，全靠受托人的代销能力。寄售方式一般仅用于推销新品种、滞销货物或展销商品。总之，货到付款的结算方式有利于进口商，对出口商则不利。

（五）汇付的特点

1. 手续简单，费用低廉

汇付结算的手续比较简单，银行的手续费用也较少。因此，在交易双方相互信任的情况下，或在跨国公司的各子公司之间，或公司内的贸易结算，适合采用汇付方式。

2. 依赖商业信用

汇付虽然以银行为媒介进行国际结算，但银行在此过程中仅承担委托收付款项的责任，对买卖双方在履行合同中的义务并不提供任何担保。故采用汇付方式主要依赖商业信用。

3. 风险大

对于货到付款的卖方或预付货款的买方来说，能否按时收汇或收货，完全取决于对方的信用。如果对方信用欠佳，则可能钱货两空。因此，买卖双方必定有一方要承担较大的风险，这就要求当事方加强信用风险管理。

4. 资金负担不平衡

对于货到付款的卖方或预付货款的买方来说，资金负担较重，整个交易过程中需要的资金，由卖方或买方一方来承担，资金负担极为不平衡。

二、托收

(一)托收的定义

托收(collection)是指出口商(或债权人)根据买卖合同先行发货,然后开具金融单据或商业单据或二者兼有,委托当地银行作为托收行,通过其海外联行或代理行作为代收行,向进口商(或债务人)收取货款的结算方式。

托收方式一般通过银行办理,所以又叫银行托收。银行在办理托收业务时只是出口商的代理人,只提供服务,不承担任何审核责任。所以,托收是一种纯粹的商业信用,对进出口商来说都有一定的风险,对出口商的风险更大,因其不仅要面临进口商破产倒闭失去偿付能力的风险,还要面临进口国政治、经济等因素导致进口政策改变的风险,再有就是不同国家或地区惯例方面的风险,如拉丁美洲地区习惯将远期付款交单方式按照承兑交单方式对待。尽管如此,在国际贸易结算中托收方式仍有应用,这是因为在托收中,进口商不用像使用信用证(L/C)支付方式那样交纳押金,不需占用额外资金,因此,出口商往往将托收作为一种非价格竞争手段使用,提高出口商产品的竞争力。

(二)托收方式的当事人

1. 委托人

委托人(principal)是指委托一家银行办理托收业务,向国外付款人收取款项的当事人。在国际贸易中,委托人通常是出口商。

2. 托收行

托收行(remitting bank)也称寄单行、委托行,是指接受委托人的委托,转托国外的银行向付款人收取款项的银行。在国际贸易中,托收行通常是委托人即出口商所在地的银行。

3. 代收行

代收行(collecting bank)是指接受托收行的委托,代托收行向付款人收款的银行。在国际贸易中,代收行通常是进口商所在地的银行。

4. 付款人

付款人(payer/drawee)是指向委托人支付款项的当事人。在国际贸易中,付款人一般是进口商。

5. 提示行

提示行(presenting bank)是指向付款人提示汇票和单据的银行,又称交单银行。一般情况下,提示行就是代收行本身。但是,如果代收行与付款人之间没有资金往来关系,此时,代收行就会委托一家与付款人之间有资金往来关系的第三家银行(如付款人开户银行等)向付款人提示汇票和单据,第三家银行就是提示行。

6. 需要时的代理

需要时的代理(representative in case of need)是指委托人指定的在付款地代为处理货物存仓、转售、运回或改变交单条件等事宜的代理人。如果委托人需指定需要时的代理,应在托收申请书中对授予该代理人的具体权限做出明确和充分的指示;否则,银行将不接受该代理人的任何指示。

(三)托收的种类及业务流程

在托收业务中,委托人通过银行向付款人提示,要求其付款的单据可分为两大类:一是金融票据(financial documents),即汇票、本票、支票等用于取得款项的单据;二是商业单据(commercial documents),即除金融单据以外的其他单据,如发票、提单、保险单等。

托收业务按照所附单据的不同,可分为光票托收和跟单托收。

1. 光票托收

光票托收(clean collection)是指不附带商业单据的金融单据的托收,是委托人仅向银行提交凭以收取款项的金融票据,要求托收行通过其联行或代理行向付款人提示要求其付款的一种结算方式。光票托收的票据由收款人做成空白背书,托收行做成记名背书给代收行,并制作托收指示,随汇票寄代收行托收票款。

2. 跟单托收

跟单托收(documentary collection)是指附有商业单据的金融单据的托收或不附金融单据的商业单据的托收。

跟单托收按照交单方式的不同,可以进一步分为付款交单和承兑交单。

(1)付款交单(documents against payment, D/P)是指代收行必须在进口商付清票款后,才将商业单据包括提单交给进口商的一种交单方式。

付款交单的流程如图 7-6 所示。

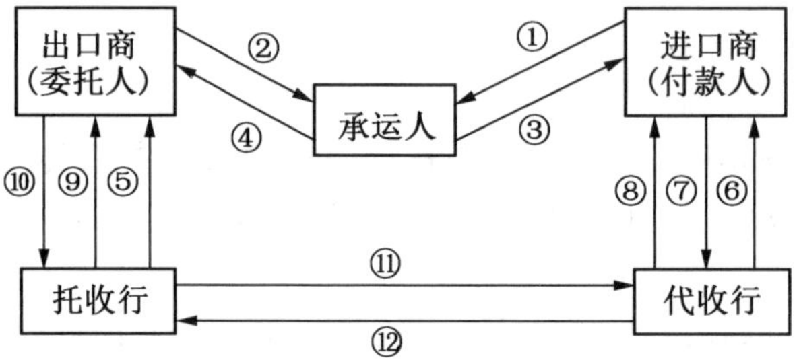

①发货装船;②获得货运单据;③托收申请(D/P);
④接受委托;⑤寄托收委托书;⑥提示汇票;⑦付款;
⑧交单;⑨提货;⑩交货;⑪贷记;⑫收入账户。

图 7-6 付款交单流程

付款交单按照付款时间的不同,可以分为即期付款交单和远期付款交单 2 种。

①即期付款交单(D/P at sight)是指出口商发货后开具即期汇票,连同商业单据,通过银行向进口商提示,进口商见票后立即付款,进口商在付清货款后向银行领取商业单据。

②远期付款交单(D/P after sight)是指出口商发货后开具远期汇票,连同商业单据,通过银行向进口商提示,进口商审核无误后即在汇票上进行承兑,于汇票到期日付清货款后再领取商业单据。

(2)承兑交单(documents against acceptance, D/A)是指代收行凭付款人承兑远期汇票而交出单据的托收方式。在这种方式下,委托人出具远期汇票,通过代收行向付款人提示汇票和商业单据,付款人审核单据无误后,于见票时承兑远期汇票,承兑后,代收行即向其交出商业单据，等到汇票到期，付款人再向代收行支付款项。

承兑交单的业务流程如图 7-7 所示。

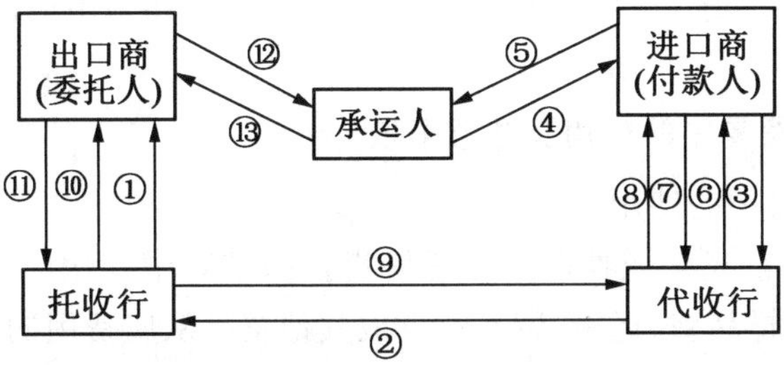

①发货装船；②获得货运单据；③托收申请(D/A)；

④签 D/A 托收收据；⑤寄送有关 D/A 托收的单据；

⑥提示承兑；⑦承兑；⑧交单；⑨提货；⑩交货；

⑪汇票到期付款；⑫汇交 D/A 款项；

⑬收付 D/A 托收款项。

图 7-7 承兑交单流程

需要指出的是，在跟单托收的几种具体方式中，即期付款交单使用最多，对委托人来说，这是托收方式中最为安全的一种付款方式。

(四)托收的特点

1. 手续简便，花费较少

与信用证相比，采用托收，进口商可免去申请开立信用证的手续和费用，不必预付银行押金，有利于其资金融通和周转。

2. 依赖商业信用

托收虽然是通过银行办理，但银行只是接受委托，严格按照卖方的托收指示行事，不审核单据的真伪，不承担付款的责任，如无特殊约定，对运达目的地的货物也不负提货和看管责任。卖方交货后，能否收回货款，完全取决于买方的信誉。因此，托收也是建立在商业信用基础上的一种支付方式。

3. 卖方承担的风险比买方大，对买方更有利

托收方式对卖方来说是先发货后收款，如果是远期托收，卖方可能要在货到后才能收回全部货款。而卖方能否按时收回全部货款，取决于买方的商业信誉。如果买方倒闭，丧失付款能力，或行市下跌，买方借故不履行合同，拒不付款，卖方不但要承担无法按时收回货款或货款落空的损失，而且要承担货物到达目的地后提货、存仓、保险的费用和变质、短重的风险，以及转售、贱卖可能发生的价格损失，或将货物转运他地或运回本国的运费等。当然，上述各项损失是买方违约造成的，卖方完全有权要求其赔偿损失。但在实践中，在买方已经破产或毁约的情况下，卖方即使可以追回一些赔偿，往往也不足以弥补全部损失。在行市下跌时，有些商人会利用不赎单要挟卖方调低合同价格。如采用承兑交单，卖方还有可能遭受钱货两空的损失。托收对于买方而言，也有一定的货物与信用风险。由于付款交单强调了货物单据化的重要性，有可能买方在付款赎单提货后发现货物与合同不符，或者卖方伪造单

据，从而使买方同样遭受钱货两空的损失。总之，托收对卖方有较大的风险，而对买方却较为有利。在出口业务中采用托收，有利于调动进口商购货的积极性。出口商可凭借对进口商有利的支付方式争取买主，促进成交，扩大出口。托收可作为出口商推销库存和争夺市场的手段。

（五）托收在国际贸易中的使用及注意事项

1. 托收在国际贸易中的使用

（1）光票托收。目前光票托收在国际贸易货款的结算中使用较少，一般只用于小额款项，如货款尾数、佣金、样品费、运费、贸易赔款或其他贸易从属费用的收取，而且大部分采用即期付款的形式。

（2）跟单托收。国际贸易货款的收取大多采用跟单托收。实践中，除了单纯的即期付款交单、远期付款交单和承兑交单的方式外，还有一些变通的做法：

①即期付款交单与承兑交单相结合。它是指整个货款的一部分采用即期付款，其余部分采用承兑在将来日期付款的汇票后而交单。它降低了出口商在承兑交单下面临的风险。

②远期 D/P 项下无追索权的即期付款。它是指在远期付款交单方式下，代收行应进口商的要求，凭出口地的托收行提交的远期汇票及单据而向出口商即期支付款项，从而获得单据。它是进口地银行对进口商的一种融资，也是对出口商较为理想的一种结算方式。

③付款交单凭信托收据借单。在远期付款交单的情况下，如果在汇票承兑日和汇票到期日之间的时间间隔之内，货物抵达目的港，因买方尚未付款，不能得到单据，无法提取货物，导致货物滞留港口码头，易遭损失或罚款。在这种情况下，进口商为了抓住有利的销售时机，可以采取 2 种做法：一是在汇票到期日之前提前付款赎单，代收行需要扣除实际付款日至汇票到期日之间的利息；二是对于资信较好的进口商，可开立信托收据，交给代收行，凭以借出单据，先行提货。所谓信托收据（trust receipt，T/R），就是进口商借单时提供的一种书面信用担保文件，用来表示愿意以代收行的受托人身份代为提货、报关、存仓、保险、出售，并承认货物所有权仍属于代收行，待售得货款后偿还代收行，换回信托收据。跟单托收中，如果是出口商在托收指示上写明“付款交单凭信托收据借单（D/P · T/R）”字样，主动授权银行凭信托收据借单给进口商，代收行可以按要求办理。在这种情况下，进口商在汇票到期时拒付的风险应由出口商承担。这种做法与承兑交单十分相似，只有在出口方对进口方的资信、偿债能力等情况十分了解，并确信进口商能够如期付款时才采用。

④托收出口押汇。托收出口押汇是托收银行通过买入出口商向进口商开出的跟单汇票的办法而向出口商融通资金的一种方式。这实际上是托收银行对出口商的一种垫款，也是以汇票和单据为抵押品的一种放款。

⑤托收进口押汇。托收进口押汇是代收行凭信托收据借出货运单据而给予进口商提货便利的一种向进口商融通资金的方式。凭信托收据借出单据如果是代收行的自主行为，那么当汇票到期不能收到货款时，代收行要负全部责任。所以，代收行办理进口押汇时，需要事先审查进口商的资信。

2. 使用托收时的注意事项

贸易商在出口业务中，为加强对外竞争能力和扩大出口，可针对不同商品、不同贸易对象以及不同国家和地区的习惯，适当和慎重地选用托收方式。

在选用托收方式时,应注意以下方面:

(1)对于贸易管理和外汇管制较严的进口国家和地区,不宜使用托收方式,以免货到目的地后,由于不准进口或收不到外汇而造成损失。

(2)要了解进口国家的贸易管制、外汇管制条例和商业惯例,以免由于当地习惯做法,影响安全迅速收汇。例如,拉丁美洲、北欧一些国家和地区的银行将远期付款交单按照承兑交单处理的习惯,会增加出口商安全收汇的风险。与这些国家和地区进行贸易往来时,如果采用托收方式,应该尽量选择即期付款交单的做法。

(3)要认真考察进口商的资信情况和经营作风,成交金额不宜超过其资信额度。

(4)应争取按照 CIF 或 CIP 条件成交,由卖方办理货运保险,否则,应酌情投保卖方利益险或出口信用保险。

(5)要建立健全管理制度,定期检查,及时催收清理。如发现问题,应迅速采取应对措施,以避免或减少可能发生的损失。

三、信用证

(一)信用证的定义

根据《跟单信用证统一惯例(UCP 600)》第二条对信用证(letter of credit,L/C)的定义:信用证是指一项不可撤销的安排,无论其名称或描述如何,该项安排构成开证行对相符交单予以承付的确定承诺。

简言之,信用证是一种银行开立的有条件的承诺付款的书面文件。当然,信用证既可以应客户的要求对外开立,也可以不经客户申请,由开证行根据自身业务需要,直接向受益人开立,这种情况主要是银行为了向他人融资或购买物品时开立的备用信用证。

(二)信用证业务的当事人

信用证业务所涉及的基本当事人主要有 3 个:开证申请人、开证行和受益人。除此以外,还可能涉及通知行、议付行、付款行、保兑行、承兑行和偿付行等。

1. 开证申请人

开证申请人(applicant)又称开证人(opener),是指要求开立信用证的一方,在国际贸易中,一般是进口商。开证申请人是信用证业务的发起人。开证申请人向银行申请开立信用证时,需要填写开证申请书,缴纳开证押金。

2. 开证行

开证行(opening bank/issuing bank/establishing bank)是指应申请人要求或者代表自己开出信用证的银行。开证行一般是进口商所在地的银行。开证行开立信用证的依据是开证申请人根据买卖合同填写的开证申请书。信用证一旦开出后,开证行对信用证承担第一性的付款责任,而且其付款是终局性的,一经付出,不得追回。当然,开证行可以拒付表面上与信用证条款不一致的单据。开证行受 3 个合同的约束:①与开证申请人之间的付款代理合同;②与受益人之间的信用证;③与通知行或指定银行之间的代理协议。开证行是信用证业务中最重要的一方,开证行的信誉、业务经验是其他当事人参与信用证业务与否的主要考虑依据。

3. 受益人

受益人(beneficiary)是指接受信用证并享受其利益的一方,一般是出口商。受益人收到信用证后,应对照合同条款进行核对,对不符合合同条款的信用证,受益人有权要求开证申请人通过开证行修改。受益人受2个合同的约束:①与开证申请人之间的贸易合同;②与开证行之间的信用证。

4. 通知行

通知行(advising bank/notifying bank)是指应开证行的要求通知信用证的银行,一般是受益人所在地的银行。

5. 议付行

议付行(negotiating bank)是指买入受益人按照信用证规定提交的汇票及/或单据的银行。议付行一般是受益人所在地的银行,也可以是通知行。如果议付行发现受益人提交的单据与信用证规定不符,可以拒绝议付。议付行议付后,如果被开证行拒付,议付行可以对受益人进行追索。

6. 付款行

付款行(paying bank)是指履行付款责任的银行,一般是开证行或其分支行,也可以是开证行指定的另一家银行。付款行对于与信用证条款规定不符的单据可以拒付,但其验单付款是终局性的,一旦付出,即使是误付,对受益人及议付行也无权追索。

7. 保兑行

保兑行(confirming bank)是指根据开证行的授权或要求对信用证加具保兑的银行。保兑行可以是通知行,也可以是其他第三家银行,保兑行的资金实力一般高于开证行。保兑行在验单付款时,可以拒付与信用证条款不符的单据,但如果保兑行对受益人或议付行付了款,则其付款是终局性的,即使误付,或向开证行索偿时,而开证行无能力或无理拒付,也无权追索。保兑信用证下的受益人可获得开证行和保兑行双重、独立的付款保证。

8. 承兑行

远期汇票的付款行在受益人提交相符单据时承兑了汇票,就成为承兑行(accepting bank)。承兑行在信用证内由开证行指定,可以是开证行本身,也可以是通知行或其他第三家银行。承兑行一旦承兑了汇票,就承担了到期必须付款的责任。

9. 偿付行

偿付行(reimbursing bank)又称清算行(clearing bank),是开证行指定的对议付行、承兑行或付款行进行偿付的代理人。偿付行只负责替开证行付款,而不负责审单;付款时不凭单据,只凭议付行或付款行交来的索偿书。

(三)信用证的业务流程

使用信用证结算货款,从开证申请人向银行申请开立信用证到开证行付清货款,需要经过很多业务环节,并需办理各种手续。由于信用证种类不同,信用证条款对其有着不同的规定,因此其业务环节和手续也不尽相同。

信用证的业务流程如图7-8所示。

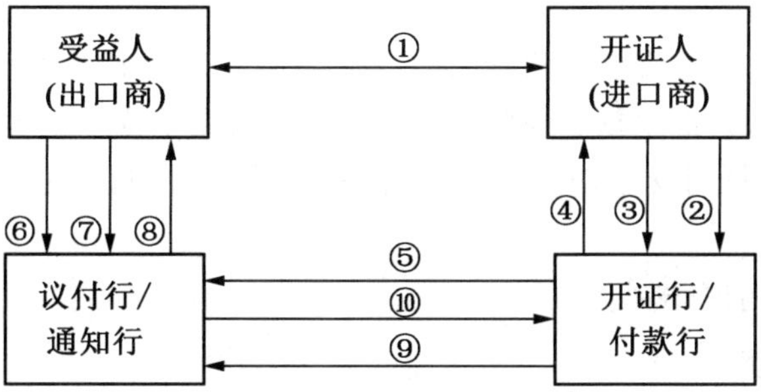

①买卖双方签订贸易合同,并在合同中约定凭信用证付款;

②买方向当地银行申请开证,按合同内容填写开证申请书并交纳开证押金或提供其他保证;

③开证行按申请收款内容开证,并寄发给通知行,请其通知受益人(卖方);

④通知行核对印鉴无误后,将信用证通知受益人;

⑤卖方收到信用证后,如审核无误,即按信用证要求发货,开出汇票并备妥各种单据向有关银行议付贷款;

⑥议付行按信用证条款审核单据无误后,按照汇票金额扣除利息,把货款垫付给受益人;

⑦议付行将汇票和单据交给开证行或信用证指定的付款行索偿;

⑧开证行或信用证指定的付款行审核单据无误后,付款给议付行;

⑨开证行收到单据后,即通知买方付款赎单,开证人验单无误后付清货款;

⑩开证行把全套货运单据交给开证人。

图 7-8　信用证业务流程

(四)信用证的开立形式及主要内容

1. 信用证的开立形式

(1)信开信用证,是指开证银行将特定信用证的各项内容打印在本银行已印就的、固定格式的空白信用证上,然后以航空邮寄的方式传递给通知行。

(2)电开信用证,是指开证银行以电报、电传、SWIFT 等电讯手段将特定信用证的各项内容传递给通知行。在具体操作时,电开信用证可以分为以下几种:

①简电开。开证行只以电讯手段将信用证的主要内容传递给通知行,然后将包括各项详细内容的信用证航空邮寄给通知行。

②全电开。开证行将特定信用证的全部内容以电讯方式传递给通知行,信用证的内容完整,有法律效力。

③SWIFT 信用证。SWIFT 即环球银行金融电信协会,该组织成立于 1973 年,运营着世界级的金融电文网络,供成员银行进行外汇、证券交易或办理托收、信用证业务。

2. 信用证的主要内容

(1)信用证自身的说明。包括信用证的种类、性质、编号、金额、开证日期、有效期及到期地点、当事人的名称和地址、使用本信用证的权利可否转让等。

(2)汇票的说明。包括出票人、付款人、期限及金额等。

(3)对货物的说明。包括名称、品质、规格、数量、包装、运输标志、单价等。

(4)对运输的说明。包括运输方式、装运期限、装运港、目的港、运费应否预付、可否分批装运和中途转运等。

(5)对单据的说明。包括单据的种类、名称、内容要求和份数等。基本单据有商业发票、运输单据和保险单,其他单据有检验证书、产地证、装箱单或重量单等。

(6)其他规定。包括对交单期的说明、银行费用的说明、向议付行寄单的方式、议付背书和索偿方法的指示等。

图 7-9 为议付信用证样例。

(五)信用证的种类

1. 按照是否附有单据,可分为跟单信用证和光票信用证

(1)跟单信用证(documentary credit)是指开证行凭跟单汇票和规定单据或仅凭单据而付款的信用证。单据是指代表货物所有权或证明货物已装运的货运单据,如运输单据、商业发票、保单、商检证、产地证及装箱单等。

(2)光票信用证(clean credit)是指开证行仅凭受益人开具的汇票或简单收据而无须附带货运单据而付款的信用证。光票信用证对进口商的风险比较大,因此,在国际贸易中运用比较少。光票信用证主要用于总公司与分公司之间的货款清偿和贸易从属费用的结算。

2. 按照信用证上有无另一家银行的保兑,可分为保兑信用证和不保兑信用证

(1)保兑信用证(confirmed L/C)是指有另外一家银行接受开证行的授权或要求作为保兑行,对开证行开出的信用证,承担保证付款责任的信用证。保兑信用证需注明“保兑”字样。信用证经保兑后,开证行和保兑行均承担第一性的付款责任,信用证受益人便得到开证行和保兑行的双重付款保证,而且如果通知行兼做保兑行,受益人可以直接向保兑行交单要求议付或承付,并且保兑行的议付或付款也没有追索权,那么受益人可以更加快捷地得到款项。因此,保兑信用证对出口商非常有利。而因为要负担保兑费,进口商一般不愿申请开具保兑信用证。一般来说,保兑信用证常见于开证行资信欠佳或成交金额大的交易,以及开证行所在地政治、经济状况不稳定的场合。

(2)不保兑信用证(unconfirmed L/C)是指未经开证行以外的其他银行加具保兑的信用证。不保兑信用证由开证行单独承担凭相符单据付款的责任。

3. 按照具体支付方式的不同,可分为即期付款信用证、延期付款信用证和承兑信用证

(1)即期付款信用证(sight payment L/C)是指开证行或指定银行在收到相符单据后立即履行付款义务的信用证。实务中,即期付款信用证通常不要汇票。

(2)延期付款信用证(deferred payment L/C)是指开证行或指定银行在收到相符单据若干天后再付款的信用证。延期付款信用证不要求汇票。

(3)承兑信用证(acceptance L/C)是指开证行在信用证中指定了承兑行,承兑行要对受益人开出的远期汇票进行承兑,并于汇票到期时进行付款的信用证。

L/C by Negotiation

······························Message Header······························

Sender: HZCBCN2HXXX

HANGZHOU CITY COMMERCIAL BANK HANGZHOU CN

Receiver: BKCHCATTXXX

BANK OF CHINA (CANNADA)

TORONTO CA

······························Message Text······························

27: Sequence of Total

1/1

20: Documentary Credit Number

LC20236873300604

31C: Date of Issue

231019

31D: Date and Place of Expiry

231216 IN COUNTRY OF BENEFICIARY

50: Applicant

XIAOSHAN JJJ PAPER CO., LTD

YOUYI VILLAGE CHUNJIANG STREET

TEL: 8657163586666 FAX: 8657163586657

59: Beneficiary—Name & Address

OGO FIBERS INC

UNIT 110, 30 WEST BEAVER CREEK

RD, RICHMOND HILL, ON, L4B 3KI

32B: Currency Code, Amount

Currency USD Amount#121000.00#

39A: Percentage Credit Amt Tolerance

10/10

41D: Available With... By...

WITH ANY BANK　BY NEGOTIATION

42C: Draft at...

DRAFTS AT 90 DAYS AFTER SIGHT FOR FULL INVOICE VALUE

42D: Drawee—Name & Address

HANGZHOU CITY COMMERCIAL BANK

432 FENGQI ROAD, HANGZHOU

P. R. CHINA

图 7-9　议付信用证样例

43P: Partial Shipments
ALLOWED
44T: Transshipment
ALLOWED
44A: On Board/Disp/Taking Charge at/f
MAIN PORT OF NORTH AMERICA
44B: For Transportation to...
SHANGHAI, CHINA
44C: Latest Date of Shipment
231125
45A: Description of Goods &/or Services
COMMODITY: WASTE PAPER, NO. 3
QUANTITY: 1000.00 MTS
UNIT PRICE: USD 121.00/MT
TOTAL AMOUNT: USD 121000.00 CFR SHANGHAI, CHINA
46A: Documents Required
-SIGNED COMMERCIAL INVOICE IN 3 COPIES INDICATING L/C NO. AND CONTRACT NO. OGO-QX0636.
-FULL SET OF CLEAN ON BOARD OCEAN BILL OF LADING CONSIGNED TO APPLICANT, MARKED "FREIGHT PREPAID" AND NOTIFYING APPLICANT.
-PACKING LIST/WEIGHT MEMO IN 3 COPIES INDICATING QUANTITY, GROS AND NET WEIGHT OF EACH CONTAINER.
-CERTIFICATE OF QUANTITY/WEIGHT IN 3 COPIES.
-CERTIFICATE OF NON-WOOD PACKING MATERIAL.
-INSPECTION CERTIFICATE IN I ORIGINAL ISSUED BY C. C. I. C. NORTH AMERICA, INC.
-CERTIFICATE OF 14 DAYS FREE TIME DETENTION FOR CONTAINERS AT DESTINATION.
47A: Additional Conditions
-BOTH QUANTITY AND CREDIT AMOUNT 10PCT MORE OR LESS ARE ALLOWED.
7IB: Charges
ALL BANKING CHARGES OUTSIDE THE ISSUING BANK ARE FOR ACCOUNT OF BENEFICIARY.
48: Period for Presentation
DOCCUMENTS MUST BE PRESENTED WITHIN 21 DAYS AFTER DATE OF ISSUANCE OF THE TRANSPORT DOCUMENT BUT WITHIN THE VALIDITY OF THE CREDIT
49: Confirmation Instructions
WITHOUT

图 7-9(续)

78:Instruction To Paying/Accepting/Negotiating Bank

-REIMBURSEMENT BY TELETRANSMISSION IS PROHIBITED.

-ALL DOCUMENTS MUST BE SENT TO HANGZHOU CITY COMMERCIAL BANK, 432 FENGQI ROAD, HANGZHOU 310006, P. R. CHINA IN ONE LOT BY COURIER SERVICE.

-UPON RECEIPT OF DOCUMENTS FULLY IN COMPLIANCE WITH TERMS AND CONDITIONS OF THIS CREDIT WE SHALL ACCEPT THE DRAFT AND REMIT THE PROCEEDS TO YOUR DESIGNATED ACCOUNT ON MATURITY.

-DISCREPANCY FEE OF USD 50.00 OR ITS EQUIVALENT WILL BE DEDUCTED FROM THE PROCEEDS OF ANY DRAWING IF DISCREPANT DOCUMENTS ARE PRESENTED.

-THE AMOUNT OF EACH DRAWING MUST BE ENDORSED ON THE REVERSE OF THE CREDIT INSTRUMENT.

图 7-9(续)

4. 按照信用证的权利是否可转让,可分为可转让信用证和不可转让信用证

(1)可转让信用证(transferable L/C)。可转让信用证是指开证行在信用证上明确注明"可转让"字样,授权通知行在受益人(第一受益人)的要求下,可将信用证的全部或部分转让给第三者(第二受益人)的信用证。可转让信用证只能转让一次,如信用证不禁止分批装运,在累计不超过信用证金额的前提下,可以分成几个部分分别转让给一个以上的第二受益人,各项转让金额的总和将视为信用证的一次转让。信用证只能按照原证规定的条款办理转让,但信用证的金额、单价、装运日期和到期日等项可以减少、提前或缩短,保险加保比例可以增加到原信用证要求保足的金额,也可以以第一受益人代替原证申请人的名称。

进口商开立可转让信用证,意味着他同意第一受益人将交货、交单的义务让予第一受益人指定的其他人来履行,但并不等于买卖合同也被转让。如果发生第二受益人不能交货,或交货不符合合同规定、单据不符合信用证规定的情况,第一收益人仍要承担买卖合同规定的卖方责任。可转让信用证的受益人往往是中间商,要求国外进口商开立可转让信用证,以转让给实际供货人(第二受益人),由实际供货人直接装运。

在要求转让行(一般为通知行)办理转让手续时,第一受益人有权要求受让人(第二受益人)将单据交给转让银行,以便把自己按照原信用证的单价及金额所制作的汇票、发票替换受让人的汇票、发票,从而获取差额。

(2)不可转让信用证(non-transferable L/C)。不可转让信用证是指受益人不能将信用证的权利转让给他人的信用证。凡未在信用证上注明"可转让"字样者,将被视为不可转让信用证。

5. 其他形式的信用证

(1)循环信用证(revolving L/C),是指信用证金额被全部或部分使用后,无须经过信用证修改,根据一定条件就可以自动、半自动或非自动地更新或还原再被使用,直至达到规定的使用次数、期限或规定的金额用完为止的信用证。循环信用证可以分为按时间循环的信用证和按金额循环的信用证。这类信用证通常适用于长期供货,即实行分批交货和分批收款的情况。

(2)背对背信用证(back to back L/C),又称转开信用证,是指受益人要求原证的通知行或其他银行以原证为基础,另开一张内容相似的信用证。背对背信用证的开立通常是中间商转售他人货物,从中图利,或两国不能直接办理进出口贸易时,通过第三者以此种方法来沟通贸易。

(3)对开信用证(reciprocal L/C),是指2张信用证的开证申请人互以对方为受益人而开立的信用证,多用于易货贸易或加工贸易的情况。

(4)预支信用证(anticipatory L/C),是指允许受益人在货物装运和交单前预支全部或部分货款的信用证。

(六)信用证的特点

1. 开证行承担第一性的付款责任

信用证业务提供的信用是银行信用,开证行是信用证的第一付款人。货物装运后,只要信用证的受益人向银行提交与信用证条款完全相符的单据,开证行就必须付款,而不论开证申请人是否有付款的意愿或者能力。

2. 信用证是独立文件

信用证的开具虽以贸易合同为依据,但信用证一旦开具出来,便独立于贸易合开证申请书同,成为与贸易合同相分离的文件。贸易合同只对买卖双方有约束力,而信用证则是开证行与受益人之间的法律文件。在信用证业务中,受益人申请人不能提交与买卖合同相符而与信用证条款不符的(买方)单据,否则,开证行是会拒付的。

3. 信用证业务是单据化业务

信用证业务是单据买卖。信用证业务中的各当事人处理的是单据,而不是货物。在信用证业务中,只要受益人提交了与信用证条款相符的单据,开证行必须付款或承兑;相反,如果受益人提交的单据与信用证条款不符,即使货物符合合同,银行也不会付款。如果进口商付款后发现货物有缺陷,可凭单据向有关责任方提出损害赔偿,但与银行无关。

正是由于信用证方式具有上述特点,在信用证业务中,由银行出面担保,只要卖方按照合同规定交货、按照信用证规定交单就可拿到货款,而买方也无须在卖方履行交货义务前支付货款,因此,卖方安全收款、买方安全提货都有一定的保障。在国际贸易结算中,信用证使用比较广泛。

四、银行保函和备用信用证

在国际贸易中,当一方担心另一方不履行合同义务,往往要求对方通过银行开具银行保函或备用信用证。银行保函和备用信用证都建立在银行信用之上,通常适用于期限较长、金额较大、交易条件比较复杂的项目,不仅适用于货物买卖,也适用于承包工程项目、融资等一切有关国际经济交往的业务中。

(一)银行保函

银行保函(banker's letter of guarantee,L/G)又称银行保证书,是指银行根据申请人的请求,向受益人开立的担保申请人正常履行合同义务的书面保证文件。如申请人未向受益人履行某项义务,由担保银行承担保证书中所规定的付款责任。

1. 银行保函的当事人

(1)申请人(applicant),又称委托人(principal)、被保证人,是要求银行开立保函的一方。

(2)担保行(guarantor Bank),即根据申请人的请求,开立保函的银行。

(3)受益人(beneficiary),即接受保函,并且当申请人未履行合同义务时有权向担保行提出索赔的一方。

除以上3个基本当事人之外,银行保函还有可能涉及转递行、保兑行和转开行等其他当事人。

2. 银行保函的种类

银行保函根据不同用途,可分为许多种类,概括起来,主要有投标保函和履约保函2种。

(1)投标保函(tender L/G),即在工程项目进行招标时,担保银行应投标人(申请人)的请求,向招标人(受益人)出具的保函。保证投标人在开标前不中途撤销投标或片面修改投标条件,中标后按时与招标人签订合同并提交履约保函或交付履约保证金。否则,担保银行负责赔偿招标人一定金额的损失。投标保函的金额一般为投标报价的1%~5%。

(2)履约保函(performance L/G),即银行应申请人的请求,向受益人开立的保证申请人履行某项合同项下义务的书面保证文件。在保函有效期内,如发生申请人违反合同的情况,银行将根据受益人的要求向受益人赔偿保函规定的金额。履约保函的适用范围很广泛,不仅用于一般的进出口贸易,而且用于工程项目建设、国际租赁、技术贸易、对外加工贸易和补偿贸易等。履约保函的担保金额一般为合同金额的5%~10%。

在进出口贸易中,履约保函又分为进口保函和出口保函2种:

①进口保函(import L/G)是银行应进口商的申请,开给出口商的信用文件,保证出口商按交易合同交货后进口商一定如期付款,否则由担保行负责偿付一定金额的款项。

②出口保函(export L/G)是银行应出口商的申请,开给进口商的保证文件,保证出口商按约履行交货义务,如出口商未能交货,担保行负责赔偿进口商一定金额。这种银行保函又可称作还款保函。

3. 跟单信用证与银行保函的区别

(1)跟单信用证主要用于贸易货款的结算;银行保函既可用作货款结算工具,又可用于其他各种信用担保。

(2)跟单信用证的支付在正常情况下是必然发生的;银行保函的支付具有或然性。

(3)跟单信用证一概独立于贸易合同;银行保函却往往会被扯进交易各方的合同中。

(4)跟单信用证的开证行负有第一性付款责任;银行保函担保行的付款责任却是第二性的,只有在委托人不付款或不履行合同义务时,受益人才可凭保证书向保证银行要求付款。

(5)跟单信用证的交单地点可以是议付行、代付行或保兑行所在地,有多种款项的支付方式,并可作为融资工具使用;银行保函只能向担保行索偿或索赔,其到期地点只能是担保行所在地。

关于银行保函,国际商会曾于1978年6月颁布了《合同保函统一规则》(Uniform Rules

for Contract Guarantee，URCG 325）。鉴于见索即偿保证书的使用日益增多，国际商会于 1992 年 4 月专门制定并颁布了《见索即付保函统一规则》（The Uniform Rules for Demand Guarantees ICC Publication No. 458，URDG 458）（现行版本为 2009 年通过的 URDG 758）。有的国家的法律为了不让银行介入商业纠纷，禁止银行开立保函。例如，美国政府只允许担保公司开立保证书，日本政府也不允许本国银行开立保证书。于是，备用信用证应运而生，并逐渐在世界范围内得到推广。

（二）备用信用证

备用信用证（standby L/C）起源于美国，因美国法律不允许银行开立保函，故银行采用备用信用证来代替保函，后来其逐渐发展成为国际性合同提供履约担保的信用工具，用途十分广泛，如国际承包工程的投标、国际租赁、预付货款、赊销业务及国际融资等业务。

备用信用证是开证行对受益人承担某项责任的凭证。在此凭证中，开证行承诺偿还开证申请人的借款、预收款或其他负债，或在开证申请人未履约时向受益人支付一定金额的款项。

1. 备用信用证的相关惯例

备用信用证是一种特殊形式的信用证，是开证银行对受益人承担一项义务的凭证。开证行保证在开证申请人未能履行其应履行的义务时，受益人只要凭备用信用证的规定向开证行开具汇票，并随附开证申请人未履行义务的声明或证明文件，即可得到开证行的偿付。自 1983 年起，备用信用证的使用一直遵循《跟单信用证统一惯例（UCP 400）》，之后，2007 年的修订本，即《跟单信用证统一惯例（UCP 600）》再次明确指出，适用于所有在正文中标明按照本惯例办理的跟单信用证（包括本惯例适用范围内的备用信用证）。根据不同基础交易的需要，备用信用证的当事人也可选择适用《见索即付保函统一规则（URDG 758）》。国际商会于 1998 年 4 月又颁布了《国际备用信用证惯例》（International Standby Practices 1998，ISP 98），于 1999 年 1 月生效，为备用信用证的使用提供了单独规则。

2. 跟单信用证与备用信用证的区别

（1）一般跟单信用证仅在受益人提交有关单据证明其已履行基础交易义务时，开证行才支付信用证项下的款项；备用信用证则是在受益人提供单据证明债务人未履行基础交易的义务时，开证行才支付信用证项下的款项。

（2）一般跟单信用证开证行愿意按照信用证的规定向受益人开出汇票及单据付款，因为这表明买卖双方的基础交易关系正常进行；备用信用证的开证行则不希望按照信用证的规定向受益人开出汇票及单据付款，因为这表明买卖双方的交易出现了问题。

（3）一般跟单信用证总是货物的进口方为开证申请人，出口方为受益人；而备用信用证的开证申请人与受益人既可以是进口方，也可以是出口方。

3. 备用信用证与银行保函的比较

备用信用证与银行保函的相同点如下：

（1）当事人相同，都包括申请人、担保人和受益人。

(2)二者都是银行根据委托人的请求向受益人做出书面付款保证承诺,保证只要委托人未能按合同履行义务,担保行或开证行将凭受益人提交的规定的单据或其他文件给予赔付,即二者都是以银行信用来弥补商业信用的不足。

(3)二者都以基础合同为开立依据,一经开出,均独立于基础交易合同,即使其中引用了基础合同的有关内容,也不受基础合同条款的约束。

(4)银行所处理的不是货物,而是单据,但银行对单据的真伪,转递过程中的遗失或延误,以及受益人与委托人之间关于基础交易合同的纠纷等概不负责。只要受益人提交了符合银行保函或备用信用证规定的索赔单据或文件,银行就必须履行赔付义务。

备用信用证与银行保函的不同点见表 7-1。

表 7-1　备用信用证与银行保函的不同点

内容	备用信用证	银行保函
适用惯例	ISP 98、UCP 600、URDG 758	URDG 758
单据要求	要求受益人提交汇票及表明申请人未能履约的书面证明	不要求受益人提交汇票,担保行仅凭书面索偿以及证明申请人违约的声明付款
付款依据	完全依据信用证规定要求的文件,而不管合同执行情况,开证行只对备用信用证本身负责,信用证与单据相联系	依据有关合同或某项承诺没有履行的情况付款,容易被牵扯到商务合同及贸易双方的争议之中,保函与履约相联系
担保性质 付款责任	独立性的担保,开证行是主债务人,即使作为其基础的合同无效,开证行仍要承担付款义务	担保行是从债务人,即使规定担保行是主债务人,也无法改变保函的从属地位
到期地点	可以在开证行所在地、受益人所在地或其他地点	在担保行所在地

第三节　结算方式的比较与结合使用

在国际贸易业务中,一笔交易的货款结算可以只使用一种结算方式(通常如此),也可根据不同的交易商品、交易对象、交易做法等,将 2 种及以上的结算方式结合使用,从而有利于促成交易、安全及时收汇等。在开展国际贸易业务时,究竟选择哪一种支付形式,可酌情而定。

一、主要结算方式的比较

在国际贸易中,汇付、跟单托收和跟单信用证是最基本、最常用的结算方式。表 7-2 是对这 3 种结算方式在手续繁简、费用负担、资金占用、安全因素等方面所做的比较。

表 7-2　汇付、跟单托收和跟单信用证的比较

结算方式		手续	银行收费	买卖双方的资金占用	买方风险	卖方风险
汇付	预付货款	简单	最少	不平衡	最大	最小
	赊账交易	简单	最少	不平衡	最小	最大
跟单托收	付款交单	稍繁	稍多	不平衡	较小	较大
	承兑交单	较繁	稍多	不平衡	极小	极大
跟单信用证		最繁	最多	较平衡	稍大	较小

二、影响结算方式选择的因素

在选择结算方式时，安全因素是首先需要考虑的重要问题，其次是占用资金时间的长短，当然也要注意具体操作时的手续繁简、银行费用的多少等。此外，下列因素对选择使用何种结算方式具有一定的影响，有时甚至起决定性作用。

(一)客户资信

在国际贸易中，合同能否顺利圆满地得到履行，在很大程度上取决于客户的信用。要在贸易中安全收汇、安全用汇，必须事先做好对客户的资信调查，以便根据客户的具体情况，选用适当的结算方式。

(二)贸易术语

国际货物买卖合同中采用不同的国际贸易术语，表明各项合同的交货方式和使用的运输方式是不同的，而不同的交货方式和运输方式所适用的结算方式不会完全相同。因此，在选择结算方式时，要注意合同所采用的贸易术语。

(三)运输单据

如果货物通过海上运输，出口商装运货物后得到的运输单据是海运提单，而海运提单属于物权凭证，提单交付给进口商之前，出口商尚能控制货物，故可以选用信用证和托收方式结算货款。如果货物通过航空、铁路、邮政等方式运输时，出口商装运货物后得到的运输单据是航空运单、铁路运单或邮包收据，这些都不是物权凭证，因此在这种情况下，一般不适宜做托收。即使采用信用证方式，大都也规定必须以开证行作为运输单据的收货人，以便银行控制货物。

三、各种结算方式的结合使用

在国际贸易实务中，除采用某一种结算方式之外，有时也可以将各种不同的结算方式结合起来使用，主要有以下几种方式。

(一)信用证与汇付相结合

信用证与汇付相结合是指部分货款采用信用证支付，余额采用汇付方式结算。这种结合形式常用于允许交货数量有一定机动幅度的某些初级产品的交易。例如，买卖矿砂、煤炭、粮食等散装货物时，买卖合同规定 90%的货款以信用证方式支付，其余 10%在该货物运

抵目的港、经检验核实货物数量后,按照实到数量确定余额以汇付方式支付。又如,对于特定商品或特定交易需进口商预付定金的,一般规定预付定金部分以汇付方式支付,其余货款以信用证方式结算。

(二)信用证与托收相结合

信用证与托收相结合是指一笔交易的货款,部分用信用证方式支付,余额用托收方式结算。这种结合形式的具体做法通常是:信用证规定受益人(出口商)开立 2 张汇票,属于信用证项下的部分货款,通过光票支付,而将货运单据附在托收部分的汇票项下,按照即期或远期付款交单方式托收。这种做法对进口商而言,可减少开证金额,少付开证押金,少垫资金;对出口商而言,托收部分虽然有一定风险,但因为有部分信用证的保证,而且货运单据在信用证内规定跟随托收汇票,开证行需等全部货款付清后才能向进口商交单,因而,收汇较为安全。但信用证中必须订明信用证的种类、支付金额以及托收方式的种类,而且必须订明"在全部付清发票金额后方可交单"的条款。

(三)信用证与银行保函相结合

信用证与银行保函相结合主要用于成套设备进出口或工程承包交易。即除了支付货款外,还有预付定金或保留金的收取的情况。一般货款可用信用证支付,预付定金要先开银行保函,保留金的收取也可以用开立保函代替。如果是招标交易,则须投标保函、履约保函、退还预付金保函与信用证相结合。

(四)托收与银行保函相结合

托收与汇付相反,是逆汇,出口商先交货后收款,从而要负担进口商收到货物后拒付而造成的货款两空的风险。因此,采取托收方式对于出口商不利。为了使货款收取有保障,可以让进口商申请开立保证托收付款的保函。一旦进口商没有在收到单据后的规定时间内付款,出口商有权向开立保函的银行索取出口货款。

(五)汇付、托收、信用证、保函多种结算方式结合

在成套设备、大型机械产品和交通工具的进出口交易中,由于成交金额巨大、产品生命周期较长,可以按照工程进度和交货进度分若干期付清货款,此时,一般将汇付、托收、信用证、保函等结算方式结合起来使用。

第四节　合同中的支付条款

国际货物买卖中有关货款收付的规定通常以支付条款出现。买卖合同中支付条款的内容视所采用的不同收付方式而异,常用的支付条款如下所述。

一、汇付条款

采用汇付方式时,应在合同中明确规定汇付的办法、汇付的时间、汇付的金额和汇付的途径等。

例如:买方应不迟于 12 月 15 日,将 100%的货款用电汇预付至卖方(The Buyer should pay 100% of the sale amount to the Seller in advance by telegraphic transfer not later than Dec. 15th.)。

二、托收条款

采用托收方式时，应在合同中明确规定托收种类、进口人的承兑和/或付款责任及付款期限等。

（一）即期付款交单条款的规定方法

例如，在合同中规定"买方凭卖方开具的即期跟单汇票，于第一次见票时立即付款，付款后交单"（Upon first presentation the Buyers shall pay against documentary draft drawn by the sellers at sight. The shipping document are to be delivered against payment only. ）。

（二）远期付款交单条款的规定方法

例如：在合同中规定"买方应对卖方开具的见票后××天付款的跟单汇票于提示时即予承兑，并于汇票到期日即予付款，付款后交单"（The Buyer shall duly accept the documentary draft drawn by the Seller at ×× days upon first presentation and make payment on its maturity. The shipping documents are to be delivered against payment only. ）；或规定"买方应凭卖方开具的跟单汇票，于提单日后××天付款，付款后交单"；或规定"买方应凭卖方开具的跟单汇票，于汇票出票日后××天付款，付款后交单"。

（三）承兑交单条款的规定方法

例如，在合同中规定"买方应对卖方开具的见票后××天付款的跟单汇票于提示时即予承兑，并应于汇票到期日即予付款，承兑后交单"（The Buyer shall duly accept the documentary draft drawn by the Seller at ×× days upon first presentation and make payment on its maturity. The shipping documents are to be delivered against acceptance. ）。

三、信用证条款

采用信用证方式时，应在合同中明确规定信用证种类、开证日期、信用证有效期和议付地点等。

例如：买方应于××年××月××日前（或接到卖方通知后××天内或签约后××天内），通过卖方可以接受的银行，开出以卖方为受益人的（由××银行保兑）不可撤销的（可转让的）全部发票金额的即期信用证。信用证有效期延至装运日期后××天在中国到期[The Buyers shall arrange with a bank acceptable to the Sellers for opening an Irrevocable（Transferable）Letter of Credit（or within ×× days after receipt of the Sellers advice or within ×× days after signing of this contract）. The said Letter of Credit shall be available by sight draft（s）for full invoice value and remain valid for negotiation in China until the day after date of shipment.]。

如要求电报索汇，可在上述条款内加列"信用证应列明收到议付电报通知后即以电汇偿付"（The Letter of Credit must stipulate that reimbursement is to be made telegraphically upon receipt of the cable of negotiation. ）。

本章小结

在国际贸易中,支付工具主要是票据。国际贸易结算中使用的票据包括汇票、本票和支票,以汇票为主。汇票行为一般包括出票、提示、背书、承兑、付款等,其基本原理和法律规则同样适用于本票和支票。

汇付是付款人通过银行,使用各种结算工具将货款汇交收款人的一种结算方式,属于商业信用。由于使用的结算工具不同,汇付通常可以分为电汇、信汇和票汇 3 种。汇款结算方式多用于预付货款和货到付款的交易方式。托收结算方式是由卖方委托银行向买方收取货款的一种结算方式。跟单托收可分为付款交单和承兑交单。托收的基本特征是商业信用,所以在国际贸易中只是有条件地使用。信用证是随着国际贸易、航运、保险以及国际金融的发展而形成的一种结算方式。信用证的特点表现在独立性、单据买卖和银行信用。银行保函是指银行向受益人开立的,保证被保证人一定要向受益人尽到某项义务,否则将由担保人负责赔偿受益人损失的保证文件。备用信用证是开证行对受益人承担某项责任的凭证。在此凭证中,开证行承诺偿还开证申请人的借款、预收款或其他负债,或在开证申请人未履约时向受益人支付一定金额的款项。

综合练习

一、单项选择题

1. 属于顺汇方法的支付方式是(　　)。

A. 汇付　　B. 托收　　D. 银行保函　　C. 信用证

2. 使用 D/P、D/A 和 L/C 3 种结算方式,对于卖方而言,风险由大到小依次为(　　)。

A. D/A、D/P 和 L/C　　B. L/C、D/P 和 D/A

C. D/P、D/A 和 L/C　　D. D/A、L/C 和 D/P

3. 按照《跟单信用证统一惯例(UCP 600)》,受益人最后向银行交单议付的期限是不迟于提单签发日的(　　)d。

A. 11　　B. 15　　C. 21　　D. 25

4. 保兑行对保兑信用证承担的付款责任是(　　)。

A. 第一性的　　B. 第二性的　　C. 第三性的　　D. 第四性的

5. 在补偿贸易或易货贸易中经常使用的信用证是(　　)。

A. 循环信用证　　B. 对开信用证　　C. 背对背信用证　　D. 备用信用证

二、简答题

1. 汇票有哪几种类型? 汇票的票据行为有哪些?

2. 简述汇票、本票和支票的异同点。

3. 汇付有哪几种类型? 它们有何不同? 汇付的特点是什么?

4. 什么叫托收？付款交单与承兑交单有何异同？采用托收结算方式时，应该注意哪些方面？

5. 信用证有何特点？信用证当事人之间的法律关系如何？简述跟单信用证的结算程序。

6. 常见的银行保函有哪些？银行保函与备用信用证有何区别？

7. 汇付、跟单托收、跟单信用证这 3 种最常见的结算方式的主要区别有哪些？

8. 如何根据具体情况选用不同的结算方式？

三、案例分析题

1. 甲公司向乙公司出口一批货物，甲公司通过 A 银行开给乙公司一张不可撤销的即期信用证，当甲公司于货物装船后持全套货运单据向银行办理议付时，乙公司破产倒闭。请问：A 银行可否以乙公司倒闭为由拒绝付款？为什么？

2. 某年 4 月，甲公司（卖方）与乙公司（买方）签订了出口 100 套医疗设备、金额为 270 万美元的合同，由于乙公司接受甲公司较高的产品报价，所以甲公司同意使用 D/A 90 d 付款方式。当年 5 月 12 日，甲公司备妥货物后运往合同规定的到货港马来西亚巴生港，并提交有关单据委托甲公司所在地 A 银行（托收行）通过其在马来西亚的分行 B 银行（代收行）托收货款。货物到达巴生港后，乙公司凭借已承兑汇票的随附单据提取了货物。90 d 过后，甲公司仍未见对方付款。虽经 A 银行多次去电催收，但乙公司以“商品销路不好卖不出去”和“资金周转困难无法还款”为由拒绝付款，最终甲公司既失去货物，又无法追收货款。请问：托收项下银行是否提供信用担保？该付款方式下卖方面临什么样的风险？

3. 某年 3 月，甲公司和乙公司以 CFR 条件订立了进口 5 000 t 化肥的合同，依合同规定甲公司开出以乙公司为受益人的不可撤销的跟单信用证，总金额为 280 万美元。双方约定如发生争议则提交甲公司所在国国际经济贸易仲裁委员会仲裁。当年 6 月货物装船后，乙公司持包括提单在内的全套单据在银行议付了货款。货到目的港后，甲公司发现化肥有严重质量问题，立即请当地商检机构进行了检验，证实该批化肥是没有太大实用价值的饲料。于是，甲公司持商检证明要求银行追回已付款项，否则将拒绝向银行支付货款。请问：银行是否应追回已付货款，为什么？甲公司是否有权拒绝向银行付款，为什么？

4. 甲公司与外商以 CIF 条件签订一笔商品出口合同，其中规定装运期为 8 月，但未规定具体开证日期。签订合同后外商拖延开证，甲公司见装运期快到，从 7 月底开始，连续多次电催外商开证。8 月 5 日，收到开证的简电通知，甲公司怕耽误装运期，即按照简电办理装运。8 月 28 日，外商开来信用证正本，其中对有关单据做了与合同不符的规定。甲公司未予注意，交议付行时也未发现问题。而开证行审核时却发现单证不符，因而拒付货款。评析此案，并分析应从中吸取哪些教训。

第八章　商品的检验、索赔、不可抗力和仲裁

教学要求：通过本章学习，学生掌握货物检验检疫的时间、地点、检验方法的确定以及确定合同中商检条款的方法；掌握业务中出现争议的解决方法；掌握确定合同中仲裁条款和不可抗力条款的方法。

知识目标：掌握货物检验检疫的时间、地点、检验方法的确定以及确定合同中商检条款的方法；掌握业务中出现争议的解决方法；掌握确定合同中仲裁条款和不可抗力条款的方法。

能力目标：具有办理进出口商品检验工作、处理具体索赔理赔事宜的能力。

导入案例：

海关总署公告2023年第128号(关于进口芬兰麦芽检验检疫要求的公告

根据我国法律法规和中华人民共和国海关总署与芬兰共和国农林部有关芬兰麦芽输华检验检疫要求的规定，即日起，允许符合以下要求的芬兰麦芽进口。

一、检验检疫依据

(一)《中华人民共和国进出境动植物检疫法》《中华人民共和国进出境动植物检疫法实施条例》《中华人民共和国食品安全法》《中华人民共和国食品安全法实施条例》《中华人民共和国进出口商品检验法》《中华人民共和国进出口商品检验法实施条例》。

(二)《中华人民共和国进出口食品安全管理办法》。

(三)《中华人民共和国海关总署与芬兰共和国农林部关于芬兰麦芽输华检验检疫要求议定书》。

二、允许进口产品

芬兰输华麦芽是指以在芬兰种植的大麦(Hordeum vulgare L.)、小麦(Triticum aestivum L.)、黑麦(Secale cereale L.)、燕麦(Avena sativa L.)的成熟果实为原料，在芬兰境内经过发芽、干燥等工艺制成的仅用于食用或食品加工用的产品。

三、生产企业要求

芬兰麦芽生产加工企业有责任确保其输华麦芽符合中国食品安全和植物检疫相关法律法规以及中国食品安全国家标准。输华麦芽的生产、加工、存放单位由芬兰农林部推荐，并经中华人民共和国海关总署注册。

四、植物检疫要求

(一)芬兰输华麦芽的原料应来自经芬兰农林部确认符合相关植物检疫和食品安全要求并予备案的大麦、小麦、黑麦和燕麦种植生产企业。

(二)芬兰输华麦芽不应带有下列检疫性有害生物：阔鼻谷象 Caulophilus oryzae、花斑皮蠹 Trogoderma variabile Ballion。

(三)芬兰输华麦芽不得带有杂草籽、活体昆虫、其他谷物杂质、植物残体、土壤以及其

他外来杂质。

五、生产要求

芬兰输华麦芽的原料种植、生产、加工、储存、运输、出口全过程,均应符合中国和芬兰的相关安全卫生要求,防止受到致病性微生物或有毒有害物质的污染。

六、食品安全要求

芬兰输华麦芽应符合中国食品安全法律法规以及食品安全国家标准。

七、包装要求

芬兰输华麦芽应使用符合食品安全和植物检疫要求的干净、卫生、透气且新的材料包装,并应密封,在运输过程中防止撒漏。每一包装应标注"本产品输往中华人民共和国",以及麦芽的品名、产地、麦芽生产加工企业名称及其在华注册号、出口商名称和地址等中文或英文可追溯信息。上述信息可以以标签形式粘贴在包装上。

八、运输工具要求

芬兰输华麦芽装运前,运输工具应进行检查并符合卫生防疫要求,不得混入检疫性有害生物或其他限定性检疫物,如杂草籽、活体昆虫、其他谷物杂质、植物残体、土壤以及其他外来杂质。

九、植物检疫证书要求

芬兰官方应对每批经检验检疫符合议定书要求的输华麦芽出具植物检疫证书。证书附加声明栏中应注明麦芽生产加工企业名称、在华注册号及"该植物检疫证书所证明的麦芽符合中芬双方于2023年9月21日在赫尔辛基签署的关于芬兰麦芽输华检验检疫要求议定书的规定。该批货物不带有阔鼻谷象 Caulophilus oryzae、花斑皮蠹 Trogoderma variabile Ballion 等中方关注的检疫性有害生物"。

十、其他

芬兰输华麦芽应来自获得中华人民共和国海关总署注册的企业。获得注册的芬兰输华麦芽企业名单可通过海关总署网站查询。

特此公告。

海关总署

2023年10月9日

(资料来源:中华人民共和国海关总署官方网站)

第一节　商品的检验

商品检验是指国家设置的商检机构或者由经政府批准注册的第三方身份的民间公证鉴定机构对进出口商品的品质、数量(重量)、包装、安全、卫生、产地、检疫、残损以及装运条件等内容实施检验并出具检验证明的行为和过程。

凡未经检验的进口商品,不准销售和使用;凡未经检验合格的出口商品,不准出口,这反映出商品检验在对外贸易中的地位及其重要性。有的国家把买方检验货物的权利以立法的形式予以支持和保护。在实际贸易中,多数是凭单结算的象征性交货,买卖双方不能直接检验和当面清点货物;而货物在交接过程中,经过多次装卸和长途运输,有可能由于发生风险而导致货物受损，这常常容易导致争议的发生。为了避免发生争议或者发生争议以后尽快公平、公正地解决争议，便利货物的交接，这就需要一个有信誉、公证的权威性的商检机构对进出口的商品进行检验和鉴定，并出具具有权威性的商检证书作为货款结算和处理索赔争议的重要依据。由此可见，商品检验及合同中的检验条款，对于促进商品买卖业务的顺利进行是不可缺少的。

一、商品检验时间地点与内容

（一）商品检验时间与地点

在国际贸易中，货物检验时间与地点的确定实际上就是确定货物检验权的归属问题，有检验权一方出具的检验结果可以作为卖方议付货款的依据和买方索赔的依据。因此，检验时间和地点的确定直接涉及买卖双方的根本利益。而在实际业务中，如何确定检验权，买卖双方通常都会在合同中做出明确的规定，即明确规定货物的检验时间和地点。

在国际贸易中，有关买卖合同对检验时间和地点的规定，主要有以下做法。

1. 出口国装船前检验

出口国装船前检验是指在货物发运前由卖方委托经买方同意的商检机构，在出口国货物的产地、装运港或装运地对货物进行检验，并出具检验证书以作为确定货物品质、数量（重量）的最后依据。事实上，此种做法检验权归属于卖方，否认了买方的复验权，对买方不利。

（1）工厂检验。按照这种规定，货物的检验由出口国的工厂检验人员，或按照合约规定会同买方验收人员与货物在工厂发运前进行，卖方承担货物离厂前的责任。在此之后出现的任何品质、数量（重量）等方面的风险均由买方负责。我国在进口重要的商品和大型成套的设备时，收货人一般会在出口装运前进行预检、监装，商检机构会根据需要派出检验人员参加。

（2）以离岸品质、数量（重量）为准。按照这种规定，货物的检验以装船口岸商检机构出具的品质、数量（重量）等项目检验鉴定证明书作为决定交货商品品质是否符合规定标准的最后依据。卖方对货物到达目的地后的品质状况和数量（重量）原则上不承担责任。只要装船前检验合格说明卖方交货合格，买方原则上不得依据到货时的品质或数量（重量）与离岸时不符而提出异议或索赔。除非买方能证明，货物到达目的地时变质或短量是由于卖方没有严格履行合同规定的包装义务或者由于货物在装船时有一般检验无法发现的瑕疵引起的。

2. 进口国卸货后检验

进口国卸货后检验是指货物抵达目的港或运到买方所在地后由双方约定的商检机构检验，并出具检验证明，作为确认交货品质和数量（重量）的依据。事实上，此种做法检验权归属买方，对卖方不利。

（1）以到岸品质、数量（重量）为准。按照这种规定，商品的品质和数量（重量）在目的港卸货后进行检验，商品是否符合合同规定，以目的港的商检机构出具的品质、数量（重量）证明书为最终依据。在实际业务中，检验的地点可因商品性质不同而异。一般可在目的港码头仓库进行检验，易腐货物应尽快进行检验。采用这种条件时，卖方应承担货物在检验之前的一切品质及数量上的风险，买方有权依据货物到达目的港时的检验结果针对货损和货差向卖方提出索赔，甚至拒收货物。

(2)最终用户检验。对于精密包装的货物，或规格复杂、精密度高的货物，不能在使用之前拆开包装检验，或需要具备一定的检验条件和检验设备才能检验时，可将货物运至买方营业处所或最终用户所在地进行检验，由这里的检验机构出具的品质、重量、数量证明作为最后依据。

3. 出口国检验，进口国复验

货物装运前由双方约定的商检机构对货物进行检验，并出具检验证书，以此作为卖方议付货款的出口单据之一；货到目的地后，由双方约定的商检机构对货物进行复验，并出具检验证书，如发现货物与合同不符，买方可以在规定时间内，以此证书作为向卖方索赔的依据。这种检验办法对买卖双方都有好处，且比较公平合理，因而在国际贸易中应用很广泛。

但是，此种做法容易出现两地检验结果不同的情况，因为国际贸易货物需要经过长途运输，其品质、数量、重量在运输过程中难免会发生变化，如在运输、装卸过程中照顾不善、货物在运输过程中的自然耗损等，也可能是因为两地商检机构使用的检验标准或检验方法不同等，都会导致装船时和到达时 2 次检验结果的差异。为了保证合同的顺利履行，尽量减少因两地检验结果不同而产生的争议，一般在检验条款中做以下规定：

(1)凡属于保险公司及承运人责任者，买方不得向卖方提出索赔，只能向有关责任方要求赔偿。

(2)如果两地检验结果的差距在一定范围内，则以出口国检验结果为准，如果超过一定范围，由双方协商解决。如协商未解决，可交第三国检验机构进行仲裁性检验，或者超过范围部分可由双方共同承担。

(3)在允许买方复验的情况下，要明确卖方应承担的责任范围。

在允许买方复验的条件下，为了防止买方拖延检验时间而对货物不利，一般要对复验时间、地点及复验机构等做出明确规定。复验的时间实际上是品质或数量索赔的期限，买方只有在合同规定的时间内进行复验，并取得相应的检验证书，其复验的结果才能作为提出索赔的有效依据，如果超出规定的期限复验而提出索赔，卖方有权拒绝理赔。按照国际惯例，复验的期限要根据商品的性质，运输条件和港口条件等由买卖双方共同商定，尽量把复验时间订得合理。

采用何种方式进行货物检验应视具体情况而定，但是对大多数商品而言，出口国检验、进口国复验的做法最为合理。这种做法不但肯定了卖方的检验证书是有效的交接货物和结算的凭证，同时又确认买方对货物有重新检验，并以此作为索赔依据的权利。

(二)商品检验的内容

根据《中华人民共和国进出口商品检验法》和《中华人民共和国进出口商品检验法实施条例》的规定，出入境检验检疫机构对进出口商品实施检验的内容，包括是否符合安全、卫生、健康、环境保护、防止欺诈等要求以及相关的品质、数量、重量等项目，概括为品质检验、数量(重量)检验、包装检验、卫生检验、安全性能检验和动植物疫情的检验。

1. 品质检验

品质检验(quality inspection)是指运用感官检验、物理检验、仪器分析、化学检验、微生物学检验的手段对进出口商品的品质、规格、等级进行的检验。

品质检验包括对商品外在质量的检验和内在品质的检验。外在质量的检验主要是对商品的外观、形状、色样、款式、气味、手感、瑕疵及表面缺陷等方面进行的检验;内在品质的检验主要是对商品的规格、等级、成分等方面进行的检验。例如,对冰箱品质的检验,可以通过观察其外观、式样判断其外在质量,通过一系列技术指标测定判定其内在质量。商品的品质条款作为合同的第一要件,如果品质与合同规定不符卖方有权拒绝收取货物,甚至有权解除合同,所以品质检验是商检工作的最主要内容之一。

2. 数量(重量)检验

数量(重量)的多少直接关系货物总价的多少,所以数量(重量)是主要检验内容之一。数量检验检验的是整批货物的件数或商品的个数、长度、面积、体积、容积等。检测方法可以根据商品特点而定,采用逐件点验法或抽样点验法。重量检验主要是根据商品的特性采用不同的重量计量方式,检验出商品的准确重量。重量检验的主要方式有衡器计量、水尺计重、容量计量、流量计计量等。

3. 包装检验

包装检验是指有关商检机构根据买卖双方进出口合同的规定和有关检验标准,对进出口商品的运输包装、销售包装以及包装标志进行的检验。对进出口商品主要检验外包装是否完好,包装材料和衬垫物等是否符合合同规定。对包装破损的商品要另外进行残检,查明货损责任方以及货损程度。对已发生残损的商品,须检验是否是由于包装不良所致。除此之外,还应检验商品的包装是否牢固、完整、干燥和清洁,是否适合长途运输和保护商品数量和质量的习惯要求。

4. 卫生检验

卫生检验主要是针对食品及与食品有关的材料等进行的卫生质量检验,以保障消费者健康和维护国家信誉。《中华人民共和国食品安全法》规定,进口的食品、食品添加剂、食品相关产品应当符合我国食品安全国家标准。国家出入境检验检疫部门对进出口食品安全实施监督管理。

5. 安全性能检验

安全性能检验是根据国家规定和外贸合同、标准以及进口国的法令要求,对进出口商品有关安全性能方面的项目进行的检验,如易燃、易爆、易触电、易受毒害、易受伤害等,以保证生产使用和生命财产的安全。目前,除进出口船舶及主要船用设备材料和锅炉及压力容器的安全监督检验,根据国家规定分别由船舶检验机构和劳动部门的锅炉、压力容器安全监察机构负责监督检查外,其他进出口商品涉及安全性能方面的项目,由商检机构根据外贸合同规定和国内外的有关规定和要求进行检验,以维护人身安全和确保经济财产免遭侵害。

6. 动植物疫情检验

动植物疫情检验是指国家质量监督检验检疫总局和有关机关,为了维护本国人民的健康和有关产业的安全,依照有关法律和法规的规定,对入境的动植物产品进行的检验。

在国际贸易中,不同商品检验的项目不同,检验的目的、方式、方法也不同。我国进出口商品检验局根据外贸发展的需要,对涉及社会公共利益的进出口商品实行强制性检验,实行强制性检验的商品详见国家质量监督检验检疫总局公布的《商检机构实施检验的进出口商品种类表》。

二、商品检验机构与程序

商品检验机构是接受委托对进出口商品进行检验与公证鉴定的专门机关,在买卖合同的检验条款中,一般都对检验机构做出明确的规定,由合同指定的检验机构出具检验证书才能对双方具有约束力。我国的商品检验机关共有三级,即国家质量监督检验检疫总局、国家质量监督检验检疫总局设在全国各地的商检机构和商检公司。我国商检机构的主要职能是商品检验、商品鉴定、监督管理、认证工作。

(一)商检机关

1. 国家质量监督检验检疫总局

国家质量监督检验检疫总局隶属于国务院,是主管全国进出口商品检验检疫工作,主管商品检验、鉴定、认证和监督管理工作的行政执法机构,是我国进出口商品检验机构的管理机关。

2. 商检机构

为履行出入境检验检疫职能,国家质量监督检验检疫总局在全国共设有35个直属出入境检验检疫局,海陆空口岸和货物集散地设有近300个分支局和200多个办事处,共有检验检疫人员3万余人。国家质量监督检验检疫总局对出入境检验检疫机构实施垂直管理。

3. 商检公司

商检公司属于民间检验鉴定机构,从事检验鉴定工作必须经过国家质量监督检验检疫总局的审核。我国唯一的、全国性的进出口商品检验公司是中国检验认证(集团)有限公司(CCIC)。它是经国务院批准成立,在国家工商局登记注册,迄今为止唯一带“中国”字头以“检验、鉴定、认证、测试”为主业的跨国检验认证机构。其前身是1980年7月经国务院批准成立的中国进出口商品检验总公司,它的性质属于民间商品检验机构。中国检验认证(集团)有限公司在全国各省、市、自治区设有分支机构,并且在美国、英国、德国、荷兰等20多个国家设有海外公司或代表处。2005年,国家质量监督检验检疫总局又审批了一些商检公司可以从事检验鉴定工作,主要有天津华和海事检定有限公司、通标标准技术服务有限公司、上海天祥质量技术服务有限公司、深圳天祥质量技术服务有限公司、上海英斯贝克商品检验有限公司、江苏添福产品服务有限公司等。

4. 国际上重要的商检机构

国际上一些重要的商检机构有官方的也有民间的,官方的商检机构有:美国食品药物管理局(FDA)、法国标准协会(AFNOR)、德国标准化学会(DIN)、英国标准协会(BSI)等。民间比较著名的商检机构有瑞士通用公证行(SGS)、英国英之杰检验集团(IITS)、日本海事检定协会(NKKK)、美国材料与试验协会(ASTM)等。

(二)商品检验的标准

国际上商品检验标准主要有3种:第一种是进出口双方约定的标准,商品到底如何检验,按照买卖双方合同的规定;第二种是强制性检验标准,是指商品的进口国、出口国、过境国或者消费国的法律、法规所规定的,某些商品必须进行检验所遵循的标准;第三种是国际上权威检验标准,如国际标准化组织、国际海事组织、国际电工协会等标准。

(三)进出口商品检验的程序

报验、抽样、检验和出证是进出口商品检验的基本步骤。

1. 出口商品检验

第一步:报验人向商检机构申报,商检机构受理报验。报验人填写“出口检验申请书”,并提供有关的单证和资料,如外贸合同、信用证、厂检单正本等。商检机构在审查上述单证符合要求后,受理该批商品的报验;如果发现有不符合要求者,可以要求申请人补充或修改有关条款。

第二步:商检机构抽样检查。由商检机构派出检验人员根据商品特性和检验内容的不同采用随机取样方式抽取样品,报验人配合商检人员做好抽样工作,检验人员可以采用从感官到仪器分析等各种技术手段对出口商品进行检验。检验的形式有商检自验、共同检验、驻厂检验和产地检验。

第三步:签发证书。商检机构对检验合格的商品签发检验证书,或在“出口货物报关单”上加盖放行章。出口企业在取得检验证书或放行通知单后,在规定的有效期内报运出口。

2. 进口商品检验

进口商品检验分为两大类:一类是列入《商检机构实施检验的进出口商品种类表》和合同规定由我国商检机构检验出证的进口商品,检验程序同出口商品检验程序类似。进口商品到货后,由收货、用货或其代理接运部门立即向口岸商检机构报验,填写进口货物检验申请书,并提供合同、发票、提单、装箱单等有关资料和单证,检验机构接到报验后,对该批货物进行检验,合格后,在进口货物报关单上加盖印章,海关据此放行。另一类是不属于《商检机构实施检验的进出口商品种类表》的进口商品,报验人向所在地区的商检机构申报进口商品检验,自行检验或由商检机构检验,自行检验须在索赔期内将检验结果报送商检机构;若检验不合格,应及时向商检机构申请复验并出证,以便向外商提出索赔。

三、商品检验证书

商品检验证书是商检机关对进出口商品进行检验后所签发的各种证明文件的通称。商检证书可以由生产单位或使用单位出具,但在我国,商检证书由国家质量监督检验检疫总局及其设在各地的商检机构签发,也可由中国检验认证(集团)有限公司出具。

(一)商品检验证书的种类

商品检验证书是针对不同商品的不同检验项目而出具的,所以检验证书的种类繁多,买卖双方应根据成交货物的种类、性质、有关国家的法律规定和贸易习惯等确定卖方应提供何种检验证书,并在合同中予以明确,同时确定检验的有效期限,超过期限的检验证书失效。

在实际业务中常见的检验证书主要有以下几种。

1. 品质检验证书

品质检验证书是用于证明进出口商品品质、规格、等级等的证书。

2. 重量或数量检验证书

重量或数量检验证书是用于证明进出口商品数量或重量的证书,检验证书的内容为货物经何种计量单位或计重方法得出的实际数量或重量。此种证书除了表明被检验商品的数量或重量外,也是国外海关报关征税和运输公司计算运费、装卸费的依据。

3. 包装检验证书

包装检验证书是用于证明进出口商品包装及标志情况的证书。一般情况下将包装检验情况列入品质检验证书中或数量(重量)检验证书中,也可根据需要单独出具包装检验证书。

4. 卫生检验证书或健康检验证书

卫生检验证书或健康检验证书是用来证明供人类食用的动物产品或食品等在出口前经过卫生检验或检疫,符合卫生标准,可供食用。如冻鱼、冻虾、肠衣、罐头食品、蛋品、乳制品、蜂蜜等动物产品或食品。

5. 兽医检验证书

兽医检验证书是用来证明出口的动物产品或食品已经过检疫。凡是加上卫生检验内容的,称为兽医卫生检验证书。需要出具兽医检验证书的商品有冻畜肉、冻禽、冻兔、禽畜肉罐头、肠衣、皮张、毛类、绒类、猪鬃等动物食品和产品。

6. 消毒检验证书

消毒检验证书是用于证明动物产品出口前经过消毒处理,符合安全卫生要求。其证明内容也可在品质检验证书中附带。如猪鬃、马尾、皮张、羽毛、山羊毛、蹄角、骨粉等动物产品。

7. 熏蒸证书

熏蒸证书是用于证明出口的粮谷、油籽、豆类、皮张等商品以及包装用木材与植物性填充物等出口前经过熏蒸灭虫的证书,主要证明熏蒸使用的药物、熏蒸时间等情况,可以单独出证,也可以将其内容列入品质检验证书中。

8. 温度检验证书

温度检验证书是用来证明出口商品冷冻温度的证书,可以单独出证,也可以将其内容列入品质检验证书中。

9. 船舱检验证书

船舱检验证书是用来证明承运出口商品的船舱清洁、牢固、冷藏效能及其他装运条件是否符合保护承载商品的质量和数量完整与安全的要求的证书。

10. 残损检验证书

残损检验证书简称验残证书,是用来证明进口商品残损情况的证书,适用于进口商品发生残损、短量、浸渍、毁坏等情况。其主要内容为确定商品的受损坏的情况以及受损情况对使用和销售产生的影响,估定残损贬值程度和判定导致损坏的原因等,作为向发货人或承运人或保险人等有关责任方索赔的依据。

11. 产地检验证书

产地检验证书是用于证明货物原产地的证书。如果合同规定需要出具产地证明，按给惠国的要求，出口方出具原产地证明时，由商检机构签发原产地证书。

12. 价值检验证书

价值检验证书是用来证明出口商品价值或发货人发票所载商品价值真实性的证书。

除此之外，检验证书还有植物检疫证书、财产价值鉴定证书、生丝品质及公量检验证书、积载鉴定证书等等。

（二）商品检验证书的作用

（1）检验证书是证明卖方所交货物是否符合合同规定的依据。商品检验证书即是买卖双方确定货物品质、数量（质量）的依据。

（2）检验证书是海关验收放行的依据。凡属法定检验范围的商品，必须向海关提供商检机构签发的检验证书，否则海关不予放行。

（3）检验证书是办理索赔和理赔的依据。

（4）检验证书是卖方办理货款结算的依据。当规定在出口国检验、进口国复验时，一般都规定卖方在向银行办理货款结算时，所提交的单据必须包括检验证书。

需要注意的是，出口商品经检验后，如果较长时间不出口，商品的质量有可能发生变化，原来检验的结果可能无法完全反映商品的实际情况。因此，各种重要的出口商品，特别是出口预检商品，必须规定适当的检验有效期。自验讫日期开始计算，凡超过检验有效期的，原发的预检合格证即失效，该批商品如仍需出口，必须重新办理报验。

案例 8-1：

某年 1 月 10 日，甲国 B 公司凭样品签订从乙国 A 公司进口一批小家电的合同，合同规定 FOB 贸易术语成交，最迟不应迟于 2 月 20 日装船发运。A 公司对产品的质量保证期为货物到达目的地后的 6 个月。货物到达甲国，取得了商检部门的检验证书。由于国际市场价格波动，B 公司没有及时出售货物。10 月 26 日，即收货后 8 个月，B 公司自行将合同项下的货物再次送交商品检验机构复验。检验表明：这批货物有 5 项存在缺陷，系出口厂商制造不良所致。随后，B 公司又与丙国 C 公司签订合同，向 C 公司出口从 A 公司进口的这批小家电。12 月，这批货物运至丙国 C 公司指定港口，未能取得商检部门的合格检验证书。B 公司根据复验的货物与合同不符的检验报告向 A 公司提出退货。试问：B 公司要求退货是否合理？

案例分析：

按照《联合国国际货物销售合同公约》，买方有权在合理规定的期限内对货物的品质要求复验。如果合同没有规定期限，则应当在货物到达目的港后的合理期间行使。如果经过了一段合理的时间之后，买方留下了货物且没有向卖方表示他已拒收货物，则等于接受了货物，同时丧失了对货物品质提出异议并要求索赔的权利。首先，本案例中质保期为 6 个月，而 B 公司却在质保期期满后重新验货并提出异议，B 公司当时已丧失声称货物不符合同的权利，检验的结果应不予考虑。其次，尽管货物与合同不符，本案例中 B 公司把这批货物发运到丙国，已行使了对货物的处置权，因此可以视为 B 公司已接受了货物，B 公司不能在 C 公司拒收货物后再要求 A 公司退货。综上所述，B 公司要求 A 公司退货的要求是不合理的。

四、商品检验条款的制定

在实际业务中，涉及合同中商品检验条款内容的主要有检验权的归属、检验的内容、检验标准、出具何种检验证书等问题。我国外贸业务中签订合同时，尽量在平等互利的基础上签订对我方有利的检验条款。

（一）出口合同检验条款

在出口合同中我方为卖方，应尽量争取在我方检验，有关检验时间和地点的确定可选择在“产地检验，以离岸品质、数量（重量）为准，或出口国检验、进口国复验”这几种方式，尽量争取检验权归属我方，这样可保障我方利益。合同中的商检条款可以订为“质量和数量（重量）以中国国家质量监督检验检疫总局出具的检验证书为准”；或订为“双方同意以装运港中国国家质量监督检验检疫总局所签发的质量和/或数量（重量）检验证书作为信用证项下议付货款的单据之一，买方有权在收到货物以后对货物的质量和/或数量（重量）进行复验。如果发现质量和/或数量（重量）与合同不符，买方有权向卖方提出索赔，但是须提供经卖方同意的公证鉴定机构出具的检验证书，索赔期限为货物到达目的港××天内”。

（二）进口合同检验条款

在进口合同中我方为买方，为保障我方利益将货损、货差风险转嫁出去，有关检验时间和地点的确定可选择“以到岸品质、数量（重量）为准，或出口国检验、进口国复验”，合同中的商检条款可以订为“质量和数量（重量）以中国国家质量监督检验检疫总局的检验证书为准”；或订为“双方同意以卖方装运港××检验检疫机构所签发的质量和/或数量（重量）检验证书作为信用证项下议付货款的单据之一，买方有权在收到货物以后对货物的质量和/或数量（重量）进行复验。如果发现货物质量和/或数量（重量）经中国国家质量监督检验检疫总局复验与合同所规定的情况不符，买方有权向卖方提出索赔，凭卸货港中国国家质量监督检验检疫总局出具的质量和/或数量（重量）检验证书，索赔期限为货物到达目的港××天内”。

（三）检验费用

如果委托公证鉴定机构进行检验，就涉及检验费用问题，检验费用由谁负担应在合同中订明。关于检验费用，目前国际上的一般做法是装运前卖方负责检验的由卖方承担费用，卸货后买方负责检验的由买方承担检验费用。买方复检时如果货物品质、数量等与合同不符，卖方认赔时，则复验的费用由卖方负担。为了使争议尽快解决，检验费用的负担应在合同中明确。

（四）订立检验条款时应注意的问题

（1）注意检验条款与合同其他条款的一致性。例如，在规定检验时间和地点时不能与贸易术语相矛盾。

（2）注意明确规定检验标准和检验方法。目前商品检验标准已成为一种新的贸易壁垒，发达国家的检验标准定得很高，从而阻碍我国商品的出口。

（3）进口合同条款应规定我方有复验权，根据货物的不同特性合理制定复验的期限，对于大型成套的进口设备，复验期限尽量长一些，最好在安装、调试、正式投产几个阶段后再决定其质量。

(4)出口合同条款如果买方有复验权,应对其复验的期限、地点、复验机构做出明确的规定,尤其是复验机构尽量选择在政治上对我方友好、在业务上有能力的商检或公证鉴定机构。

案例 8-2:

进口方委托银行开出的信用证上规定:卖方须提交"商品净重检验证书"。进口商在收到货物后,发现除质量不符外,卖方仅提供重量单。买方立即委托开证行向议付行提出拒付,但货款已经押出。事后,议付行向开证行催付货款,并解释卖方所附的重量单即为净重检验证书。试问:(1)重量单与净重检验证书一样吗?(2)开证行能否拒付货款给议付行?

案例分析:

(1)商品净重检验证书是由商检机构签发的关于货物重量的公证文件,而重量单为发货人所出具的货物重量说明文件,二者是不同的。(2)信用证中要求卖方提供商品净重检验证书,而议付行误以为重量单即商品净重检验证书,则议付行必须为此过失承担责任。按《跟单信用证统一惯例(UCP 600)》的规定,开证行有权对议付行拒付,而议付行可向出口商追索押汇款项。

第二节 争议与索赔

由于国际贸易业务环节比较多,履约时间比较长,各方当事人之间不可避免地会发生争议和索赔问题。

一、争议

(一)争议的含义与内容

争议是指交易的一方认为另一方未能全部或部分履行合同规定的责任而引起的业务纠纷。争议的内容包括:是否构成违约,对违约的事实有争议,对违约的责任和后果有不同的看法。

(二)争议产生的原因

1. 违约

违约可能是单方违约,也可能是双方违约。在履行合同过程中,一方当事人或双方当事人由于故意和过失而违约。表现为:

(1)卖方违约。不按合同规定的交货期交货,或不交货,或所交货物的品质、规格、数量、包装等与合同(或信用证)规定不符,或所提供的货运单据种类不齐,份数不足等。

(2)买方违约。在按信用证支付方式成交的条件下,不按期开证或不开证;不按合同规定付款赎单,无理拒收货物;在 FOB 条件下,不按合同规定如期派船接货等。

(3)买卖双方均负有违约责任。如合同条款规定不明确,致使双方理解或解释不统一,造成一方违约,引起纠纷。

从违约性质看,争议产生的原因,一是当事人一方的故意行为导致违约而引起争议;二是由于当事人一方的疏忽、过失或业务生疏导致违约而引起争议。此外,对合同义务的重视不足，往往也是导致违约、发生纠纷的原因之一。

2. 欺诈

一方当事人在签订或履行合同过程中，存在故意的欺诈，从而给另一方当事人造成损失。

3. 不可抗力

不可抗力也是双方当事人产生争议的原因之一。关于不可抗力，将在本章第三节进行详细介绍。

二、索赔

（一）索赔与理赔的含义

索赔是指在国际货物买卖过程中，因一方违反合同规定，直接或间接地给另一方造成损失，受损方向违约方提出赔偿要求，以弥补其所受损失。所谓理赔，是指违反合同的一方受理受损方提出的赔偿要求的表示。

（二）索赔的依据

索赔依据是指当事人在提出索赔时依据的事实和证据以及出证的机构。根据世界各国有关法律的规定，任何当事人提出索赔时必须要有充分的证据，若证据不全或不清楚或出证机构不符合要求，都有可能遭到对方拒赔。不同的索赔对象、不同的争议案件提供的证明文件也不一样，大致上索赔时提供的证件依据有：①公证检验机构出具的检验鉴定证书，主要用于证明索赔的事项和内容等；②索赔单写明损失项目的名称、数量、索赔金额及计算方法；③外贸单证：提单、商业发票、装箱单、磅码单等；④事故证明文件，即由船公司或港务管理机构出具的破损事故证明或短缺证明书等；⑤其他可能需要提供的单证或证件。

（三）索赔的期限

索赔期限是指索赔方向理赔方提出赔偿要求的有效时限，一般会在合同中预先加以约定，超过索赔期限的索赔方即丧失法律上的胜诉权。索赔期限的长短与货物的种类、性质、检验所需时间及港口条件等多种因素有关系，短则一个月，长则一年以上。原则上不宜过长，免得使一方承担过重的责任；当然也不能太短，而使另一方丧失索赔权，如果期限太短，来不及办理相关手续，先请求对方延长索赔期限若干天。但是需要注意，索赔的期限要与检验条款一致，不能相互矛盾。其实索赔的期限就是检验条款中的复验期限，买方只能凭借复验证书向对方提出索赔，超过复验的期限，买方同样丧失索赔的权利。如此看来，索赔条款与检验条款有着密切的联系，有的合同把这 2 种条款结合在一起，订立“检验与索赔条款”。

（四）索赔的金额

一般情况下，在合同中不规定具体的索赔金额，因为买卖双方在订约时很难预计未来货损的程度。损害赔偿额应与包括利润在内的实际损失相当。如果双方订有罚金条款，那么，罚金应包括在索赔金额内，《中华人民共和国合同法》第一百一十四条规定：“约定的违约金低于造成的损失的，当事人可以请求人民法院或者仲裁机构予以增加；约定的违约金过分高于造成的损失的，当事人可以请求人民法院或仲裁机构予以适当减少。”

案例 8-3：

甲国 A 公司与乙国 B 公司于 2011 年 5 月通过函电签订了一份分批装运进出口合同，由 A 公司向 B 公司出售化工原料 5 000 公吨。双方在合同中订明价格条款为 CFR 伦敦，总金额为 185 万英镑，每批等量装运，包装条款为适合于海运性质的包装；索赔条款是货物到达目的港后，数量和规格问题应于 15 d 之内，质量问题应于 90 d 之内，买方须凭经卖方同意的检验人的证明向卖方提出索赔要求。在货物发运前，B 公司代理人到 A 公司仓库查看了货物包装情况，没有提出疑问。A 公司从 7 月起开始发货，到 11 月货物出运完毕。每批装载，船方均出具了清洁提单。货到目的港后，B 公司发现每批货物都有部分袋子损坏。于是，B 公司单方面聘请某公证行检验货物，出具的证明表明破损原因是：托盘木条强度不够，不适宜海上运输，以及包装带捆扎不紧。据此，B 公司 2 次传真给 A 公司提出索赔要求，A 公司负责赔偿重新包装的人工费、材料费及检验费用，索赔金额约 7 万英镑。经过核实，A 公司仅同意赔偿 40%的损失。双方又经过几次协商，均未能达成协议。最后经某商会调解，双方达成协议，A 公司补偿 B 公司 5.2 万英镑。试分析从该案件中应吸取哪些教训。

案例分析：

在本案例中，应吸取的经验教训是：(1)合同不应使用“适合海上运输包装”等用语，以免引起纠纷；(2)B 公司索赔须提供经 A 公司同意的检验人的证明，而 B 公司单方面聘请的公证行检验后出具的证明不足以作为索赔的证据；(3)A 公司在理赔时轻易承诺赔偿 40%，就给 B 公司造成是因为自己包装有问题的错觉，造成自己理赔上的失误。

(五)定金罚则

定金与预付款不同，定金是指合同一方当事人根据合同的约定预先付给另一方当事人一定数额的金额，以保证合同的履行，它是作为债权的担保而存在的；预付款是合同当事人预先付给对方一定数额的价款，即对合同义务的预先履行，其本身就是预付的价款或价款的一部分，而不是对合同履行的担保。

在买卖合同中，无论哪一方违约，都要承担与定金数额相等的损失。也就是说，如支付定金的一方违约，即丧失定金的所有权，定金则为另一方所有；如收取定金的一方违约，则除返还定金外，还需付给对方同数额的款额。在国际贸易中，由于种种原因，违约情况时有发生，为了促使合同双方当事人自觉地履行合同义务、维护合同当事人的合法权益、减少贸易纠纷和解决争议，以提高履约率，采取定金制度是行之有效的举措。

案例 8-4：

甲国 A 外贸公司向乙国 B 公司订购某种西药 100 瓶，每瓶 600 元人民币，总值为 6 万元。合同规定：B 公司 6 月 11 日前将全部货物海运至甲国某港口，6 月 12 日在该港船上交货(即 DDP 术语成交)；交货期如超过规定 2~4 d，A 公司可向 B 公司处以总值的 1%的迟交违约罚金，如超过 5~30 d，除处以违约罚金外，双方还可根据实际情况协商降价。B 公司如约按期发货，结果货物于 6 月 16 日才运抵甲国港口，经检验其中有 40 瓶不合格。A 公司随即将货退回 B 公司，要求换货，但未提出重新议价。8 月 4 日，B 公司将货换好后，如数运交 A 公司。在付款时，A 公司拟扣留下述款项：(1)全部货物第一次迟交 4 天的违约罚金 600 元(按总值的 1%计算)；(2)对换回的 40 瓶重新议价，根据当时的市场价格每瓶 480 元，每瓶减价 120 元，共扣款 4 800 元。对上述 2 项扣款，B 公司不同意，其理由是：(1)已在合同规定的交货期前将货物运出,船舶迟到系因遭遇强风所致,故不应以逾期交货论;(2)合同未规定如换货要重新议价,应按原定价格结算。试问:本案例应如何处理?

案例分析:

本案例双方的争执主要有2点:一是B公司是否已构成逾期交货,可否按照罚金条款的规定如数承担扣款?二是换货后可否再重新议价?关于是否逾期交货的问题,合同规定,6月11日前应将货物全部运抵甲国港口,12日在船上交货(DDP),由此看来,该合同属于目的地交货性质的合同;而实际履约是在16日货物抵达目的港时,B公司的确已构成违约,其拒罚的理由实际上是不成立的。关于换货后可否再重新议价问题,合同中有明确规定,在交货的品质、规格不符时,经协议后,得按实际情况,另行议价。因此,A公司的扣款理由完全充分。

(六)索赔条款

一般情况下,在合同中订立索赔条款有2种方式:一种是异议和索赔条款,另一种是罚金条款。多数合同中只订立异议和索赔条款,只有在连续分批交货的大宗货物及机械设备的买卖中才订有罚金条款。在制定索赔条款时,要注意索赔条款的合法性,《联合国国际货物销售合同公约》倾向于索赔,不赞同罚金。索赔条款的内容包括:明确一方违约另一方有权提出索赔,确定索赔的依据、索赔的期限,最重要的是明确索赔金额的确定方法。罚金是指合同当事人一方未履行合同义务而向对方支付约定金额的罚金。罚金实质上就是违约金,罚金条款一般适用于卖方延期交货,或者买方延迟开立信用证和延期接运货物等情况。罚金数额由交易双方商定,并规定最高限额。罚金的多少,以违约时间的长短而定。按一般惯例,罚金数额以不超过货物总金额5%为宜。卖方支付罚金后,并不能解除其继续履行合同的义务。关于罚金起算日期的计算方法,应在合同中列明。计算罚金起算日期的方法有2种:一种是以约定的交货期或开证期终止后立即起算;另一种是规定优惠期,即在约定的有效期限终止后再宽限一段时期,在此优惠期内仍可免于罚款,待优惠期届满后再起算罚金。

(七)索赔时应注意的问题

1. 对外索赔时应注意的问题

我方对外索赔是发生在进口业务中,即我方为买方,我方应注意:

首先,查明造成损害的事实,分清责任,备妥必要的索赔证据和单证,并在索赔期限内向对方提出,一定要注意尽量留好现场证据,确定损害事实的存在和责任确属国外卖方。必要的索赔证件包括提单、发票、保险单、装箱单、磅码单正本和副本、商检机构出具的货损检验证明或由承运人签字的短缺残损证明及索赔清单,并列明索赔根据和索赔金额,一并向卖方提出索赔。

其次,正确确定索赔项目和索赔金额,对索赔项目和金额的确定不能脱离实际损失的情况,提出无理要求,如果合同预先规定有约定的损害赔偿的金额,应按约定的金额提赔;如预先未约定损害赔偿的金额,则应根据实际损失确定适当赔偿金额。

最后,认真制定索赔方案,及时向国外提出索赔。如果在索赔期内提赔有困难,可以通知国外卖方要求延长索赔期。

2. 处理对外索赔时应注意的问题

我方处理对外索赔即理赔时，我方为卖方，我方应注意：

首先，要认真细致地审核国外买方提出的单证和出证机构的合法性。

其次，注意调查研究，弄清事实，分清责任。如果确属我方责任，应实事求是地予以赔偿，对国外商人提出的不合理要求，应该给予详细解释，对无理取闹的应有理拒绝并予以揭露。

最后，合理确定损失和赔付办法，如降价、打折、换货、退货、补货等。

三、争议的解决

产生争议应当采取适当的方法予以解决，首先双方应在平等的基础上友好协商，不能为一时的业务纠纷而影响正常的贸易关系；如果协商不能够圆满解决争议，双方可自愿将争议提交第三方予以裁决。争议的解决方式归纳起来有以下几种方法。

(一)友好协商

友好协商是指争议发生之后，由当事人双方直接进行磋商，自行解决纠纷。在协商过程中，当事人通过摆事实讲道理，弄清是非曲直和责任所在，必要时，双方各自做出一定让步，最后达成和解，消除分歧。这种做法的优点是节省时间和费用，气氛缓和，灵活性大，有利于贸易关系的进一步发展。所以争议发生时，一般都愿意用这种方式解决争议。这种做法的缺点是如涉及的争议金额比较大时，双方均不肯做出让步或反复协商相持不下时，争议就无法解决。

(二)调解

如果双方不愿意协商或协商不妥时，则可以采用调解这种方式解决争议。所谓调解，是指争议发生之后，双方协商不成，则可邀请第三人(调解人)居间调节。调解人的作用是帮助当事人弄清事实，分清是非，并找到一种双方都可接受的解决办法。调解人可以是当事人双方都信任的贸易伙伴，也可以是双方都信任的协会、行会或商会，一般都具有专业知识或实践经验，有利于公平、公正地解决争端。如果调解人调解成功，双方应签订和解协议，作为一种新的契约予以执行；如果调解失败，当事人双方或一方不接受调节意见，则该意见对任何一方当事人都无约束力。调解和协商在性质上没有什么太大的区别，都是以双方当事人自愿为前提，一方当事人或调解人不得强迫另一方当事人接受调解。

(三)仲裁

通过以上2种途径仍不能解决纠纷，如果双方当事人在合同中有约定或在发生争议后达成协议，可以将争议提交仲裁机构仲裁。仲裁的独立性、终局性、公正性和非公开审理性的特点适宜于一些比较大的贸易纠纷的解决。有关仲裁在本章第四节进行详细介绍。

(四)诉讼

诉讼是指由司法部门按照法律程序来解决双方的贸易争端，在争议出现后由任何一方当事人，依照一定的法律程序，向有管辖权的法院起诉，要求法院依法予以审理，并做出公正的裁决。该方式的运用通常是由于争议所涉及的金额比较大，双方都不肯让步，或者一方缺乏解决问题的诚意，通过协商或调解难以达成协议，以致诉诸法律解决。

在国际贸易中,争议的解决方式有多种,也都各有特点。协商和调解强调自愿性,双方都同意并且都很有诚意解决问题才能进行;而诉讼具有强制性,诉讼的提起可以单方进行,审理后做出的裁决也同样具有强制性;仲裁的方式既有自愿性的一面,又有强制性的一面,是否采用仲裁的方式解决争议,由双方自愿决定,仲裁的地点、仲裁机构、仲裁的方式、仲裁所适用的法律,甚至是仲裁员当事人都可以自由选择,当事人的自主性比较大,仲裁的过程中可以进行调解,方式比较灵活。仲裁的裁决与诉讼的裁决一样具有强制性,而且裁决是终局的,具有法律效力,对仲裁裁决结果法院没有干涉的权利。

第三节　不可抗力

一、不可抗力的含义和范围

(一)不可抗力的含义

不可抗力又称人力不可抗拒,它是指在货物买卖合同签订以后,不是由于任何一方当事人的过失或疏忽,而是由于发生了当事人不能预见和人力所不能控制的自然灾害或意外事故,以致不能履行合同或不能按期履行合同,有关当事人即可根据合同和法律的规定免除不履行合同或不能按期履行的责任,对方无权要求赔偿。许多国家的法律法规都对不可抗力做出了解释,但是各国对其解释并不统一。如美国习惯上认为不可抗力事故仅指由于自然力量所引起的自然灾害,而不包括社会力量引起的意外事故。《中华人民共和国合同法》第一百一十七条规定:“本法所称不可抗力,是指不能预见、不能避免并不能克服的客观情况。”归纳起来,构成不可抗力应具备以下条件:无论是自然灾害还是意外事故是发生在合同订立后;所发生的自然灾害或意外事故不是任何一方当事人的故意或过失造成的,也不是正常的贸易风险;当事人对发生的自然灾害或意外事故不能预见、不能避免也不可抗拒。

不可抗力事故所造成的损失是人力不能控制的,当事人为维护自身利益,通常都会在合同中订立“不可抗力条款”,一旦发生不可抗力事件,以致一方当事人不能按照合同规定履行义务,则该当事人得以援引合同中的不可抗力条款,免除其全部或部分责任,或者免除其延迟履行的责任。这种免责是指遭受意外事故的一方当事人免负损害赔偿的责任。

(二)不可抗力的范围

发生不可抗力事件可能是由自然灾害引起的,也可能是社会力量引起的意外事故。涉及的范围很广,难以划定其范围,在实际业务中发生的事故是否属于不可抗力事故,要视具体情况而定。但就其起因而言,有以下几种情况:

(1)自然原因。如水灾、火灾、风灾、旱灾、雨灾、冰灾、雪灾、雷电、地震、火山爆发和海啸等自然灾害。

(2)政府行为。即当事人签约后,有关政府当局发布了新的法律、去规、行政措施,如颁布禁令、调整政策制度等。

(3)社会异常事故。社会上出现的异常事故(如骚乱、暴动、战争等)往往构成当事人履约的障碍,但是汇率变化、市场风险、商品价格波动、货币贬值、能源危机、机器故障、怠工、船期改变等均不能视为不可抗力事件。

案例 8-5：

有一份合同，甲国 A 公司向乙国 B 公司出口一批黄麻。在合同履行的过程中，甲国政府宣布对黄麻实行出口许可证制度和配额制度。A 公司因无法取得出口许可证而无法向乙国 B 公司出口黄麻，遂以不可抗力为由主张解除合同。请问：A 公司能否主张这种权利？为什么？

案例分析：

A 公司可以以不可抗力为由主张解除合同。因为甲国政府在买卖双方履行合同的过程中，宣布对黄麻实行出口许可证制度和配额制度。A 公司无法取得出口黄麻的许可证即无法向乙国 B 公司出口黄麻，这属于由政府行为引起的不可抗力事故。所以 A 公司可以以不可抗力为由主张解除合同，而乙国 B 公司无权要求赔偿。

二、不可抗力的法律后果

不可抗力的法律后果，是指当不可抗力事件出现时，合同是否即告解除，或者视不同情况，可以解除合同，也可以推迟履行合同。对不可抗力事件法律后果的规定，各国也有分歧。英美法系国家认为，一旦出现“合同落空”，合同即告终结，从而就自动解除了当事人的履约义务。而有些国家的法律则认为，出现不可抗力事件不一定使合同全部解除，而应根据不可抗力事件的原因、性质、规模、对履约的实际影响区别对待。

我国对不可抗力事件规定了 3 种可能产生的法律后果：

(1)如果发生不可抗力事件，致使合同的全部义务不能履行，当事人可解除合同，并免除全部责任。

(2)如果发生不可抗力事件，致使合同的部分义务不能履行，则当事人可免除部分义务。

(3)如果发生不可抗力事件不是导致合同不能履行，而是不能按约定的时间履行，则当事人可以延迟履行合同，并在该事件的后果影响持续的时间内，免除其延迟履行的责任。

除规定了不可抗力事件可能产生的几种法律后果外，我国还规定在不可抗力事件中要求免责的一方应承担以下 2 项义务：

(1)应当及时通知另一方，以减轻可能给另一方造成的损失。如果因为没有及时通知而给另一方造成损失，怠于通知的一方应对此承担责任。

(2)应在合理的时间内向另一方提供有关机构出具的证明，以证明不可抗力事件的发生。在我国，出具不可抗力证明的机构包括公证机构、中国国际贸易促进委员会等。

案例 8-6：

甲国 A 出口公司以 CIF 条件与乙国 B 公司订立了 200 套家具的出口合同。合同规定 12 月交货。11 月底，A 公司出口商品仓库因雷击发生火灾，致使一半以上的出口家具被烧毁。A 公司遂以不可抗力为由要求免除交货责任，B 公司不同意，坚持要求按时交货，经多方努力，于次年 1 月初交货，而乙国 B 公司以 A 公司延期交货为由提出索赔。请问：(1)A 公司可主张何种权利？为什么？(2)乙国 B 公司的索赔要求是否合理？为什么？

案例分析:

(1)本案例中,A 公司遭遇了出口商品仓库因雷击发生火灾,致使一半以上的出口家具被烧毁的事故,此遭遇属于不可抗力事故,可以遭遇不可抗力事故为由,向对方提出延期履行合同的要求。(2) B 公司的索赔要求是不合理的。因为,既然发生了不可抗力事故,且已备好的货物一半以上被烧毁,这必然会影响卖方交货的时间。另外,不可抗力事故是一项免责条款,可免除遭遇不可抗力事故的一方不能如期履行合同的责任。所以,B 公司应考虑实际的情况同意延期履行合同,因此,B 公司的索赔要求是不合理的。

三、不可抗力条款的制定

(一)不可抗力条款的内容

虽然各国法律对不可抗力的解释不一,但都承认当事人规定的不可抗力内容的有效性,并允许当事人规定与法律规定不同的范围和内容。有关不可抗力条款的内容主要包括以下几个方面。

1. 规定不可抗力事故的范围

不可抗力事故的范围涉及买卖双方的切身利益,所以对事故范围的规定容易引起争议。首先,在磋商和规定不可抗力条款时要慎重,尽量规定具体一些,注意不要把政策不允许的内容列入不可抗力范围。其次,要防止国外商人,特别是国外卖方,一旦发生对其履约的不利情况时,尽量扩大不可抗力的范围来推卸责任。最后,不要把一些含混不清、使不可抗力范围无法确定的词句订入不可抗力条款。例如,规定"参照习惯的不可抗力条款",采用此类笼统含混的词句,一旦发生问题很容易产生不同的解释,带来不必要的麻烦。

2. 不可抗力事故的法律后果

不可抗力事故的法律后果要规定清楚,在哪些情况下可以解除合同,在哪些情况下可以变更合同,在哪些情况下免责。

3. 出具事故证明的机构以及事故发生后通知对方的义务和期限

有关出具事故证明要规定清楚出证单位和出证时间。在我国,出证单位一般由中国国际商会出具,在国外是由事故发生地点的政府主管当局签发,或由当地的商会以及登记注册的公证人出具。《中华人民共和国合同法》第一百一十八条规定:"当事人一方因不可抗力不能履行合同的,应当及时通知对方,以减轻可能给对方造成的损失,并应当在合理期限内提供证明。"

(二)不可抗力条款的订立方式

1. 概括式

即在合同中对不可抗力事故的范围不具体规定,只是笼统地提示一下,或者对不可抗力事故的法律后果也不做具体说明。例如,"由于不可抗力的原因,致使卖方不能全部或部分装运,或延迟装运,卖方对这种不能装运,或延迟装运本合同项下的货物,不负责任。但卖方需用电报或电传通知买方,并且在××天内以航空挂号信件向买方提交由中国国际贸易促进委员会出具此类事件的证明书"。又如,"如由于不可抗力的原因,致使卖方不能交货,或延迟交货,卖方不负责任。但卖方应立即电报通知买方,并须向买方提交证明,发生此类事故的有效证明书,以资证明”。这种方法含义模糊,对不可抗力事故范围的解释伸缩性较大,难以作为解释问题的依据,容易产生争议,不宜采用。

2. 列举式

即在合同中对不可抗力事故的范围逐一详细列明,凡是不在列明的范围内的事故发生后不可作为不可抗力事故,即使发生的事故确实为不可抗力事故,也不能免责。例如:“由于战争、洪水、火灾、地震、雪灾、暴风的原因致使卖方不能按时交货,可以推迟装运时间或者撤销部分或全部合同,但卖方需用电报或电传通知买方,并在××天内以航空挂号信件向买方出具由中国国际贸易促进委员会开出的证明此类事件的证明书。”这种方式虽然列举详细,不易发生纠纷,但难免有所遗漏,一旦发生未列举的其他不可抗力事件,就丧失了使用不可抗力的权利,易于发生争执。

3. 综合式

即将概括式和列举式合并在一起,在列举双方当事人已取得的不可抗力事故的同时,再加上“以及其他不可抗力事故”文句。这样的规定既具体又有灵活性,我国目前的进出口合同的不可抗力条款大多采用这种规定方法。如合同中不可抗力条款声明:“人力不可抗拒:如因战争、地震、水灾、火灾、暴风雪、雪灾或其他不可抗力原因致使卖方不能全部或部分装运或延迟装运货物,卖方对这种不能装运或延迟装运或不能履行合同项下的情形均不负责,但卖方需用电报或电传通知买方,并在××天内以航空挂号信件向买方出具由中国国际贸易促进委员会开出的证明此类事件的证明书。”综合式规定方法弥补了前 2 种方法的不足,既不像概括式那样抽象,又不像列举式那样容易遗漏,除了条款中列明的不可抗力事故外,如发生其他的意外事故,由双方通过协商对事故进行认定,可以使事故得到合理的解决。这样就为双方当事人共同确定未列明的意外事故是否构成不可抗力提供了依据。这种方式既具体明确,又有一定的灵活性,比较科学实用。

(三)援引不可抗力条款时的注意事项

(1)根据合同规定确定发生的事件是否在不可抗力范围内,以及发生的不可抗力事件对履约产生的影响,是解除合同还是变更合同。如果是我方遭遇了不可抗力事件,我方自身要清楚不可抗力事件的影响;如果对方向我方援引不可抗力条款,我方也要将对方遭遇的不可抗力事件及对对方履约产生的影响实事就是的调查清楚。

(2)遭遇不可抗力时,要立即将影响合同履行的情况及时通知对方,说明事故情况及对履约产生的影响。《联合国国际货物销售合同公约》第七十九条规定:“不履行义务的一方必须将障碍及其对他履行义务能力的影响通知另一方。如果该项通知在不履行义务的一方已知道或理应知道此障碍后一段合理时间内未为另一方收到,则他对由于未收到通知而造成的损害应负赔偿责任。”

(3)准备好证明文件,要注意证明文件的齐备,出证时间以及出证机构要符合合同要求。《中华人民共和国合同法》第一百一十八条规定:“当事人一方因不可抗力事件不能履行合同的,应及时通知另一方,以减轻可能给对方造成的损失,并应在合同期限内提供证明。”在不可抗力条款中是否具备规定提供证明文件的期限和出具证明文件的机构,可视需要而定。如果合同中已做了规定的则按合同规定办理;如合同无规定,应尽快通过证明文件。出证机构在国内的一般是中国国际经济贸易促进委员会。在国外则由当地的商会或合法的公证机构出具。

(4)对方有不同意见时要及时答复,不得拖延,以免丧失免责的机会。同时,要根据事故的性质、影响履约的程度等具体情况,适当地处理在履约中发生的各种情况。

第四节 仲 裁

一、仲裁的含义与特点

(一)仲裁的含义

仲裁亦称公断,是指买卖双方在争议发生之前或之后签订书面协议,自愿将争议提交双方所同意的第三者予以裁决的一种争议解决方式。裁决对双方都有约束力,双方必须执行。仲裁是当前国际上普遍采用的争议解决方式。

(二)仲裁的特点

仲裁一直是解决国际贸易争议的首选方式。和其他争议解决方式相比,仲裁具有以下优点:

(1)一裁终局。仲裁裁决对当事人具有约束力并可强制执行。仲裁裁决不同于法院判决,其不能上诉,一经做出即为终局,对当事人具有约束力。

(2)当事人意思自治。在仲裁中,当事人享有选择仲裁员、仲裁地、仲裁语言以及适用法律的自由。当事人还可以就开庭审理、证据的提交和意见的陈述等事项达成协议,设计符合自己特殊需要的仲裁程序。在我国,仲裁当事人可以书面形式提交证据和陈述;此外,在我国受理的仲裁案件绝大多数可在仲裁庭组成之后6个月内结案。因此,与法院严格的诉讼程序和时间相比,仲裁程序更为灵活。

(3)仲裁具有保密性。仲裁案件不公开审理,一般不损害当事人双方的业务关系,有益于买卖业务的继续开展,从而可以有效地保护当事人的商业秘密和商业信誉。

(4)仲裁费用合理。与诉讼相比,仲裁一裁终局、程序快捷等特点,使得采用仲裁比采用诉讼对当事人而言更为经济。

二、仲裁机构

国际仲裁机构有2种:一种是临时性仲裁机构,另一种是常设性仲裁机构。

(一)临时性仲裁机构

临时性仲裁机构是指根据双方当事人签订的仲裁条款或仲裁协议书,在争议发生之后由双方当事人指定的仲裁员临时组成的,负责裁定当事人的争议,是为专门审理当事人之间某一具体争议案件而设立的,案件审理完毕裁决做出后即行解散。

(二)常设性仲裁机构

常设性仲裁机构是指具有固定组织和地点、固定的仲裁程序规则的永久性仲裁机构。国际上常设性的仲裁机构有国际性的或区域性的,有全国性的,也有专业性的和行业性的。仲裁机构属于民间社会组织,在国际上比较知名的仲裁机构有国际商会仲裁院、瑞典斯德哥尔摩商会仲裁院、瑞士苏黎世商会仲裁院等,我国的常设性仲裁机构是中国国际经济贸易仲裁委员会和中国海事仲裁委员会。

中国国际经济贸易仲裁委员会是我国常设的国家商事仲裁机构,成立于 1956 年,总部设在北京,在深圳、上海等地设有分会,隶属于中国国家贸易促进委员会,其受理争议的范围是国际和涉外争议以及特定种类的外向型国内争议及其他国内争议。

三、仲裁协议与程序

(一)仲裁协议

仲裁协议是双方当事人表示愿意把他们之间的争议交付仲裁解决的一种书面协议,是仲裁机构或仲裁员受理争议案件的依据。

1. 仲裁协议的形式

仲裁协议的形式有 2 种:一种是由双方当事人在争议发生之前订立的,表示同意把将来可能发生的争议提交仲裁解决的协议,这种协议一般都已含在合同内,作为合同的一项条款,即仲裁条款(arbitration clause);另一种是由双方当事人在争议发生之后订立的,表示同意把已经发生的争议交付仲裁的协议,这种协议称为仲裁协议书。它源于合同又独立于主合同之外而单独存在。

关于这 2 种形式的仲裁协议的法律效力是否有区别,特别是合同中已经订有仲裁条款的情况,当双方发生争议需要进行仲裁时,是否还必须另外再签订一份仲裁协议提交给仲裁庭,各国说法不一。我国的对外经济贸易仲裁一般由中国国际经济贸易仲裁委员会进行,仲裁协议的形式既包括合同中的仲裁条款,也包括其他形式的(如往来函电形式)仲裁协议书。无论是合同中的仲裁条款还是争议发生后双方签订的仲裁协议书,其效力和作用是完全相同的,在法律上没有任何差别。只要双方当事人在合同中订有仲裁条款,如果日后双方发生的争议在合同范围之内,则任何一方都可依据合同中的仲裁条款提请仲裁,不必再另外签订任何形式的仲裁协议,即使争议使得合同无效,但是合同中的仲裁条款仍然是有效的。

2. 仲裁协议的内容

不同国家、不同合同、不同的争议案件对仲裁协议内容的要求也并不一致,大体上包含以下方面的内容:仲裁事项、仲裁地点、仲裁机构、仲裁程序规则、仲裁裁决的效力、仲裁费用的负担等。

3. 仲裁协议的作用

无论是合同中的仲裁条款,还是争议发生后签订的仲裁协议书,其作用主要体现在以下方面:

(1)约束双方当事人只能以仲裁方式解决争议。由于已签有仲裁协议,当事人之间一旦发生争议,就只能以仲裁方式来解决。向仲裁机构提出仲裁申请,既不得任意改变仲裁机构和仲裁地点,也不得单方面要求撤销仲裁协议。

(2)排除法院对有关案件的管辖权。双方当事人一经订立仲裁协议,任何一方就不得向法院提起诉讼。如果一方违背仲裁协议,自行向法院起诉,另一方可根据仲裁协议做出抗辩,要求法院予以撤案,并将争议案件退回仲裁机构予以审理。

(3)仲裁机构取得对有关案件的管辖权。日后一方当事人如将争议案件提交仲裁,而另一方如果在规定的时限内未出庭应诉，则仲裁机构有权进行缺席审理和做出缺席裁决。

案例 8-7：

甲国 A 公司与乙国 B 公司订立一项出口合同，在合同中明确规定了仲裁条款，约定在履约过程中如发生争议，在甲国进行仲裁。后来，双方对商品的品质发生争议，B 公司方在其所在地法院起诉 A 公司，法院也发来了传票，传甲国 A 公司出庭应诉。对此，你认为应如何处理？

案例分析：

甲国 A 公司应出庭抗诉。因为在合同中明确规定了仲裁条款，就排除了法院的管辖权。甲国 A 公司可向对方法院出示合同中的仲裁条款，要求法院停止诉讼程序，将该项争议移交合同规定的仲裁机构进行仲裁。

（二）仲裁程序

仲裁程序主要是指规定进行仲裁的手续、步骤和做法，其中包括仲裁申请、仲裁员指定、仲裁庭组成、仲裁答辩与反诉、仲裁审理、仲裁裁决及仲裁费用等各方面的内容。仲裁程序规则的作用主要是为当事人和仲裁员提供一套进行仲裁的行动准则，以便在仲裁时为当事人和仲裁员所遵循。一般仲裁机构在履行仲裁程序时都按照自己的仲裁程序规则来进行。但也有例外，有些国家允许双方当事人任意选择他们认为合适的仲裁程序规则进行仲裁。例如，瑞典斯德哥尔摩商会仲裁院所审理的案件允许当事人选定按联合国国际贸易发展委员会制定的仲裁规则进行裁决。我国的做法是规定在哪个国家仲裁就适用哪个国家的仲裁规则。仲裁程序概括起来主要由四步骤组成：仲裁申请、组建仲裁庭、案件审理、裁决。下面以《中国国际经济贸易仲裁委员会仲裁规则》为例，简单介绍仲裁程序。

1. 仲裁申请

当事人申请仲裁，应当向仲裁机构递交仲裁协议和仲裁申请书。仲裁申请的提出是仲裁程序的开始，《中国国际经济贸易仲裁委员会仲裁规则》第十一条规定：“仲裁程序自仲裁委员会仲裁院收到仲裁申请书之日起开始。”第十二条规定：“在提交仲裁申请书时，附具申诉人要求所依据的证据材料以及其他证明文件。按照仲裁委员会制定的仲裁费用表的规定预缴仲裁费。”

仲裁委员会在收到申诉人的仲裁申请书及其附件后，经过审查后会向双方当事人发出仲裁通知，连同申诉人的仲裁申请书及其附件、仲裁委员会的仲裁规则、仲裁员名册和仲裁费用表各一份。申请人的仲裁申请书及其附件也应同时发送给被申请人。并应在收到仲裁通知之日起 45 d 内向仲裁委员会提交答辩书及有关证明文件。被申请人提出反驳时，应当按照仲裁规则的规定预交仲裁费用。

2. 组建仲裁庭

当事人应当在收到仲裁通知之日起 15 d 内在仲裁员名册中指定一名仲裁员或委托仲裁委员会主席指定一名仲裁员，仲裁员不代表任何一方当事人，并应独立于各方当事人且平等地对待各方当事人。仲裁庭由三人或一人组成，双方当事人在收到仲裁通知后各自指定一名仲裁员，随后仲裁委员会主席指定一名仲裁员为首席仲裁员，共同组成仲裁庭。双方当事人亦可在仲裁员名册中共同指定或委托仲裁委员会主席指定一名仲裁员为独任仲裁员，成立仲裁庭，单独审理案件。

3. 案件审理

仲裁案件的审理有 2 种形式：一种是书面审理，也称不开庭审理，根据有关书面材料，对案件进行审理并做出裁决。另一种是开庭审理，仲裁庭按照仲裁程序规则采取公开或不公开的方式对案件进行审理。一般情况下，开庭审理的案件采取不公开审理的方式进行。如果双方当事人要求公开审理，则由仲裁庭做出是否公开审理的决定。

案件审理过程中，如果双方当事人有调解愿望或一方当事人有调解愿望并经仲裁庭征得另一方当事人同意的，可以进行调解，此时仲裁员充当调解员，这是仲裁方式的一大优点。仲裁委员会受理的案件，如果双方当事人自行达成和解，申诉人应当及时申请撤销案件。案件的撤销，发生在仲裁庭组成以前的，由仲裁委员会主席做出决定；发生在仲裁庭组成以后的，由仲裁庭做出决定。经仲裁庭调解达成和解的，双方当事人应签订书面和解协议；除非当事人另有约定，仲裁庭根据当事人的书面和解协议做出仲裁裁决书。如果调解不成功，仲裁庭应当继续进行仲裁程序，并做出最终裁决。

4. 裁决

裁决一旦做出，案件审理即宣告结束，因此裁决又被称为最终裁决，仲裁不同于诉讼，没有上诉的机会。仲裁庭应当在组庭之日起 6 个月内做出裁决书。裁决书做出之日即为裁决生效之日。仲裁裁决是终局的，对双方当事人均有约束力，任何一方当事人不得向法院起诉，也不得向其他任何机构提出变更裁决的请求。很多国家与我国一样规定仲裁裁决败诉方无上诉权利，但有的国家也允许当事人上诉，但上诉到法院后法院并不审理案件本身，也不审理仲裁庭做出的裁决是否正确，裁决所依据的法律法规是否正确，法院只审查裁决的程序是否正确，裁决在法律手续上是否完备，所以仲裁这种方式被国际贸易界广泛采纳。

仲裁裁决做出后，败诉方应当在规定期限内履行裁决，裁决书未规定期限的应当立即履行，由于各种原因拒不履行仲裁裁决时，而仲裁机构和仲裁庭又不具有强制执行的权利，胜诉方可以根据中国法律的规定，向有管辖权的法院提出申请，要求予以强制执行，或者根据 1958 年联合国《承认及执行外国仲裁裁决公约》或者中国缔结或参加的其他国际公约，向有管辖权的法院申请强制执行。

案例 8-8：

甲国公司与乙国公司签订了出口某货物的合同一份分，合同中的仲裁条款规定“凡因执行本合同发生的一切争议，双方同意提交仲裁，仲裁在被诉方国家进行。仲裁裁决是终局的，对双方都有约束力”。合同履行过程中，双方因品质问题发生争议，于是将争议提交甲国仲裁。经仲裁庭调查审理后认为乙国公司的举证不实，裁决乙国公司败诉。事后甲国公司因乙国公司不执行裁决向本国法院提出申请，要求法院强制执行，乙国公司不服。请问：乙国公司可否向本国法院提起诉讼？为什么？

案例分析：

乙国公司不可向本国法院提请上诉。因为双方在合同中规定，如发生争议提交仲裁。这一仲裁协议表明双方当事人愿意将争议提交仲裁机构裁决，而且排除了法院对该案件的管辖权。同时，仲裁裁决的效力是终局的，对争议双方具有约束力，因此，本案例中乙国公司败诉，应按裁决的内容执行，不得向法院提起上诉。

（三）在线仲裁

在线仲裁是与常规仲裁相对应的。在线仲裁是指其程序的全部或主要环节都在互联网上进行，从而突破了传统的国际商事仲裁制度的规范的仲裁。在线仲裁来源于常规仲裁，它利用了常规仲裁的架构，是网络信息技术应用于常规仲裁的结果。在线仲裁充分利用网络信息和电信技术既网络技术，将常规仲裁程序中仲裁机构、仲裁员和当事人三者之间信息的处理与交换、仲裁文书及证据资料的提交与传递等在尽量不损害其原有法律内涵的前提下将传统的纸面文字信息处理与交换改为以电子方式通过互联网数字化地进行，从而实现“无纸仲裁”。

四、仲裁条款的制定

（一）仲裁条款的形式

合同中的仲裁条款根据仲裁地点的不同，一般有 3 种形式。

1. 争议在我国仲裁的仲裁条款

仲裁条款形式为：“凡因执行本合同所发生的或与本合同有关的一切争议，双方应通过友好协商解决。如经协商不能解决，应提交北京中国国际经济贸易仲裁委员会根据仲裁规则进行仲裁。仲裁是终局的，对双方都有约束力。”

2. 争议在对方国家仲裁的仲裁条款

如对方国家的法律、规则和仲裁实践还比较公平、公正，也可以同意在被告国或对方国进行仲裁。仲裁条款形式为：“凡因执行本合同所发生的与本合同有关的一切争议，双方同意提交仲裁。仲裁在被诉方所在国进行。在中国，由中国国际经济贸易仲裁委员会根据该委员会仲裁程序规则进行仲裁。在××国（对方所在国名称），由××（对方所在国家仲裁机构名称）根据该组织的仲裁程序规则进行仲裁。仲裁裁决是终局的，对双方均有约束力。”

3. 争议在第三方国家仲裁的仲裁条款

仲裁条款形式为：“凡因执行本合同所发生的或与本合同有关的一切争议，双方应通过友好协商解决；如果协商不能解决，应提交××国（某第三国名称）由××仲裁机构，根据该组织的仲裁程序规则进行仲裁。仲裁裁决是终局的，对双方均有约束力。”

（二）仲裁条款的内容

随着国际贸易的发展，进出口贸易合同的种类繁多，合同中仲裁条款的内容也繁简不一。归结起来，主要包括仲裁事项、仲裁地点、仲裁机构、仲裁程序规则、裁决效力、仲裁费用等有关方面的内容。

1. 仲裁事项

仲裁事项是指当事人提交仲裁解决的争议范围，也是仲裁庭依法管辖的范围。如果所发生的争议超出仲裁条款所规定的范围时，仲裁庭无权受理，所以一定要让仲裁机构清楚仲裁事项。

2. 仲裁地点

仲裁地点的选择是买卖双方商谈仲裁条款的一个重要问题，一般来说，任何一方都力争在本国进行仲裁或力争在自己比较了解和信任的地方仲裁，主要原因是：合同中的仲裁地点与仲裁所适用的程序法、实体法等法律、规则有着密切的关系，规定在哪个国家仲裁往往就要适用哪个国家的仲裁法律或规则，对买卖双方的权利、义务的解释就会有差别。因此，选择在什么地方进行仲裁，是买卖双方在磋商仲裁条款时的一个焦点问题。

3. 仲裁机构

仲裁机构是民间社会组织，它有 2 种形式：一种是常设性仲裁机构；另一种是临时性仲裁机构。在商订仲裁条款时，尽量在仲裁中选择常设性仲裁机构，因为常设性仲裁机构有固定组织和地点、有固定的组织机构、有确定的仲裁规则作为仲裁的程序依据、有专业的仲裁员以及仲裁庭的组成及仲裁审理形成稳定的运作体系，方便当事人进行仲裁。近年来的国际贸易中，大多数仲裁案件都是在常设性仲裁机构的主持下进行仲裁的，只有少数案件是由临时性仲裁机构解决的。

4. 仲裁程序规则

仲裁程序规则主要是规定进行仲裁的程序和做法，仲裁程序规则主要是为当事人和仲裁员提供一套进行仲裁的行动规则。仲裁程序规则的内容主要包括仲裁申请、组建仲裁庭、审理案件、做出裁决。一般情况是在哪个国家仲裁就适用哪个国家的仲裁规则。

5. 仲裁效力

仲裁效力就是仲裁裁决的效力，裁决对当事人有无约束力的问题，以及法院有无管辖权的问题。关于仲裁效力，一般可在仲裁条款中规定“仲裁裁决是终局的，对双方都有约束力”。

6. 仲裁费用

仲裁费用的多少根据案件的难易程度及涉案金额而定，一般仲裁机构都有仲裁费用表，最终仲裁费用的多少由仲裁庭裁定。申请人在向仲裁庭递交仲裁申请时一般须预付仲裁费，依据《中国国际经济贸易仲裁委员会仲裁规则》，仲裁费根据仲裁请求的金额按比例收取，争议金额在 100 万元以下的是争议价的 3.5%，但不低于 10 万元。申请仲裁时，每案另收立案费人民币 10 000 元，其中包括仲裁申请的审查、立案、输入及使用计算机程序和归档等费用。该项费用属于预付性质，最终由谁承担，将由仲裁庭在仲裁裁决中予以决定。在订立合同时，通常都明确规定仲裁费用由败诉方承担，有的也不做出明确的规定，只是规定由仲裁庭酌情决定仲裁费用的负担。如果仲裁庭已经受理了案件，而双方当事人达成了和解，则仲裁庭可能会酌情退回部分仲裁费。

本章小结

有关商品检验时间和地点的方式有很多种，可以在出口国检验，也可以在进口国检验，选择何种检验方式，要视具体情况而定，尽量选择对自己有利的检验方式。进出口商品实施检验的内容，包括品质检验、数量（重量）检验、包装检验、卫生检验、安全性能检验和动植物疫情的检验，商品性质不同规定的检验内容也不同。进出口商品检验的程序主要包括报验、抽样、检验和出证 4 个基本步骤。

商品检验证书是商检机关对进出口商品进行检验后所签发的各种证明文件，针对不同商品的不同检验项目而出具的，是卖方议付货款的依据和买方索赔的依据，同时也是通关、征收关税、结算运费、保险费的有效凭证。

争议是由于交易的一方认为另一方未能全部或部分履行合同规定的责任而引起的业务纠纷,争议的解决方式主要有协商、调节、仲裁、诉讼。索赔是一方违反合同规定,直接或间接地给另一方造成损失,受损方向违约方提出赔偿要求,以弥补其所受损失。索赔方要提供证明文件,在索赔期限内提出合理的赔偿要求。

不可抗力是人力不能预见、预防和控制的自然原因和意外事故引起的合同不能正常履行,遭受不可抗力一方可以解除合同或变更合同而免责。仲裁是国际贸易界比较普遍使用的解决争议的方式,仲裁方式比较灵活,省时、省力,仲裁员可以自由选择,仲裁过程中可以进行调节,裁决具有终局性。

综合练习

一、单项选择题

1. 商检机构依据《中华人民共和国进出口商品检验法》的有关规定,对非法定检验的进出口商品可以实施(　　)。

A. 强制检验　　B. 抽查检验　　C. 随机检验　　D. 定期检验

2. 在众多检验商品品质的方法中,最常用的是(　　)。

A. 装运港检验　　B. 目的港检验

C. 离岸检验,到岸复验　　D. 离岸数量,到岸品质

3. 下列选项中属于法定检验商品的是(　　)。

A. 列入《商检机构实施检验的进出口商品种类表》中的商品

B. 有关法律和行政法规定须经商检机构检验的进出口商品

C. 各地商检机构自行规定的进出口商品

D. A 和 B

4. 罚金的数额通常取决于(　　)。

A. 违约时间的长短　　B. 违约事件的严重程度

C. 违约事件的起因　　D. 当时当地的政策

5. 在合同中规定对卖方较为有利的索赔期限,可规定为(　　)。

A. 货物运抵目的港(地)后××天内

B. 货物运抵目的港(地),卸离海轮后××天内

C. 货物运抵最终目的地后××天内

D. 货物装上船后××天内

6. 不可抗力在英美法系中的规定是(　　)。

A. 自动失效　　B. 情势变迁　　C. 契约失效　　D. 合同落空

7. 不可抗力的界定总体认为需具备 4 个条件,以下说法不正确的是(　　)。

A. 这种事件不是在订立合同之后发生的

B. 这种事件是当事人在订立合同时不能预见的

C. 这种事件不是当事人所能控制的

D. 这种事件不是任何一方当事人的过失或故意造成的

8. 不可抗力条款是一项（　　）。

A. 维护卖方权益的条款　　B. 维护买方权益的条款

C. 免责条款　　D. 无法免责的条款

9. 中国国际经济贸易仲裁委员会是我国的（　　）。

A. 官方性常设仲裁机构　　B. 民间性常设仲裁机构

C. 官方性临时仲裁机构　　D. 民间性临时仲裁机构

10. 在仲裁条款中，一般规定仲裁费的承担者是（　　）。

A. 败诉方　　B. 胜诉方

C. 仲裁方　　D. 提起仲裁的一方

11. 以下选项中不属于检验证书作用的是（　　）。

A. 作为证明卖方所交货物的品质、重量（数量）、包装以及卫生条件等是否符合合同规定及索赔、理赔的依据

B. 确定检验标准和检验方法的依据

C. 作为卖方向银行议付货款的单据之一

D. 作为海关验关放行的凭证

12. 以下国际贸易货物检验方法中比较公平合理的是（　　）。

A. 在出口国产地检验　　B. 在装运地检验

C. 在目的地检验　　D. 在装运地检验，在目的地复验

13. 我国在出口冻禽、冻兔、皮张、毛类、猪鬃、肠衣等货物时，需提供（　　）。

A. 品质检验证书　　B. 重量检验证书

C. 价值检验证书　　D. 兽医检验证书

14. 罚金实质上是（　　）。

A. 违约金　　B. 订金　　C. 定金　　D. 预付货款

15. 异议与索赔条款适用于在品质、数量、包装等方面的违约行为，它的赔偿金额（　　）。

A. 一般预先规定　　B. 一般不预先规定

C. 由第三方代为规定　　D. 由受损方确定

16. 以下不属于《联合国国际货物销售合同公约》规定的根本性违约的是（　　）。

A. 卖方完全不交货　　B. 买方无理由拒收货物

C. 卖方延误交货　　D. 拒付货款

17. 不可抗力事件是指当事人（　　）。

A. 不能预见、不能避免的事件

B. 不能预见、不能避免、不能克服的事件

C. 不能预见、不能避免、不能克服、可以预防的事件

D. 可以预见、不能避免的事件

18. 不可抗力免除了遭受意外事故的一方当事人(　　)。

A. 履行合同的责任　　B. 对损害赔偿的责任

C. 交付货物的责任　　D. 付货款的责任

19. 仲裁协议是仲裁机构受理争议案件的必要依据,仲裁协议(　　)达成。

A. 必须在争议发生之前

B. 只能在争议发生之后

C. 必须在争议发生的过程中

D. 既可以在争议发生之前达成,也可以在争议发生之后

20. 以下不属于仲裁程序的是(　　)。

A. 仲裁申请　　B. 仲裁审理　　C. 仲裁和议　　D. 仲裁裁决

二、多项选择题

1. 合同的商品检验一般规定买方在接受货物之前享有对所购买的货物进行检验的权利。但在一定条件下,买方对货物的检验权丧失。这些条件是(　　)。

A. 买卖双方另有约定

B. 买方没有利用合理的机会检验货物

C. 合同规定以卖方的检验为准

D. 卖方已经检验了货物

2. 商检证书(　　)。

A. 是证明卖方所交货物符合合同规定的依据

B. 是海关放行的依据

C. 是卖方办理货款结算的依据

D. 是办理索赔和理赔的依据

3. 商检的主要内容包括(　　)。

A. 品质检验　　B. 包装检验　　C. 残损检验　　D. 数量检验

4. 涉及国际货物买卖的索赔,通常包括(　　)。

A. 买卖双方之间的贸易索赔

B. 卖方向承运人提出的运输索赔

C. 买方向承运人提出的运输索赔

D. 卖方向保险人提出的保险索赔

5. 在进出口合同中,索赔条款有 2 种规定方式,即(　　)。

A. 异议条款　　B. 索赔条款

C. 罚金条款　　D. 异议和索赔条款

6.《联合国国际货物销售合同公约》规定,对于买方的违约行为,卖方可以采取的教济方法包括(　　)。

A. 请求买方履行合同义务　　B. 扣交货物

C. 解除合同　　D. 请求损害赔偿

7. 一个事故被判定为不可抗力事故的原则是(　　)。

A. 意外事故的发生是偶然性的,是当事人无法预见或控制、克服的

B. 意外事故必须发生在合同签订之后

C. 由于合同双方当事人自身的过失或疏忽而导致的

D. 不是因为合同双方当事人自身的过失或疏忽导致的

8. 某公司对外订立出口合同后,发生火灾,供出口的商品全部被毁。如果该合同中订有不可抗力条款,该公司可援引该条款(　　)。

A. 要求进口方按期付款

B. 要求免除对买方的赔偿责任

C. 要求撤销合同

D. 要求延期履行合同

9. 仲裁协议是仲裁机构受理争议案件的必要依据,下列说法正确的是(　　)。

A. 仲裁协议可以在争议发生之前达成

B. 仲裁协议可以在争议发生之后达成

C. 若仲裁协议事前与事后达成的内容不同,则应以事前达成的为准

D. 按照我国法律,仲裁协议必须是书面的

10. 我国公司与日本公司签订了一份销售合同,其中仲裁条款规定在被诉人所在国仲裁。双方在履约过程中发生争议时,日方为申诉人,其可以在(　　)进行仲裁。

A. 北京　　B. 深圳　　C. 东京　　D. 大阪

三、判断题

1. 凡是出口商品,必须经过商检机构的检验才能出口。　(　　)

2. 由于国际贸易中大多采用装运港交货的贸易术语成交,因此,在合同中规定检验地点时,应采用"离岸品质、离岸质量"的规定方法。　(　　)

3. 在进出口业务中,进口商收货后发现货物与合同规定不符,进口商在任何时候都可以向供货方索赔。　(　　)

4. 一方违反合同规定,没有违约一方所能得到的损失赔偿金额最多不超过违约方在订立合同时所能预见到的损失金额。　(　　)

5. 按照惯例国际货物买卖合同的罚金数额不应超过货物总金额的10%。　(　　)

6. 采用综合式说明不可抗力事故的范围,既明确又具有一定灵活性。　(　　)

7. 从西欧某商进口在当地通常可以买到的某化工产品,在约定的交货期限前,该商所属的生产上述产品的工厂之一因爆炸被毁,该商要求援引不可抗力免责条款免除交货责任。对此,我方应予以同意。　(　　)

8. 有关当事人一旦接到不可抗力事故的通知,无论同意与否,应及时给对方答复。　(　　)

9. 国际贸易中的争议案件只能用仲裁方式解决。　(　　)

10. 仲裁协议必须由合同当事人在争议发生之前达成,否则不能提请仲裁。　(　　)

四、综合题

某国贸易商以 FOB 价向我国某厂订购一批货,在买卖合同中订明如工厂未能于 7 月底以前交运该批货物,则该厂应赔付货款 5%的违约金。后因工厂交货延迟 5 天,以致贸易商向其索赔。请根据以上内容回答下列问题:

1. 在买卖合同中订明的“如工厂未能于 7 月底以前交运该批货物,则该厂应赔付货款 5%的违约金”,此条款属于合同中的(　　)条款。

A. 装运条款　　B. 支付条款　　C. 索赔条款　　D. 保险条款

2. “工厂交货延迟 5 天”,此种违约属于《联合国国际货物销售合同公约》规定的(　　)。

A. 重大违约　　B. 轻微违约

C. 根本性违约　　D. 非根本性违约

3. 根据《联合国国际货物销售合同公约》的规定,此案例中,买方可以主张的权利包括(　　)。

A. 宣告合同无效,并要求损害赔偿

B. 只能要求损害赔偿

C. 要求解除合同并退货

D. 可以要求双倍赔偿损失,但不能宣告合同无效

4. 若买方索赔,索赔的对象应为(　　)。

A. 我国某厂　　B. 承运方　　C. 出口检验机关　　D. 保险公司

5. 若买方索赔,其应索赔(　　)。

A. 货款的 3%　　B. 货款的 5%　　C. 损失的 97%　　D. 损失的 95%

五、问答题

1. 在国际贸易中引起争议的主要原因有哪几种情况?
2. 仲裁协议的形式及作用?
3. 解决争议的方式主要有哪些?
4. 商品检验的主要内容有哪些?
5. 索赔时应注意的问题有哪些?
6. 在我国进口业务中,对方援引不可抗力条款时,我方该怎么做?

第九章　进出口合同的履行

教学要求：通过对本章的学习，学生了解进出口业务的基本运作程序，并能结合业务实际情况掌握每个环节的操作要点及注意事项，便于为之后从事外贸工作打下基础。

知识目标：了解进出口合同履行的一般程序；掌握催证、审证、改证的基本内容和审单付款的基本原则；熟悉货物托运、报验、报关、投保的具体做法；明确进口业务中的索赔和理赔工作。

能力目标：能够正确处理进出口业务的基本环节，掌握各环节的操作要点及步骤，正确完成进出口合同的履行。

导入案例：一先一后，哪个信用证有效？

我国南方某公司与丹麦 AS 公司在 2020 年 9 月按照 CIF 条件签订了一份出口圣诞灯具的商品合同，支付方式为不可撤销即期信用证。AS 公司于 7 月通过丹麦日德兰银行开来信用证，经审核与合同相符，其中保险金额为发票金额的 110%。就在我方备货期间，AS 公司通过通知行传递给我方一份信用证修改书，内容为将保险金额改为发票金额的 120%。我方没有理睬，仍按照原证规定投保、发货，并于货物装运后在信用证交单期和有效期内，向议付行议付货款。议付行审单无误，于是放款给受益人，然后将全套单据寄丹麦开证行。开证行审单后，以保单与信用证修改书不符为由拒付。请问：开证行拒付是否有道理？为什么？

第一节　出口合同的履行

我国的出口贸易大多数按照 CIF 条件成交，并按照信用证支付方式收款，履行这种出口合同，涉及面广，工作环节多，手续繁杂，且影响履行的因素很多，其中以证（催证、审证和改证）、货（备货、报验）、船（租船订舱、办理货运手续）和款（制单结汇）4 个环节的工作最为重要。为了提高履约率，各外贸公司必须加强同有关部门的协作与配合，力求把各项工作做到精确细致，尽量避免出现脱节情况，做到环环紧扣、井然有序。

一、催证、审证和改证

（一）催证

催开信用证是指通过信件、电报或其他电信工具催促对方及时办理开立信用证手续并将信用证送达我方，以便我方及时装运货物出口，履行合同义务。在实际业务中，有时国外进口商在遇到市场发生变化或资金发生短缺的情况时，往往会拖延开证。对此，我们应催促对方迅速办理开证手续，特别是大宗商品交易或按买方要求特制的商品交易，更应结合备货情况及时进行催证，必要时，也可请我国驻外机构或有关银行协为催证。

(二)审证

为确保收汇安全和合同顺利执行,防止导致经济上和政治上对我方不应有的损失,我们应该在国家对外政策的指导下,对不同国家、不同地区以及不同银行的来证,依据合同进行认真的核对与审查。一般来说,在审查国外来证时,应考虑4个方面:政治上是否符合我国对外政策;安全及时收汇是否有保障;与我国有贸易协定的国家的来证是否符合协定的规定;来证的条款是否符合合同规定,证内所列条款我方能否履行。

1. 银行的审核

(1)审核开证行。从政策上来看,来证各项内容应符合我国方针政策,不能有歧视性内容,并且注意在政治上与我国没有往来(无外交关系)国家的国家资本银行直接开来的信用证,我们不能接受。从资信方面来看,对于资信不佳的开证行,除非另有资信较为可靠的银行为其进行保兑,否则,此类信用证不能接受。

(2)审核信用证上的签字或印鉴是否真实。审核电开信用证的密押是否相符,必要时请与我国有来往的第三方银行加以证实确定真伪。

以上两方面审核由通知银行负责。

2. 出口商的审核

信用证是依据买卖双方所签订的买卖合同而开立的。因此,信用证的内容应与买卖合同的内容相符。出口商收到信用证后,必须依据买卖合同将信用证的内容与买卖合同逐条核对,若发现有不符之处,应立即要求进口商修改信用证,否则出口商的收款难以保证出口商的审证要点主要包括如下方面。

(1)检查信用证的付款保证是否有效。应注意有下列情况之一的,不是一项有效的付款保证或该项付款保证是存在缺陷的:

①信用证明确表明是可以撤销的,此信用证由于无须通知受益人或未经受益人同意可以随时撤销或变更,应该说对受益人是没有付款保证的。对于此类信用证,一般不予接受,信用证中如没有表明该信用证是否可以撤销,按《跟单信用证统一惯例(UCP 600)》的规定,应理解为是不可撤销的。

②应该保兑的信用证未按要求由有关银行进行保兑。

③信用证未生效。

④有条件的生效的信用证,如“待获得进口许可证后才能生效”。

⑤信用证密押不符。

⑥信用证简电或预先通知。

⑦由开证人直接寄送的信用证。

⑧由开证人提供的开立信用证申请书。

(2)检查信用证的付款时间是否与有关合同规定相一致,应特别注意下列情况:

①信用证中规定有关款项须在向银行交单后若干天内或见票后若干天内支付。对此应检查此类付款时间是否符合合同规定或公司的要求。

②信用证在国外到期。规定信用证在国外到期,有关单据必须寄送国外,由于我们无法掌握单据到达国外银行所需的时间且容易延误或丢失,有一定的风险。通常我们要求在国内交单付款,在来不及修改的情况下,必须提前一个邮程(邮程的长短应根据地区远近而

定)，以最快的方式寄送。

③如信用证中的装运期和有效期是同一天到期，即通常所称的“双到期”，在实际业务操作中，应将装运期提前一定的时间（一般在有效期前 10 d)，以便有合理的时间来制单结汇。

(3)检查信用证受益人和开证人的名称和地址是否完整和准确。受益人应特别注意信用证上的受益人名称和地址要与其印就好的文件上的名称和地址一致。应注意买方的公司名称和地址写法是不是完全正确。在填写发货票据时照抄信用证上写错了的买方公司名称和地址是有可能的，如果受益人的名称不正确，将会给今后的收汇带来不便。

(4)检查装运期的有关规定是否符合要求。超过信用证规定装运期的运输单据将构成不符点，银行有权不付款。检查信用证规定的装运期应注意以下几点：

①能否在信用证规定的装运期内备妥有关货物并按期出运；如来证收到时装运期太近，无法按期装运，应及时与客户联系修改。

②实际装运期与交单期相距时间太短。

③信用证中规定了分批装运的时间和数量，应注意能否办到，任何一批未按期装运，以后各期即告失效。

(5)检查能否在信用证规定的交单期交单。如来证中规定向银行交单的日期不得迟于提单日期后若干天，如果过了限期或单据不齐有错漏，银行有权不付款。

交单期通常按下列原则处理：信用证有规定的，应按信用证规定的交单期向银行交单；信用证没有规定的，向银行交单的日期不得迟于提单日期后 21 d。

(6)检查信用证内容是否完整。如果信用证是以电传或电报拍发给通知行即“电信送达”，那么应核实电文内容是否完整，如果电文无另外注明，并写明符合《跟单信用证统一惯例(UCP 600)》，那么，该电文可以被当作有效信用证执行。

(7)检查信用证的通知方式是否安全、可靠。信用证一般是通过受益人所在国家或地区的通知行/保兑行通知给受益人的。通过这种方式通知的信用证比较安全，因为根据《跟单信用证统一惯例(UCP 600)》的有关规定，通知行应对所通知的信用证的真实性负责。如果不是这样寄交的信用证，应特别注意，首先应该通过银行调查核实。

(8)检查信用证的金额、币制是否符合合同规定。主要检查内容有：信用证金额是否正确；信用证的金额应该与事先协商的相一致；信用证中的单价与总值要准确，大小写并用且内容要一致；如数量上可以有一定幅度的伸缩，那么，信用证也应相应规定支付金额允许有一定幅度的伸缩；如果在金额前使用了“大约”一词，其意思是允许金额有 10%的伸缩；检查币制是否正确，例如，合同中规定的币制是“英镑”，而信用证中使用的是“美元”。

(9)检查信用证的数量是否与合同规定相一致。除非信用证规定数量不得有增减，否则在付款金额不超过信用证金额的情况下，货物数量可以容许有 5%的增减。

需要特别注意的是，以上提到的货物数量可以有 5%增减的规定一般适用于大宗货物，对于以包装单位或以个体为计算单位的货物不适用。例如：5000 PCS 100% COTTON SHIRTS (5 000 件全棉衬衫)，由于数量单位是“件”，实际交货时只能是 5 000 件，而不能有 5%的增减。

(10)检查价格条款是否符合合同规定。不同的价格条款涉及具体的费用如运费、保险费由谁分担。例如,合同中的规定是 FOB SHANGHAI AT USD,根据此价格条款,有关的运费和保险费由买方即开证人承担。如果信用证中的价格条款没有按合同的规定做上述表示,而是做了如下规定:CIF NEW YORK AT USD,对此条款如不及时修改,那么受益人将承担有关的运费和保险费。

(11)检查货物是否允许分批装运、是否允许转运。除信用证另有规定外,货物是允许分批装运、允许转运的。需要注意的是,如果信用证中规定了每一批货物装运的确切时间,则必须按此照办,如不能办到,必须修改。

(12)检查有关的费用条款。信用证中规定的有关费用如运费或检验费等应事先协商一致,否则,对于额外的费用原则上不应承担。银行费用如事先未商定,应以双方共同承担为宜。

(13)检查信用证规定的文件能否提供或及时提供。该项主要包括检查一些需要认证的单据特别是使馆认证等能否及时办理和提供;由其他机构或部门出具的有关文件如出口许可证、运费收据、检验证明等能否提供或及时提供;信用证中指定船龄、船籍、船公司或不准在某港口转船等条款能否办到等。

(14)检查信用证中有无陷阱条款。应特别注意的是,下列信用证条款是有很大陷阱的条款,具有很大的风险:

①1/3 正本提单直接寄送客人的条款。如果接受此条款,将随时面临货款两空的危险。

②将客检证作为议付文件的条款。如果接受此条款,受益人正常处理信用证业务的主动权很大程度上掌握在对方手里,影响安全收汇。

(15)检查信用证中有无矛盾之处。例如,明明是空运,却要求提供海运提单;明明价格条款是 FOB,保险应由买方办理,而信用证中却要求提供保单。

(16)检查有关信用证是否受《跟单信用证统一惯例(UCP 600)》的约束。明确信用证受《跟单信用证统一惯例(UCP 600)》的约束可以使我们在处理具体信用证业务时,对于信用证的有关规定有一个公认的解释和理解,避免因对某一规定的理解不同产生的争议。

(三)改证

信用证的修改要求,通常由出口人(受益人)提出,有时也由进口人主动向开证行提出。《跟单信用证统一惯例(UCP 600)》规定,未经开证行、保兑行和受益人同意,不可撤销信用证既不能修改,也不能取消。因此,对不可撤销信用证中任何条款的修改,都必须在有关当事人全部同意后才能生效。如出口人拒绝接受,则此项修改不能确定,信用证仍以原款为准。改证是由进口人通过开证行办理,修改通知如同开立信用证一样,须经通知行转送受益人,而不能由开证行直接通知或由进口人径自寄交受益人。此外,修改信用证还应注意:

(1)对于需要修改的内容应一次向国外客户提出,以避免高额的改证费和暴露我方的业务能力不足。

(2)收到银行信用证修改通知书后,仍应进行审核,如所修改内容难以接受,则仍应及时拒绝,否则将被认为已同意接受修改。

(3)对于已接受的信用证修改书,应立即将其与原证附在一起,并注明修改次数,以免与原证脱节,造成信用证条款不齐,影响及时办理议付。

(4)必须在收到通知行的修改通知书后,才能办理装运事宜,绝不可仅凭买方的“证已照改"通知或有其他类似词句的通知就发货装船。

二、备货、报验

(一)备货

备货工作是指卖方根据出口合同的规定,保质、保量地准备好应交的货物,并做好申请报验和领证工作。备货是进出口贸易中的一项非常重要的工作,备货时应注意以下问题。

1. 有关货物问题

(1)货物的品质、规格应按合同的要求核实,必要时应进行加工整理,以保证货物的品质、规格与合同或信用证的规定一致。

(2)货物的数量应保证满足合同或信用证对数量的要求,备货的数量应适当留有余地,万一装运时发生意外或损失,可备调换和适应舱容之用。

(3)备货时间应根据信用证的规定,结合船期安排,以利于船货衔接。

2. 有关货物包装问题

出口货物要经过各个环节的长途运输,中途还要经过多次搬运、装卸甚至转运。为了货物的安全起见,应注意以下包装问题:

(1)尽量安排将货物装运到集装箱中或牢固的托盘上。

(2)必须使货物充满集装箱并做好铅封工作。

(3)集装箱中的货物应均匀放置且均匀受力。

(4)为了防止货物被盗窃,货物的外包装上应注明识别货物的标签或货物的品牌。

(5)由于运输公司按重量或体积计算运费,出口企业应尽量选择重量轻的小体积包装,以节省运输费用。

(6)对于海运货物的包装,应着重注意运输途中冷热环境变化出现的潮湿和冷凝现象。

(7)对于空运货物的包装,应着重注意货物被偷窃和被野蛮装卸的情况。

3. 有关货物外包装的运输标志问题

正确刷制运输标志具有重要意义,在运输标志的准备上应注意以下问题:

(1)刷制运输标志应符合有关进出口国家的规定。

(2)包装上的运输标志应与所有出口单据上对运输标志的描述一致。

(3)运输标志应既简洁,又能提供充分的运输信息。

(4)所有包装上的运输标志必须用防水墨汁刷写。

(5)有些国家海关要求所有的包装箱必须单独注明重量和尺寸,甚至用公制,或者要求用英语或目的国的语言注明。

(6)在运输包装上的运输标志大小尺寸适中,使相关人员在一定距离内能够看清楚。

(7)运输标志应该至少在包装箱的四面都刷制,以防货物丢失。

(8)除了在外包装上刷制运输标志之外,应尽量在所有的货运单据上标注相同的运输标志。

(二)报验

出口商在完成货物的交货准备工作之后,在货物交付之前,若该出口货物属于国家强制性检验检疫项目,出口商应依照相关规定并按一定的程序申请检验检疫,取得出口检验检疫证明,若该出口货物是买卖合同规定出口商须在出口装运前进行检验检疫的,则出口商应按合同规定在交付前完成相关检验检疫手续,取得合格证明,报验的程序如下。

1. 申请

凡需要法定检验的出口货物,应由出口企业填写"出口商品检验申请书",向当地商检机构申请办理报验手续。申请时,须随附下列单据或证件:

(1)出口货物明细单。

(2)出口货物报关单或其他供通关用的凭证。

(3)对外贸易合同或售货确认书及有关两电、信用证等。

(4)凭样品成交的,要提交样品。

2. 检验

检验的内容包括商品的质量、规格、数量、重量、包装及是否符合安全、卫生要求等。

3. 出证

商品检验合格后,由商检机构签发检验证书,或在出口货物报关单上加盖检验印章。对检验不合格的商品,商检机构签发不合格通知单。根据不合格的原因,商检机构可酌情同意申请人申请复验(复验原则上仅限一次),或由申请单位重新加工整理后申请复验。在复验时,应随附加上整理情况报告和不合格通知单,经复验合格,商检机构签发商品合格的检验证书。

三、租船、订舱和装运

(一)租船、订舱

在CIF或CFR条件下,租船、订舱是卖方的责任之一。如果出口货物数量较大,需要整船载运,则要对外办理租船手续;如果出口货物数量不大,不需整船装运,则安排洽订班轮或租订部分舱位运输。

(1)各进出口公司填写托运单(B/N),作为订舱依据。所谓托运单,是指托运人根据贸易合同和信用证条款内容填写的向承运人办理货物托运的单证。承运人根据托运单的内容,并结合船舶的航线挂靠港、船期和舱位等条件考虑,认为合适后,即接受这一托运,并在托运单上签章,留存一份,退回托运人一份,至此,订舱手续即告完成,运输合同即告成立。

(2)船公司或其代理人在接受托运人的托运单证后,即发给托运人装货单(S/O)。装货单俗称下货纸,其作用有三:一是通知托运人货物已配妥××航次××船,同时通知装货日期,让其备货装船;二是便于托运人向海关办理出口申报手续,海关凭以验放货物;三是作为命令船长接受该批货物装船的通知。

(3)货物装船之后,即由船长或大副签发收货单,即大副收据。收货单是船公司签发给托运人的表明货物已装船的临时收据。托运人凭收货单向外轮代理公司交付运费并换取正式提单。

(二)报关

报关是指进出口货物装船出运前向海关申报的手续。按照《中华人民共和国海关法》

的规定，凡是进出国境的货物，必须经由设有海关的港口、车站、国际航空站进出，并由货物所有人向海关申报，经海关放行后，货物才可提取或者装船出口。办理报关手续一般有以下几个步骤。

1. 申报

海关接受申报时，一般要求申报人出示以下证明。

(1)申报单位在海关办理的《企业海关注册登记手册》。

(2)申报人员的《报关员证》。

(3)由申报单位和申报人员盖章的出口货物报关单，一式两份。

(4)随附单证，如出口许可证或有关主管机关的批准文件、法定商品检验证书、合同、产地证明、发票、装货单、装箱单、减免税证明文件、出口收汇核销单以及海关认为必要的其他有关单据。

2. 查验

海关对上述文件按照国家有关政策规定进行审核。海关还要对出口货物进行查验，以确保实际货物与报关单证所列一致。查验货物须在海关规定的时间和处所进行，在特殊情况下，由海关派人到发货人仓库查验。海关查验时，出口方要派人到现场，协助海关搬运货物，开拆和封装货物等。海关按规定收取费用。

3. 缴纳出口税

按照我国进出口关税征收办法的规定，须纳税的出口货物必须纳完税才能出口。

4. 出口放行

出口货物由申报人按照海关的规定办妥申报手续，经海关审核单证和查验有关货物，办理纳税手续后装运出境。

(三)投保

凡是按 CIF 价格成交的出口合同，出口方在装船前，须及时向保险公司办理投保手续，填制投保单。出口商品的投保手续，一般都是逐笔办理的。出口企业在确定船期、船名后，办理投保手续的程序如下。

1. 投保申请

由出口企业填制运输险投保单，一式两份。一份由保险公司签署后交出口企业作为接受承保的凭证；一份由保险公司留存，作为制作、签发保单的依据。

2. 缴纳保险费，获取保单

出口企业收到由保险公司签署的投保单后，向保险公司缴纳保险费，然后获取由保险公司签发的保单。

(四)做好"四排""三平衡"工作

"四排"是指以买卖合同为对象，根据进程卡片反映的情况，其中包括信用证是否开到、货源能否落实，进行分析排队，并归纳为四类，即"有证有货、有证无货、无证有货、无证无货"。"三平衡"是指以信用证为依据，根据信用证规定的货物装船期和信用证的有效期远近，结合货源和运输能力的具体情况，分辨轻重缓急，力求做到证、货、船三方面的衔接和平衡，尽力避免交货期不准、拖延交货期或不交货等现象的产生。

四、制单结汇

(一)结汇

出口货物装运以后,出口企业应按照信用证的规定,正确缮制各种单据。在信用证规定的交单有效期内,递交银行办理结汇手续。我国出口结汇的办法有收妥结汇、押汇和定期结汇3种。

(1)收妥结汇又称收妥付款,是指议付行收到外贸公司的出口单据后,经审查无误,将单据寄交国外付款行索取货款,待收到付款行将货款拨入议付行账户的贷记通知时,即按照当日外汇牌价,折成人民币拨给外贸公司。

(2)押汇又称买单结汇,是指议付行在审单无误的情况下,按信用证条款买入受益人的汇票和单据,从票面金额中扣除从议付日到估计收到票款之日的利息,将余款按议付日外汇牌价折成人民币,拨给外贸公司。

(3)定期结汇是指议付行根据向国外付款行索偿所需时间,预先确定一个固定的结汇期限,到期后无论是否收到国外付款行的货款,议付行都主动将票款金额折成人民币提交外贸公司。

(二)结汇单据的缮制

现代国际贸易大都采取象征性交货方式,即单据买卖、凭单交货、凭单付款。在信用证业务中,银行只凭信用证,不管合同;只凭单据,不问货物。因此,对各种结汇单据的缮制是否正确完备,与安全迅速收汇有着十分密切的关系。

对于结汇单据必须做到以下几点:

(1)正确。制作的单据只有正确,才能保证及时收汇,并可避免发生错装、错运事故。

(2)完全。必须按照合同和信用证的规定,提供各种单据,单据的份数和单据本身的项目内容必须完整无缺。

(3)及时。应在信用证的有效期内,及时将单据提交议付行办理结汇手续。

(4)简明。单据内容应按照信用证要求和国际惯例填写,力求简明,切勿加列不必要的内容,反而弄巧成拙。

(5)整洁。单据的布局要美观、大方,缮写或打印的字迹要清楚,单据表面要清洁,对更改的地方要加盖校对图章。有些单据如提单、汇票,以及其他一些单据的主要项目,如金额、件数、重量等一般不宜更改。

主要结汇单据有汇票、发票、提单、保单、产地证明书、普惠制单据、装箱单和重量单、检验证书等。

五、出口货物退税

出口货物退税是国家为了降低出口产品成本、增强出口竞争力、鼓励出口而制定的一项政策措施。即在国际贸易业务中,对我国报关出口的货物退还或免征在国内各环节和流转环节按照税法规定缴纳的增值税和消费税,对出口货物实行零税率。

对有进出口经营权的生产企业自营或委托外贸企业代理出口货物,实行“免、抵、退”税的办法。其中，“免”税是指对生产企业自营出口或委托外贸企业代理出口的货物，免征本企业生产销售环节增值税；“抵”税是指生产企业自营出口或委托外贸企业代理出口的货物应予免征或退还的所耗用原材料、零部件等已纳税款抵顶内销货物的应纳税款；“退”税是指生产企业自营出口或委托外贸企业代理出口货物占本企业当期全部货物销售额 50%以上的，在一个季度内，因应抵顶的税额大于应纳税额而未抵顶完时，经主管出口退税的税务机关批准，对未抵顶完的税额部分予以退税。

我国政府为了加强对出口退税的管理，采取了出口退税与出口收汇核销挂钩的办法，办理出口退税的基本程序如下。

（一）申请

出口单位在办理出口退税手续时，应填写出口产品退税申请表，向国家税务机构提交增值税专用发票、出口货物报关单退税联、出口收汇核销单等凭证，送当地商务管理部门稽查签章，然后报所在地主管出口退税业务的税务机关。

（二）上报

由企业所在地主管出口退税业务的税务机关进行审核，符合条件和要求的，按照退税审批权限，逐级上报上级税务机关。

（三）批复

企业所在地主管出口退税业务的税务机关在接到上级税务机关批准的退税通知后，签发税收收入退回书给出口退税的企业，并把退税款划拨到企业的银行账户中。

第二节　进口合同的履行

进口合同经过买卖双方磋商，依法成立后，双方都应做到“重合同，守信用”，履行合同规定的义务。进口商既要按时开出信用证，又要密切注意对方的履约情况，必要时应监督对方按合同履行交货义务，以保证进口任务的完成。在我国的进口交易中，大多数以 FOB 条件成交，以信用证方式付款。这类合同的履行程序一般包括：申领进口许可证，开立信用证，租船、订舱及装运，投保货运险，审单和付汇，商品检验，报关和纳税，验收和提交货物以及处理可能出现的索赔。这些环节的工作是由进出口公司、运输部门、商检部门、银行、保险公司、海关以及用货部门等各有关方面分工负责、紧密配合共同完成的。

一、申领进口许可证

目前，我国仍实行进出口许可证管理制度和外汇管制，故在进行外贸磋商之前，应先办理一系列申报审核手续，有些商品需要先向主管部门领取准许进口的批文之后，才能向对外经贸部门申领进口许可证。申领程序如下。

（一）申请

由进口单位或需要进口产品的单位向发放许可证的机关提出申请报告，申请报告的内容包括进口商品名称、规格、数量、单价、总值、进口国别或地区、贸易方式、对外成交单位、报关口岸等项目。同时，还要随附有关的证件和资料，如主管部门的批准文件或进口合同等。

(二)审核、填表

发证机关收到上述申请报告和有关证件及材料后进行审核,如果审核通过,则由申请人按照规定的要求填写"中华人民共和国进口许可证申请表",并在表上加盖申请单位公章。

(三)发证

发证机关收到申请表后,经审核无误,在3个工作日内签发"中华人民共和国进口许可证"。进口许可证一般是一式四联,将第一、第二联交给申请人,凭此向海关办理进口报关手续和向银行办理付汇手续。如果进口单位在办理进口过程中情况发生变化,需要对进口许可证的内容做某些变更,必须在许可证有效期内到原发证机关办理换证手续。发证机关根据实际情况,给予换证,并收回原许可证。

二、开立信用证

为保证企业严格按照正常贸易活动的外汇需要来使用外汇,杜绝各种形式的套汇、逃汇、骗汇等违法犯罪行为,我国规定企业对外付汇要通过国家审核,实行进口付汇核销制度。在采用信用证结算方式时,进口商须在开证前到外汇指定银行领取贸易进口付汇核销单(代申报单),凭以办理进口付汇手续,在其他结算方式下,则在付款前领取此单。

进口合同签订并确认以信用证为结算方式后,进口商着手开立信用证。

(一)申请开立信用证的一般程序

1. 提交开证申请书

一般是填写开证申请书,开证申请人根据合同和自己的要求,在开证申请书中选择适当的项目,或填写特殊的要求。

2. 提交有关的文件和证明

主要是有关部门的审批文件、进口配额或进口许可证、外贸合同等。

3. 审核与开证

开证行对开证申请书的内容和相关资料进行审核,并对开证人的资信进行审核。开证行若审核所有资料无误,则可予以安排开证。

4. 进口企业交纳开证保证金

一般而言,如果开证申请人在开证行批准的授信额度内申请开证,则无须交纳开证保证金;如果开证申请人在开证行没有授信额度或开证金额超过授信额度,则开证行将要求进口企业先支付一部分开证保证金,或以自身及第三方资产做抵押担保。

(二)信用证的修改

出口方收到信用证后,常提出修改信用证的请求,常见的原因有发现信用证与合同不符、装运期与有效期已过、须变更装卸口岸、增加数量及金额、某些条款受益人认为无法履行等。对信用证的修改不是随意的,银行对此有一定的要求:

(1)信用证的修改一律按原信用证的寄递途径进行。若出口方提出修改,应先与进口方进行交涉,由进口方向开证行申请修改,然后再由开证行通过通知行将修改通知书转递给出口方,若修改由进口方提出,也由进口方向开证行申请修改,并请开证行通过通知行将修改告之受益人。

(2)在不可撤销信用证下,任何一方对信用证的修改,都须取得各当事人的同意尤其是进出口双方的同意,方能生效。

(3)当信用证的修改项目不止一项时,必须接受全部项目,否则必须全部退回,而不能接受其中某项,拒绝其中某项。

三、租船、订舱及装运

按 FOB 价进口的合同,应由我方按时派船接货,其交货地点是装运港船上。合同中一般都规定,卖方应在交货前一定的时期内将预计的装船日期通知买方,买方接到卖方通知后才办理租船订舱。

目前,我国进口货物的租船订舱工作统一委托外运公司办理,其具体程序是:进口公司在接到卖方的上述通知后,便向外运公司填交进口订舱联系单,连同合同副本,委托外运公司安排船只或舱位。在办妥租船订舱手续后,应及时向卖方发出装船通知,以便卖方备货装船,避免出现船等货的情况。通知内容包括船名、预计到达装运港日期及装载数量等,并要求卖方确认,只有在对方确认后才能派船前往受载。如派出船只因故未能到达受载,也应及时向对方说明原因,取得谅解,以免发生争执,造成损失。货物装船后,卖方应向买方发出已装船通知,以便买方办理投保。

因此,FOB 进口合同的 3 个通知至关重要,即卖方的货物备妥通知、买方的派船通知和卖方装船后的通知。

四、投保货运险

FOB 或 CFR 交货条件下的进口合同,保险由买方办理。目前,我国进口货物的保险由各进出口公司与中国人民保险公司签订预约保险合同。在预约保险合同中,对外贸企业进口的商品应投保的险别、保险费率、适用条款以及赔偿的支付办法都做了具体规定。根据预约保险合同的规定,所有按照 FOB、FCA、CFR 及 CPT 条件进口的货物都由中国人民保险公司承保。进口公司在收到国外装船通知后,只要将船名、提单号、开航日期、商品名称、数量、装运港、目的港、保险金额等内容通知中国人民保险公司,该公司便自动承保。货物装船后,出口方应及时向进口方发出装船通知,以便进口方及时办理保险和接货等工作。

五、审单和付汇

银行(开证行或其指定的付款行)收到国外寄来的汇票及单据后,对照信用证的规定,核对单据的种类、份数和内容。由于进口货物规格比较复杂,所以当国外商人装船后将装运单据交当地银行议付货款时,议付行就领审单,如内容无误,即可付款。然后,由中国银行和有关进出口公司再对单据进行审查,无误后对外付款。同时,进口方按照人民币当日外汇牌价,向中国银行买汇赎单。

审单是履行进出口合同的重要环节,既关系到按时、按质、按量地完成进口任务,也关系到我国外汇的支付问题,所以审单必须认真负责,不能马虎,做到单证一致、单单一致,防止错发、错运。如中国银行发现单据与信用证规定不符,应该通知国外议付行改证或凭担保付款,或拒绝接受单据或货到检验合格后付款,以维护我方的合法权益。在单证不符的情况下，切不可轻易付款或保持缄默。

六、商品检验

对进口商品进行检验是进口方的权利，一般在买卖合同中都对货物的检验做出明确的规定。进口商品经检验合格，并符合合同的规定，进口方就应接受货物，否则，进口方有权拒收货物，并要求损害赔偿。对进口商品进行检验不仅是为了让进口方行使合同规定其享有的权利，也是国家对部分进口商品必须进行检验的法律规定。凡是列入《商检机构实施检验的进出口商品种类表》的所有进出口商品，不论买卖合同是否规定要进行商品检验，这些商品的进出口都必须接受国家检验检疫机构的检验。

报验的程序一般如下。

（一）申报

对列入《商检机构实施检验的进出口商品种类表》的进口商品都应进行商检。报验时，由于货物还没有报关，不能提货。所以，进口企业只能填好报检单，列出所要检验的项目，连同合同副本及一些必要的单证和进口报关单一起交给检验检疫机构。由检验检疫机构审核无误后，在进口报关单上加盖“已接受报验”印章。申请人凭此向海关办理进口报关手续。海关则凭检验检疫机构的“已接受报验”印章接受报关与放行。

（二）检验

商检机构对进口货物进行抽样，然后按法定或合同规定所要检验的项目进行检验。

（三）出证

商品检验合格后，由检验检疫机构签发检验证书。如果检验不合格，检验检疫机构签发不合格证书。

七、报关和纳税

进口报关是指进口货物的收货人或其代理人向海关交验有关单证，办理进口货物申报手续的法律行为。进口报关必须由海关准予注册登记的报关企业或有权经营进口业务的企业负责办理，报关员须经海关培训和考核认可。

办理报关的程序如下。

（一）填写进口货物报关单

申报时，要填写进口货物报关单。另外，还要交验有关的单证，如进口许可证和国家规定的其他批准文件、提单或运单、商业发票、装箱单、免税或免验货物的证明、海关认为有必要提供的进口合同、产地证明及其他文件，根据《中华人民共和国海关法》的规定，向海关申报的时限为自运输工具申报进境之日起 14 d 内。超过 14 d 的期限未向海关申报的，由海关按日征收进口货物 CIF 价 0.05%的滞报金，超过 3 个月未向海关申报的，可由海关依法提交变卖。

（二）查验

海关接受申报后，对进口货物进行检查，以核对货物与进口货物报关单及其他单据文件上所列是否一致。查验应在海关规定的时间和场所进行,即在海关监管区域内的仓库、场地进行。查验时,进口方应派人到场并负责开拆包装。在特殊情况下,由报关人申请,经海关同意,也可由海关派相关人员到进口方的仓库、场地查验。

(三)纳税

进口方在收到海关的税款缴款书后,应当及时履行纳税义务;根据《中华人民共和国海关法》的规定,进口方应在海关填发税款缴款书之日起 15 d 内(周日和节假日除外)向指定的银行缴纳税款。逾期未缴的,将依法追缴并按滞纳天数征收应缴款额 0.1%的滞纳金。

进口关税的计算方法是:确定计算税额的价格,即完税价格,然后按进口货物适用的进口税率计算出税额。我国计算进口关税是以货物到达我国口岸的 CIF 价作为完税价格。

(四)放行

放行又称“结关”,是进口货物在办完海关申报、查验和纳税后,由海关在报关单和货运单据上签字并加盖“验讫”章,进口企业或其代理人持海关签字并盖有放行章的货物提单提取进口货物。未经海关放行的货物,任何单位和个人都不得将货物提走。对保税货物和加工贸易项下的进口货物,海关放行不等于“结关”,海关还要对货物进行后续监管,直到以后办完海关手续。在此之前,未经海关许可,任何人不得转让或移作他用。

八、验收和提交货物以及处理可能出现的索赔

凡属进口的货物,都应认真验收,如发现品质、数量、包装有问题应及时取得有效的检验证明,以便向有关责任方提出索赔或采取其他救济措施。进口索赔事件虽不是每笔交易一定发生,但为了维护我方的利益,我们对此项工作应当常备不懈,一旦出现卖方违约或发生货运事故,应切实做好进口索赔工作。为此,我们必须注意下列事项。

(一)在查明原因、分清责任的基础上确定索赔对象

1. 向卖方索赔

凡属下列情况者,均须向卖方索赔:原装数量不足;货物品质、规格与合同规定不符;包装不良致使货物受损;未按期交货或拒不交货等。

2. 向承运人索赔

凡属下列情况者,均须向承运人索赔:到货数量少于运输单据所载数量;运输单据是清洁的,而货物有残缺情况,并且属于承运人过失所致。进口人可根据不同运输方式的有关规定,及时向承运人或其代理人发出索赔通知。

3. 向保险公司索赔

由于自然灾害、意外事故或运输中其他事故的发生,致使货物受损并且属于承保险别范围之内;属于承运人的过失造成货物残损、遗失,而承运人不予赔偿或赔偿金额不足抵补损失的,只要属于保险公司承保范围内的,应及时向保险公司索赔。

(二)提供索赔证据

在办理索赔时,要注意证据确凿,还必须制备索赔清单和证明文件,并且应随附检验证明书、发票、装箱单、提单副本等。同时,对不同的索赔对象还要另附有关文件,如保单、联合检验报告、理货报告、残损短缺证明等。在问题得到解决之前,索赔商品应保持原状,有的还

要拍照存查，以便必要时做举证之用。

（三）关于索赔金额和索赔期限

根据国际贸易惯例，买方向卖方索赔的金额应与因卖方违约所造成的实际损失相等。除受损商品的价值外，也可提出有关的费用，如商品检验费、装卸费、仓储费、合理的预期利润等应计入索赔金额。

索赔应在合同规定的索赔有效期内提出。过期无效，如果商检工作可能需要更长的时间，可向对方要求延长索赔期限。《联合国国际货物销售合同公约》规定，买方行使索赔权的最长期限是自其实际收到货物之日起不超过 2 年。我国规定为 1 年，向轮船公司的索赔期限为货物到达目的港交货后 1 年之内。但索赔一旦提出，就不再受索赔期限的限制。

货物进口后，应及时向用货单位办理提交手续。如用货单位在卸货港所在地，则就近提交货物；如用货单位不在卸货地区，则委托货运代理将货物转运内地，并提交用货单位，在货物提交后，外贸公司再与用货单位进行结算。

第三节　主要进出口结汇单证

进出口结汇单证是指在国际贸易结算中使用的各种单据、证明和文件。在进出口业务中，常用的结汇单证大致可分为基本单证和附属单证。基本单证包括汇票、商业发票、运输单据和保险单据等。附属单证包括海关发票、检验证书、包装单据、装船通知、受益人证明、产地证明。结汇单证具有付款依据、履约证明和物权凭证的作用。下面重点介绍几种进出口常用单证及其制作要点。

一、商业发票的制作

商业发票简称发票，它是卖方向买方开具的载有交易货物名称、数量、价格等内容的总清单，是货物装运的总说明。商业发票样单见表 9-1。

表 9-1　商业发票样单

<table>
<tr><td colspan="2">ISSUER
XYZ TRADING CO. ,LTD.
NO. 1 KING ROAD SYDNEY, AUSTRALIA</td><td colspan="3">COMMERCIAL INVOICE</td></tr>
<tr><td colspan="2">TO
JJJ IMPORT AND EXPORT COMPANY
NO. 32 DINGHAI ROAD HANGZHOU, CHINA</td><td>NO.</td><td colspan="2">DATE.</td></tr>
<tr><td colspan="2">TRANSPORT DETAILS
CIF SYDNEY</td><td>S/C NO.
JJJ050675</td><td colspan="2">L/C NO.
012/05/15406G</td></tr>
<tr><td>Marks and Numbers</td><td>Number and kind of packages, Descriptions of Goods</td><td>Quantity
(PCS)</td><td>Unit Price
(USD)</td><td>Amount
(USD)</td></tr>
</table>

续表

N/M	LEATHER GARMENTS			
	100 PCS.　AART 2335/00…	100	12.50	1 250
	300 PCS.　AART 2333/35…	300	14.25	4 275
	100 PCS.　AART 2335/32…	100	51.30	5 130
	600 PCS.　AART 2332/52…	600	35.00	21 000
	400 PCS.　AART 2331/00…	400	60.45	24 180
Total:		1 500		5 5835
				×××××

(一)商业发票的作用

(1)发票是交易的合法证明文件,是货运单据的中心,也是装运货物的总说明。

(2)发票是买卖双方收付货款和记账的单据。

(3)发票是买卖双方办理报关、纳税的计算依据。

(4)在信用证不要求提供汇票的情况下,发票代替汇票作为付款依据。

(5)发票是出口人缮制其他出口单证的依据。

(二)商业发票的内容及缮制要点

(1)出票人名称与地址。一般情况下,出票人也就是出口公司,制单时应标出出票人的中英文名称和地址(以信用证为准)。

(2)发票名称。发票上应有 Invoice(发票)字样。一般情况下应按信用证对发票的具体要求制作。例如,如果信用证要求提供的是 Commercial Invoice(商业发票),则发票的名称必须有 Commercial 字样,否则发票与信用证的要求不符。

(3)发票抬头人名称和地址。采用信用证支付货款时,如果信用证上有指定抬头人,则按照来证规定制单,否则一般情况下填写申请人或收货人的名称和地址。采用托收方式时,填写合同买方的名称和地址,填写时名称和地址应放在不同行。第三方抬头,由某公司代表开证。

(4)运输资料 (transport details)。填写货物实际的起运港、目的港以及运输方式,如果货物需要转运,应该把转运港的名称表示出来。例如:From Guangzhou to Helsinki w/t at HONG KONG by vessel。

(5)发票号码 (invoice No.)。发票号码是出口商制作发票的编号,这是发票中不可缺少的内容之一。

(6)发票日期 (invoice date)。发票日期就是发票的制作日期,也应理解为发票的签发日期。一般情况下,发票的日期应略早于汇票日期,同时不能迟于信用证的有效期,发票的制作地点一般是出口公司的出单地点,在发票上应有反映。发票的日期应在运输单的出单日期之前。

(7)信用证号码 (L/C No.)。只有在采用信用证付款时才填写信用证号码。

(8)信用证日期(L/C date)。按信用证填写。

(9)合同号码(S/C No.)。发票中应反映进出口双方贸易合同的号码。信用证中经常规定要在发票上加注合同号码。如果信用证规定加注的合同号码与实际合同号码不符并且来不及修改,发票上应按信用证的要求加注错误的合同号码。不过,可在错误的合同号码后面注明"正确的合同号码应为××"。

有时,信用证要求在发票上加注开证行名称和信用证的号码,则应将其加注在发票上。

(10)支付方式(terms of payment)。按合同、信用证填写。

(11)运输标志及件号(marks and numbers)。发票的运输标志按照信用证或合同的规定填写,并与托运单、提单等单据的运输标志保持一致。如果货物为裸装货或散装货,可填写"N/M"。

(12)货物内容(description of goods)。常采用的描述货物内容的英文术语包括:Description of goods; Covering shipment of; Description of merchandise; Covering the following goods by; Covering value of; Shipment of goods 等。

发票上的商品名称应与信用证中规定的商品名称完全一致。如果信用证中的商品名称有错误或漏字等并且没来得及修改,发票上的商品名称也应将错就错,以保证发票与信用证的规定完全一致。不过,可在错误的名称后面加注正确的名称。银行只负责审核单据表面上的一致性,因此,商品名称的表面应与信用证的要求保持一致,不可使用商品名称的简写或繁写、同义词或同义名称等。

(13)商品的包装、件数(quantity)。发票中列明的货物数量(件、个、条等)和重量应与信用证中描述的货物数量和重量完全一致,并与提单等基本单据中货物的数量和重量一致。

二、装箱单的制作

装箱单可补充商业发票内容的不足,通过对表内商品的包装件数、规格、运输标志、重量等项目的填制,明确阐明商品的包装情况,有利于买方对进口商品包装和数量的了解,以及国外买方在货物到达目的港时,供海关检查和核对货物。为了保持与发票一致,号码和日期与发票完全相同,但一般不显示价格、装运情况,对货物的描述应和提单及产地证内容一致。装箱单样单见表9-2。

表9-2 装箱单样单

<table>
<tr><td>Issuer:
NANJING LANXING CO. ,LTD.
ROOM2501,JIAFA MANSTION, BEIJING WEST ROAD, NANJING</td><td colspan="2">装箱单
PACKING LIST</td></tr>
<tr><td>To :
EAST AGENT COMPANY
3-72, OHTAMACHI, NAKA-KU,YOKOHAMA, JAPAN231</td><td>Invoice. No.
SDT009</td><td>Date
20200215</td></tr>
</table>

续表

Marks and Numbers	Number & kind of Package Description of goods	Qua. (PCS)	Package (CARTONS)	G. W (KGS)	N. W (KGS)	Meas. (CBM)
E. A YOKOHAMA C/NO. 1-130	MEN'S NYLON DOWN JACKETS					
	JHS-011 1,800 PCS USD 50.00	1 800	18	450	360	388.494
	JHS-012 5,200 PCS USD 35.00	5 200	52	1 300	1 040	1 122.316
	JHS-013 6,000 PCS USD 75.00	6 000	60	1 500	1 200	1 294.98
Total:		13 000	130	3 250	2 600	2 805.79
SAY TOTAL PACKAGES IN WORDS: All packed in 130 CARTONS					签章	

装箱单的制作内容及要点如下:

(1)出口公司的中英文名称和地址:同商业发票。

(2)单据名称:常见的名称有 PACKING LIST(装箱单)、WEIGHT LIST(重量单)、MEASUREMENT LIST(尺码单)。

(3)填写出口公司的名称和地址:同商业发票。

(4)填写发票的开票日期:同商业发票。

(5)填写发票的号码:同商业发票。

(6)填写合同号码或销售确认书号码:同商业发票。

(7)填写装运港、目的港和中转港名称以及运输方式和船名:同商业发票。

(8)运输标志:同商业发票。

(9)填写商品的名称:同商业发票

(10) 数量(quantity):填写商品的数量,这里是运输包装单位的数量,而不是计价单位的数量。

(11)净重(N. W.):填写商品的单位净重和总净重。

(12)毛重(G. W.):填写商品的单位毛重和总毛重。

(13)尺码(measurement):填写商品的单位尺码和总尺码。

(14)总量(total):包括全部货物的总包装件数、毛重、净重和总尺码等项目。

(15)出口公司落款、出单人:同商业发票。

三、海运提单的制作

海运提单是承运人确认已收到托运人的货物,并已装船或等待装船,而签发给托运人的收据,它由承运人单方面签发,所以是托运人与承运人之间运输合同的证明,有物权凭证的作用,卖方可通过掌握海运提单来控制货物。海运提单样单见表 9-3。

表 9-3　海运提单样单

Shipper HANJIN ARTS AND CRAFTS I/E CORP. TIANJIN, CHINA	B/L NO. 123 PACIFIC INTERNATION LINES (PTE) LTD (Incorporated in Singapore) COMBINED TRANSPORT BILL OF LADING
Consignee TO ORDER Notify Party SCHLITER CO. BREMEN. 3601 AW. HERO ROAD, BREMEN, GERMANY	Received in apparent good order and condition except as otherwise noted the total number of container or other packages or units enumerated below for transportation from the place of receipt to the place of delivery subject to the terms hereof. One of the signed Bills of Lading must be surrendered duly endorsed in exchange for the Goods or delivery order. On presentation of this document (duly) Endorsed to the Carrier by or on behalf of the Holder, the rights and liabilities arising in accordance with the terms hereof shall (without prejudice to any rule of common law or statute rendering them binding on the Merchant) become binding in all respects between the Carrier and the Holder as though the contract evidenced hereby had been made between them. SEE TERMS ON ORIGINAL B/L

Vessel and Voyage Number	Port of Loading	Port of Discharge
PAUL RICKMERS V. 458	XINGANG, TIANJIN	BREMEN
Place of Receipt	Place of Delivery	Number of Original Bs/L
		3

PARTICULARS AS DECLARED BY SHIPPER - CARRIER NOT RESPONSIBLE

Container Nos. /Seal Nos. Marks and Numbers	No. of Container / Packages / Description of Goods	Gross Weight (Kilos)	Measurement (cu-metres)
S BREMEN NO. 1-UP	WILLON PRODUCTS 150 CTNS 15 PALLETS	4200kgs	$6M^3$

FREIGHT & CHARGES FREIGHT PREPAID	Number of Containers/Packages (in words) SAY FIFTEEN PALLETS(ONE HUNDRED FIFTY CARTONS) ONLY
	Shipped on Board Date: AUG. 1, 2020

续表

Shipper	B/L NO. 123
	Place and Date of Issue: AUG. 1,2020
	In Witness Whereof this number of Original Bills of Lading stated Above all of the tenor and date one of which being accomplished the others to stand void.
	CHENGANG for PACIFIC INTERNATIONAL LINES (PTE) LTD. as Carrier

海运提单的格式由各船公司自行确定,在形式上均各有特色,但都包括以下主要内容:

(1)承运人 (carrier):提单上必须表明以轮船公司身份注册的承运人,以防欺诈。否则银行不予接受。

(2) 托运人 (shipper):发货人,信用证方式下为信用证受益人,托收方式下为托收的委托人。

(3) 收货人 (consignee):按照规定填写。记名提单直接填收货人,不记名提单填"to bearer",指示性提单填"to order" 或 "to the order of ××"。凡指示性提单都需进行背书才能有效转让。

(4)被通知人 (notify party):信用证方式下按照规定填写。该栏必须要有详细的名称和地址。

(5)船名、港口:见表 9-4。

表 9-4　海运提单的船名、港口

提单项目	转船	直达
Per-carriage by:	第一程船船名	空白
Place of Receipt:	船方收货的港口	空白
Ocean Vessel Voy. No. :	第二程船船名	船名
Port of Loading:	转运港	装运港
Port of Discharge (Destination):	卸货港	卸货港
Place of Delivery:	最终目的地	与卸货港同则空白

(6) 运输标志 (marks)和集装箱号码 (Container No.):若信用证规定了运输标志,则按照其规定;若未规定,则按照双方约定或由卖方自定。无运输标志则填"N/M"。集装箱货物要注明集装箱号码。

(7) 包装与件数(No. &. kind of packages):单位件数及包装都要与实际货物相符,并在大写合计数内填写大写英文数日。若有 2 种以上不同包装单位,应分别填写,再合计。散装货只填 IN BULK。

(8) 商品名称 (description of goods):按照信用证规定,并与发票等单据一致,若货物品名较多,可用总称。

(9) 毛重和体积 (G. W. & meas.):若信用证无特别规定,则只填总毛重和总体积若为集装箱货,毛重包括货物的毛重和集装箱的皮重,体积则按集装箱计,一般一个 20 ft 的集装箱体积为 33.2 m^3。

(10) 运费支付 (freight & charges):一般有 2 种,即预付(freight prepaid)或到付(freight collect)。

(11) 签发地点与日期 (place and date of issue):地点一般在装运港所在地,日期按信用证要求,一般要早于或与装运期为同一天,要避免倒签提单和预借提单。

(12)承运人签章:提单必须由承运人或其代理人签字才有效。若信用证要求手签,也需照办。

(13)提单签发份数[No. of original B(s)/L]:信用证方式下按照信用证规定,一般都是3 份。

(14)提单号码(B/L No.):在提单右上角,主要是为了便于联系工作和核查。

(15)其他:提单上还应注明 on board 字样,正本要注明 original,有时还要注明货物的交接方式,如 CYCY、CFSCY 等。

四、保单的制作

出口货物在长途运送和装卸过程中,有可能会因自然灾害、意外事故或其他外来因素而受损。为了保障收货人在货物受损后获得经济补偿,一般在货物出运前,货主都会向保险公司办理有关投保事宜,并按照合同或信用证要求仔细、认真地填写货物运输险投保单交给保险公司。保险公司若接受了投保,就签发给投保人一份承保凭证,即保单 (insurance policy)。保单样单见表 9-5。

表 9-5 保险单样单

<table>
<tr><td colspan="2">中保财产保险公司
The People's Insurance (Property) Company of China, Ltd.</td></tr>
<tr><td>Invoice No. X118</td><td>Policy No. ABX999</td></tr>
<tr><td colspan="2">海 洋 货 物 运 输 保 险 单
MARINE CARGO TRANSPORTATION INSURANCE POLICY</td></tr>
<tr><td colspan="2">Insured: DAYU CUTTING TOOLS I/E CORP</td></tr>
<tr><td colspan="2">中保财产保险有限公司(以下简称本公司)根据被保险人的要求,及其所缴付约定的保险费,按照本保险单承担险别和背面所载条款与下列特别条款承保下列货物运输保险,特签发本保险单。
This policy of Insurance witnesses that the People's Insurance (Property) Company of China, LtD. (hereinafter called "The Company"), at the request of the Insured and in consideration of the agreed premium paid by the Insured, undertakes to insure the undermentioned goods in transportation subject to conditions of the Policy as per the Clauses printed overleaf and other special clauses attached hereon.</td></tr>
</table>

续表

货物标记 Marks of Goods	包装单位 Packing Unit	保险货物项目 Descriptions of Goods	保险金额 Amount Insured
FETC MK007 NEW YORK C/No. 1-500	500 CARTONS	CUTTING TOOLS	USD 211,200.00

总保险金额：

Total Amount Insured: SAY U. S. DOLLARS TWO HUNDRED ELEVEN THOUSAND AND TWO HUNDRED ONLY.

保费	开航日期	载运输工具
Premium　AS ARRANGED	Slg. on or abt　MAY 20, 2020	Per conveyance S. S　HONGXING V. 777

承保险别

Conditions　COVERING ICC(A) AS PER INSTITUTE CARGO CLAUSE OF 1982

起运港	中转港	目的港
From　TIANJIN	VIA　HONG KONG	To　NEW YORK

所保货物，如发生本保险单项下可能引起索赔的损失或损坏，应立即通知本公司下述代理人查勘。如有索赔，应向本公司提交保险单正本（本保险单共有 2 份正本）及有关文件。如一份正本已用于索赔，其余正本则自动失效。

In the event of loss or damage which may result in acclaim under this Policy, immediate notice must be given to the Company's Agent as mentioned hereunder. Claims, if any, one of the Original Policy which has been issued in two original (s) together with the relevant documents shall be surrendered to the Company. If one of the Original Policy has been accomplished, the others to be void.

赔款偿付地点

Claim payable at　NEW YORK IN USD

日期　　　　　　　　　　　　　　　　　　　　中保财产保险有限公司天津分公司

Date　MAY 18, 2020　　The People's Insurance (Property) Company of China, Ltd., Tianjin Branch

×××

投保单的内容与保单基本相似，不同的保险公司都有自己固定的保单格式，其基本内容及缮制要点如下：

（1）出单公司的名称（name of the issuing company）。出具保单的公司的全称及公司标记一般会用较醒目的字体预先印制在保单的最上端，以宣传公司形象及帮助被保险人确定保单责任的承担者。

（2）保单编号（policy No.）。各套保单的右上方一般预先印有一个与上、下套保单前后相连的流水编号，但这并非真正的保单编号，保单编号一般在制作保单时才编制确定。各保险公司编制保单编号的规定各不相同，但一般均由三部分构成，即该保险公司出具保单的下属分支公司的编号、出单年份、同险种保险业务连续号。

(3)被保险人(the insured)。由于保单是可转让的单证,被保险人只要在保单背面签章,保单的权益就转让给了任何保单持有人,所以除非信用证上有明确规定,否则投保人便被作为被保险人。

根据信用证规定和被保险人的不同情况,常见的保单缮制方法有以下几种:

①一般情况下,投保人与被保险人系同一人,不指定受益人。来证若无明确规定,由卖方投保时,被保险人一栏应填具信用证上受益人的名称,并由该受益人在保单背面做空白背书。

②信用证规定须转让给开证行或第三方时,则被保险人一栏内在信用证上受益人名称之后再打上"Held to the Order of ××",并由该受益人在保单背面做空白背书。

③信用证指定以"个人名义"或"来人"为抬头人,则在被保险人一栏内直接打上"××"或"To Order",信用证上的受益人不要背书。

④信用证指定"Endorse to the Order of ××",则在被保险人一栏内仍打上信用证中受益人名称,同时在保单背面由信用证上的受益人空白背书的上方打上"Held/Pay to the Order of ××"。

(4)标记(marks & Nos.)。标记一般应按发票或提单上所标的运输标志填写,且内容需要与其他相关单证相符;但若信用证无特殊规定,为简化起见,一般可打上"As Per Invoice No. ××"(参照商业发票上的货物标记)。因为若向保险公司索赔,被保险人须递交相关商业发票,所以这2种单据可相互参照。

(5)包装及数量(quantity)。散装货物除信用证有规定外,一般不标志重量,应显示"袋"(bag)、"木箱"(case)、"纸板箱"(carton)等。

保单上如果未标明"货物的数量",银行便无法确定信用证所规定的货物数量是否已全部投保,所以开证行可据此拒付。

(6)保险货物项目(description of goods)。保单内必须有对货物的描述。如果货物名称单一,可按发票上的名称填写;如果货物的项目很多,该描述可以用统称,但不得与信用证和其他单据中对货物的描述有矛盾。

(7)保险金额(amount insured)。保险金额一般应以信用证规定的货币种类及金额表示。

如果信用证对保险金额没有规定,那么一般按照发票金额加成10%计算,要求加成比例超过10%的,保险公司会根据实际情况确定是否可以接受。银行可以接受的最低保险金额为付款、承兑或议付金额的110%或发票总额的110%,以二者中较大者为准。除非信用证规定投保金额不少于110%,则保险金额大于或小于CIF或CIP金额的110%者均不可轻易接受。发票金额中有时含有"佣金"与"折扣",除非信用证另有规定,佣金不需扣除,保险金额一律按发票金额计算;而"折扣"需要扣除,保险金额按发票金额扣减折扣后计算。

(8)总保险金额(total amount insured)。总保险金额的币种须与信用证或合约的规定一致,且应使用币种的全称(如美元不能用USD,而应写"U. S. DOLLARS"),大小写金额须相符。因为保险金额精确到个位数,所以大写金额后应加上"ONLY",以防涂改。

(9)保费(premium)和费率(rate)。因费率不公开,故在保费和费率一栏内通常打"As

Arranged"（按照约定）。如果信用证要求注明"保费已付"（Premium Paid），可将原印制的"As Arranged"删掉，改打上"Paid"或"Prepaid"。

（10）装载运输工具（per conveyance）。如为海运直达轮，则在该栏显示船名。如需中途转船，填写第一程轮船名或已知的第二程轮船名。除非信用证另有规定，保单只有船名，没有注明航次，银行应予接受。陆运填写 by Train，空运填写 by Air，邮包则填写 by Parcel。

（11）启运日期（sailing date）。海运可填 as per B/L；空运可填 as per AWB 等。

（12）起讫地点（from... to...）。如选用海运直达船，则 From ××即提单中的 Port of Loading；To ××即提单中的 Port of Discharge。如果信用证上的目的地（一般为内陆）非提单卸货港，则保单上的起讫地点应按信用证规定原样显示。例如，信用证上要求"Port of loading: Shanghai""Port of discharge: Hamburg""Final destination: Austria"，则保单上应显示：From Shanghai to Hamburg in transit to Austria。如选用海运非直达船，则保单上的转运地点应注明。例如，从上海经香港转纽约：From Shanghai to New York W/T at Hong Kong。如选陆、空、邮运，则在 To×× 栏中直接填上目的地即可。

（13）承保险别（conditions）。进出口货运险适用的保险条款种类较多，国内一般采用中国保险条款，包括主险条款、一般附加险条款和特别附加险条款。国际上常用的运输货物保险条款包括英国协会条款和美国协会条款。信用证上应有对保险类别和附加险别的明确要求。如果对保险类别应用了含意不明的词语，如通常险别（usual risks）或惯例险别（customary risks），银行将接受所提示的任何保单而不负任何漏保之责。当信用证规定投保一切险时，银行将接受任何有一切险批注或条款的保险单据而不负任何漏保之责。

（14）保险人在货运目的地的检验代理人（named survey agent）。保险人选择的检验代理人应位于货运目的地，如当地没有符合条件的检验代理人，则应尽可能就近选择。保险代理人除需提供名称外，还需有详尽的地址及联系电话，以便被保险人在货物出险后与其联系。

（15）赔款偿付地点（claim payable at）。如果信用证无特殊指定，一般显示信用证上规定的目的港或打上 destination 若信用证要求以汇票货币为赔付货币，则在赔付地点之后加注 in the currency of the draft；若信用证明确指定以某种货币为赔付货币（如美元），则在赔付地点后直接注明 in USD。

（16）出单地点和日期（place and date of issue）。出单地点按出单公司的实际所在地填写确认，除非信用证另有规定，或在保单上载明"保险责任最迟于货物装船或发运或接受监管之日起生效"（The cover is effective at the latest from the date of loading on board or dispatch or taking charge of the goods）者外，银行将不接受出单日期迟于装船、发运或接受监管日期的保单。

（17）出单人（issued by）。保险单据必须在表面上由保险公司或保险人或他们二者的代理人开立和签署。除非信用证另有规定，银行也将接受保险经纪人以保险公司代理人的身份开立和签署的保险证明。

（18）对保险单据的其他要求：

①大小写金额只能更改一处，其他地方不能超过 2 次，更改处需加盖校正章或签字。

②保单上各个项目应按保单格式提供的位置填写，不能超出格式提供的空格位置，更不

能与格式上的铅字重叠，

③内容排列应整齐，行距要统一。

④被保险人名称、商品名称、大写金额、条款、地名及月份等单词的第一个字母必须大写，不能小写。

⑤保单措辞要明确，内容要和发票、提单等有关单证相符。保险条款既要明确承保的责任范围，又要正确反映客户的要求。

五、原产地证书的制作

原产地证书是证明商品的原产地，即货物的生产或制造地的一种证明文件，它是进口国对进口货物确定关税待遇、进行贸易统计、实行数量限制和控制从特定国家的进口量的主要依据。形象地说，原产地证书是商品进入国际贸易领域的经济国籍和护照，出具原产地证书已成为国际贸易中的一个重要环节。

在我国，原产地证书主要有一般原产地证书（表 9-6）和普惠制原产地证书（表 9-7）。

表 9-6　一般原产地证书样单

<table>
<tr><td colspan="2">1. Exporter (full name and address)
DAYU CUTTING TOOLS I/E CORP
774 DONG FENG EAST ROAD , TIANJIN , CHINA</td><td colspan="3" rowspan="2">CERTIFICATE No. IBO12345678
CERTIFICATE OF ORIGIN
OF
THE PEOPLE'S REPUBLIC OF CHINA</td></tr>
<tr><td colspan="2">2. Consignee (full name, address, country)
FAR EASTERN TRADING COMPANY LIMITED
336 LONG STREET, NEW YORK</td></tr>
<tr><td colspan="2">3. Means of transport and route
FROM TIANJIN VIA HONGKONG TO NEW YORK
BY SEA</td><td colspan="3" rowspan="2">5. For certifying authority use only</td></tr>
<tr><td colspan="2">4. Country/Region of destination
USA</td></tr>
<tr><td>6. Marks and numbers

FETC
MK007
NEW YORK
C/No. 1-UP</td><td>7. Number and kind of packages; description of goods
500 (FIVE HUNDRED) CARTONS OF CUTTING TOOLS
* * * * * * * * * * * * * *</td><td>8. H. S. Code

1297 0400</td><td>9. Quantity or weight

1500 SETS</td><td>10. Number and date of invoices

X118
MAY 15, 2020</td></tr>
</table>

续表

11. Declaration by the exporter	12. Certification
The undersigned hereby declares that the above details and statements are correct; that all the goods were produced in China and that they comply with the Rules of Origin of the People's Republic of China. TIANJIN　MAY 16, 2020　李明 -- Place and date, signature and stamp of authority signatory	It is hereby certified that the declaration by the exporter is correct. TIANJIN　MAY 16, 2020　张平 -- Place and date, signature and stamp of certifying authority

表 9-7　普惠制原产地证书样单

ORIGINAL

1. Goods consigned from (Exporter's business name, address, country) GUANGDONG MACHINERY IMPORT AND EXPORT CORP. (GROUP) 726 DONGFENG ROAD EAST, GUANGZHOU, P. R. CHINA	Reference No. GENERALIZED SYSTEM OF PREFERENCES CERTIFICATE OF ORIGIN (Combined declaration and certificate) FORM A Issued in　THE PEOPLE'S REPUBLIC OF CHINA (country) See Notes overleaf
2. Goods consigned to (Consignee's name, address, country) SHITAYA KINZOKU CO., LTD 6-11 7-CHOME UENO TAITO-KU TOKYO, JAPAN	
3. Means of transport and route (as far as known) SHIPMENT FROM GUANGZHOU, P. R. CHINA TO YOKOHAMA, JAPAN BY SEA.	4. For official use

5. Item number	6. Marks and numbers of packages	7. Number and kind of packages; description of goods	8. Origin criterion (see Notes overleaf)	9. Gross weight or other quantity	10. Number and date of invoices
1	A9700247 YOKOHAMA NO. 1-410	FOUR HUNDRED AND TEN (410) CARTONS OF "RABBIT" BRAND SHOVEL WITH METAL HANDLE * * * * * * * * * * * * *	P	410DOZ	GD920029 NOV. 2, 2002

续表

11. Certification It is hereby certified, on the basis of control carried out, that the declaration by the exporter is correct.	12. Declaration by the exporter The undersigned hereby declares that the above details and statements are correct, that all the goods were produced in CHINA (country) and that they comply with the origin requirements specified for those goods in the Generalized System of Preferences for goods exported to JAPAN
GUANGZHOU NOV. 15, 2002 Place and date, signature and stamp of certifying authority	GUANGZHOU NOV. 15, 2002 Place and date, signature and stamp of authorized signatory

根据规定,一般原产地证书既可以向出入境检验检疫局申领,也可向贸促会申领。而普惠制原产地证书格式 A 只有出入境检验检疫局有权签发。这些证书通常由出口商填制,经签证机构认可盖章后即成为正式文件。

(一)贸促会原产地证书(certificate of origin)的缮制

证书编号一般提前由出证机构编印好。其他内容的填制要求如下:

(1)出口人(exporter):L/C 受益人或合同的卖方,应说明公司的名称与地址。若经其他国家或地区需填写转口商名称,可在出口商后面加填英文 VIA,然后再填写转口商的名称、地址和国家。

(2)收货人(consignee):应填写最终收货人的名称、地址、国名等。根据情况可以是 L/C 的开证申请人、提单通知人或 L/C 规定的特定收货人。

(3)运输方式和路线(means of transport and route):填写起运港、目的港和运输方式。如需转口,也应说明在何处转运。

(4)目的港(country / region of destination):应填写最终目的港。

(5)供官方使用(for certifying authority use only):此栏目在正常情况下是空白的,但是在下列情况下需要加注:

①货物已经出口,签证日期迟于出货日期,签发“后发”证书时,此栏盖上 ISSUED RETROSPECTIVELY 红色印章。

②证书遗失、被盗或者损毁,签发“副本”证书时盖上“DUPLICATE”,并在此栏注明原证书的编号、签证日期,并申明原证书作废,其文字是:THIS CERTIFICATE IS IN REPLACEMENT OF CERTIFICATE OF ORIGIN NO. XX DATED XX WHICH IS CANCELLED。

(6)运输标志及包装号(marks and numbers):应与发票和海运提单内容相一致。

(7)货名、包装件数和种类(number and kind of packages; description of goods):货名与发票一致,包装件数应在小写数字后用括号加注大写英文数字。

(8)H. S. 税目号(H. S. code):此栏要求填写四位数的 H. S. 编码,即《商品名称及编码协调制度》为不同类商品加列的商检序列号,如手风琴的 H. S. 编码为 9204。

(9)数量或重量(quantity or weight):数量按照商品的计量单位填写,以重量为单位的应说明毛重或净重。

(10)发票号码及日期(number and date of invoices):按照申请出口货物的商业发票填写。该栏日期应早于或同于实际出口日期。发票日期应按月、日、年的顺序填写。月份一律用英文缩写。

(11)出口商声明(declaration by the exporter):此栏下为声明的地址、日期及有权签字人的签字和盖章,地址通常为出口商所在地,日期晚于或等于发票日。

(12)签证机构证明(certification):此栏下应注明签证地址、日期、证明机构签字和盖章,签证地址为签证机构所在城市,日期应同于或晚于发票和出口商声明日期。

(二)普惠制原产地证书(GSP Form A)的制作

(1)证书编号(Certificate No.):这一栏不能空白。

(2)出口方(exporter):填写出口商的名称和地址,并且要详细,此项为强制性填写。

(3)收货人(consignee):此项为非强制性填写。例如,出口到欧盟和挪威可以自由选择是否填写。如果直接运往给惠国,在对方要求此栏为空时,可以不用填写。

(4)运输方式和路线(means of transport and route):此项还要填写货物出运的实际日期。

(5)供官方使用(for official use):此栏目正常情况下空白,但是在下列情况下需要加注:

①当货物已经出口,签证日期迟于出货日期,需签发"后发"证书时,此栏盖上 ISSUED RETROSPECTIVELY 红色印章。

②证书遗失、被盗或者损毁,签发"副本"证书时盖上"DUPLICATE",并在此栏注明原证书的编号、签证日期,并申明原证书作废其文字是:THIS CERTIFICATE IS IN REPLACEMENT OF CERTIFICATE OF ORIGIN NO. XX DATED XX WHICH IS CANCELLED。

(6)商品顺序号(item number):在收货人、运输条件相同的情况下,如同批出口货物有不同品种,则可根据不同类别的商品依次列出顺序号(1、2、3、4 等),单项商品,此栏填 1。

(7)运输标志及包装号(marks and numbers of packages):运输标志要与发票等相关票据一致,要详细填写;在运输标志里不能出现产品非中国制造的字样;在没有买方运输标志的情况下,需用"N/M"标示。

(8)包装件数、包装种类以及商品的名称(number and kind of packages; description of goods):包装件数必须用英文和阿拉伯数字同时表示,商品名称必须写具体名称,而不能写统称;商品的商标、牌名及货号一般可以不填。商品名称填写完毕后,应该在下行加上表示结束的符号(* * * * * * * *),以防止加填伪造内容;国外信用证有时要求填写合同、信用证号码等,可加填在此栏空白处。

(9)原产地标准(origin criterion):

①如果本商品完全是出口国生产的,不含任何进口成分,出口到所有给惠国,填写 P。

②如果出口商品含有进口成分,那么出口到欧盟、挪威、瑞士和日本的填写 W,其后填

上商品的 H.S. 编码。

③含有进口成分的产品,出口到加拿大填写 F,而且进口成分不能超过产品出厂价±40%。

④含有进口成分的产品,出口到波兰、俄罗斯、乌克兰、捷克、斯洛伐克等国,填写 Y,加上进口成分价值占该产品离岸价格的百分比,条件是比例不能超过 50%。till: Y 40%。

⑤出口到澳大利亚、新西兰的,此栏可以空白。

(10)毛重和其他数量(gross weight or other quantity):此栏应以商品的正常计量单位填。在以重量计价时,一般填写毛重。如果只有净重,在填写时还需标注" N.W. "。

(11)商业发票的日期和号码(number and date of invoices):要具体填写商业发票的日期和号码。

(12)签证当局的证明(certification):此栏填写检验检疫局的签证地点和日期。其签章日期不能早于发票和申请日期,但也不能晚于出运期。

(13)出口商申明(declaration by the exporter):在生产国上填写"中国"。在进口国横线上填写最终进口国,并且进口国必须和目的港一致。申请单位授权专人在此栏手签,写上申报地点、日期并加盖申请单位中英文印章,但是此栏日期不得早于发票日期。盖章时应避免覆盖进口国名称和手签人姓名。

六、汇票的填制

汇票(bill of exchange)是出票人签发的,要求受票人在见票时或在指定的日期无条件支付一定金额给其指定的收款人的书面命令。在信用证项下的国际结算业务中,即期付款有时不一定需要汇票,可以用发票代替。而对于远期付款,汇票一般都是必要的,因付款人须凭汇票承兑,并承担到期付款的责任,而持票人在必要时可凭承兑的汇票贴现或经背书转让。汇票样单见表 9-8。

表 9-8　汇票样单

<table>
<tr><td colspan="3">Bill of Exchange</td></tr>
<tr><td>Drawn under</td><td>L/C NO. 020010425056</td><td>Dated JULY. 15, 2020</td></tr>
<tr><td></td><td colspan="2">Issued by DBS BANK (HONG KONG) LTD, HONG KONG</td></tr>
<tr><td colspan="2">No. FJZY200814</td><td>FUZHOU, CHINA OCT. 5, 2020</td></tr>
<tr><td colspan="3">Exchange for USD54,320.00</td></tr>
<tr><td colspan="3">At __ days after sight of this FIRST of Exchange (Second of the same tenor and date unpaid) pay to the Order of HUAXIA BANK, FUZHOU BARANCH the sum of SAY U.S. DOLLARS FIFTY FOUR THOUSAND THREE HUNDRED AND TWENTY ONLY.</td></tr>
<tr><td colspan="3">Value received against shipment of the goods as per Invoice No. FJZY200814 .</td></tr>
<tr><td colspan="2">To:
DBS BANK (HONG KONG) LTD,
HONG KONG</td><td>FUJIAN ZHONGYI IMP/EXP CORPORATION
(stamp & signature)</td></tr>
</table>

信用证结算方式下的汇票缮制，不仅要严格符合信用证的要求，还要符合汇票的规范制法。内容和要点如下：

（1）出票依据（drawn under）：表明持汇票交易是被允许的。一般内容有3项，即开证行名称、信用证号码和开证日期。出票依据是说明开证行在一定的期限内对汇票的金额履行保证付款责任的法律根据，是信用证项下汇票不可缺少的重要内容之一。

（2）利息（interest）：此栏填写合同或信用证规定的利率。若没有规定，此栏留空。

（3）号码（No. ）：一般填写商业发票的号码。

（4）小写金额（amount in figures）：一般填写确切的金额数目。除非信用证另有规定，汇票金额所使用的货币应与信用证和发票所使用的货币一致。在通常情况下，汇票金额为发票金额的100%，但不得超过信用证规定的最高金额。如果信用证金额有“大约”等字样，则有10%的增减幅度。

（5）汇票期限（tenor）：汇票期限的填写应按照信用证的规定。即期汇票要打上MAT SIGHT。在汇票AT与SIGHT之间的空白处用虚线连接，表示见票即付。如为远期汇票，应在AT后打上信用证规定的期限。

信用证中有关汇票期限的条款有以下几种：

①以交单期限为起算日期。例如，This L/C is available with us by payment at 60 days after receipt of full set of documents at our counters. 此条款规定付款日期为对方柜台收到单据后的60 d，因此在填写汇票时只需写At 60 days after receipt of full set of documents at your counters。注意，信用证中的our counter（我们的柜台）是指开证行柜台，而在实际制单中，应改为your counter（你们的柜台），指单据到达对方柜台起算60 d。

②有的汇票是以装船日期为起算日期。例如，We hereby issue our irrevocable documentary Letter of Credit No. 194956 available at 30 days after B/L date by drafts. 在制单时要填写30 days after B/L date，即从提单日期起算30 d。

③也有少数汇票的起算日期是以发票日期起算的。例如，Drafts at 60 days from invoice date. 因此，在制单时应在此栏目里填写At 60 days from invoice date，即从发票开出日期起算60 d。

（6）收款人（payee）：又称收款人，一般是汇票的抬头人，是出票人指定的接受票款的当事人。有的是以出口商或以其所指定的第三者为收款人。在国际票据市场上，汇票的抬头人通常有3种写法：

①记名式抬头（demonstrative order），即在收款人栏目中填写“付给××人的指定人”（pay to the order of ××），这种类型的抬头是使用最普遍的一种。

②限制性抬头（restrictive order），即在收款人栏目中填写“仅付给××人”（PAY TOX XONLY）或“限付给××人，不许转让”（PAY TOX XONLY, NOT TRANSFERABLE）。

③持票人抬头（payable to bearer），即在收款人栏目中填写“付给持票人”（PAY TO BEARER）。

（7）大写金额（amount in words）：用大写英文表示，并在金额后面加上ONLY，以防止涂改。例如，SAY UNITED STATES DOLLARS FIVE THOUSANDSIX HUNDRED ONLY. 信用证使用的货币应一致，上面所使用的小写金额应与大写金额一致。

(8)付款人及付款地点:汇票的付款人(payee)即汇票的受票人(drawee)。在汇票中表示为“此致××”。凡是要求开立汇票的信用证,证内一般都指定了付款人。如果信用证没有指定付款人,按照惯例,一般做成开证行为付款人。填制汇票的一般做法是:

①当信用证规定须开立汇票而又明确规定有付款人时,应理解为开证行就是付款人,从而打上开证行的名称、地址。

②当信用证的条款为 DRAFTS DRAWN ON APPLICANT 时,应填写该信用证的开证人名称及地址。

③当信用证要求为 DRAWN ON US 时,应理解 US 为开证行的名称及地址。

此外,付款人旁边的地点就是付款地点。它既是汇票金额的支付地,也是要求付款地,或拒绝证书做出地。

(9)出票人签字(signature of drawer):出票人(drawer)即签发汇票的人,在进出口业务中,通常是出口商(即信用证的受益人)。一般打上出口商的全称,并由出口商经销商签署或盖章。汇票的出票人一般是信用证指定的受益人,按来证照打。汇票的出票人也应当同其他单据的签署人名称相符。汇票必须注明出票地点,因为如果在一个国家出票但在另一个国家付款,当发生争议时,需要确定以哪个国家的法律为依据来判断汇票所具备的必要项目是否齐全,从而使之有效。因此,各国采用出票地法律或行为即以出票行为的当地法律,认为汇票已具备必要项目而生效时,付款地点也同样认为汇票有效。

七、受益人证明

受益人证明(beneficiary's certificate/ statement/declaration)也称出口商证明(exporter's certificate),顾名思义是由受益人按合同、信用证和有关规定,对外出具的说明其已履行了合同义务、完成了某工作或行为符合进口商和进口国要求的各种证明文件。常用受益人证明包括:寄单证明(beneficiary's certificate for dispatch of documents)及寄样证明(beneficiary's certificate for dispatch of shipment sample)。很多信用证均要求提供此类单证,其内容的缮制依据来证的规定而定。

一份受益人证明一般只有 5 个栏目,即发票号码、信用证号码、出证日期、证明内容和受益人公司名称及签字。受益人证明可根据信用证的具体要求确定其名称,其证明的内容可按信用证要求的文句打印,有时需做时态调整。受益人证明一般不分正副本,但如果来证要求正本,可打上 Original 字样。

八、装船通知

在 CPT、FOB、CFR 及 FCA 条件下,装船通知为成交合同的买方提供办理货物保险的凭证。装船通知(shipping advice)或称装船声明(shipping statement),即按照信用证或合同规定,发货人通常在装船后将装船通知进口商,以便进口商及时办理保险或准备提货租仓。通知方式通常是担保通知。

买方为了避免卖方因疏忽未及时通知,经常在信用证中明确规定,卖方必须及时发出装船通知,并规定通知的内容,而且在议付时必须提供装船通知的副本。装船通知没有固定的格式,它可以由各出口企业自行制定,其制作主要包括以下内容:

（1）抬头人：抬头人即接受该通知的人，按照信用证的要求填写，一般为与买方签订保险合同的保险公司或信用证开证申请人，或信用证指定的代理人的名称和地址。

（2）各种编号和日期：按照信用证的编号填写，主要包括发票编号、日期、信用证号码、预约保单号码、通知的发送日期等。

（3）货物运输情况：包括装运港、目的港和中转港名称、装运日期、运输工具名称、提单号、预计开船日期以及预计到达日期。

（4）货物内容：货物内容包括运输标志、货物名称、规格、数量、重量、包装件数、总金额等。

（5）特殊条款：信用证规定的以上各栏目以外的内容，均属特殊条款。

（6）签名：在通知的右下角，由出口公司盖章并签字。

本章小结

本章主要阐述了进出口合同的履行程序。出口合同的履行包括准备货物、落实信用证、组织装运、制单结汇等，并且对履行合同的重点和难点进行详细的介绍。备货就是卖方根据合同的规定，按时、按质、按量准备好应交的货物，并做好申请报验和领证工作审证、改证是卖方履行合同的重要步骤，直接涉及交易能否顺利完成。审证首先要从政策、银行资信和付款责任以及信用证性质等方面进行进行审查，再从商品品质、规格、数量、包装、单据、特殊条款等方面进行审查，如发现问题，一次向客户提出改证。不要多次提出，否则会增加双方的手续和费用。对修改内容只能全部接受或拒绝，部分接受当属无效。

租船装运是卖方履行合同的根本，涉及几个部门的配合和衔接，协调不好，会影响货物按时装运。制单结汇是交易的最后一环，它要求业务员认真、仔细，具有高度的责任感。外汇核销与出口退税是保证出口企业取得预期经济效益的关键，它要求企业与海关、外管局、税务局、银行等部门衔接，共同把这项工作做好。

进口合同的签订与履行十分重要，在开立与修改信用证、安排运输、投保、审单、付款、报关、检验以及进口索赔等环节上不能有任何疏漏，否则不同程度的损失或后果都可能发生。虽然进出口双方执行的是同一份合同，但双方是在履行各自的义务，因此进口合同的履行有其特殊的内容和行为。弄清这一点，才能分辨进出口双方的权利、责任和义务，把进出口合同的要求落到实处。

除此之外，本章还重点介绍了几种常用进出口结汇单据的内容及缮制要点。

综合练习

一、单项选择题

1. 信用证中只规定了议付的有效期，而未规定装运期，则根据《跟单信用证统一惯例（UCP 600）》的规定（　　）。

A. 装运的最终期限与信用证的到期日相同

B. 信用证必须经过修改才能使用

C. 该证无效

D. 装运期可视为与信用证有效期相差一个月

2. 一份 CIF 合同下,合同与信用证均没有规定投保何种险别,交单时保险单上反映出投保了平安险,该出口商品为易碎品,因此,(　　)。

A. 银行将拒收单据　　B. 买方将拒收单据

C. 买方应接受单据　　D. 银行应接受单据

3. 审核信用证的依据是(　　)。

A. 合同　　B. 一整套单据　　C. 开证申请书　　D. 商业发票

4. 信用证修改通知书的内容在 2 项以上者,受益人(　　)。

A. 要么全部接受,要么全部拒绝　　B. 可选择接受

C. 必须全部接受　　D. 只能部分接受

5. 商业发票的抬头人一般是(　　)。

A. 受益人　　B. 开证申请人　　C. 开证行　　D. 卖方

6. 海关发票及领事发票(　　)。

A. 都是由买方国家有关部门提供的

B. 都是由卖方国家有关部门提供的

C. 前者是由买方国家提供,后者是由卖方国家提供

D. 前者是由卖方国家提供,后者是由买方国家提供

7. 出口报关的时间应是(　　)。

A. 备货　　B. 装船前　　C. 装船后　　D. 货到目的港后

8. 新加坡一公司于 8 月 10 日向我方发盘欲购某货物一批,要求 8 月 16 日复到有效,我方 8 月 11 日收到发盘后,未向对方发出接受通知,而是积极备货,于 8 月 13 日将货物运往新加坡。不巧,遇到市场行情变化较大,该货滞销,此时,(　　)。

A. 因合同未成立,新加坡客商可不付款

B. 因合同已成立,新加坡客商应付款

C. 我方应向新加坡客商发出接受通知后,才发货

D. 我方应赔偿该批货物滞销给新加坡客商带来的损失

9. 出口公司收到银行转来的信用证后,侧重审核(　　)。

A. 信用证内容与合同是否一致

B. 信用证的真实性

C. 开证行的政治背景

D. 开证行的资信能力

10. 信用证的基础是买卖合同,当信用证与买卖合同不一致时,受益人应要求(　　)。

A. 开证行修改　　B. 开证申请人修改

C. 通知行修改　　D. 议付行修改

11. 如果信用证未规定交单期限,则认为在运输单据签发日期后(　　)d 内向银行交单有效,但不能迟于信用证有效期。

A. 7　　B. 15　　C. 21　　D. 30

12. 出口结汇时，由出口商签发的，作为结算货款和报关纳税依据的核心单据是(　　)。

A. 海运提单　　B. 商业汇票　　C. 商业发票　　D. 海关发票

13. 进口的货物的质量与合同规定不符，则进口方应向(　　)提出索赔。

A. 卖方　　B. 承运人　　C. 保险公司　　D. 银行

14. 向出口方索赔时，以下索赔依据中不必出具的是(　　)。

A. 提单　　B. 装箱单　　C. 发票　　D. 保险单

二、多项选择题

1. 下列情况中开证行有权拒付票款的是(　　)。

A. 单据内容与信用证条款不符　　B. 实际货物未装运

C. 单据与货物有出入　　D. 单据与单据互相之间不符

2. 因租船订舱和装运而产生的单据是(　　)。

A. 托运单　　B. 装货单　　C. 收货单　　D. 海运提单

3. 运输标志的主要内容包括(　　)。

A. 目的港(地)名称　　B. 收货人名称　　C. 件号　　D. 信用证号或合同号

4. 如果信用证没对货物数量订有增减条款，只要同时符合下列哪些条件，该货物的出运数量允许有5%的增减幅度(　　)。

A. 信用证未规定数量不得增减

B. 支取金额不超过信用证金额

C. 货物的数量不是按包装单位或个数计数的，如长度(米，码)、体积(立方米)、容量(升，加仑)、重量(吨，磅)

D. 信用证不准分批

5. 以下关于信用证项下及时出单表述正确的是(　　)。

A. 收到信用证后应立即制作全套单据

B. 单据的制作日期应符合商业习惯的合理日期

C. 单据的出单日期不能超过信用证规定的有效期

D. 向银行交单的日期不能超过信用证规定的交单期限

6. 每种单据尽管用途不一，但约有80%的内容相同。这些相同内容的项目是(　　)。

A. 货物名称和数量　　B. 收货人和发货人

C. 启运地和目的地　　D. 单据签发人

7. 银行审核单据的标准是(　　)。

A. 单据与信用证相符　　B. 单据与贸易合同相符

C. 单据与单据之间相符　　D. 单据与所代表的货物相符

8. 进口索赔的对象主要有(　　)。

A. 承运人　　B. 卖方　　C. 银行　　D. 保险公司

三、判断题

1. 催开信用证的方式除了直接向国外买方发出通知外，还可请银行和驻外机构配合协助催证。　　(　　)

2. 审核信用证时,对于不符合合同规定的条款或不能接受的内容,受益人可以直接向开证行提出修改。 (　　)

3. 修改信用证只能由受益人引起。 (　　)

4. 受益人接到信用证修改通知时,应做出接受或拒绝的表示。根据《跟单信用证统一惯例(UCP 600)》,受益人的沉默或不表态不等于对修改通知的接受。 (　　)

5. 同一信用证如有多处修改,原则上只能一次性提出;对于修改通知,可以接受其中一部分,也可以全部接受。 (　　)

6. 保险单的签发日期不得迟于提单出单日期。 (　　)

7. 开证行可以拒绝接受超过信用证总金额的商业发票。 (　　)

8. 受益人对信用证修改做出的接受或拒绝的表示可以在交单时,如果提交单据仅与原证的条款相符,则表示拒绝修改。 (　　)

9. 在议付方式下,如遇开证行拒付,议付行无权向出口公司追回票款即所支出的利息。 (　　)

10. 汇票一般一式两份,每份具有同等的效力。 (　　)

11. 信用证下的汇票一般是光票。 (　　)

12. 信用证条款中交单的截止日与最迟装运日之间应该有合理的间隔期。 (　　)

13. 在信用证业务中,保兑行是不可缺少的一方当事人。 (　　)

14. 一般报检是指产地与报关地一致,报检人直接向当地检验检疫机构报检。 (　　)

15. 议付的行为特征是被授权议付的银行对汇票及/或单据付出对价。 (　　)

四、简答题

1. 出口方在备货应该注意的问题有哪些?

2. 银行和进出口公司都应对信用证的内容进行全面的审核,他们的审核有何不同之处?

3. 信用证在改证应注意哪些问题?

4. 装运按“四排”“三平衡”原则进行,请简述“四排”“三平衡”原则的含义。

5. 制单结汇有哪些做法?请分别予以说明。

五、案例分析

1. 一份信用证规定5月20日前装运。卖方装船后向银行交单,其中提单的出单日期为5月15日,保险单的出单日期为5月16日。银行拒绝接受单据,拒付货款。请问:银行是否有理由这样做?为什么?

2. 我国某进出口公司与日商在某年3月上旬通过银行开来信用证,经审核与合同相符,其中保险金额为发票金额加一成。我方正在备货期间,日商通过开证行递来一份信用证修改书,内容为将保险金额按发票金额加三成。我方按照原证规定投保、发货,并于货物装运后在信用证有效期内,向议付行提交全套单据。议付行议付后将全套单据寄开证行,开证行以保险单与信用证修改书不符为由拒付。请问:开证行拒付的理由对否?为什么?

第十章　跨境电子商务

教学要求： 从跨境电子商务系统的内涵、发展历史、网络营销、物流管理、应用开发等方面讲述跨境电子商务的相关理论。主要学习了解跨境电子商务的基本框架、演变历史、分类；掌握跨境电子商务的基本运作模式；掌握跨境电子商务的监管、通关以及支付和物流。

知识目标： 在学习过程中了解电子商务的概念、分类、发展历程及发展趋势，结合实际案例学习跨境电子商务的支付环节与物流体系，并应用于实际的国际贸易领域。

能力目标： 培养学生独立思考问题与自主学习能力，能够指出跨境电子商务与传统国际贸易之间的区别和联系，并将研究方法应用到营销策划书和创新创业大赛策划书中，构建跨境电商企业架构，提高实践能力。

导入案例：

在当今全球化时代，跨境电子商务正以前所未有的速度发展，改变着人们的生活方式和全球贸易格局。其中，非常值得关注的是亚马逊的全球扩张。作为全球知名的电子商务平台，亚马逊跨境电子商务业务覆盖全球许多国家和地区，包括北美洲、欧洲、亚洲等。通过在不同国家和地区建立本地化的运营团队和物流中心，实现了跨境电子商务的规模化发展。亚马逊跨境电子商务提供数百万种商品供全球消费者选择，涵盖图书、电子产品、家居用品、时尚服饰等多个品类；同时提供多语言界面和客户服务，满足不同国家和地区消费者的需求。亚马逊不仅为消费者提供了丰富的商品选择，还通过优化物流配送和客户服务，提升了消费者的购物体验。亚马逊建立了全球物流网络，包括 FBA（fulfillment by Amazon）服务，帮助商家实现快速配送和退货处理，提供跨境物流解决方案，如国际快递、海运等，降低物流成本和时间，实现跨境商品的快速配送。此外，亚马逊还利用大数据和人工智能技术优化商品推荐和搜索功能，提升用户体验。通过亚马逊云服务（AWS）提供云计算解决方案，支持跨境商家的业务扩展和数字化转型。

从亚马逊的成功案例可以看出，跨境电子商务需要强大的平台支持和本地化运营策略，以适应不同国家和地区的市场需求。亚马逊跨境电子商务平台凭借其全球布局、丰富的产品与服务、先进的技术与创新以及有效的营销策略，成功帮助众多商家实现全球化发展。未来，随着跨境电子商务市场的不断发展和技术的不断进步，亚马逊将继续优化其平台服务，为商家和消费者创造更多价值。同时，跨境电子商务市场的竞争也将更加激烈，亚马逊需要不断创新和优化策略，以应对新的挑战和机遇。

跨境电子商务的多样性和创新性不仅为企业提供了拓展国际市场的机会，也为消费者带来了更多的选择和便利。下面我们将深入地分析相关案例，探讨跨境电子商务的运作模式、操作流程、监管通关、支付与物流等方面的内容，全面了解跨境电子商务的发展现状和未来趋势。

第一节 跨境电子商务的兴起与发展

一、跨境电子商务的基本概念

跨境电子商务是指不同关境的交易主体,通过电子商务平台达成交易、进行支付结算,并通过跨境物流送达商品、完成交易的一种国际贸易活动。

跨境电子商务是基于网络的发展,网络空间是相对于物理空间的一个新的空间,是一个虚拟但客观世界存在的站点与密码。网络空间的独特价值与行为模式对跨境电子商务产生了深刻的影响,使其与传统的交易方式不同,呈现出自身的特点。目前,对跨境电子商务的认知主要在4个方面:政策领域、国际组织、咨询公司、学术研究。

(一)政策领域

欧盟在其电子商务统计中出现了跨境电子商务(cross border e-commerce)名称与有关内容,主要是指国家之间的电子商务,但并没有给出明确的含义。

(二)国际组织

联合国于2000年就已经关注到了国际贸易与电子商务的关系;2010年国际邮政公司(IPC)在《跨境电子商务报告》中,分析了2009年的跨境电子商务状况,但在对跨境电子商务的概念也没有明确地界定,而是出现了“internet shopping”“online shopping”“online cross-border shopping”等多个不同的说法。

(三)咨询公司及学术研究

在Ebay、尼尔森等著名公司及诸多学者的表述中也运用了不同的名词表达,如“跨境在线贸易、外贸电子、跨境网购、国际电子商务”等;阿里研究院在2016年报告中对跨境电子商务概念界定是:“跨境电子商务有广义与狭义之分。广义的跨境电子商务是指分属不同关境的交易主体通过电子商务手段达成交易的跨境进出口贸易活动。狭义的跨境电子商务概念特指跨境网络零售,指分属不同关境的交易主体通过电子商务平台达成交易,进行跨境支付结算,通过跨境物流送达商品,完成交易的一种国际贸易新业态。跨境网络零售是互联网发展到一定阶段所产生的新型贸易形态。”总体来看,这些概念虽然表达不同,但还是反映了一些共同的特点:一是渠道上的现代性,即以现代信息技术与网络渠道为交易途径;二是空间上的国际性,即由一个经济体成员境内向另一个经济体成员境内提供的贸易服务;三是方式上的数字化,即以无纸化为主要交易方式。

二、跨境电子商务的产生与发展趋势

(一)跨境电子商务的发展历程

跨境电子商务作为电子商务的重要分支,在对外贸易中扮演着重要的角色,在促进国际贸易,满足人们的日常生活需求方面发挥着不可替代的作用。跨境出口电子商务脱胎于跨境贸易,最早的跨境贸易基本是通过线下交易形成完成的。1995年,随着互联网络开始普及到社会生活的各个层面,各种基于商务网站的电子商务业务与网络公司开始涌现。我国跨境电子商务发展经历了3个阶段（在阶段时间划分上没有统一标准，现按照阿里研究院的时间划分）：

第一阶段：萌芽期（1997—2007年）。跨境电子商务在我国起步于20世纪末，最早出现的是帮助中小企业出口的B2B平台，代表企业有阿里巴巴（国际站）、中国制造网等。1997—1999年，我国的外贸B2B电子商务网站中国化工网、中国制造网、阿里巴巴（国际站）等相继成立，这些跨境电子商务平台为中小企业提供商品信息展示、交易撮合等基础服务。其中，阿里巴巴（国际站）是目前全球最大的跨境B2B平台，并且已经从线上B2B信息服务平台，逐步发展成B2B跨境在线交易平台。

第二阶段：发展期（2008—2013年）。随着全球网民渗透率的提高，以及跨境支付、物流等服务水平的提高，2008年前后，面向海外个人消费者的我国跨境电子商务零售出口业务（B2C/C2C）蓬勃发展起来，DX（2006）、兰亭集势（2007）、阿里速卖通（2009）皆是顺应这一趋势成长起来的跨境电子商务B2C网站。跨境电子商务零售的发展致使国际贸易主体、贸易方式等发生巨大变化，我国大量中小企业、网商开始直接深入参与国际贸易。

第三阶段：爆发期（2014年至今）。2014年，我国对跨境电子商务零售进口做出监管制度创新，促进了我国跨境电子商务零售进口的迅猛发展，诞生了一大批跨境电子商务零售进口平台与企业，包括天猫国际、网易考拉、聚美优品、洋码头、小红书等，整个行业在2015年迎来了爆发式增长。如果说20世纪末开始的跨境电子商务只是改变了传统国际贸易的营销方式，那么随着全球互联网基础设施的迅速发展与普遍安装，当前跨境电子商务已经对国际贸易运作方式、贸易链环节产生了革命性、实质性的影响。中小企业、个人深入参与到国际贸易的各个环节，中小企业直接与全球消费者进行互动与交易，全球化红利的受益者更加广泛，各方受益也更加均衡与普惠。

（二）跨境电子商务的发展趋势

1. 跨境电子商务出口将持续增长

跨境电子商务的野蛮增长时代在2022年画下句点，行业将步入更成熟稳定的发展新阶段。对于2023年的营收增长，卖家普遍持乐观态度。一方面，欧美市场的通货膨胀水平正在持续降温；另一方面，海运费持续下降，港口效率提升，卖家在物流方面的困扰因素大幅降低。

2. 门槛提高，经营日趋合规化

2022年，跨境电子商务行业已经基本完成了一轮洗牌，平台运营趋于合规，行业进入稳定发展周期。2023年起，跨境电子商务行业的进入门槛大幅提高，新进入者主要以外贸企业及国内品牌等类型的企业为主，个人创业者或将减少。此外，地域冲突、海外通货膨胀以及消费疲软等因素依旧存在，卖家亦需要持续围绕产品力、品牌力、供应链能力、组织管理能力及资金实力等方面构建起核心竞争力，以提升抗风险能力。

3. 行业从充分竞争向巨头时代发展

“二八法则”（20%的卖家贡献80%的商品交易总额）在亚马逊等成熟平台将更加凸显，这种“帕累托法则”将变得更加明显，而平台也将投入更多重点资源扶持这些排名前列的卖家。对于大量中小卖家来说，要跻身头部卖家所花费的力气会越来越大。由于当前站内流量成本越来越高，企业一方面要通过从产品质量、服务体验、营销活动等维度提升用户忠诚度,拉动复购。另一方面,也要开辟新的流量增长渠道,通过 Meta、谷歌、抖音(TikTok)等社交媒体以及其他渠道获取更低成本的流量。

4. 全球电子商务市场天平向品牌卖家倾斜

经历“封号潮”以及库存高企的阵痛之后,渠道多元化和品牌化已经成为卖家共识。“多平台开店,分散风险”“做自有品牌,强化品牌调性”成为 2023 年卖家运营策略调整的主要方向。平台方面,2023 年头部电子商务平台更侧重于招募精品型卖家或工厂型卖家。出海品牌迎来更广阔的发展空间,通过欧美、日韩等发达国家市场消费降级趋势打入当地市场。然而,铺货型卖家在这些主流市场、头部电子商务平台的生存空间进一步缩窄,账号申请变得越来越难。因此,铺货型卖家将加快多渠道、多市场布局的步伐,转向拉美、东欧、东南亚、中东等新兴市场寻找增长曲线。

5. 独立站将成为卖家“标配”

调查显示,37%的跨境卖家已开始运营独立站,另有 35%的跨境卖家计划布局独立站。随着跨境电子商务从“卖货”向“品牌”业态逐步发展,独立站将成为卖家标配,并形成 2 类卖家格局。一方面,独立站原生站群卖家在合规的大趋势下,不断向供应链发力,补足“短板”,并充分发挥引流方面的“长板”优势,并借海外消费降级的趋势,有机会主导独立站交易。另一方面,越来越多的品牌卖家、精品卖家开始“两条腿”走路,通过建立独立站,进行品牌宣传、测款,同时为构建私域流量及交易做培育,夯实品牌根基。

6. 新平台和新市场成为增量入口

随着跨境电子商务迈入全新发展阶段,平台流量红利见顶,跨境卖家正在积极寻找新的增量入口。平台布局方面,2023 年除了亚马逊之外,TikTok Shop 及拼多多跨境电子商务平台 TEMU 这 2 个“新秀”平台备受卖家青睐。卖家寄希望于中国互联网巨头及电子商务巨头打造的跨境平台,能在海外复制国内成功经验,助力中国智造货通全球。市场布局方面,2022 年电子商务市场规模增长最快的前 10 个国家中,拉丁美洲和东南亚地区的国家在榜居多。上述两大区域也因此成为跨境卖家眼中极具发展潜力的核心目标市场。

第二节　跨境电子商务的基本运作模式及操作流程

一、跨境电子商务的类型

跨境电子商务包含了较多的要素,主要有交易对象、交易渠道、货物流通、监管方式等多个方面,按照这些要素的不同,可以将跨境电子商务分为不同的类型。

(一)按照传统电子商务模式划分

根据交易对象的不同,可以分为 B2B、B2C、C2C、B2G。

1. B2B(business to business)

即企业与企业之间的跨境电子商务,主要应用于企业之间的采购与进出口贸易等。传统的电子商务形式中最常见的就是 B2B 模式,核心在于交易双方都就是商家。B2B 可以分为 3 种模式:第一种是垂直模式,主要是整合某一专业领域的上下游产业链;第二种是综合模式,网站属于一个开发性的中间平台,如阿里巴巴、中国制造网等。第三种是自建平台,企业自己建立平台直接销售自有或者采购的货品。

2. B2C(business to customer)

即企业与消费者个人之间的跨境电子商务,主要应用于企业直接销售或消费者全球购活动。B2C 跨境电子商务是指分属不同关境的企业直接面向消费者个人开展在线销售产品和服务,通过电子商务平台达成交易、进行支付结算,并通过跨境物流送达商品、完成交易的一种国际商业活动。随着大量第三方在线平台的建立,跨境电子商务的交易门槛大幅降低,越来越多的零售商甚至消费者直接参与到网上购买与销售过程,从而缩短了供应链,减少了中间环节,优势更加明显,B2C 模式的使用显著增加,甚至出现了不同国家消费者之间少量商品互通的 C2C 模式与工场直接到消费者的 M2C 模式。B2C 跨境电子商务平台中具有代表性的有天猫国际、京东全球购、网易考拉等。B2C 跨境电子商务平台主要有"保税进口+海外直邮""自营"和"自营+招商"3 种经营模式。

(1)"保税进口+海外直邮"模式。该模式的典型平台主要有亚马逊、天猫和 1 号店等。

(2)"自营"模式。该模式中,跨境电子商务企业直接参与采购、物流、仓储等境外商品买卖流程,对物流监控和支付都有自己的一套体系。典型的"自营"模式如聚美优品。

(3)"自营+招商"模式。该模式发挥了企业的最大内在优势,并通过招商的方式来弥补自身的不足。苏宁国际是"自营+招商"模式的典型平台。

3. C2C(customer to customer)

即消费者之间的跨境电子商务,主要应用于消费者之间的个人拍卖等行为;简言之,C2C 就是个人与个人之间的电子商务。C2C 跨境电子商务是指分属不同关境的个人卖方对个人买方开展在线销售产品和服务,由个人卖家通过第三方电子商务平台发布产品和服务售卖产品信息、价格等内容,个人买方进行筛选,最终通过电子商务平台达成交易、进行支付结算,并通过跨境物流送达商品、完成交易的一种国际商业活动。C2C 模式的特点就是大众化交易,可以满足个性化需求,早期的易贝(Ebay)属于 C2C 平台,而一度非常流行的海淘代购模式也是典型的 C2C。个人卖家入驻淘宝全球购、洋码头、海蜜等平台开店等均属 C2C 跨境电子商务模式,商品以长尾非标品为主。淘宝全球购是 C2C 跨境电子商务平台中规模最大的一家。C2C 跨境电子商务中具有代表性的有阿里速卖通、美丽说、易贝等。

4. B2G(boot to Gecko)

B2G 是新近出现的电子商务模式,即"商家到政府"(术语 B2B 或 business-to-government 的变化形式),是企业与政府之间的跨境电子商务,主要应用于政府采购,但目前进行跨境采购要受到各国诸多法规的限制。

(二)按照电子商务网站开发与运营主体进行划分

将跨境电子商务分为综合平台型、综合自营型、垂直平台型、垂直自营型 4 类。其中,综合平台型跨境电子商务的代表性企业有京东全球购、天猫国际、淘宝全球购等;综合自营型跨境电子商务的代表性企业有亚马逊海外购、沃尔玛全球 e 购、兰亭集势等;垂直平台型跨境电子商务的参与者比较有限,主要集中于服饰、美妆等垂直类商品,代表性企业有美丽说、海蜜全球购等;垂直自营型跨境电子商务也比较少见,代表性企业有聚美优品、唯品会等。

(三)按照商品流动方向划分

根据商品流动方向不同,跨境电子商务可分为跨境进口电子商务、跨境出口电子商务 2 类。

1. 跨境进口电子商务

即海外卖家将商品直销给国内的买家，一般是国内消费者访问境外商家的购物网站选择商品，然后下单，由境外卖家发通过国际物流送给国内消费者。跨境进口电子商务企业是通过电子商务渠道将国外商品销售到我国市场，通过电子商务平台完成商品的展示、交易、支付，并通过线下的跨境物流送达商品、完成商品交易的电子商务企业，其代表性企业有天猫国际、京东全球购、小红书等。

2. 跨境出口电子商务

即国内卖家将商品直销给境外的买家，一般是国外买家访问国内商家的网店，然后下单购买，并完成支付，由国内的商家发国际物流至国外买家。跨境出口电子商务企业通过电子商务渠道将本国商品销售到国外市场，通过电子商务平台完成商品的展示、交易、支付，并通过线下的跨境物流送达商品、完成商品交易，其代表性企业有亚马逊海外购、易贝、敦煌网等。我国跨境电子商务交易以跨境出口为主，其中又以跨境 B2B 出口为主要形式。

（四）按照海关通关监管方式划分

根据跨境电子商务海关通关监管方式的不同，又可主要分为一般零售出口模式、特殊区域出口模式、直邮进口模式与保税进口模式。而直邮跨境电子商务主要用于一般进出口货物，大多是小额进出口货物，保税跨境电子商务主要用于保税进出口货物，二者在通关手续等方面有明显不同（表 10-1）。

表 10-1　直邮进口模式与保税进口模式的比较

模式	直邮进口	保税进口
运作方式	先下单后发货，国际物流运输	先备货后接单，国内物流运输
优点	产品种类多，可与海外商家直接沟通	物流时间短，海关监管，方便退换货
缺点	收货时间较长	商品可选择的范围有限
发货地点及方式	国外、空运居多	保税港区、海运居多
适用企业	代购、品类宽泛的电子商务平台、海外电子商务	品类相对专注、备货量大的电子商务企业
商品价格构成	商品标价+物流费用+行邮税	商品标价+行邮税
海关监管特色	电子订单、运单及支付单实时传输，阳光清关	商品存放海关监管场所，实现快速通关
限额政策	个人跨境进口的单次交易限额为 2 000 元，个人年度交易上限为 20 000 元。应征税额在 50 元以下的，缴纳关税（暂定为 0）、增值税和消费税（按法定应纳税额 70%征收）	

1. 一般零售出口模式

采用“清单核放，汇总申报”的方式，电子商务企业出口商品以邮、快件方式分批运送，海关凭清单核放出境，定期为电子商务企业把已核放清单数据汇总形成出口报关单，电子商务企业凭此办理结汇、退税手续，并纳入海关统计。

2. 特殊区域出口模式

电子商务企业把整批商品按一般贸易报关进入海关特殊监管区域，企业实现退税。对于已入区退税的商品，境外网购后，海关凭清单核放，由邮、快件企业分送出区离境，海关定期将已放行清单归并形成出口报关单，电子商务企业凭此办理结汇手续，并纳入海关统计。

3. 直邮进口模式

符合条件的跨境电子商务平台与海关联网，境内消费者在购物网站上确定交易后，商品以邮件、快件方式运输入境，同时电子订单、支付凭证、电子运单等由跨境电子商务实时传输给海关，商品通过海关跨境电子商务专门监管场所入境，并按个人邮递物品征税的进口模式。

直邮进口基本流程：

(1)海外商家在接到订单后将商品运至海关。

(2)通过出、入境申报清关。

(3)通过物流配送至消费者。

4. 保税进口模式

跨境进口电子商务企业根据大数据分析提前从境外批量采购热卖商品，并将商品运至国内自贸区、保税区、保税仓库等海关特殊监管区域内免税备货，再根据国内消费者网络订单情况，委托报关代理公司向海关申报电子清单，海关对电子订单、支付凭证、电子运单和电子清单进行四单计算机自动对比，凡相符的，海关参照跨境零售进口商品自动征税，验放后账册自动核销，将相应商品从国内这些特殊监管区域交由物流企业直接配送至国内收货人的进口模式。

保税模式基本流程：

(1)海外商家预先将商品运至跨境通自贸区保税仓库。

(2)在线销售、供消费者在线订购。

(3)处理订单，入境申报，清关后直接从保税仓库发快递给消费者。

保税模式海外直邮流程。

(1)消费者在线订购后。

(2)海外商家从海外通过国际快递发货到自贸区保税仓库。

(3)清关后，由物流公司快递给国内消费者。

二、跨境电子商务的运作模式

(一)跨境电子商务的平台运作模式

平台型跨境电子商务在跨境电子商务中的优势是能够开发并且运营的电子商务平台，由于自身没有参与到商品的采购、商品的销售工作，因此，运营跨境电子商务的重点就聚焦到网络平台上。例如，跨境电子商务平台的网站流量的发掘以及前期的招商工作，最关键的就是辅助服务阶段。跨境电子商务的平台业务流程基本包括建立网站、引入浏览量、招商、平台管理、物流系统售后服务，在这其中，最关键的是建立网站阶段。建立网站是吸引开发商和浏览量的关键所在，网站的日常业务是平台的管理，这其中包括了商品、商家和消费者，商品自身的质量、形象以及对各类商品举行的市场活动，能够在推动商品成功销售的过程中保持与消费者的沟通情况，以提高商家和消费者的满意度。此外还应当提供一些服务，在各个流程都能够给予消费者良好的服务。

(二)跨境电子商务的自营运作模式

与平台型跨境电子商务模式不同,自营型跨境电子商务企业更贴近传统的营销企业,只是将原本在线下的商品转移到了线上进行交易。自营型跨境电子商务企业更讲究在商品供应链的参与性,包括对所销售商品的选择性,对供应商的开发和谈判,以及在后续服务的阶段。自营型跨境电子商务交易在主体方面分类如下:建立网站、引入浏览量、招商、商品管理、价格规划、物流配送。以商品的种类为主,根据商品的种类进行细分,跨境电子商务的自营运作模式其作用对商品加工能力较强,省去了中间环节的成本,商品在价格上也有明显的优势,但商品的数量和平台运作模式相比较少。

(三)跨境电子商务的"自营+平台"模式

保障正品、有价格优势、物流体验好、售后完善将是跨境电子商务企业的核心竞争领域。跨境电子商务平台类企业的综合竞争力主要体现在产品丰富等方面,其不参与交易,只是为平台上的买卖双方提供交易机会。而自营类企业由于需要先采购海外商品,对企业资金实力和选择商品水平都提出了更高要求,其综合竞争力主要体现在正品保障、售后服务响应迅速等方面,对于母婴用品、3C、服饰等标准化、易于运输的重点消费产品,如果自营类企业能把握市场热点,就能在细分市场中形成较强的竞争力。

三、跨境电子商务操作流程

(一)跨境出口电子商务操作流程(图 10-1)

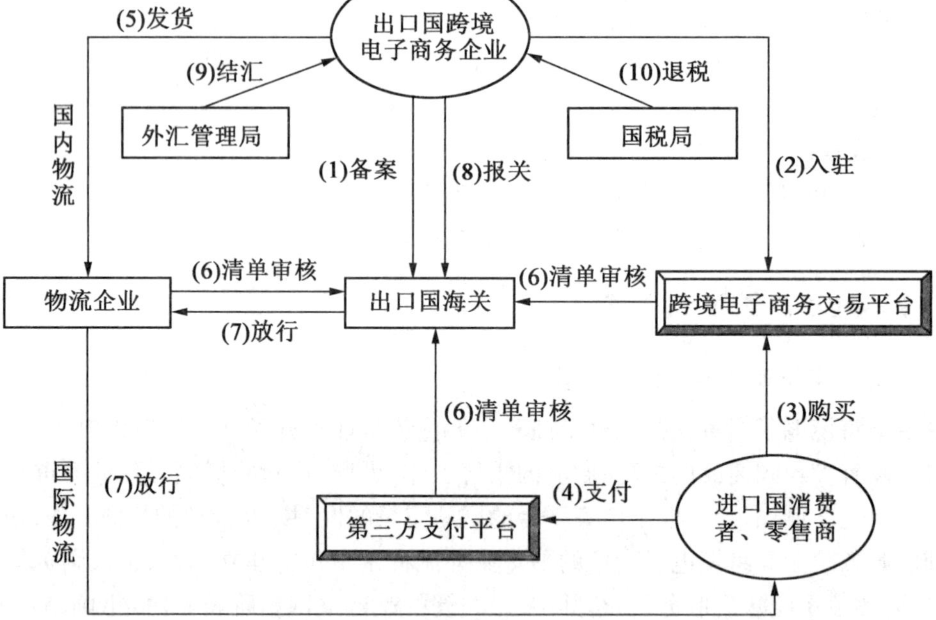

图 10-1　跨境出口电子商务操作流程

(1)企业、商品备案。

(2)入驻。出口国跨境电子商务企业经过资格审查入驻跨境电子商务交易平台。

(3)发起购买订单。进口国消费者或零售商在跨境贸易电子商务交易平台上发起购买订单。

(4)消费者支付订单。进口国消费者通过接入跨境贸易电子商务平台的第三方支付平台向出口国的企业付汇。

(5)发货信息。

(6)清单核放。“三单合一”作为跨境电子商务货物核放的依据,海关管理平台将已收到的订单信息(订单)、支付信息(支付单)及物流信息(运单)与备案信息进行比对审核,比对不一致的清单予以退回。

(7)放行。审核之后,在海关监管下,将货物运输转至国际邮件互换局或快件中心,监管完成查验后,海关在出口装货单上盖上“海关放行章”,出口货物的发货人凭此章装船启运出境。

(8)报关。货品在邮运或快件渠道出境后规定的时间内,出口国跨境电子商务企业或其委托第三方服务代理商将货品出境信息按“清单核放、汇总申报”的归并方式汇总成报关单数据向海关部门进行报关。

(9)结汇。出口国跨境电子商务企业依据跨境贸易电子商务平台的支付信息向外汇管理局申请结汇。

(10)退税。依据报关退税单向国税局申请退税。国税局根据电子口岸报关单信息为企业办理退税手续,由此完成整个交易流程。

(二)跨境进口电子商务操作流程(图 10-2)

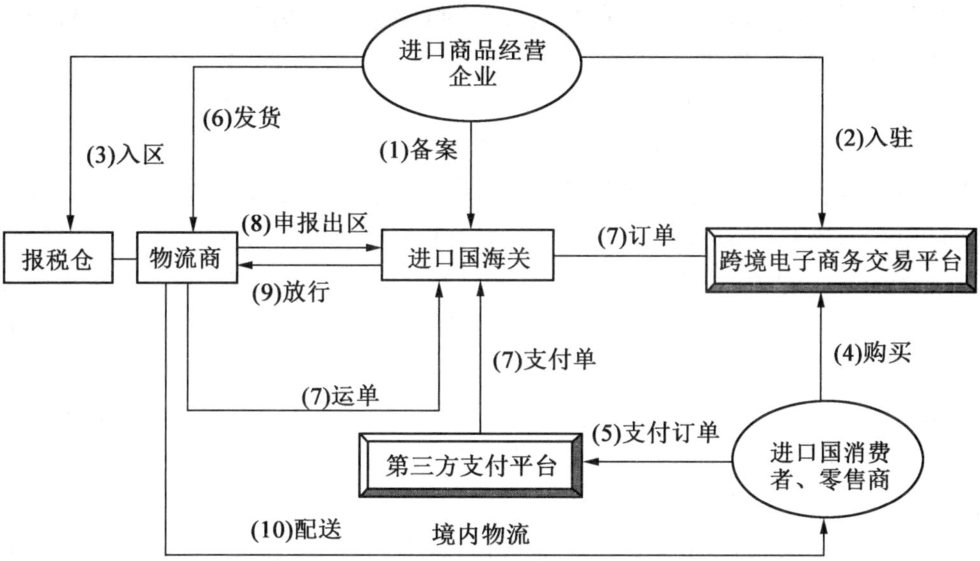

图 10-2　跨境进口电子商务操作流程

(1)企业、商品备案。

(2)入驻。进口商品经营企业经过资格审查入驻跨境电子商务交易平台。

(3)货物入区。销售进口商品的经营企业将商品以货运形式报关进境,经检验检疫部门查验合格后进入园区内的保税仓库存放。

(4)发起购买订单。进口国的消费者或零售商通过接入跨境贸易电子商务平台的第三方电子商务交易平台上发起购买订单。

(5)消费者支付订单。进口国消费者或者零售商通过接入跨境贸易电子商务平台的第三方支付平台向进境商品企业支付货款。

(6)发货信息。进境商品企业根据当日订单,将发运货物信息通过跨境贸易电子商务平台传输给物流企业。同时,物流企业将物流信息发送至海关管理平台。

(7)三单合一。海关管理平台将已收到的订单信息(订单)、支付信息(支付单)及物流信息(运单)与备案信息进行比对审核,比对不一致的清单予以退回。

(8)申报出区。园区内的物流企业集中各企业的发运指令,理货后,向园区海关申报出区。

(9)放行货物。园区内海关核注税费并查验之后放行货物。

(10)货物配送。园区内海关放行货物之后由境内物流企业将货物配送到进口国消费者手中,完成整个交易流程。

第三节 跨境电子商务的监管与通关

一、跨境电子商务的监管

2014 年,我国海关总署增列海关监管方式代码,跨境电子商务合规监管之路正式开启。后续商务部、海关总署、财政部、税务总局等部门一系列组合政策的陆续出台施行,清除了跨境电子商务零售相关的各种障碍。跨境进出口通关监管模式主要分为 7 类,分别是跨境 B2B 模式下的 4 类和跨境 B2C 模式下的 3 类。

跨境 B2B 模式下,第一个监管代码是 9710,也叫"跨境电商 B2B 直接出口",境内企业通过跨境电子商务平台与境外企业达成交易后,通过跨境物流将货物直接出口至境外企业;第二个监管代码是 9810,即"跨境电商 B2B 出口到海外仓",是指境内企业先将货物通过跨境物流出口至海外仓储,通过跨境电子商务平台实现交易后再从海外仓送达境外购买者手中;第三个监管代码是 0110,即"一般贸易模式",参照传统 B2B 出口模式申报;第四个监管代码是 1039,即"市场采购模式(小商品出口)",符合条件的经营者在经国家商务主管部门认定的市场集聚区内采购的单票报关单商品货值 15 万(含 15 万)美元以下,并在采购地办理出口商品通关手续的贸易方式。

跨境 B2C 模式下,第一个监管代码是 9610,全称"跨境电子商务零售出口",即海外直邮模式,国内跨境电子商务企业对境外个人出口零散货物,该模式化整为零,灵活便捷,满足境外消费者需求,具有链路短、成本低、限制少的特点;第二个监管代码是 1210,全称"保税跨境贸易电子商务",适用于境内个人或电子商务企业,在经海关认可的电子商务平台实现跨境交易，并通过海关特殊监管区域或保税监管场所进出的电子商务零售进出境商品；第三个监管代码是1239，即保税电子商务A模式，与1210监管方式相比，1239监管方式适用于境内电子商务企业通过海关特殊监管区域或保税物流中心（B型）一线进境的跨境电子商务零售进口商品。

比较多见的业务出口模式有9710、9810、0110、9610。

跨境电子商务的监管旨在保障消费者的权益，维护市场秩序，促进健康可持续发展。从监管内容上看，跨境电子商务的监管主要涵盖产品质量监管、知识产权监管、海关监管、资金监管等方面。

（一）产品质量监管

产品质量是跨境电子商务经营中不可忽视的一环。优质的产品品质不仅能提高消费者的购买信心和满意度，还能树立跨境电子商务的良好形象，增强市场竞争力。跨境电子商务经营者应重视产品品质的提升，确保所售产品符合消费者的期望和需求。跨境电子商务产品质量的监管要求包括对产品的质量标准、检测和认证要求等方面进行规定。跨境电子商务经营者应确保所售产品符合国家和地区的质量标准，配备相应的检测装备和人员，对产品进行有效的检测和认证。为了提升跨境电子商务的品质建设，相关部门应提高质量控制的门槛，建立体系化的质量监管机制，对跨境电子商务平台上的商品从选种、生产、质检等环节全面监管，强化产品质量的把关措施。

（二）知识产权监管

知识产权的保护是跨境电子商务监管的重要内容。跨境电子商务涉及众多知识产权，如专利、商标等。跨境电子商务企业在发展的过程中，面临各种知识产权方面的风险和挑战。跨境电子商务经营者应加强对知识产权的意识和保护，遵守相关法律法规，确保所售产品不侵犯他人的知识产权。同时，为保障自身知识产权的合法权利，跨境电子商务企业应该积极主动地加强相关领域的监管，包括网络版权保护、品牌侵权保护等等。政府部门要加强知识产权的法制建设，提高智力产权保护的相关法律制度，完善法律途径能够有效保护知识产权。相关监管部门也应加大对知识产权的执法力度，打击侵权行为，维护市场秩序，加强全球知识产权体系的协调，加强执法和监管的效率和能力。

（三）海关监管

跨境电子商务海关监管是指国际货物运输中涉及海关的一系列过程和手续。跨境电商的海关监管要求主要涉及报关、清关和支付关税等方面。跨境电子商务经营者应合法申报和支付关税，确保商品合法进入目的地国家或地区。相关监管部门应提供便利的报关和清关服务，加强对跨境电子商务的监管和引导。此外，由于跨境电子商务准入门槛低，监管困难；流程烦琐，手续费高昂；出现频率高、货值小、单量大、结算速度快等，给海关监管带来了前所未有的挑战。目前，各国海关都在不断尝试通过技术手段提高海关监管的效率和效果，如网络监管、信息共享、货物预报等。另外，政策协调也是实现高效跨境电子商务海关监管的关键因素之一。加强国际的政策协调可以帮助国际贸易零部件实现快速流通、提高监管效率，从而促进跨境电子商务的健康发展。

（四）资金监管

在国际范围内，跨境电子商务的资金监管主要由各国的相关机构进行。例如，美国、加拿大、欧盟等国家都有相应的资金监管机构，并通过合作协议等方式加强国际跨境支付的监管。此外，国际货币基金组织也在加强对国际跨境支付的监管管理。目前，我国对跨境电子商务的资金监管主要由中国人民银行、国家金融监督管理总局、海关、工商等部门共同负责。各部门通过制定相关政策、规定、处罚等措施来加强资金监管。

此外，跨境电子商务还需要遵守国际贸易规则和标准。经营者应确保所售产品符合贸易伙伴国家或地区的技术标准和法律法规要求，遵守相关的贸易规则，防止贸易纠纷和技术壁垒的产生。

三、跨境电子商务通关

通关是跨境电子商务物流中必不可少的一个环节，商品通过海关查验并放行后，才能顺利进入目的国，再通过物流送达买家手中。跨境电子商务企业可以通过通关服务平台实现通关一次申报，同时海关、税务、检验检疫、外汇、市场监管等部门也可通过通关服务平台获得跨境电子商务的商品信息，并对商品交易实现全流程监管。

跨境电子商务零售进口商品申报前，电子商务企业或电子商务交易平台企业、支付企业、物流企业应当分别通过跨境电子商务通关服务平台如实向海关传输交易、支付、物流等电子信息。

跨境电子商务进出境货物、物品的通关流程具体分为两步：一是申报前发送信息，二是办理通关手续。

按照已向海关发送的订单、支付及物流等信息，如实逐票办理通关手续；《中华人民共和国海关跨境贸易电子商务进出境货物申报清单》《中华人民共和国海关跨境贸易电子商务进出境物品申报清单》以及《中华人民共和国海关进出口货物报关单》应采用通关无纸化作业方式进行申报；电子商务企业在以《中华人民共和国海关跨境贸易电子商务进出境货物申报清单》方式办理申报手续时，应该按照一般进出口货物有关规定办理征免税手续，并提交相关许可证件；个人在以《中华人民共和国海关跨境贸易电子商务进出境物品申报清单》方式办理申报手续时，应该按照进出境个人邮寄物品有关规定办理征免税手续，属于进出境管制的物品，需提交相关部门的批准文件。办理电子商务进出境货物报关手续采取“清单核放、汇总申报”方式。

（一）跨境电子商务通关基本程序

（1）出口货物的发货人在根据出口合同的规定，按时、按质、按量备齐出口货物后，即应当向运输公司办理租船订舱手续，准备向海关办理报关手续，或委托专业（代理）报关公司办理报关手续

（2）需要委托专业或代理报关企业向海关办理申报手续的企业，在货物出口之前，应在出口口岸就近向专业报关企业或代理报关企业办理委托报关手续。接受委托的专业报关企业或代理报关企业要向委托单位收取正式的报关委托书，报关委托书以海关要求的格式为准。

（3）准备好报关用的单证是保证出口货物顺利通关的基础。一般情况下，报关应备单证除出口货物报关单外，主要包括：托运单（即下货纸）、发票一份、贸易合同一份、出口收汇核销单及海关监管条件所涉及的各类证件。

申报应注意的问题：出口货物的报关时限限为装货的 24 h 以前。不需要征税费、查验的货物，自接受申报起 1 d 内办结通关手续。

（二）海关查验

（1）通过核对实际货物与报关单证来验证申报环节所申报的内容与查证的单、货是否一致，通过实际的查验发现申报审单环节所不能发现的有无瞒报、伪报和申报不实等问题。

（2）通过查验可以验证申报审单环节提出的疑点，为征税、统计和后续管理提供可靠的监管依据。海关查验货物后，均要填写一份验货记录。验货记录一般包括查验时间、地点、进出口货物的收发货人或其代理人名称、申报的货物情况，查验货物的运输包装情况（如运输工具名称、集装箱号、尺码和封号）、货物的名称、规格型号等。需要查验的货物自接受申报起 1 d 内开出查验通知单，自具备海关查验条件起 1 d 内完成查验，除需缴税外，自查验完毕 4 h 内办结通关手续。

（三）征税

根据《中华人民共和国海关法》的有关规定，进出口的货物除国家另有规定外，均应征收关税。关税由海关依照海关进出口税则征收。需要征税费的货物，自接受申报 1 d 内开出税单，并于缴核税单 2 h 内办结通关手续。

（四）放行

（1）对于一般出口货物，在发货人或其代理人如实向海关申报，并如数缴纳应缴税款和有关规费后，海关在出口装货单上盖"海关放行章"，出口货物的发货人凭此装船起运出境。

（2）出口货物的退关：申请退关货物发货人应当在退关之日起 3 d 内向海关申报退关，经海关核准后方能将货物运出海关监管场所。

第四节　跨境电子商务的支付与物流

一、跨境电子商务的支付

支付作为跨境电商发展不可或缺的重要组成部分，其行业发展十分迅速。跨境支付（cross-border payment）是指 2 个或者 2 个以上国家或者地区之间因国际贸易、国际投资及其他方面所发生的国际债权债务，借助一定的结算工具和支付系统实现资金跨国和跨地区转移的行为。跨境支付也是跨境电子商务经营活动的主要环节。在跨境电子商务领域，银行转账、信用卡支付和第三方支付等多种支付方式并存。电子商务的发展带动了第三方支付的快速发展，在人们切身感受到商品贸易全球化带来便利的同时，对于跨境支付的需求也日益增多。

当前，跨境电子商务主要的支付方式包括：国内外第三方支付平台、国内外各商业银行和专业汇款公司，大部分跨境电子商务都由这 3 种跨境支付方式完成交易。从事跨境电子商务支付业务的支付机构其业务内容主要有国际信用卡收款、海外本地化支付工具收款和境外第三方电商交易平台收款这 3 种类型。

(1)国际信用卡和海外本地化支付工具是跨境电子商务出口独立站主要的收款方式。国际信用卡收款是由获得 VisaQSP 和 MasterCard PF 资质认证的支付机构帮助商户面向持有 Visa、Master、JCB 和 AE 等境外信用卡的消费者进行收款。目前 Visa、Master 的用户超过 20 亿,遍布全球。

(2)海外本地化支付工具收款是指支付机构帮助跨境电子商务出口独立网站对接国外支付工具,如俄罗斯的 Yandex. Money、Qiwi、Webmoney,德国的 Giropay,巴西 Boleto,荷兰 i-Deal,西班牙 Teleingreso 等。

(3)我国商户从亚马逊等平台收款分为 2 种情况:一种是规模较大的企业在海外注册公司,开设企业海外银行账号进行收款;另一种是只有我国公司的企业,一般需要 DTAS 帝塔思、Currencies Direct、Worldfirst、Payoneer、PingPong 等跨境支付服务商帮助开设虚拟海外银行账户进行收款。

其实,在 VISA、Master 信用卡诞生之前,跨境支付就产生了。最早的跨境支付是用传统的 POS 和 ATM 支付,主要应用于酒店、饭店或者日常购物消费、线下商店等领域。而信用卡其实也是从传统领域发展过来的。

(一)境内外第三方支付平台

目前,在跨境电子商务支付方式中,第三方支付平台占据主流地位。国外的 PayPal、国内的支付宝等支付平台备受欢迎。2017 年 12 月,包括支付宝、易宝支付、银联电子支付、钱宝等 30 家第三方支付企业成为国内首批获得跨境电子商务外汇支付业务试点资格的企业。目前该试点已扩大至北京、上海、深圳、重庆、杭州等 13 个城市。按照规定,拥有牌照的第三方支付机构即被允许通过银行为小额电子商务交易双方提供跨境互联网支付所涉及的外汇资金集中收付及相关结售汇服务。

跨境支付需求的迅速增长促使国内第三方支付争夺境外支付蓝海,向境内买家和海外卖家提供一站式的资金结算解决方案,将彻底解决跨境支付过程中的资金流问题,进一步提升跨境支付体验,最大受益方将是国内跨境网购用户和境外商家。

未来,国际贸易形式将由 B2B 迅速向 B2C、C2C 转化。跨境小额交易将变成人们可以随时享受的服务,第三方支付机构跨境业务也将得到爆发式的增长。跨境电子商务及跨境支付业务的快速增长将对我国的经济金融产生越来越大的影响。整个行业极速发展的背后将是白热化的竞争。

(二)商业银行

在第三方支付公司加快拓展海外商户的同时,境内银行也行动起来。除四大国有银行外,包括招商银行、中信银行在内的多家股份行也对这个市场充满兴趣。银行正在积极与各大第三方支付机构探讨合作跨境支付业务,作为跨境支付的重要力量,支持第三方机构进行跨境人民币支付,也为自身业务创新留下了空间。国内外各大银行纷纷出招发展跨境支付业务:

(1)建设银行携手全球知名网购交易平台 PayPal,合力打造中国 PayPal 海购天下计划,推出建设银行 PayPal 专属海购平台。

(2)哈尔滨银行与俄罗斯 WalletOne 公司签署跨境支付合作协议,协议涵盖了哈尔滨银行与 WalletOne 公司在跨境收款、在线支付、资金清结算等领域的全面合作。

(3)招商银行推出跨境特色汇款业务“智汇通”。

(三)专业汇款公司

在第三方支付平台和商业银行之后,跨境电子商务中专业汇款公司也是主要的方式之一。传统的跨境贸易方式仅提供买家和买家信息,提供商家互相认识的渠道,不支持站内交易。外贸交易主要以线下支付为主,金额较大。因而,线下支付一般采用 T/T、L/C、西联等方式。

二、跨境电子商务的物流

物流作为供应链的重要组成部分,是对商品、服务以及相关信息从产地到消费地的高效、低成本流动和储存进行的规划、实施与控制的过程,目的是满足消费者的需求。近年来,我国境内通过各类平台开展跨境电子商务业务的企业超过 20 万家,其中平台企业超过 5 000 家,在这样的背景下,我国跨境电子商务物流发展十分迅速,已逐渐积累了开展更大规模跨境电子商务物流的基础条件。

跨境电子商务物流是指在跨国电子商务交易中,将商品从卖方国家运输到买方国家的整个物流过程。跨境电子商务物流包括国际物流、仓储、清关、配送等环节,需要涉及多个国家的法律法规、货币、语言、文化等方面的问题。跨境电子商务物流的主要目的是保证商品能够快速、安全地到达买家手中,同时降低物流成本,提高物流效率。

跨境物流的主要模式有邮政包裹模式、国际快递模式、国内快递模式、专线物流模式和海外仓储模式等。

(一)邮政包裹模式

邮政网络基本覆盖全球,比其他任何物流渠道都要广泛。这主要得益于万国邮政联盟(UPU)和卡哈拉邮政组织(KPG)。除了中国邮政,中国卖家使用的其他邮政还包括香港邮政、新加坡邮政等。据不完全统计,我国跨境电子商务出口业务 70%的包裹都通过邮政系统投递,其中中国邮政占据 50%左右的份额,香港邮政、新加坡邮政等也是我国跨境电子商务卖家常用的物流方式。由于邮政一般为国营,有国家税收补贴,因此价格非常便宜。但是,邮政包裹模式一般以私人包裹方式出境,不便于海关统计,也无法享受正常的出口退税。同时,速度较慢,丢包率高。

(二)国际快递模式

国际快递模式主要是指借助四大国际商业快递巨头,即敦豪航空货运公司(DHL)、TNT 快递、美国联邦快递(FedEx)和联合包裹速递服务公司(UPS)的国际快递业务邮寄商品。其中 UPS 和 Fedex 总部位于美国,DHL 总部位于德国,TNT 总部位于荷兰。国际快递对信息的提供、收集与管理有很高的要求,以全球自建网络和国际化信息系统为支撑,因此,国际快递模式速度快、服务好、丢包率低,尤其是发往欧美发达国家非常方便。例如,使用 UPS 从中国寄包裹送到美国,最快可在 48 h 内到达;TNT 发送欧洲一般 3 个工作日可到达。但是，该模式价格昂贵，且价格资费变化较大。一般跨境电子商务卖家只有在客户强烈要求时效性的情况下才会使用，且会向客户收取运费。

（三）国内快递模式

国内快递主要是指全球邮政特快专递（EMS）、顺丰和“四通一达”等国内快递企业的跨境物流业务。在跨境物流方面，“四通一达”中申通、圆通布局较早，如美国申通 2014 年 3 月上线，圆通也是 2014 年 4 月与 CJ 大韩通运展开合作；而中通、汇通、韵达则启动跨境物流业务稍晚。顺丰的国际化业务则更成熟些，目前已经开通到美国、澳大利亚、韩国、日本、新加坡、马来西亚、泰国、越南等国家的快递服务，发往亚洲国家的快件一般 2～3 d 可以送达。在国内快递中，EMS 的国际化业务是最完善的。依托邮政渠道，EMS 可以直达全球 60 多个国家，费用相对四大快递巨头要低，中国境内的出关能力很强，速度较快，到达亚洲国家 2～3 d，到欧美则 5～7 d。但是由于并非专注跨境业务，相对缺乏经验，对市场的把控能力有待提高，覆盖的海外市场也比较有限。

（四）专线物流模式

跨境专线物流一般先通过航空包舱方式将快件运输到境外，再通过合作公司进行目的地国内的派送，是比较受欢迎的一种物流方式。其优势是集中大批量货物发往目的地，通过规模效应降低成本，因此，价格比商业快递低，速度快于邮政小包，丢包率也比较低。但是相比邮政小包来说，运费成本还是高了不少，而且在国内的揽收范围相对有限，覆盖地区有待扩大。

（五）海外仓储模式

海外仓储服务是指由网络外贸交易平台、物流服务商独立或共同为卖家在销售目的地提供的商品仓储、分拣、包装和派送的一站式控制与管理服务。卖家将货物存储到当地仓库，当买家有需求时，第一时间做出快速响应，及时进行货物的分拣、包装及递送。整个流程包括头程运输、仓储管理和本地配送 3 个部分。该模式用传统外贸方式走货到仓，可以降低物流成本；相当于销售发生在本土，可提供灵活可靠的退换货方案，提高了海外客户的购买信心；发货周期缩短，发货速度加快，可降低跨境物流缺陷交易率。此外，海外仓可以帮助卖家拓展销售品类，突破“大而重”的发展瓶颈。但是，不是任何产品都适合使用海外仓，最好是库存周转快的热销单品，否则容易压货。同时，对卖家在供应链管理、库存管控、动销管理等方面提出了更高的要求。

本章小结

跨境电子商务是指不同关境的交易主体，通过电子商务平台达成交易、进行支付结算，并通过跨境物流送达商品、完成交易的一种国际贸易活动。

跨境电子商务根据交易对象的不同，可以分为 B2B、B2C、C2C、B2G。

根据跨境电子商务海关通关监管方式的不同，又可主要分为一般零售出口模式、特殊区域出口模式、直邮进口模式与保税进口模式。

跨境进出口通关监管模式主要分为 7 类，分别是跨境 B2B 模式下的 4 类和跨境 B2C 模式下的3类。比较多见的业务出口模式有9710、9810、0110、9610。

跨境电子商务的监管旨在保障消费者的权益,维护市场秩序,促进健康可持续发展。从监管内容上看,跨境电子商务的监管主要涵盖产品质量监管、知识产权监管、海关监管、资金监管等方面。

跨境支付是指2个或者2个以上国家或者地区之间因国际贸易、国际投资及其他方面所发生的国际债权债务,借助一定的结算工具和支付系统实现资金跨国和跨地区转移的行为。

跨境电子商务主要的支付方式包括国内外第三方支付平台、国内外各商业银行和专业汇款公司,大部分跨境电子商务都由这3种跨境支付方式完成交易。

从事跨境电子商务支付业务的支付机构其业务内容主要有国际信用卡收款、海外本地化支付工具收款和境外第三方电子商务交易平台收款这3种类型。

跨境物流的主要模式有邮政包裹模式、国际快递模式、国内快递模式、专线物流模式和海外仓储模式等。

综合练习

一、单项选择题

1. 以下平台中,属于C2C跨境电子商务平台的是(　　)。

A. 淘宝网　　B. 敦煌网　　C. 易贝　　D. 天猫国际

2. 不属于综合平台型跨境电子商务的代表性企业是(　　)。

A. 京东全球购　　B. 天猫国际　　C. 淘宝全球购　　D. 聚美优品

3. 下列关于“1210”模式的说法不正确的是(　　)。

A. 全称是“一般出口模式”

B. 卖出一件商品就清关一件

C. 全称为“保税跨境贸易电子商务”

D. 没有卖出的商品可以放置在仓库内不报关

4. 直邮进口模式和保税进口模式最大的差异是(　　)。

A. 下单顺序,清关方式　　B. 下单顺序,结算方式

C. 清关方式,结算方式　　D. 清关方式,物流方式

5. 下列跨境电子商务参与主体中,不属于政府监管部门的是(　　)。

A. 海关总署　　B. 国家税务总局

C. 中国外汇管理局　　D. 第三方跨境支付平台

6. 以下描述对跨境电子支付结算理解不正确的是(　　)。

A. 2个或2个以上国家或地区之间债权债务的清算

B. 要实现资金跨国和跨地区转移的行为

C. 需要借助一定的结算工具和支付系统进行清算

D. 不同的交易对象和交易内容所适用的支付与结算方式基本相同

7. 不属于跨境电子商务支付方式的是(　　)。

A. 第三方支付　　B. PayPal

C. 信用卡支付　　D. 国内银行汇款

8. 下列跨境物流模式中,属于国际快递模式的是(　　)。

A. 敦豪航空货运公司　　B. 全球邮政特快专递

C. 顺丰　　D. 邮政小包

9. 以下关于专线物流模式描述错误的是(　　)。

A. 时效性强　　B. 区域针对性强

C. 价格比商业快递低　　D. 丢包率高

10. 海外仓储模式的整个运作流程不包括(　　)环节。

A. 头程运输　　B. 仓储管理　　C. 本地配送　　D. 货物检查

二、简答题

1. 什么是跨境电子商务?
2. 跨境电子商务的基本运作模式有哪些?
3. 跨境电子商务通关监管模式有哪些?
4. 跨境电子商务的支付方式有哪些?
5. 跨境电子商务物流有哪几种方式?

三、案例分析

2016 年 3 月 24 日博鳌亚洲论坛上,大龙网创始人 CEO 冯剑锋向与会者解读海外仓 2.0 创新模式。大龙网及网贸会协同打造的跨境电子商务产业生态圈,主要面向海外零售商,既能提供线上及移动端的商品查询、实时交流功能,也能让当地零售在网贸会的展厅实地体验商品。通过展厅内场景化体验,加深国外零售商对中国优质商品的了解,同时融合了当地风土人情及消费习惯的实景式展示方式更有利于当地零售商了解这些出口商品在当地的发展前景。网贸馆运用物联网技术,在体验馆里面遍布传感器,可以记录采购商在馆内的活动情况,包括浏览人次、看了哪些产品、停留时间等。这些来自海外的海量消费数据在经过大龙网大数据平台处理后,将通过跨境电子商务产业生态圈中的约商平台实时反馈至国内出口厂家,让这些出口制造企业能有的放矢地针对海外消费者需求进行定制化的研发和生产,并同步将这些信息通过约商平台反馈至海外零售商,打造全新的 C2M 出口模式,让每个通过大龙网平台走出的民营企业都能获得参与供给侧改革的机会。大龙网网贸馆成为互联网+时代的海外仓 2.0,可为中国出口企业提供"两信一保"的整合式解决方案,不仅解决跨境交易信任问题,还可提供集物流、资金流等于一体的信息,并为中国出口提供量身定制的保姆式服务,此外还可提供保障交易安全及信任的代收货款、旨在解决散单发货的拆包拼装、提升商品竞争能力的保税以及为提升物流满意度的第三方物流整合能力等功能。大龙网不仅通过前展馆后海外仓的网贸馆让中国企业走出去无忧,还充分考虑到一些中小企业在通关过程中所遇到的困难,推出了跨境电子商务基础交付及通关综合服务解决方案,本着

“就近就地”原则，为打算走出去的中国企业提供了集通关服务平台、跨境电子商务公共服务平台、跨境电子商务综合服务平台、跨境电子商务在线交易平台、跨境电子商务公共监管仓等一揽子跨境贸易解决方案。

（摘自人民网《大龙网正式亮相博鳌冯剑锋为民营企业详解海外仓 2.0》）

请问：

1. 大龙网海外仓 2.0 创新模式创新在哪里？

2. 大龙网为中国企业的跨境贸易打造了怎样的一揽子解决方案？

参考文献

［1］ 莫莎. 国际贸易实务［M］. 大连：东北财经大学出版社，2017.

［2］ 李贺，蒙聪惠，季彬，等. 国际贸易实务：应用·技能·案例·实训［M］. 2 版. 上海：上海财经大学出版社，2020.

［3］ 黄海东. 国际贸易实务［M］. 2 版. 大连：东北财经大学出版社，2014.

［4］ 冷柏军，段秀芳. 国际贸易实务［M］. 3 版. 北京：北京大学出版社，2017.

［5］ 赵静敏，郑凌霄，孙勤. 国际贸易理论与实务［M］. 3 版. 北京：机械工业出版社，2019.

［6］ 赖红清. 国际贸易实务和操作教程［M］. 北京：北京师范大学出版社，2011.

［7］ 刘畅，郑波，李佳诺. 国际贸易实务［M］. 济南：山东大学出版社，2018.

［8］ 吕廷杰. 移动电子商务［M］. 北京：电子工业出版社，2011.

［9］ 杨玉真. 外贸单证实务与实训［M］. 2 版. 北京：电子工业出版社，2020.

［10］ 成丽. 国际贸易单证实务［M］. 2 版. 北京：中国人民大学出版社，2021.

［11］ 李为，叶允清，季祖强. 国际贸易实务（双语）［M］. 北京：清华大学出版社，2018.

［12］ 唐卫红，尹丽琴. 国际贸易理论与实务［M］. 北京：邮电大学出版社，2020.

［13］ 林学军，刘霞. 国际商务［M］. 2 版. 北京：清华大学出版社，2022.